# 中国职业体育生态化发展路径研究

孔 晨 著

九 州 出 版 社
JIUZHOUPRESS

**图书在版编目（CIP）数据**

中国职业体育生态化发展路径研究 ／ 孔晨著. -- 北京：九州出版社，2023.9

ISBN 978-7-5225-2203-6

Ⅰ．①中… Ⅱ．①孔… Ⅲ．①职业体育－发展－研究－中国 Ⅳ．①G812

中国国家版本馆 CIP 数据核字(2023)第 182008 号

## 中国职业体育生态化发展路径研究

| | |
|---|---|
| 作　者 | 孔　晨　著 |
| 责任编辑 | 李文君 |
| 出版发行 | 九州出版社 |
| 地　　址 | 北京市西城区阜外大街甲 35 号(100037) |
| 发行电话 | (010)68992190/3/5/6 |
| 网　　址 | www.jiuzhoupress.com |
| 印　　刷 | 优彩嘉艺（北京）数字科技有限公司 |
| 开　　本 | 787 毫米×1092 毫米　　　　16 开 |
| 印　　张 | 16.75 |
| 字　　数 | 360 千字 |
| 版　　次 | 2023年9月第1版 |
| 印　　次 | 2023年9月第1次印刷 |
| 书　　号 | ISBN 978-7-5225-2203-6 |
| 定　　价 | 50.00 元 |

# 前　言

现代职业体育发轫于 19 世纪末叶的英国社会，集大成于这之后的美国四大联赛，以及网球大满贯赛事等职业联赛制度之中。20 世纪 80 年代开始，职业体育在全球范围内振兴，20 世纪 90 年代，全球职业体育形成了一波新的发展高潮，一方面表现为亚洲职业体育的崛起，另一方面，欧美的职业体育在这个时期又有了新发展。目前，职业体育作为现代体育综合价值最高的体育形态已经被越来越多的国家所重视，加快发展本国的职业体育也已经成为绝大部分国家的共同选择。同时，职业体育的先发国家也纷纷推进本国优势职业体育项目的国家化，譬如美国的职业篮球、英国的职业足球、法国的"环法"自行车赛和巴黎至达喀尔汽车拉力赛等等，职业体育正在步入一个全球化竞争的新时代。

在职业联赛的发展上，我国职业体育和商业赛事起步于 20 世纪 90 年代中期的体育体制改革，经过十多年的培育，目前一个以足球、篮球、排球和乒乓球职业联赛为主体，以 F1、网球"大师杯"、高尔夫球"精英赛"等各类商业性赛事为补充的职业体育市场体系已在我国初步形成。中国职业体育的提出到现在仅仅二十多个年头，处在一个体育职业化初期探索阶段，再加上中国不同于西方的特殊国情，职业体育在中国的实施不可避免的碰到了许多矛盾和阻碍。

然而有社会实际和理论界的分析，笔者认为，中国的职业体育在整个框架搭建起来的情况下，还存在着许多结构上、细节上的问题，但是我国走职业化体育的道路是没有错的，是符合时代发展规律的。我们在研究我国的联赛时，应该坚持以职业体育的视角、职业体育的要求为基础，更多的应该关注如何将职业体育和社会主义市场经济相互的融合，走出一条有中国特色的职业体育道路。

基于以上种种，笔者撰写了本书，意图为中国职业体育的生态化发展贡献绵薄之力。本书稿以中国特色职业体育建设为核心议题，结合新时代社会背景探解中国特色职业体育发展模式，找寻其可行性建设路径。研究内容主要围绕以下三个问题展开：

第一，建设中国特色职业体育，前期已经做了哪些有意义的理论与实践探索？第一章至第二章内容做了解释，主要涉及了中国特色职业体育理论探索以及特色职业体育实践探索。

第二，新时代中国特色职业体育是什么样的？第三章至第六章对问题做了解答，从中国体育职业化法制环境着手，对新时代中国特色职业体育建设的语境、内涵、基点与目标以及路径与机制进行了探讨研究。

第三，如何推进新时代中国特色职业体育建设？具体该如何进行针对性调整与优化？第七章至第九章内容，对该问题进行了解答，主要从职业体育俱乐部经营管理、体育广告以及职业体育产品体系的构建三个方面，解答中国职业体育发展路径。

本书由孔晨、刘中兵、卞莹负责审校工作。

在编写过程中，我们既对前辈学者的研究成果有所参考和借鉴，也注重将自身的研究成果充实于其中。尽管如此，圈于编者学识眼界，本书瑕疵之处难以避免，切望同行专家及读者提出批评意见。

# 目　录

# 第一章　中国特色职业体育理论探索

"在对立中，各文化和民族在相互吸引的同时也相互排斥。欧洲时刻都在对立中构建着自身，而东方则是从欧洲那里才将这种对立吸纳过来，并从它的角度出发，以欧洲的方式理解这种对立"。雅氏的观点对社会理论探索具有极其重要的指导意义，因为视角选取是理论关注的基本问题。循此，站在推进中国特色职业体育建设立场上，学术界看待职业体育的态度是怎么样的，对中国特色职业体育发展期望如何，有何特征又有何需要改进之处，成为需要探解的问题。本部分即秉持解答上述问题的目的，对中国职业体育相关理论探索进行梳理与回顾，以厘清中国特色职业体育学理演进脉络，把握特征，探究趋向，以服务于实践。

现实中，职业体育作为一个相对热门的领域，近年来引起了学术界的广泛关注，仅以"职业体育"为主题词，中国知网检索发现就有11393篇文献。鉴于此，学理探索主要围绕历程、视点、特征展开，同时分阶段呈现，以更好揭示和呈现问题。其中，阶段划分，围绕职业体育、新时代这两个核心议题展开，分为职业化改革实践前（1994年前）、职业化改革实践、新时代职业体育建设实践（2012年起）三个阶段。

## 第一节　职业化改革实践前的我国职业体育理论演进

### 一、研究脉络梳理

关于职业体育的研究，国内往往认为从罗森博格1956年的经典研究开始。事实上，这是一个经济学视角下的研究，放到社会学、管理学等学科视角下，相关研究要早得多，福柯、米德等学者的经典研究中经常包含着体育及体育俱乐部活动的表述。我国职业体育的研究也即如此，首先展开的是社会学视角研究，然后才是经济学等其他领域的研究。

职业体育源起于西方，在国外已有100余年发展历程。我国关于职业体育的早期认识，也是起始于对国外体育发展动态的关注。知网系统中可以查阅到的最早文献，即是距禹（1986）对运动员职业化趋势的分析。该文关注到一个现象，即"随着国际比赛的竞争日益激烈以及需要超水平的运动员，职业运动员的优势"开始显现出来，职业运动员参加奥运会以及诸如世界锦标赛等国际大赛正成为事实。陈宝祥（1988）则关注到一向以"业余体育"自称的体育强国苏联竞技体育出现了职业化趋势，"体育协会将一改以往以国家拨款为协会筹集资金来承担运动员的薪酬的其他费用的政策"，明星运动员"获准进入西方国家继续其体育职业生涯"，而且"为西方体育用品公司做广告早已成为苏联运动员所欢迎的收入来源"。当然，上述两个早期的关于职业体育（运动员）的文章，更多是对一种现象的把握。国内有较为深入论述的文献，可以追溯到1988年，即张原耕的《论奥运会职业化问题》一文。该文指出，奥运会所坚持的业余性立场与体育竞赛的精神是相冲突的，本着利于体育运动发展的原则，"奥运会职业化不但应该而且是大势所趋"。之所以得出这一结论，因为作者研究发现，体育与文学、艺术等其他社会职业一样，是一种创造性劳动，于是"获得相应的报酬是天经地义的"，而且他还认为：奥运会的职业化，不会消灭群众体育活动，"相反，会给这些活动以指导、以刺激、以动力"。诚然，在特定的社会氛围下，我国选择了以奥运争光为导向的举国体制，有效促进了我国体育事业发展，但是如何学习国外成功经验，对于一个旨在实现体育强国的后发国家来说尤为重要。当然，这过程中一个无法绕开的话题便是，运动员一旦可以赚取额外报酬，则意味着体育的性质发生了改变。在当时的背景下，这不仅仅是经济或者管理方面的问题，而是政治问题。化解这一矛盾的关键在于分析把握体育从业人员的本真性质，如果是一个职业则意味着该问题可以跳出政治的立场，我国进行运动员职业化也就变得可行起来。从这个意义上讲，张原耕先生的判断对于当时处于举国体制下的我国体育而言，是有先见性的。

后续，钟集均等（1988）通过大量的资料分析把握了世界范围内的运动员职业化的趋向，并对我国是否可以进行运动员职业化展开分析论证。他们研究指出，"运动员职业化应是我国体育改革的发展方向"，认为"改革开放是运动职业化的大前提，体育社会化是运动员职业化的基础"，虽然我国全面实行欧美式的职业化道路条件可能尚未成熟，但是也具备了一些条件，试行运动员职业化却是可行的。特别值得指出的是，该文还提出了："必须根据中国经济、体育发展的现实状况，走中国式的运动员职业化道路。"这是文献中关于中国特色职业化的最早论述。而张子沙等（1989）则关注竞技体育职业化是什么及其在我国实施的可能性，认为："高度的商业性与文化性是竞技体育职业化的本质特征"，而且"在一定条件下，职业体育的商品价值与文化价值在向社会进行价值交换与转移的同时相互间也进行价值的转换"。这是可以追溯到的关于职业体育内涵的最早、也是较为准确的判断——职业体育即是经济商业性和体育文化性的结合，两者缺其一都会偏离职业体育之本质，走向异化。另外，他们还强调：我国实施竞技体育职业化可以释放出"激发效应、促进效应、调节效应、整合效应"，而这对于当时的我国竞技体育而言是具有价值的。当然，与其他新生事物一样，对竞技体育职业化当时也存在两种意见，即支持与反对。持反对意见大多基于这样的立场，一是职业化是资本主义的东西，虽然好，但是社会主义的体育不能走；二是我国职业化尚不成熟，待时机成熟以后才能实施。张子沙等（1989）的另一篇论文，即就我国竞技体育群体对实施职业体育的社会心理态势进行研究，发现"从整体上，对职业体育的社会态度以支持型代表主要倾向，但心理承受力尚不充分"。这也大体反映了当时我国竞技体育职业化改革思想萌芽状况下，社会心态的基本特征。

当学术界搞清楚职业化改革的必要性和可行性后，研究焦点开始转换，如何进行改革成为热点。如程云峰（1990）强调我国竞技体育职业化，"要解决好竞技体育职业化领导体制""要有中国特色"。李守堂等（1992）则针对足球职业化问题，强调要坚持邓小平同志在南方谈话中指出的"三个有利于"标准，即"是否有利于发展我国足球事业，有利于提高我国足球竞技水平，有利于为我国体育体制改革积累经验"。杜利军（1993）则针对当时我国竞技体育发展实际，建议"在我国局部社会经济和体育文化较发达的地区进行开展职业体育的试点"。而黄永良（1993）强调职业化改革的关键是体制改革与机制转换的问题，足球职业化需要处理好球星市场、训练市场、经营市场、观赏市场、广告市场、竞赛制度以及立法等问题，摸索出一条具有"中国特色"的职业化道路。

## 二、研究视点分析

回溯早期的职业体育研究（准确来讲应该是竞技体育职业化研究），大概回答以下两个基本问题：

（1）对职业体育是什么有了一个基本的认识。从关注奥运会业余性原则改革和世界范围职业化走向开始，逐级认识到职业体育是现代竞技体育适应时代要求，摆脱业余原则，走向专业化的结果。第一，社会发展规律所决定，具体来说就是社会发展带动了体育参与的社会化加速。在职业体育出现前，体育活动是有闲阶层的专利，而伴随城镇化集聚的工人阶级体育运动兴起，主张和坚持"业余原则"成为达成排外性的有效手段。当然，随着社会的发展，放开参与权，赋予工人阶级体育竞赛权力成为体育运动追求更高更快更强的应然选择。第二，体育功能多元化发展。19世纪以后，体育运动的功能逐渐发生变化，向着多元化方向扩展，个人动机、团体利益，政治目标、经济利益，各色关系交织在体育运动之中，顺应社会发展打破业余规范的约束，引导体育运动多元化发展成为应然。第三，体育竞赛的竞争本性带有催生专业化、职业化的倾向。体育运动作为一种特殊的社会现象，竞争是其本质特征，不断扩大范围、增加难度也就成为体育竞争的根本追求所在。于是，消解业余性，追求职业性、专业性成为提升体育运动发展水准的关键所在。第四，伴随经济社会发展，体育与其他社会现象关系更加密切和复杂。在职业体育发展之前，体育是单纯的，仅仅关系个人，基本上与政治、经济无关。随着社会发展，体育开始逐渐为贵族、资本家等所选择，成为彰显自我、提升形象等衍生追求的手段。而此时，转变业余性，强调职业性成为重要的内容。正是在此意义上，蔡宝忠（1989）指出，原始的"业余"与现代的"业余"有本质的区别，原始的"职业"就是现代的"业余"，现代的"业余"就是"国家业余"，也就是不公开的职业化。而职业体育与业余体育从排斥，到共存，再到融合，这是商品经济力量与体育结合的结果，是由客观规律决定的。在此意义上推进我国竞技体育职业化，具有顺应体育发展规律，助推竞技体育发展的价值。

（2）客观分析了我国进行竞技体育职业化的条件。张子沙等（1989）即认为，"竞技体育职业化指的是，在商品经济充分发展与体育文化市场不断扩大的条件下，自觉地运用价值规律，利用高水平竞技体育的商品价值与文化价值，参与社会商业活动与社会文化活动，使竞技体育成为高级运动员赖以获取高额生活收入来源的工作，并为社会提供体育商业和体育文化服务的一种体育集团化社会活动。"也就是说，职业体育是竞技体育的一种独特组织形式，是伴随社会发展需要，特定的社会环境、社会制度、社会组织在竞技体育组织运行样态上的综合呈现。作为一种阶段发展产物，其产生具有一定的经济社会条件，具体表现在：第一，市场经济高度发展，市场运行规律深入到社会运行的方方面面，劳动的社会资本化成为一种习惯，同时市场运行的经济与法治氛围较为浓厚。第二，竞技体育的赚钱效应开始显现，社会有了体育赛事消费的需求。一方面，大众社会观赏需求较为浓厚，球迷关注行为成为社会热潮；另一方面，社会组织（特别是商业组织）投入体育赛事的需求开始出现，赞助、广告等行为较为普遍，同时体育赛事的赚钱效应呈现，投资体育赛事及其相关行业具有了一定的赚钱效应。当然，也涉及一定的政治条件，因为职业体育的发展可行性首先需要国家加以确认，同时组织架构规范、社会文化环境、法治保障等都需要政府行政力量的有效介入。我国该问题的解决，是以邓小平同志南方谈话为契机的。现实中，我国职业体育开始阶段的目的是围绕"三个有利于"标准展开的，而较少涉及职业体育本质上的经济性。

除此以外，职业体育的产生还需要竞技体育自身的有效发展，因为职业体育是高端的竞技体育，低端是没有市场的，无法发展的。其中，最为核心即是竞技体育具有一定水平，到了可以满足别人观赏需求的层次，具有了市场商业开发的可能性。这是特别重要的方面，因为竞技体育职业化的核心在于运动员的职业化，也即运动员可以依靠竞技体育训练、竞赛活动获取足够的维系自身生计的条件，只有这样体育才能作为一种职业而存在。西方职业体育自序产生的关键，就是以竞争选择的方式解决了运动员的职业化。我国具体实践中，也特别重视该问题，采取了设立准入门槛、推出测试赛等多种举措。

## 第二节　职业化改革探索实践中的我国职业体育理论演进

随着红山口会议的召开，我国竞技体育职业化正式开启，1994 年的足球、1995 年的篮球、1996 年的排球等实践的启幕，对理论研究的意义是巨大的。从相关研究数量上看，如表 1-1 所示，1994 年具有明显拐点特征，从过去的几篇，迅速提升到 20 多篇、30 多篇，职业体育研究作为一个较为稳定的研究领域开始出现。从内容上看，研究导向发生转向，从过去国外经验介绍和国内能不能进行职业化探讨，向着更深入、更全面领域拓展，研讨新生的职业体育该何去何从、该如何做转变等；同时，研究视角也开始转变，从国外经验研探与反思向着更加多元化方向迈进，解决现实职业体育问题开始成为热点。

表 1-1　20 世纪 90 年代职业体育相关主题研究成果数量统计（基于知网的统计）

| 年份<br>关键词 | 1990 | 1991 | 1992 | 1993 | 1994 | 1995 | 1996 | 1997 | 1998 | 1999 |
|---|---|---|---|---|---|---|---|---|---|---|
| 职业体育 | 2 | 0 | 0 | 4 | 3 | 1 | 7 | 7 | 3 | 6 |
| 职业足球 | 1 | 2 | 2 | 2 | 8 | 10 | 9 | 13 | 18 | 23 |
| 职业篮球 | 1 | 4 | 1 | 0 | 13 | 10 | 5 | 14 | 10 | 10 |
| 总计 | 4 | 6 | 3 | 6 | 24 | 21 | 21 | 34 | 31 | 39 |

### 一、研究脉络梳理

诚然，职业体育在西方已有百余年发展历程，但是对我国而言，却是一个新议题。于是，早期学术界关注的一个焦点是职业体育是怎么演化而来的、又具有什么样的特征。如张宝华等（2000）认为，欧美职业体育萌芽于 19 世纪，"业余体育俱乐部的出现、体操运动的衰落与竞技运动的兴起、娱乐活动的阶级趋同、体育越出学校和贵族圈子、娱乐活动的商业化趋势是其兴起的历史背景。"而凌平等（2003）则认为，美国职业体育带有移植英国赛马俱乐部模式的特征，根源上是资本主义制度建立以及体育自身不断调整的结果。生成于特定政治、经济、文化氛围中，西方职业体育从无到有、从弱小到壮大，为我国学者所共识。这种嵌入性，其中尤以制度建设最为关键。石磊等（2009）关于职业体育与反垄断豁免制度关系的流变顺理，大体即证明了这一点。当然，欧美职业体育作为一种社会建构，不可能是保持一成不变的，适应性变迁时刻发生着，而且其间即穿插与折射出具有地域特色的内容来。郑芳（2007）即关注到欧美职业体育的差异，认为"管理者的创新、各种促进联盟竞争均衡的制度安排以及市场需求导向是促使美国职业体育制度变迁的核心和关键。"

关于第二个议题即职业体育到底是什么样的，国内也有较为丰硕的研究成果。

首先，是对职业体育的特征认识更全面、更贴近本质。如杨铁黎等（2000）认为，职业体育的经营活动是按照市场经济的规律进行运作；从事者以某项运动为主要谋生手段；职业俱乐部是经营的最基本单位和实体；核心产品是竞赛；职业俱乐部和职业运动员本身也可作为商品进行交换；职业俱乐部的目的是为获取最大的经济利益。而张林等（2001）则将职业体育俱乐部的本质定义为向社会提供服务，并以企业性质的经济实体为特征进行个人物品供给和生产经营活动。这一实践中，门票收入、俱乐部无形资产的开发收入、运动员的转会收入和出售电视转播权的收入，是俱乐部的主要收入来源。其次，在运作规律方面，学者对职业体育组织形式、管理体制、治理机制等方面进行了卓有成效的探讨。张文健（2006）即指出，职业体育是以俱乐部为基础的，遵循市场化运作方式，通过职业俱乐部共同体（联盟或协会）来协调俱乐部间的合作与竞争关系。[①]之所以如此，这是由职业体育生产特性所决定的，互相竞争、互相依存的联合生产是职业体育的产业独特性所在。职业体育的生产过程中，需要相对稳定的、具有长期关系的契约组织，从而实现节省运作成本、消减运营风险的目的。而在管理体制方面，国外大多采取三级管理的管理体系，即全国单项运动项目协会、职业俱乐部职赛（又称联合会、联盟）、职业体育俱乐部。当然，职业体育的利益关涉较广，存在极其复杂的利益相关者群体，它们包括体育项目协会、职业体育俱乐部、运动员、教练员、裁判员、经纪人、媒体、赞助商、广告商、观众和政府等。它们围绕职业体育价值创造，相互依存形成了合作伙伴关系或者利益共同体。实践中，职业体育在俱乐部层面具有以委托代理为基础的所有权结构和法人治理机构，以保障内部运营效率；而在外部则基于资产专用性、不完善契约，以及带有自然垄断性质的联盟、相互竞争与合作的俱乐部和深入参与生产的各种类型消费者的市场特征，寻求各种特殊的治理机制来保护其投资成为明智选择，并在职业体育市场交易制度上体现出来。职业体育交易制度包括签约前、签约时和签约后三种制度。其中，签约前的制度包括市场准入和担保制度，契约谈判制度主要是劳资谈判，契约签订后还涉及监督制度（涉及联盟总裁监督、裁判监督和媒体监督三个层次）、激励制度、纠纷处理制度和保险制度等。同时，职业体育在联盟层面上，基于交易成本考虑，还形成了产业链组织模式，并以市场交易式、纵向一体化式和准市场交易式两种或三种于一体的混合式的模式存在。

此外，职业体育具有较为特殊的内外部制度设计也为国内学者所广泛关注。郑芳等（2009）即认为，比赛结果充满悬念和不确定性是职业赛事充满生机的源泉，揭示竞争平衡在职业体育运作中的特殊重要性。李江帆等（2010）进一步分析指出，职业体育竞争的营胜性与营利性相伴而生，并衍生出体育竞争与经济收益之间关系：经济收益是以俱乐部间的体育竞争为基础；经济收益的大小是随着

---

①张文健著.职业体育组织的演进与创新［M］，北京：北京体育大学出版社，2006，第6页.

竞争平衡的变动而变动，当体育竞争达到最大值（竞争平衡）时，经济收益也达到最大值。这为职业体育联盟垄断式竞争合作关系及其相关运行机制提供了一个很好的解释。当然，职业体育之所以可以采取联盟模式，还与外部的制度有关，如西方国家的反垄断豁免制度（《谢尔曼法》《克莱顿法》《国家劳工关系法》《体育反垄断转播法案》等，以及特殊的政府规制等）。

第二个学术聚焦点，则是关于我国职业体育的相关研究。研究大体集中在我国职业体育发展特征、存在问题以及该如何改进等领域，产生了较为丰硕的成果，得出了一系列有创见性的结论。

（1）关于我国职业体育性质判断和发展特征的研究。沿承传统竞技体育举国体制和奥运争光战略，早期学术界对我国职业体育发展定位更多还是落在作为原有体制补充上。2000年，时任江苏省体育局局长的孔庆鹏即发文指出，"体育俱乐部是在我国建立社会主义市场经济体制、进行体育体制改革中涌现出来的一种新的体育组织形式，代表了体育改革的方向。"但是，"改革方向并不等于是近期目标，方向正确不能代替步骤、方法的可操作性。"而我国职业体育俱乐部制改革的"成功与否要以是否有利于提高运动技术水平；是否有利于职业俱乐部形成自我积累、自我发展、自我约束的市场主体；是否有利于促进我国两个文明建设作为判断的标准，"并认为，"职业俱乐部制的改革必须从我国社会主义初级阶段的国情出发；必须与整个竞技体育的发展相互协调、综合考虑；必须与它所赖以生存的社会环境相融合。"

从湖平等（2004）则基于制度经济学立场，认为我国职业体育制度变迁以渐进方式展开，且呈现三个阶段特征。初始阶段的职业体育制度调整以政府主导型形式展开；当创新主体的利益和权利格局发生调整后，制度变迁过渡为混合型形式；当职业体育俱乐部认同市场机制成为资源配置主要动能所能带来预期增量收益时，需求诱致型形式将主导我国职业体育的制度变迁。胡利军等（2010）则从内外部环境角度出发，认为我国职业体育发展具有自上而下的特征，而非市场竞争自然形成的，是"政策推导型"或"政府推导型"的，并表现为：运动员层面的专业运动员型准职业运动员，俱乐部层面的准职业体育俱乐部普遍存在、多种性质并存，竞赛产品从公共产品、向准公共产品、私人产品生产过渡，且受制于"金牌战略"。张兵（2011）基于转型经济学立场，认为我国职业化改革和中国特色职业体育建构是利益取向变更的结果，是谋求超越实现我国体育事业社会价值显现的过程。

（2）转轨而来的我国职业体育，必然面临各色各样的问题，并吸引了国内众多学者的关注。张林等（2001）即认为，处于新旧体制并存阶段的我国职业体育，在俱乐部层面存在产权关系模糊、市场主体地位未确立、经营机制不完善、法制建设滞后、激励与约束失衡等问题，徐连军等（2006）也持相似的观点。卢文云（2007）则关注到我国职业体育有效供给的制度缺陷，并认为主要表现：指导思想没有以消费者权益之上，供给市场主体不规范、产权不清，市场体系不健全，以及缺乏必要的专门法规和行业自律机制等。相似的研究，还有许多，如陈元欣等（2004）重点论述了职业体育融资问题，张文健（2005）关注了我国职业体育组织问题，何斌（2008）则研究了职业体育市场赞助问题等。另外，还有一些学者关注具体的问题，比较有代表性的如假球黑哨、球员劳动合同、职业体育救济等。

客观地讲，新生的中国职业体育出现问题，有一定必然性，这是新事物发展的共性问题；当然超出这种共性之外的某种特殊性，往往是有意义的，而这恰恰是国内学者力图揭示的。王庆伟等（2006）对中西方职业体育制度变迁进行比较研究，认为我国职业体育在初始制度、变迁的历程等方面不同于西方，提出缺少西方体育文化氛围、体育价值观、发展周期不足等因素，决定了我国职业体育制度变迁具有长期性和复杂性。王永荣等（2009）则关注我国职业体育人力资本产权制度问题，认为产权制度安排的路径依赖在一定程度上影响了我国职业体育的发展。而何斌等（2010）则从文化视角切入，认为我国职业体育问题的出现与我国重文轻武的传统思想有关，同时与对西方职业体育发展模式仿效产生的同化危机有关。

（3）面对中国职业体育存在的问题，不同学者从不同角度提出了解决举措。有的认为要加强法治建设，有的认为应该推进职业体育联盟建设，还有的强调要加强治理机制建设。跳出操作层面，发展理念上强化政府作用，加强引导培育对我国职业体育而言特别重要；同时学习和借鉴西方成熟职业体育经验，具有重要意义。当然，学习借鉴国外经验的同时进行必要的创新，显然有助于我国职业体育发展与完善，而这恰恰立场引导我国职业体育发展理念转向。赵长杰等（2009）就北美职业体育的组织机构、财务管理、人力资源管理等方面进行总结，认为它们与北美宏观环境、联盟体制和机制相协调，提示我国职业体育在参照西方模式时，切不可完全照搬其做法，而应结合我国发展现状及环境，进行本土化改造。而张兵等（2010）则明确提出了中国特色职业体育应是我国职业体育的发展方向，并将中国特色职业体育界定为在独特的社会主义中国现有条件下职业体育共性与我国职业体育建设特殊性的统一基础上，通过中国化和时代化锤炼的按照特有的组织方式和运行模式运作的竞技体育形式和制度体系，是可以区别于其他国家或组织的职业体育运行模式。

## 二、研究视点分析

相较于职业体育启幕之前，这一阶段的研究成果极其丰硕，研究也更为深入，产生了一系列具有指导意义的学术观点，并在一定程度上助力了我国职业体育的发展。综合来看，可以从以下两个方面进行总结。

一方面，表现为对职业体育的把握更加深入。以职业体育概念为例，如表1-2所示，随着认识的深入，其本质逐渐明朗起来。学术界大体遵循两个视角来阐释职业体育，揭示其经济性、体育性特征。其一是从职业体育的职业属性切入，认为竞技体育适应时代需要并发挥现代社会娱乐功能时，体育娱乐的专业化需要以职业形态加以保障。于是，以满足社会大众娱乐需求的、以高水平竞技比赛表演及其衍生品生产为特征的一种特殊社会职业类属即出现了，这种以体育为职业的行业（产业）即为职业体育。其学理立足点是运动员专业化产生、竞技体育跳出业余性的社会需要满足程度增加、社会发展带来的社会分工与组织专业化。其二则是基于职业体育显示特征进行分析界定，认为职业体育是一种竞技体育商业化、市场化的运作体系。于是，强调体育的载体性、内容性，将职业体育看作是与舞蹈、展演等相类似的行业。

事实上，关于职业体育本质的论述，往往离不开职业体育是体育样态、还是产业样态的争论。当然，随着相关研究的深入，融合的样式逐渐被认同，即职业体育兼具体育性和商业性。因为，职业体育是包含赛场内外的复杂体系。具体来讲，赛场内的体育性是其区别于其他娱乐样式的根本，而赛场外的商业特质不仅解决赛场内体育运作方式的现代性延展问题，还成就其作为一个独立、特殊的行业类别存在的规定性。至此，国内学界大体对如下问题已经基本形成共识，即职业体育涉及要素职业化（人的职业化、场馆职业化、劳务职业化等）、组织职业化（俱乐部、联盟及管理服务体系）、流程职业化，或者行业运作方式的职业化（专业化、法治化）；赛场内训赛保（竞训、康保、竞赛）一体化体系、市场运作职业化专业化。[①]而这一系统认识，对我国职业体育后续改革，特别全面深化职业体育改革价值是重大的（见表1-2）。

表1-2　关于职业体育概念的代表性观点举例

| 序号 | 概念界定 | 学者、成果（时间） |
|---|---|---|
| 1 | 职业体育是市场经济发展一定阶段，利用高水平竞技运动的文化价值和商业价值，使竞技运动员、俱乐部等关联主体获得丰厚收益，并为社会提供休闲娱乐服务的一种社会商品活动和社会文化活动 | 张林.我国职业体育俱乐部发展前景［J］.国家体育总局政策法规司全国体育发展战略研讨会汇编，1998. |
| 2 | 以某一运动项目作为商品，通过该项目的劳务性生产和经营，围绕该项目生产开发而形成相对独立和完整的商业化、企业化经营体系 | 谭建湘.从足球改革看我国竞技体育职业化的发展［J］.广州体育学院学报，1993. |
| 3 | 一种追求竞技比赛票房价值、以商业牟利为目的的竞技体育活动，也称商业体育 | 中国体育科学学会香港体育局编.体育科学词典［M］.北京：高等教育出版社，2000. |

①李崇飞著.中国体育产业发展研究［M］，武汉：武汉大学出版社，2016，第13页.

续表

| 序号 | 概念界定 | 学者、成果（时间） |
|------|----------|-------------------|
| 4 | 经营者以市场经济规律为依据，以俱乐部为实体，以职业运动员的竞技能力和竞赛为基本商品，为获取最大利润为目的的经营体系 | 杨铁黎等.职业体育市场运作模式的理论探讨——兼谈中国职业体育市场存在的问题［J］.体育与科学，2000. |
| 5 | 把作为娱乐的体育表演（商品）提供给消费者（观众），球队的所有者和比赛的主办者从中获得入场费和转播权费，职业运动员从中获得报酬的经济行为 | 唐建军等.日本职业体育产业发展及其启示［J］.体育科学，2001. |
| 6 | 按照市场经济的运行规律，利用高水平篮球竞技的商品价值和文化价值，参与社会商业活动与社会文化活动，并在获得经济收入的同时，满足人们精神享受需要的一种竞技体育运作模式（篮球职业化） | 陈钧等."篮球职业化"概念的界定［J］体育学刊，2002. |
| 7 | 以某一运动项目为劳务性生产经营，围绕该项目生产开发而形成相对独立和完整的商业化经营体系，并通过市场经济的手段来发展该项体育运动 | 贾珍荣等.我国职业体育中的劳资关系问题及其应对策略［J］.天津体育学院学报，2006. |
| 8 | 以买卖职业体育赛事的各项权利，以及运动员通过应用体育技能参加比赛或者展示以获得金钱回报的商业活动 | 魏鹏娟.职业体育反垄断豁免制度初探［J］.体育学刊.2008. |
| 9 | 一种高度专业化、商业化了的高水平竞技体育，其核心是职业体育赛事的运作和推广 | 胡利军等.中国职业体育发展研究［J］.体育科学，2010. |

另一方面，对我国职业体育发展的指导意义更为突出。诚如前文梳理，这一阶段学术界对西方职业体育进行了大量研究，深入揭示其源起与制度变迁、运行体制机制等方面的规律，且多站在服务我国职业体育发展的立场，探讨进行中国化改造的路径，以切实解决中国问题。另一个层面，则集中体现在对中国问题的探讨上，或者从宏观经济、法律、文化，或者微观制度、组织、机制，以求找出化解问题的方式方法。

事实上，对我国这样后发的职业体育，存在多方面问题并不可怕，关键是如何后续跟进改革与发展，找到突破口。如袁春梅（2008）认为，职业俱乐部与项目协会之间、运动员和教练员与职业体育俱乐部之间以及运动员与教练员之间的利益冲突是当前我国职业体育利益冲突的集中体现，理应成为后续改革力图解决的重要议题。再如郁静等（2000）指出的，发展我国职业体育需打好基础，做好基础的构件（如运动员、俱乐部、赛制等），这一判断也具有特别重要的价值。因为，竞技体育职业化的重心是解决人的问题，也即以体育为职业的问题，使得体育作为一个独立的职业类分存在问题；那么，职业化以后必然涉及市场化，劳动力成为市场交易实践中可交换的产品以及劳动创造的产品具有市场交换价值，这是职业化得以实现的基本条件。

此外，值得关注的是，职业化改革以更好满足内外需求为导向，遵循产业化方向做大做强职业体育，意味着精细的符合经济特征要求的组织形式开始被采用或者被改写。从逻辑链条上看，职业体育发展应该是先有运动员职业化，然后再有市场化，最后是完整意义上的产业化，即按照资源配置最优化、效用最大化方式组织体育生产及后续活动，形成职业体育产业体系。当然，其间的体系发展早期遵循的是内部主体平等、合作共赢组织方式，后续随着竞争压力由外及内围绕产业链进行组织细分，甚至打破竞争平衡。事实上，后续我国职业体育的改革大体遵循这样的一个路径展开。

# 第三节　新时代发展背景下的我国职业体育理论演进

2010年《国务院办公厅关于加快发展体育产业的指导意见》下发，体育产业成为社会投资的热点领域，其间影响力巨大且作为体育竞赛表演业主体的职业体育自然获得更多关注。广州恒大、上海上港、江苏苏宁等企业陆续布局职业体育，催生了一个快速发展的阶段。在宏观层面，2012年党的十八大召开，中国经济社会进入一个新的历史阶段，中国梦、全面小康社会、高质量发展以及全面深化改革、创新驱动等，成为这个时代的议题。内嵌于这一实践进程，有关中国职业体育的理论探索也呈现出新的迹象。

## 一、研究脉络梳理

职业体育是如何运行的，长期以来是职业体育领域研究不可绕开的议题。前期相关研究多从组织、体制、制度等方面切入，而对具体机制是如何实践的关注不够，后续相关研究则有了较大的拓展。就职业体育联赛（联盟）而言，它不仅要应对外部其他联赛（联盟）的竞争，还要协同内部各俱乐部之间的竞争，为此职业体育联赛（联盟）演化出两套机制。其中，应对联赛外部竞争者的机制有赛事经营权垄断机制和政府支持机制，而应对联赛内部竞争者的机制则包括竞技实力制衡机制和经济实力制衡机制。为了维系联盟的有序发展，联盟往往需要有所取舍，保持有效的规模效益。汤自军（2012）基于垄断与竞争关系分析，研究认为职业体育联盟最优规模就是在规模垄断与竞争平衡之间的博弈，在法律制度（反垄断法等）认同下的垄断规模即是联盟的最佳规模，此时联赛规模与竞技水平之间会取得最有利于职业体育效应显现的效果。现实中，效用最大化的状态不是自然而生的，也无法自序存在，需要与之配套的治理机制。

关于职业体育治理，前期有关体制、机制已有较为充分的研究，但是宏观理念上仍存在争议之处。首先，职业体育治理的目的到底是什么——出于保障体育竞争价值体现还是更多出于商业利益考虑，事关治理实践导向，偏左或偏右都很可能产生不良后果，学术界也对此特别重视。高升等（2019）认为，这两者可能是存在一致性的，因为职业体育治理的根源即是为了维护体育竞赛的真实性和市场交易的公平性。当然，由于职业体育所处环境、所要解决的问题不同，具体运行中是有侧重的。有的放矢、区别对待的实践表现出了运作导向的不同，有的联盟（如北美职业体育联盟）强调整体商业利益重视体育竞争平衡治理，有的联盟（如欧洲足球）则关注俱乐部经济利益倡导自由竞争。

当然，不论是采取何种治理模式，职业体育都有一个共性的要求，即依靠市场准入制度，构成有效竞争的市场结构。进入壁垒和退出壁垒的存在使得联盟"进入权"成为职业体育联盟内部管理的一种有效管理机制，改进了职业体育联盟的质量管理，有利于维持职业体育市场的团队生产效率。而一旦跳出联盟的视角，在全球化进程中，职业体育便呈现了一些类似其他行业的特征，如品牌运营问题。从地方品牌、区域品牌到国家品牌、国际品牌，职业体育俱乐部即是依据其品牌属性、品牌定位、催化因素、面临的约束行为采取不同途径打造其品牌资产，实现价值增值。基于治理保障，依靠市场机制，职业体育演化出核心竞争力。关于职业体育俱乐部核心竞争力，赵广涛（2012）认为，可以从资源要素竞争力、组织要素竞争力、战略要素竞争力、竞技要素竞争力4个维度加以分析。现实中，俱乐部核心竞争力是动态的，是俱乐部在市场中现实地位的显现，不仅与市场运营有关，还与俱乐部竞技水平及其背后运动员教练员等人力资本质量有关。正是在这个意义上，治理的范畴进一步扩大了，强化竞技和市场的协同，对俱乐部运营管理全过程进行优化，是维系和提升竞争力的关键所在。

当然，对职业体育的深入探讨，还体现在对职业体育核心资源的研究关联上。其中，最为重要的便是运动员。首先，作为职业体育核心资源，运动员的工资收入状况事关职业体育的有序发展。因为，一方面高工资有利于吸引更多青少年，助力后备人才规模和联赛有序发展；另一方面运动员本身就关涉俱乐部或投资人运营成本，直接关系到俱乐部的实际盈利。也就是说，职业体育运动员工资，受到多方面因素影响，既受限于宏观社会环境，也与职业体育自身市场运营密切相关，需要职业体育联盟进行专门化的制度设计。[①]考虑到职业体育运动员工作具有高水准、短周期、大差异的特征，实践中明显不同于普通行业；而且在不同联赛实践中，运动员工资的解决方式是有所差异的，具有典型性的即是北美职业体育

---

① 白震，袁书立，张华岳著.体育产业发展：新的机遇与挑战［M］.长春：吉林人民出版社，2021，第12页.

联盟的集体劳资谈判制度。当然，在一个问题上欧美职业体育是具有共性特征，即职业运动员都会获得一般劳动者角色的法律地位，规定俱乐部有义务保障职业运动员自由权属性的劳动权——有义务对职业运动员休息休假、安全卫生、代表本国参赛等社会权属性的劳动权予以合理保障。相似的研究还涉及场馆服务、电视转播等领域。

此外，职业体育的复杂性在于其不仅仅具有商业性，还具有明显的社会性，需要履行相应的社会责任。职业体育（俱乐部）社会责任，是指职业体育俱乐部对其投资者、球员、社区、球迷和其他参赛俱乐部等利益相关者的合法权益以及公平竞争的比赛秩序所负有的保护和促进的法律义务，主要涉及慈善责任、社区责任、战略责任、领导责任、道德责任、法律责任和利益关系人责任七个方面。对于一个俱乐部来说，其社会责任履行情况往往会影响消费者的消费选择，具有积极的价值。同样，对于一个联赛（联盟）而言，社会责任不仅体现其作为社会构建物的现实意义，还对整个联赛具有明显的品牌延伸意义，这意味着对俱乐部（联盟）社会责任及其评价进行制度化建设具有极其现实的价值。另一重要方面，便是关于中国职业体育问题的研究。当然，国内职业体育改革发展议题，往往是基于问题导向展开的。首先，学者们旨在探解我国职业体育现实存在的问题，且逻辑上带有一定程度历史演进考察的立场。如于永慧（2013）关于我国职业体育制度改革的研究，就指出我国职业体育改革是一个综合作用的结果，既与外周经济社会环境变化因素有关，也涉及内部认识变化与外界压力感知影响。该文认为，我国职业体育制度改革的动力源泉来自社会基本经济制度的方向性调整，对体育价值的认识变化与财政供给变化以及体育顺应改革的要求和自身发展的需要——如何更好解决在奥运上为国争光问题、顺应社会大众期望与诉求的表达和国外全球化的牵引。而且，其市场生产逻辑上有别于西方，先有消费市场，后有竞赛市场；先有俱乐部企业化，再有运动员等生产资源市场，最后才有联赛市场运营实体。这一生成逻辑往往造成我国职业体育市场治理的复杂性，面临着市场不完善与过度市场化并存、市场竞争与身份权利竞争共生的复杂局面，应对全球化影响的同时需发展与治理同步推进。

中国职业体育存在的现实问题，比较集中于运行制度、运行机制及其效应等方面。例如在产权制度上，有研究揭示了我国具有独特的职业体育产权现象，存在公私嵌套性产权、妥协性产权、象征性产权乃至公有化的隐性产权等模糊产权并存问题。而权力运行关系上则存在资本权力错配问题，大股东（如中国足球协会）侵占小股东（俱乐部）利益，并带来中国职业体育违约行为多发，不仅有球场上的假球黑哨，还有球员管理中阴阳合同及俱乐部经营中的欺瞒、失信和不正当竞争问题。

面对我国职业体育现实问题，不同学者从不同视角给出了具有差异性的解决策略。有的学者认为，要建立健全我国职业体育的市场准入制度，从监管理念、监管体系及相关法律法规方面保障我国职业体育优胜劣汰机制的顺利实现。有的学者则从体制层面提出要借助管办分离改革推进我国职业体育利益主体权利关系变迁——从物权关系向行为权利关系演化。也有学者强调要推进我国职业体育组织建设，建构职业体育联盟。还有学者重视我国法律建设，强化对我国职业体育的法律规制，推进我国职业体育法治建设。

另外，在体育产业高质量发展和全面深化改革背景下，一些新问题也引起了学者们的关注。其中，特别有价值的议题是如何促进我国职业体育消费的换挡升级。江小娟（2018）即认为提升我国职业体育消费，需要明确职业体育可以带来快乐与健康、具有经济和社会两重价值的规定性。而张森等（2016）进行了一个比较有价值的研究，他们分析比较了中美两国职业体育消费动机，发现存在一定差异性：我国消费者易受感兴趣的球员、比赛结果的不确定性和家庭等与个人利益相关的动机因素影响，而美国消费者则易受球队认同感、成就感、运动技能和娱乐等动机因素影响。关于职业体育消费模式，张瑞林等（2018）研究显示，当今体育赛事消费的主要领域为线下消费行为模式。至于如何促进我国职业体育联赛消费，赵轶龙等（2019）提示，需要激发与提升联赛主体的市场活力与组织运营能力、提高职业体育联赛产品的供给能力与水平、促进职业体育联赛商业价值提升、改善与优化职业体育联赛消费环境、扎实联赛消费的市场根基。

## 二、研究视点分析

新时代需要新理论，学术界需要有新担当。而这种担当则体现在对中国职业体育现实问题的化解上。体育现实问题恰恰证明了这一点。强化对中国体育问题的化解，成为这一阶段职业体育研究的基本立场。即便是研究西方职业体育也往往立足于转化为解决中国问题的思路，西学中用。如张瑞林等（2015）关于NBA（美国职业篮球联赛Notional Basketball Assocíotion）联盟价值管理的研究，不仅揭示了NBA联盟的投资者（会员）主导型的治理模式、分立化的管理模式、"设计+生产+销售型经营模式"以及多元化的盈利模式都充分植入了价值管理理念，还对我国职业体育价值管理提出了可资借鉴的建议。同样，李荣日（2013）关于职业体育俱乐部制度再造的研究也具有相似的倾向，强调我国职业体育的基本制度再造、经营开发制度再造和专项管理制度再造需要遵循中国立场，基于中国环境和中国问题展开。事实上，正是这种学者的责任体现，催生中国职业体育在理论探索上的转向，即明确了中国特色职业体育的发展方向。当然，需要指出的是，这种认识的历程是逐渐明晰的，从理念向实质转换（见表1-3）。

表1-3　中国特色职业体育关涉的代表性观点举例

| 序号 | 相关观点 | 学者、成果（时间） |
|---|---|---|
| 1 | 中国现阶段的职业体育不能完全照搬北美职业体育的做法，应结合我国职业体育发展现状及环境，进行本土化改造 | 赵长杰等.北美职业体育发展的经验及其启示［J］.体育学刊，2009. |
| 2 | 中国特色职业体育界定为在独特的社会主义中国现有条件下职业体育共性与我国职业体育建设特殊性的统一基础上，通过中国化和时代化锤炼的按照特有的组织方式和运行模式运作的竞技体育形式和制度体系，是可以区别于其他国家或组织的职业体育运行模式 | 张兵等.中国特色职业体育的内涵界定及其阶段特征构想［J］.天津体育学院学报，2010. |
| 3 | 建议联赛执行部门加大设备设施和环境等硬件方面的投入，提高有中国特色的体育赛事服务质量。将中国传统文化特色融入技术性与环境性服务，以此更好地来调动观众的情绪，营造赛场氛围，提高职业赛事的整体水平 | 张星等.我国职业体育赛事服务质量模型研究［J］.北京体育大学学报，2011. |
| 4 | 中国特色职业体育文化的建设：建设中国职业体育文化时要处理好继承与借鉴的关系；建设中国特色职业体育文化的关键是要提升运动员的道德情操；健全适合中国国情的职业体育制度文化；在职业体育文化的物质层面上增添中国元素；打造中国特色的职业体育项目 | 何斌等.中国职业体育发展的文化审视［J］.武汉体育学院学报，2010. |
| 5 | 中国影响职业体育发展的宏观、微观环境因素不同，中国职业体育发展具有许多自身的特征，决定了中国式职业体育的发展不可照搬西方模式，必须走中国特色的职业体育发展道路 | 胡利军等.中国职业体育发展研究［J］体育科学，2010. |
| 6 | 形成中国独特的职业体育发展道路 | 江小涓.职业体育与经济增长：比赛、快乐与GDP［J］.体育科学，2018. |

| 序号 | 相关观点 | 学者、成果（时间） |
|---|---|---|
| 7 | 建立健全"职业俱乐部青训体系、省区体育局青训体系、城市青训体系、体教结合校园青训体系、社会俱乐部青训体系"五大青训体系为一体的多元化后备人才培养体系，加快建设国内、国际两类青训中心，做大、做强全国青少年足球超级联赛，打造"五系一体、两心一赛"的新时代中国特色足球青训体系 | 孙科.认知、体系、方向——国家体育总局副局长杜兆才谈中国足球报［J］.体育学研究，2018. |

内嵌于新时代体育强国、法治建设进程中，我国职业体育相关研究也不断增多。比如在职业体育相关法律问题研究方面，就产生了一系列有影响力的研究学者，如周爱光、田思源、姜熙、赵毅、向会英、周青山、高升等高产学者，他们的研究不仅涉及对国外研究的职业体育法制规则的阐释，还涉及对我国职业体育法治建设方向、路径、策略的探讨。

此外，在研究方法上，也跳出了传统的经济学、社会学等方法束缚，变得更加多元化。如李元等（2013）运用知识图谱这一文献学的计量方法对国际职业体育研究前沿和理论演进脉络进行分析，提出：现阶段国际职业体育研究力量主要集中在北美和欧洲等职业体育发达的国家；多学科研究在职业体育研究中占有重要的地位；研究前沿主要集中在职业体育经济影响、竞争平衡、反垄断、种族歧视、运动员自我效能、主场优势心理、心理咨询师培养、观众消费心理、运动员选才与训练、运动性伤病、运动性脑震荡和运动性猝死等方面。再如，孙科（2018）则运用当下流行的质性研究法，对国家体育总局副局长、中国足球协会主席进行了访谈研究。从某种意义上讲，研究方法上的多元化，在一定程度上标志着我国职业体育研究的成熟。

# 第二章 特色职业体育实践探索

诚如李大钊先生指出的那样："历史这样东西，是人类生活的行程，是人类生活的联续，是人类生活的变迁，是人类生活的传演，是有生命的东西，是活的东西，是进步的东西，是发展的东西，是周流变动的东西。……我们所研究的，应该是活的历史，不是死的历史，活的历史，只能在人的生活里去得，不能在故纸堆里去寻。"依此观点，由于历史是一个连续的状态，我们很难用文字来完整地表述这样的历史过程，只能从历史过程中抽取若干历史事件来阐述它的发展特征。中国职业体育缘起与发展也应如此，它是一个渐进的转型变迁过程，而不是从一种方式变成另一种方式，从一种状态变为另一种状态的跃过。同时，虽然有西方职业体育的现实样态引领，但是中国职业体育演化发展进程仍然带有明显的探索性，或者进一步说在其发展过程中，对于职业体育发展目标或如何达到目标并没有特别明确的意识及准确的谋划，尽管事后观察众多战略与举措选择都是符合理性进程的。

鉴于对职业体育连续变迁过程的考察难度巨大，有所取舍处理上规避对连续性完备资料收集困境，而以发展维度关注为重点，兼顾历时性逻辑，我们选择以脉络演进来揭示职业体育发展演化的历程。之所以如此，一是由于脉络强调对状态的识别，并体现为一种状态转变的序列；二是我国职业体育的发展演进具有明显状态不连续性，切合脉络分析范式。当然，需要进一步强调的是，本章关于中国职业体育发展历程回顾与演进分析，选取了如足球、篮球等具有代表性的项目职业化实践资料，并以此窥探我国职业体育发展变迁规律，总结成功经验，以启示后续研究。

## 第一节 中国特色职业体育实践历程

关于中国特色职业体育实践脉络梳理，首先要解决的一个问题就是发展历程的阶段划分。鉴于本书旨在揭示中国特色职业体育发展演化及其中国特色显现，故从特征显现入手，将发展历程划分为三个阶段，即萌芽探索阶段、运行框架建构阶段和体制机制完善阶段。其中，萌芽探索阶段，重点考察解决中国职业体育之所以产生的问题；运行框架建构阶段更多是体育领域内解决组织建设、赛事体制、竞赛规范等维系职业体育运行的问题，时间为1993—2011年；体制机制完善阶段起于2012年，延续至今，回归经济领域解决管理体制、运行机制，谋求特色发展、高质量发展是其核心所在。

## 一、中国职业体育探索萌芽阶段实践分析

### （一）我国职业体育探索萌芽的学理特殊性

从世界体育发展进程看，进入工业社会以后，伴随城市的发展，特别是工人的觉醒，体育运动迎来了新的发展机遇。其中最为显耀的便是，竞技体育的业余原则走向衰退，而体育职业化兴起以及随后职业体育作为一个新的形态出现，这是发展的必然结果。当然，现代体育走向专业化，并摆脱业余原则催生职业体育，带有历史发展的必然性。进一步讲，体育运动从其他文化形式的依赖中逐渐觉醒过来，随着社会发展而展开的专业化、职业化实践，在某种意义上带有体育运动自身解放的色彩，是体育作为独立职业样态摆脱对其他职业依附的表现。回溯体育运动发展历史，不论是劳动缘起说，还是游戏起源说，抑或战争起源说，作为独立形式的体育并没有显现出来。

比如中国早期的体育活动，斗鸡、蹴鞠等，首先应该被看作身体活动的游戏样态，身体只是游戏的载体，和棋类作为智力游戏载体具有相同对象性。再如西方的体育运动，战车争夺、比武击剑等，其目的也不似今日之体育，军事色彩、教育色彩、展示自身色彩更为浓厚。或许是由于体育运动的来源多元化，今日讲体育功能时往往将其无限地扩大，与身体健康、与下一代教育、与社会舆论交往、与政治经济、与社会文化等，都有密切关系，或者说都有重要作用。这种多元功用又本质决定体育在社会发展中的可有可无，因为体育只是具有其他行业类属的性质，或者与健康卫生有关，或者与教育相关等。但是，不论是卫健部门还是教育部门，或者其他部门都可以独立完成的事情，体育更多的是添油加醋的附加功效，可有可无式的存在。学理上，摆脱体育的窘境需要体育作为一种独立的样态存在，或者说作为独立的职业类分存在。体育才能摆脱茶余饭后消遣娱乐、锻炼身体的属性，才能跳出作为旅游的延展、充当传媒的内容等束缚。事实上，前述关于体育运动的特征，都有一个显著的特征，即体育运动与每一个都有关系，因为任何身体活动都具有类似于体育的特征或者要素，此时体育是日常操作的，是每个人都会的，是无区分性的，这也决定体育无法跳出对其他职业类属的依附。而跳出这种束缚，则需要体育成为一部分人的事情，其他人是玩不来的，具有明显区分性的。实现之，则需要体育运动从业余性中超脱出来，变为高精尖的事情，

职业化也即解决该问题。现实中，随着社会类分的深入，休闲娱乐与健身塑身成为生活需要，需要借助别人的帮助，给自己带来快乐与满足。而提供上述帮助与服务的人，自身需要经过多年的努力积累和艰辛的劳动付出，有必要获得应得的劳动报酬。

在另外一个层面上，如果将每个人都在从事体育活动作为业余运动，那么原有的我国专业队形式、美国的学校体育（奖学金），都具有明显的职业性，因为他们以参加体育训练和竞赛维持了自己的生存，或者赚取了报酬维持自我生计。不过，这种职业的来源是国家或社会组织，而非市场，在这个方面是区别于西方职业体育的以市场为主导的供给样态的。如此说来，我国竞技体育职业化更多是一种转型，并非完全的职业化实践，因为从运动员来说，职业化前后都是以体育训赛活动为职业的。唯一不同的是，这一实践与我国当时的下岗和下海有点类似，职业滋养的来源发生了变化，从过去的依赖政府或集体，变为了依赖市场（组织）。

西方职业体育的演化即是如此，更多的是社会发展及其带来的社会分工复杂化和体育价值的多元化发展的结果。原来的一种样态的体育存在，不足以反映繁杂的体育社会现象及社会需求，于是，体育区分为群众体育和竞技体育是很有必要的。作为群众体育的体育是每个人的事情。传统的贵族体育继续保持业余性，也就不需要甚至无法职业，而只有竞技体育才能具有职业区分性，才能成为职业。因为只有竞技体育才会有超越自我需求的投入，才会有多余劳动价值的凝集，按照马克思的观点这才是有价值的。在西方实践中，有一些对体育竞赛的需要超出普通的要求，或者对达成目标有特殊要求或者对活动场所有特殊要求、抑或是对附加保障（安全等）有特殊要求，这种超出普通人以外的体育竞赛运动，就需要专门经过训练习得和艰苦劳作，就需要付费，而相关从业人员就可以以此为职业，职业体育这一行业也就出现。

总之，西方职业体育更多是社会发展及其技术的变革引致的，而我国竞技体育职业化更多资源依赖的变化导致的。从原有的行政体制（举国体制）中走出，依靠社会力量、市场力量办体育是最初的基本想法，而这种想法背后的逻辑是举国体制运行实践的集中力量办大事的理念。现实中，边缘改革的实践开始在非优势项目中展开，耗费特别大的足球、篮球等项目率先被提上改革的议题，并最终走上职业化道路。

**（二）推进职业体育萌芽的历史背景分析**

诚如前文所述，职业体育是伴随社会发展需要而来的。它的产生离不开竞技体育的发展，也离不开市场经济的成熟与扩张。我国职业体育的产业也是如此。当然，区别于西方自序形成的样态，我国职业体育产生所涉及的经济社会环境更为复杂。首先，始于1978年的改革开放为社会主义市场经济建设打开了阀门，而1979年我国获得国际奥运会合法席位则为中国竞技体育改革发展注入动力。这两股力量在20世纪80年代相遇，孕育着我国竞技体育职业化改革的思潮。

客观说来，我国竞技体育职业化萌芽需要一定的内部政治条件。因为当时还存在一个特别重要的顾虑，即职业体育虽然好，但是那是资本主义的东西。1992年，邓小平同志在南方谈话中指出了判断"姓社姓资"的标准是"三个有利于"，只要符合"三个有利于"就可以去做。反映到体育改革中，可以理解为职业化是否有利于我国体育事业发展、是否有利于提高我国竞技

体育水平、是否有利于为我国体育发展及体育改革提供帮助。显然，这答案是肯定的。事实上，我国职业体育开始阶段的目的是围绕"三个有利于"标准展开的，而很少涉及后来的经济性指标问题，这后文我们将进一步阐述。

特别需要强调的是，我国竞技体育职业化还有一个极其重要的社会背景，那就是国际奥委会放弃一贯坚守的"业余主义"原则。20世纪80年代，萨马兰奇顺应社会发展需求，进行了奥运会的相关改革，其中最为明显的是奥运会向职业运动员放开，并以1988年汉城奥运会为标志。这也就意味着，传统的业余体育格局开始被打破，这无疑给当时尚处于探索实践中的举国体制模式提出了新的挑战。同时，在兵败汉城后，中国体育界对以奥运争光为首要目标的竞技体育举国体制进行了深入反思。此时，国际体育发展潮流中一些值得借鉴学习的东西开始被重视起来，国外省钱又出好成绩的职业体育就是其中一个。尝试推进职业化改革，成为顺应改革大潮的一重要举措。

### （三）我国职业体育提升萌芽的实践历程

类职业体育的企业体育样态，在中国竞技体育职业化改革前就广泛存在。这是由体育的特殊组织特性所决定的。体育本身就具有某种内在的集聚性，容易形成自发的组织样态。比如某大单位（行业或企业）内的一群热爱足球的年轻人会集中到一起去组织个足球队，而当球队有了一定规模和竞技水平，往往可以获得组织的认同，成为所在单位（企业或行业）群体活动的代表存在。应该说这种样态，在几十年前的中国已然存在了，早期的文献即有关于20世纪50年代大连造船厂（原旅大中苏造船厂）足球队的报道，那可能是中国企业办体育运动队的最早样式。改革开放后，中国掀起了改革的热潮，各行各业都在对旧有体制进行适应性调整与优化。在体育领域，为了贯彻落实中共中央《关于进一步发展体育运动的通知》，1986年4月国家体育运动委员会颁布了《关于体育体制改革的决定（草案）》，开启了中国体育体制社会化改革的序幕。随后，中国体育出现了一些变化，其中吸引或动用企业资源来办运动队作为一种重要举措逐渐明朗起来。

各省市在总结过去经验的基础上，纷纷推进企业与运动队结合的运作形式，企业办体育成为重要改革举措和运作潮流，也呈现了多元化的形式。如辽宁省就出现了以下三种形式：第一种，企业自办高水平运动队。如大连造船厂的足球队，其人员编制、队伍管理、经费开支全部由企业自行解决。第二种，自办公助高水平运动队。即以企业办队为主，体委给以必要的支持和扶植。

如朝阳重型机器厂的摔跤队，省体委协助他们解决运动员部分编制和经费，其他问题由工厂统包。第三种，体委与企业联办高水平运动队。即运动队管理由省体委负责，企业在经费上给以必要的资助。如大连手表工业公司、大连钢厂、瓦房店龙泉酒厂分别与大连市男、女足球队签订了联办协议。

当时的观点即认为企业办运动队不是"舶来品"，而是有极其广泛的群众基础和实践经验的。同时，在体育行政主管部门看来，企业办运动队也是当务之急的改革举措。一方面，在明确的"奥运争光"战略背景下，体育需要社会化，发展体育需要企业的支持；另一方面，企业需要体育，发展企业需要体育的帮助，企业办体育不仅可以全面改善职工的素质、增强企业凝聚力，还可以挖掘企业发展潜力、充当企业宣传队和信息载体，具有极其重要的社会意义。也就是说，虽然当时主要基于发展运动队、增强运动队造血功能和多样化发展路径角度出发，提出企业办运动队举措，但是不可否认，企业办运动队这种形式，对运动队、对企业、对国家的多元化作用还是得到了全社会的广泛认可的，并且有效推动了相关活动的有效进展。企业办运动队成为20世纪80年代中后期的热门议题，相关实践为后续企业办俱乐部以及职业俱乐部成立积累了宝贵经验。

与此同时，在赛事实践层面，也进行了有意义的尝试，特别是足球、篮球等影响力大的项目开始接轨世界组织了一些竞赛活动，并且也有了一些商业性的元素存在。例如足球项目有代表性的长城杯足球邀请赛，就是典型代表。如表2-1所述，该赛事前身是北京国际足球友好邀请赛，分别于1977年、1978年、1982年在北京举办3届，1980年移师广州举办了广州国际足球友好邀请赛。在此基础上，1983年北京国际足球邀请赛正式更名为长城杯国际足球锦标赛，次年被国际足联定为A级赛事。这一赛事从1983年创办到1990年停办的七年间共举办6届。赛事赛制根据邀请球队情况灵活组织，或者是分组加淘汰赛形式，或者是循环赛制。参赛球队多样化，先后有近60支各色球队参赛，既有国家队，又有俱乐部球队。特别值得一提的是付费观众成为常态，同时赞助行为开始出现了。如1986年第四届赛事即为日本三菱集团赞助，而且决赛有超过5万观众现场观看比赛，商业化的样式已见雏形。相似活动，为我国随后职业化启动提供了必要的准备。

**表2-1　长城杯国际足球锦标赛相关情况一览表**

| 名称 | 举办时间 | 比赛地点 | 参赛队伍数量 | 赛制 | 其他 |
|---|---|---|---|---|---|
| 第一届北京国际足球友好邀请赛 | 1977年7月17—31日 | 北京 | 12 | 赛会制：分组单循环+淘汰制 | |
| 第二届北京国际足球友好邀请赛 | 1978年8月25—9月3日 | 北京 | 6 | 赛会制：单循环 | |

续表

| 名称 | 举办时间 | 比赛地点 | 参赛队伍数量 | 赛制 | 其他 |
|---|---|---|---|---|---|
| 广州国际足球友好邀请赛 | 1980年6月8—22日 | 广州 | 7 | 赛会制：分组单循环+淘汰制 | |
| 1982年第三届北京国际足球友好邀请赛 | 1982年7月9—30日 | 北京 | 6 | 赛会制：分组单循环+淘汰制 | |
| 第一届长城杯国际足球锦标赛 | 1983年7月11—13日 | 北京、天津 | 12 | 赛会制：分组单循环+淘汰制 | 正式更名 |
| 第二届长城杯国际足球锦标赛 | 1984年6月19—7月1日 | 北京、上海、天津、广州 | 16 | 赛会制：分组单循环+淘汰制 | 被定为A级赛事 |
| 第三届长城杯国际足球锦标赛 | 1985年6月16—25日 | 上海、大连 | 8 | 赛会制：分组单循环+淘汰制 | |
| 第四届长城杯国际足球锦标赛 | 1986年7月27—8月4日 | 北京、天津 | 6 | 赛会制：分组单循环十淘汰制 | 三菱集团赞助冠名 |
| 第五届长城杯国际足球锦标赛 | 1987年5月23—6月4日 | 上海、南京 | 8 | 赛会制：分组单循环+淘汰制 | |
| 第六届长城杯国际足球锦标赛 | 1989年9月29—10月3日 | 北京、天津 | 4 | 赛会制：单循环 | |

另一个层面，党的十一届三中全会后，我国确立改革开放的基本方针。社会化、市场化力量开始逐渐显现出来，并有效带动了相关行业改革发展。国家在相关政策方面也显示出提倡和鼓励社会化、市场化改革的倾向，体育领域也不例外。1984年，中共中央下发《关于进一步发展体育运动的通知》，指出为了尽快缩小我国体育事业发展规模和发展水平同世界先进水平之间的差异，"必须坚持普及与提高相结合的方针，采取有力措施，使体育运动不断向新的广度和高度发展"；同时强调要"完善多渠道、多层次的体育人才梯队，改革训练和竞赛体制"。这无疑为后续吸收国外经验，推动我国体育事业改革发展，在坚持举国体制的同时走社会化、市场化的双轨发展道路提供了思想准备。随后，1986年《国家体委关于体育体制改革的决定（草案）》下发，有一些新的表述显示了改革的走向，如在竞赛体制改革方面是"逐步做到社会化、多样化、制度化"；再如体育场馆问题上，强调了"要面向群众、面向社会，提高场馆利用率，讲究社会效益和经济效益"；

另外，还有就是"要适应体育全面走向世界的新形势"。正如这个决定的主旨一样，在其他行业如火如荼改革的大背景下，体育改革的步伐逐渐迈大，体育社会化、体育经营等问题开始走上前台。后续，1993年国家体育运动委员会公布了《关于深化体育改革的意见》，明确指出我国体育体制改革的方向，同时也拉开了我国职业体育改革的序幕。其中，特别重要的趋向就是：从国家办变为社会办，从集中办变为分散办。前者解决了职业化的具体运作问题，即职业运动员、职业运动队（俱乐部）的成立和职业联赛的展开问题；后者，则解决了管理体制的问题，运动项目管理中心作为分散的重要管理改革手段被提出并实践。当然，这之前的1992年红山口会议召开，足球职业化议题已经被提出并付诸实施，拉开了中国职业体育的实践探索之路。

## 二、中国职业体育运行框架建构阶段实践分析

1993年5月24日，《国家体委关于深化体育改革的意见》发布，提出改变原来在计划经济体制下，单纯依赖国家和主要依靠行政手段办体育的高度集中的体育体制，建立与社会主义市场经济体制相适应，符合现代体育运动规律，国家调控，依托社会，有自我发展活力的体育体制和良性循环的运行机制，形成国家办与社会办相结合、集中与分散相结合的格局，并明确了足球、网球、围棋等有条件的项目可向职业化过渡，逐步与国际惯例接轨。对于向职业化转变的项目要采取特殊政策，其训练体系和国家队组建形式可根据项目特点自行确定，随之一并下发的《关于运动项目管理实施协会制的若干意见》《关于训练体制改革》《关于竞赛体制改革》《关于培育体育市场、加速体育产业化进程的意见》，都对职业体育及其相关内容有所涉及，而且鼓励或者创设条件的立场更为鲜明。从某种意义上讲，该意见的出台对于职业体育，乃至我国体育体制改革，都具有里程碑式意义，它正式吹响了体育改革的号角，社会化、市场化、职业化改革也随之迅速展开，并实质性实践。

### （一）中国职业体育运行框架建构阶段的任务辨识

中国职业体育启幕于20世纪90年代中期，那是一个对中国改革来说极其重要的年代。起始于1978年的改革开放已经取得了一定成效，邓小平同志南方谈话后，党的十四大确立建设有中国特色社会主义市场经济的改革方向，稳定了预期，带动了各行各业迅猛发展。我国职业体育起始阶段，外部宏观环境并不是特别好的，那么为何还要启动职业化改革呢？

已有研究指出，"中国特定的政治经济条件之下，足球职业化的起源与演变是在面临中国大环境行业组织改革的强制趋同性所致，足球联赛的制度安排既有国际职业体育组织的模仿趋同，也符合球迷和民众观赏需求或认可的社会合法性使然。"循此思路，可以认为中国职业体育改革的兴起是一个综合的效应，是基于特

定社会背景而展开的，在外在的压力和内在的感应与抉择的综合效应中产生的，相关影响因素至少涉及3个维度：（1）外周经济社会环境变化，特别是社会基本经济制度的方向性调整。因为，随着改革开放的深入发展，社会主义市场经济建设的推进实践中体育的经济价值逐渐显现，并带来对体育价值的认识变化与财政供给变化。（2）内部认识变化与外界压力感知效果的综合作用。响应经济社会改革要求，落实《国家体委关于深化体育改革的意见》精神，更好促进自身发展——集中力量解决"奥运争光"问题，需要在顺应社会化、市场化改革上有举措，在关键任务上有突破，职业化改革兼顾两者，有利于最大限度释放压力。（3）社会大众期望与诉求的表达和国外全球化的牵引。

现实中，顺应我国经济社会发展，构建与社会主义市场经济相适应的体育体制与体育发展方式，成为那个年代需要解决的重要问题。在体育领域，20世纪80年代的改革发展并没有改变国家办体育的格局，相反还有强化的倾向，并伴生了机制不活、效率不高、经费匮乏、发展后劲不足等问题，迫切需要加强改革。1992年11月中旬，国家体育运动委员会在广东省中山市召开全国体委主任座谈会（即"中山会议"），研探体育改革议题，确立了"以足球改革为突破口"的竞技体育职业化改革道路。从这个意义上讲，我国竞技体育职业化改革具有明显的发展取向和解决问题倾向：不仅为了解决我国竞技体育发展中遇到的现实问题，更好促进其快速健康发展，还为了吸收和借鉴国外先进经验，与国际接轨，参与国际竞争。综合来讲，探索建立面向社会和市场、接轨世界的职业体育体制，以解决竞技体育面临的困境，更好适应内外环境变化，是当时改革的任务所在。

**（二）中国职业体育运行框架建构阶段的实践历程**

在中国职业体育发展历程上，红山口会议是具有标志性的。1992年6月下旬，全国足球工作会议在北京红山口展开，会议明确了将足球作为我国体育体制改革的突破口，率先实现职业化改革试点。同时，会议还研究确定了以足协实体化和职业俱乐部组建为中心的职业改革举措，即加速推进足球协会实体化建设、推动职业/半职业和业余足球俱乐部建设、探索性增设俱乐部赛制[1]。会议结束后，中国足球协会先后组织举办了两次试验性的俱乐部锦标赛，并尝试了主客场赛制。另外，还对全国范围的俱乐部和职业（半职业）球员、教练员进行了注册登记，为职业化的开启做好了准备。红山口会议后近2年摸索推进，职业足球联赛的两个基本要素基本形成，即举办联赛的足球协会实体化、足球俱乐部架构基本完成。1993年10月中旬，全国足球工作会议在大连召开，会议总结了前期改革的经验，讨论修改了《中国足球协会章程》《中国足球协会俱乐部章程》等，明确了1994年甲级A组联赛作为职业联赛改革试点。

---

① 【瑞士】卡米尔·博利亚特，【瑞士】拉法莱·波利著.世界各国足球协会与职业联赛治理模式研究报告【A】.天津：天津人民出版社，2017.

1994年4月17日，万宝路杯全国足球甲级队（A组）联赛在成都启幕，标志着中国职业体育正式拉开实践序幕。从此，中国足球联赛改变了传统行政单位组队方式，变为了俱乐部制，并根据竞技水平分为相互衔接的甲A和甲B联赛。职业足球改革，不仅充分调动了广大运动员、教练员的积极性，还在全国掀起了"足球热""观赛热"。随后，1995年职业篮球联赛、1996年职业排球联赛、1998年职业羽毛球联赛，中国职业体育时代到来了（见表2-2）。

**表2-2 中国主要职业联赛起始时间统计**

| 序号 | 项目 | 时间（年） | 其他 |
|------|------|-----------|------|
| 1 | 足球 | 1994 | 2004年中超联赛成立 |
| 2 | 篮球 | 1995 | |
| 3 | 排球 | 1996 | |
| 4 | 乒乓球 | 1995 | 1999年改名为超级联赛 |
| 5 | 羽毛球 | 1998 | |

与其他事物发展一样，经历短暂蜜月期的中国职业体育改革，不可避免地遇到这样那样的问题。球员薪资过高、赛纪赛风不正、俱乐部经营困境等问题陆续开始爆发，并推动了中国职业体育开始了艰难的体制重建过程。如1998年中国职业足球联赛开始推进俱乐部独立法人资格，并做了具体而细致的规定。2001年1月，在深圳召开的全国足球工作会议上，中超联赛的构想被提出，最终于2004年正式成立。但是，从甲A联赛变为中超联赛，并没有改变职业足球的问题，罢赛退赛（"G7革命"）、假球黑哨等现象屡屡发生。与此同时，中国足球水平并没有取得明显提升，相反国际足联排名一路走低，中国职业足球联赛的系统性制度缺失开始呈现出来。同样的问题也出现篮球、排球等其他项目职业联赛中，联赛组织管理体制障碍、运营服务体系不全、监管监督制度缺失、后备人才培养不力等现实问题，在昭示中国职业体育改革艰难性的同时，也在一定程度上推动我国职业体育向着深入改革迈进。

当然，不可否认的是，我国职业体育从无到有，实现了实质性跨越，具有极其重要意义。首先，它丰富了我国体育的运行方式，提供了一个新的竞技体育发展样态。特别是对于耗费大、编制多、水平低的团体性项目来说，解决了其生存问题，实质上间接支援了"奥运争光"计划。其次，它有效丰富了人民群众的业余文化生活，培育了"三大球"运动项目的群众基础、市场基础，为后续改革发展奠定了基础。再次，它促进了我国相关项目的国际交流，提升了我国体育的国际参与度和国际影响力，同时还有助于学习国外先进的训练经验、管理方式。最后，更为重要的是，作为试点探索性改革，以足球、篮球为代表的职业化改革为后续相关改革积累了经验，有助于我国竞技体育体制改革的深入。

### （三）中国职业体育运动框架建构阶段改革的性质辨识

我国与职业体育的初期实质性接触，更多是在竞技体育改革的框架内进行的。以足球职业化为例，该过程着力解决了以下问题：（1）初步建立和完善符合现代企业制度的、具有充分造血功能的足球俱乐部；（2）有效推进了足协的实体化改革，初步建立了足球市场及其运行机制；（3）探索性梳理了体育行政部门—足协—联赛—俱乐部—球员以及足协—俱乐部—企业之间关系。

事实上，这一改革特征的出现源于早期对职业体育认识的变迁，因为职业体育的早期认识就是将它定位于竞技体育的范畴。于是，职业体育在中国早先的操作都是在竞技体育领域展开的，不论是赛制调整还是运动队转轨，抑或是其他相关事宜，解决的都是原有竞技体育的事情。这一基本逻辑，直接体现在政府相关报告之中（需要指出的是，在可以查及的新世纪体育年度工作报告中，一直到2007年才有明确的职业体育相关概念出现，如职业联赛、职业足球等）。如2007年全国体育局长会议的工作报告中，即强调"召开三大球项目赛制改革经验交流会，对职业联赛项目赛制进行了改革"；即便是2010年全国体育局长会议的工作报告，仍然将职业体育议题放在"积极探索、努力把握体育强国基本内涵和基本特征"中的"竞技体育领域"部分。此时，职业体育改革与发展被作为我国竞技体育优化的一种方式看待，是完善具有中国特色竞技体育举国体制的重要举措。如此，从政府行政主管部门角度看，职业体育相关工作目的上是为竞技体育绩效提升服务的，自然隶属于中国特色竞技体育举国体制完善的范畴，发挥着改进竞技体育资源配置方式更好推进体育强国建设的作用。

应该说，2010年国务院办公厅印发了《关于加快发展体育产业的指导意见》，进一步丰富了我国体育发展的思路，体育产业作为一个特别重要的领域开始出现。职业体育这种社会力量办体育的样式，不仅仅被看作是拓展了体育发展的空间，为竞技体育可持续发展注入新动力；还被认为是优化我国体育结构、提高体育经济作用的重要举措①。与现实中我国职业体育迎来快速发展一致，体育行政部门也开始对职业体育有了明显认识上的转变。如2011年全国体育局长会议的工作报告中，职业体育就首次在体育产业分支内容中出现。这是一个特别明显的转向。这也意味着，我国职业体育发展由此进入了一个新的阶段，即回归经济属性，强调市场运行机制改革发展时期。

### 三、中国职业体育体制机制完善阶段实践分析

#### （一）中国职业体育体制机制完善阶段的核心任务

职业体育区别于传统专业队体制的最大特点是，它不仅有赛场竞赛，还有市

---

① 袁夕坤，战照磊.体育产业高质量发展研究［M］.南京：东南大学出版社有限公司，2021，第19页.

场经营。当然，两者之间是密切相关的，离开赛场竞赛，市场经营便失去了内容载体，而离开市场经营的赛场竞赛具有不可持续性。于是，为了维系两者之间有序协同的关系，职业体育有着明晰的工作流程和运作规律。比如对于职业联赛而言，职业俱乐部建设、联赛赛制赛程规范、联赛品牌及形象建设、赞助商服务等工作，是运营的关键环节，同时各环节之间又是紧密联系的。职业俱乐部水平的提升，辅以良好有序的赛程，往往是有利于联赛品牌建设的，也为球迷、赞助商和转播商服务创设了宽松环境。

　　当然，对于转轨而来的职业体育来说，往往通过借鉴与学习成熟的模式，在联赛基本组织、俱乐部基本构成、联赛赛制赛程等方面很容易取得进展。但是，包括俱乐部运营管理、联赛品牌建设、职业体育中介市场建设等方面往往力不从心，而且极易受到外部干扰，因为这一部分涉及更多的经济利益。事实上，这恰恰是改革走进深水区、进入内涵式发展阶段所需要解决的关键问题所在。内容量度上，集中体现在以下三个方面。（1）职业体育组织管理体制建设。也即政府—协会—联盟（联赛）—俱乐部之间到底应该是一个什么样的关系，现实中至少涉及两个关键问题：一是管办之间关系；二是协会与联盟（联赛）之间关系。其中，前者我国已经推进实施了管办分离改革及单项协会实体化、社会化改革，并取得了一定进展；后者由于还存在我国是否需要职业体育联盟以及需要什么的联盟的争论，目前尚处于探索阶段。（2）职业体育治理体系和治理能力建设。治理现代化作为全面深化改革的重要内容，在职业体育领域中也存在着力点选择问题，因为以单项协会为中心与以联盟为中心的治理，在组织结构、运行机制、配套保障等方面都有巨大差异。当然，一个问题已经基本解决，即职业体育俱乐部的治理体系建设。外部以球迷、赞助商等利益相关者的关切为核心，服务他们的利益，建立良好的合作关系；内部着力解决两个问题：一是职业体育俱乐部内部的委托代理关系，强调按照现代企业制度建立规范；二是重视合同契约效应明晰俱乐部与球员、教练员等相关人员之间的关系。而在这种治理结构中，职业体育俱乐部内外联结的关键应该是俱乐部球队，对内围绕球队的构成与行动延展形成结构链条；对外围绕球队的外部活动及利益表达形成价值链条。当然，维系之需要以制度刚性为支撑点，于是法治建设成为职业体育治理现代化建设的关键环节。（3）职业体育商业运营能力建设。其核心在于增加职业联盟和职业俱乐部自身的"造血"生存能力，可以真正实现独立运营、自负盈亏。考虑到全球化现实背景与同类行业替代效应，相关建设难度大、风险多，需要提升与改进的地方还很多。

**（二）中国职业体育体制机制完善阶段的改革历程**

　　从时间上，中超联赛股份公司（即中超公司）早在2005年10月即成立，同年中国篮球协会正式推出CBA职业联赛，并在运营理念、运营管理、品牌塑造等方面进行了相应建设。但是，中国职业体育真正在经营上有所突破是2010年国办22号文下发以后的事情。在《国务院办公厅关于加快发展体育产业的指导意见》感召下，体育产业成为一个被各界寄予特别期望的行业，大量社会资本进入，作为体育竞赛表演业主体的职业体育也迎来了快速发展。

2014年《国务院关于加快发展体育产业促进体育消费的若干意见》（国发〔2014〕46号）中，推进职业体育改革方面，将成熟度、规范化与资源效率放在同等位置考虑，提出要完善职业体育俱乐部的法人治理结构，加快现代企业制度建设。改进职业联赛决策机制，充分发挥俱乐部的市场主体作用。当然，需要特别指出的是，包括职业体育在内的中国体育产业发展加速，恰逢全面深化改革和全面依法治国建设的双重叠加期。2013年11月党的十八届三中全会审议通过的《中共中央关于全面深化改革若干重大问题的决定》，完善和发展中国特色社会主义制度，推进国家治理体系和治理能力现代化；2014年10月《中共中央关于全面推进依法治国若干重大问题的决定》发布，进一步加快了中国法治社会建设步伐。随后，市场机制、法治、效率、中国特色成为贯穿这一段职业体育改革的关键词。

值得一说的是，2015年2月27日，中央全面深化改革领导小组审议通过了《中国足球改革发展总体方案》，强调要推进职业联赛和俱乐部健康发展有序发展，并在联赛管理体制、协会实体化等方面进行了明确框化。随后，以中国足球协会为代表的协会去行政化实体改革展开，2015年的中国足球协会、2016年的中国篮球协会。协会的实体化改革，使得管办分离真正落地，职业体育联赛的运营权限真正回归市场，并让市场成为资源配置的决定性力量。当然，资本逐利的力量是无穷的，一经释放即带来了中超联赛的"金元时代"。当体育需求成为现实时，在国家相关政策利好驱动下社会资本开始陆续进入中国职业体育，特别是足球领域。广州恒大、上海上港、江苏苏宁等资本的进入，真实地带动了中超联赛的繁荣，高水平的外援球员、高质量的教练员、高投入背后的高产出：不仅是竞赛成绩，还有竞赛水平。于是，球迷回归球场，赞助商争相进入，赛事IP卖出5年80亿元高价，一个红火的联赛倒逼了相关体制机制的适应性变迁，有力地助推了改革的深入。当然，任何事物发展都有两面性，红火的"金元足球"无法掩盖中国职业体育的若干缺失和不足，诸如俱乐部盈利能力、后备人才培养等。这也意味着，中国职业体育改革发展尚需要进一步提速。

在全面深化改革背景下，伴随管办分离、放管服等改革效用显现，我国竞技体育职业化呈现出新的发展趋向，适应新时代中国社会主要矛盾变化，服务体育强国建设、助力国民经济转型和体育产业高质量发展，厘清内外部复杂关系，走中国特色职业体育发展道路。

### （三）中国职业体育体制机制完善阶段的特征分析

受惠于宏观改革，相关利好政策密集出台，有效推动职业体育的改革发展。区别于过去的职业体育改革，自2010年以后，相关政策的层次更高了，从国家体育总局到国务院、再到中央深化改革领导小组。如表2-3所示，过去的10年左右时间，在国家层面就出台近10部专门对职业体育发展有要求、有举措的政策，成为推动职业体育改革发展的有效手段。纵观相关政策，不难发现它们的站位更好，不再仅仅是为了职业体育联赛发展，而是放到整个体育产业、体育事业乃至中国经济社会文化发展的高度，凸显了职业体育的战略地位。而且这在一定程度上也体现了我国职业体育深入发展后的难度更大，涉及的要素更多，需要依靠的力量也更加多元化。

表2-3　近年涉及职业体育内容的国家政策统计

| 发布时间 | 政策文件名称 | 职业体育内容 |
|---|---|---|
| 2010年 | 《国务院办公厅关于加快发展体育产业的指导意见》 | 支持和规范职业体育发展。职业体育是体育发展的重要组织形式之一。积极探索中国特色职业体育发展道路……不断提高职业体育水平 |
| 2014年 | 《国务院关于加快发展体育产业促进体育消费的若干意见》 | 推进职业体育改革。拓宽职业体育发展渠道……充分发挥俱乐部的市场主体作用。 |
| 2015年 | 《中国足球改革发展总体方案》 | 改革完善职业足球俱乐部建设和运营模式（十）促进俱乐部健康稳定发展。……（十一）优化俱乐部股权结构。……（十二）推动俱乐部形成合理的人才结构。……（十四）调整组建职业联赛理事会。…… |
| 2016年 | 《国务院办公厅关于进一步扩大旅游文化体育健康养老教育培训等领域消费的意见》 | 以足球、篮球、排球三大球联赛改革为带动，推进职业联赛改革，在重大节假日期间进一步丰富各类体育赛事活动。（体育总局牵头负责） |
| 2018年 | 《中共中央国务院关于完善促进消费体制机制进一步激发居民消费潜力的若干意见》 | 支持社会力量举办国际国内高水平体育赛事，积极创建地方、民间自主品牌体育赛事活动，大力发展体育职业联赛 |
| 2018年 | 《国务院办公厅关于加快发展体育竞赛表演产业的指导意见》 | 大力发展职业赛事。着力发展足球、篮球、排球、乒乓球、羽毛球、冰球、围棋等职业联赛……推动实现俱乐部地域化。（体育总局、民政部、人力资源社会保障部负责） |
| 2019年 | 《体育强国建设纲要》 | 推进职业体育发展。鼓励具备条件的运动项目走职业化道路，……培育形成具有世界影响力的职业联赛。 |

续表

| 2019年 | 《国务院办公厅关于促进全民健身和体育消费推动体育产业高质量发展的意见》 | 推动体育赛事职业化。着力发展现有职业联赛，鼓励有条件的运动项目举办职业赛事，合理构建职业联赛分级制度。支持成立各类职业联盟。支持校际体育赛事发展，探索商业化运营模式。发展体育经纪人队伍，挖掘体育明星市场价值。（体育总局、教育部负责） |
| --- | --- | --- |

同时，我们注意到这是一个典型的机遇与风险并存的发展阶段，考验着我国改革的韧性与活力。对于一般事物演化而言，起始阶段往往受外界的影响更多一些，外生性因素的作用会大于内生性因素，然而随着事物的进一步演化发展，内生性因素的作用开始逐渐变得重要。因为任何事物都需要有区别于他者的独特性存在，而这种独特性必须是由内生性因素所塑造的。我国职业体育早期模式上带有学习西方的样式，如从欧洲、日本等国学习足球职业化成立联赛，发展一段时间以后再学习英超模式，成立中超联赛。同时，职业化改革初期，驱动改革的动力不仅是来自职业体育内部的，而且更多需要依靠政府行政的力量进行推进，当改革进行到一定程度以后，职业体育市场机制开始逐渐显示价值，供需关系、价格机制开始发挥作用。事实上，本阶段我国职业体育大体就进入了这样一个阶段。

市场发挥决定性作用，作为市场经济的一个基本规定性，有其必然的好处。资源配置效率更高了，社会动力更足了，更为关键的是政府在经济上的直接压力减少了，可以干其他更为重要的事情了。现实中，近10年来，我国群众体育、体育产业迎来了快速发展，体育场地供给改善、体医融合、体教融合，体育强国建设进程的快速提升与职业体育释放了巨大的政府作用空间多少是相关的。不过，市场发挥作用也是需要前提的，对于转型经济体而言更是如此。因为它首先需要明确政府与市场关系，强化政府提供必要的公共服务，放手让市场去干；其次，市场运作涉及复杂的关系，需要规范化，这离不开法治的保驾护航；此外，市场的逐利本性往往会引致职业体育经济效益和社会效益偏离问题，当前存在的诸如国家队与职业队之争、俱乐部盲目投资及球员薪资激增等，多少都与此有关。从这个意义上讲，我国职业体育是机遇与挑战并存，现实大体也有所体现。

当然，中国职业足球经历了黄金十年的发展后，陷入了困境，江苏苏宁、广州恒大等冠军球队相继退出，预示着一个"寒冬"即将来临，也预示着更大的、更彻底的改革即将来临——它的重点必然是聚焦中国特色的打造，找到适合中国国情、社情、体情的职业体育运行体制机制。

# 第二节　中国职业体育发展成就审视

从时间上看，相较于西方职业体育，我国职业体育具有后发性。后发的职业体育运行模式，不同于西方自序化演化实践，可以充分借鉴和吸收国外先进经验，同时结合中国实践，显示其独特性和优越性。当然，这一过程是一个发展定序过程。始于20世纪90年代的我国职业体育，内嵌于与中国一系列重大改革政策实践之中，受惠于国家改革发展所带来的巨大动力，取得了显著进步。同时，职业体育发展不仅满足了广大人民群众对美好生活的体育赛事需求，还在服务我国体育强国建设展现其应有的活力以及在助推我国体育产业成为国民经济新的增长点实践中做出了重要贡献。

## 一、组织建设成效显著，职业化程度明显改善

首先，经过近30年的发展，以三大球为主体的我国职业体育联赛体系初步形成。职业体育俱乐部数量明显增长。截至2021年9月，目前我国共有三大球职业俱乐部169家（见图2-1）。其中足球80家（男子57家，女子33家），篮球53家（男子34家，女子19家），排球26家（男子13家，女子13家）。在数量增长的基础上，职业俱乐部发展质量明显提高。一方面俱乐部发布呈现切合社会需求的特征，分布广泛。以CBA俱乐部来说，26年CBA联赛发展历史中先后共有31支球队参加，覆盖全国21个省级行政区，28个地级市。另一方面，联赛质量稳步改善，特别是联赛组织、俱乐部管理、赛制赛程等方面都有显著的改善和提升。同时，近年来乒乓球、羽毛球、围棋、电子竞技等项目也在按照职业联赛标准组建和运作赛事，形成了较为稳定的消费群体。

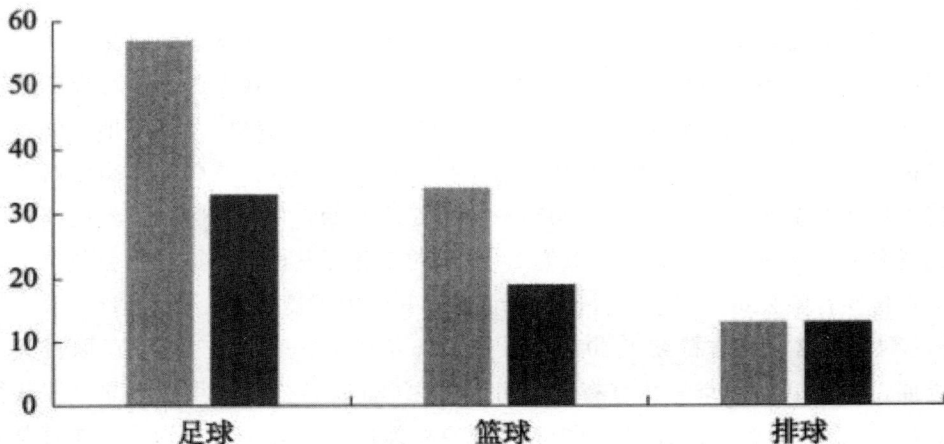

图2-1我国"三大球"职业俱乐部数量统计

其次，适应市场需求、具有共性特征的职业体育运营组织体系几经改革，已初见成效。为了便于分析，此处仅以篮球项目为例展开。如图2-2所示，1995年开始的中国男子篮球甲级联赛（多简称为CBA，下用简称）。

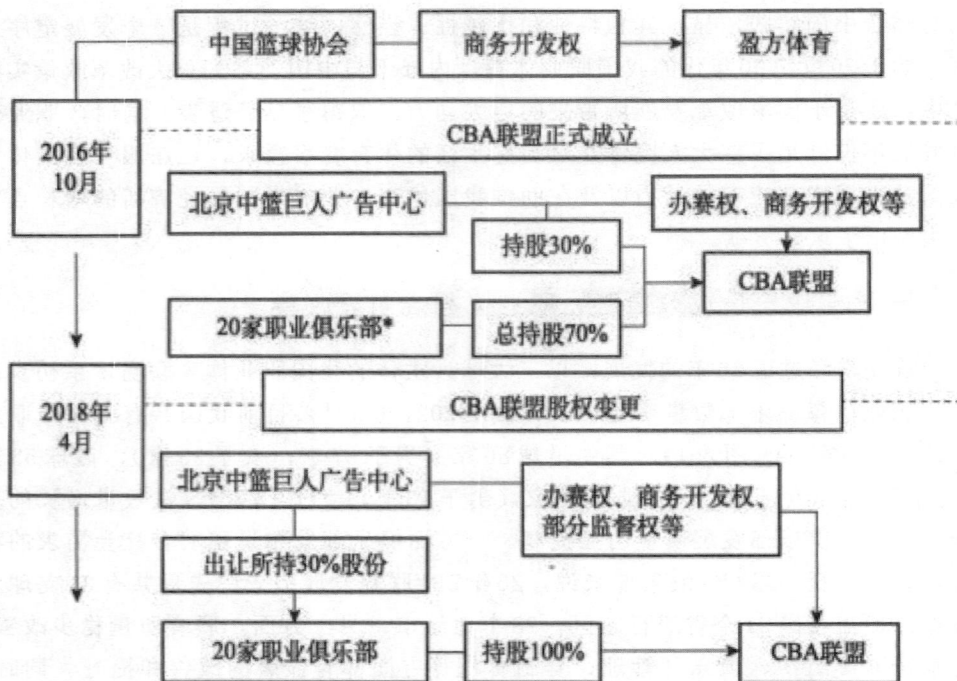

图2-2　CBA运营组织体系变迁

起初的联赛经营权仍掌握在相关行政管理部门手里，具体运营则交由国际管理集团（IMG），后者以固定资金"买断"联赛商务代理权独立进行市场推广并直接获益。IMG与中国篮球协会的合约到期后（2001—2002赛季），赛事推广商"一波三折"，最终无奈只好中国篮球协会自主推广和运营联赛，具体工作交由其下属经营单位"中篮公司"操作。从2005—2006赛季开始，"中国男子篮球甲A联赛"正式更名为"中国男子篮球职业联赛"，联赛的商务开发由中国篮球协会与瑞士盈方体育传媒有限公司共同成立合作公司负责，其中中国篮球协会控股51%，瑞士盈方占股49%。这一合作持续了10年之久，2016年CBA联赛管办分离改革取得突破性进展，中篮联（北京）体育有限公司（简称CBA联赛公司）正式成立，并获得CBA联赛的商务运营权。CBA联盟当时由北京中篮巨人广告中心（为国家体育总局篮球运动管理中心下属企业）与俱乐部共同持股，其中北京中篮巨人广告中心持股30%、20家俱乐部各持股3.5%、合计70%。随着管办分离改革持续推进，2018年4月CBA联盟股权变更，北京中篮巨人广告中心正式出让所持全部股份，CBA联盟变成为俱乐部全资持股公司。

经过改革与完善的CBA运营组织更加切合商业化、市场化要求。其中，管办分离改革后，CBA联盟成为联赛的组织管理方，同时被授予办赛权、商务开发权等权限，成为推动篮球项目发展，为市场与社会创造更高价值的主体，而中国篮球协会作为中国篮球事业发展的责任主体，对联赛具有监督、指导以及一定的处罚权限，成为推动和保障联赛健康发展的支撑力量。总体上，回归职业体育运行常识，遵循市场规律，理清政府行政管理部门——社会组织——市场组织之间关系，充分发挥协会作用，激发各相关利益主体积极性、主动性，为职业体育市场运营提供必要的组织保障，在这一方面我们进步明显，成效显著，特别是伴随管办分离改革的切实落地。

此外，我国职业体育竞赛赛制更加完善，更加贴近项目发展要求和社会需求。伴随组织建设的推进，以增加职业体育运行效能为导向，沿着不断增加比赛场次、不断增强比赛不确定性的方向，探索推进职业体育赛制改革。以CBA为例，如表2-4所示，在过去的20多个赛季中，仅常规赛赛制就有6次主要改变，分组（分区）、双循环、四循环等都有所涉及。这也带来了CBA联赛竞赛场次的显著增加，联赛精彩程度、竞争激烈程度、传播曝光度等都有明显提升。如图2-3所示，CBA联赛常规赛的竞赛场次从联赛初创的132场变为2020—2021赛季的506场，单赛季俱乐部常规赛场次从20多场增加到56场，后续随着CBA改革的深入，特别是联盟俱乐部数量的增加，场次将进一步增加。与此同时，联赛季后赛的场次也从原来的单场淘汰赛，变得复杂化，3战2胜制、5战3胜制、7战4胜制以及新增对阵都在不断增加比赛的场次。事实上，如果说竞赛是职业体育的基本内核，那么优化和完善了联赛赛制实质就是提升了职业赛事的内核，比赛场次的增加可以认为是增加了比赛的内容，显然是有利于赞助商、转播商、球迷等各利益群体的；同时，这一改革完善实践，还有助于推动俱乐部和球员水平的提升，特别是使青年球员有了更多的比赛机会。

表2-4　CBA联赛常规赛赛制变化一览表

| 序号 | 赛季 | 赛制变化 |
| --- | --- | --- |
| 1 | 1995—1996赛季及其后共9个赛季 | 不分区双循环 |
| 2 | 2004—2005赛季及其后共2个赛季 | "同区四循环，异区双循环" |
| 3 | 2006—2007赛季 | 不分区双循环 |
| 4 | 2008—2009赛季 | "同区四循环，异区双循环" |
| 5 | 2009—2010赛季及其后共9个赛季 | 不分区双循环 |
| 6 | 2018—2019赛季及其后共2个赛季 | 分4组组内4循环 |

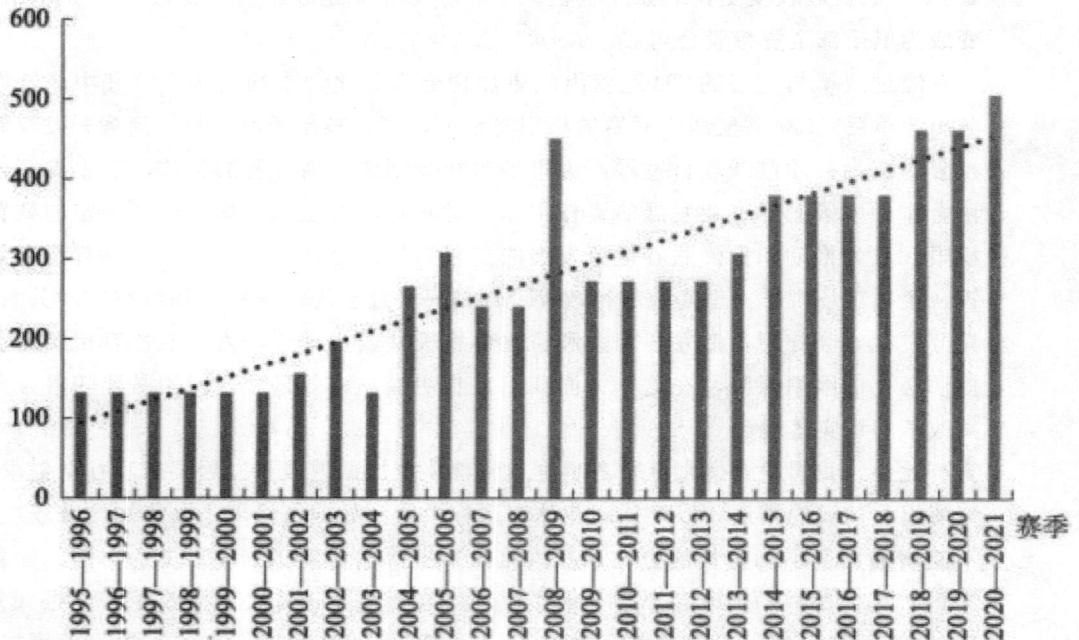

注：横轴为赛季（年）；纵轴为场次（场）。

图2-3　CBA联赛常规赛场次统计

## 二、市场建设卓有成效，商业开发成果斐然

市场建设是职业体育改革发展的关键所在。可喜的是，我国职业体育市场建设取得了较大进步，其中最为显著的是市场开发能力的显著提高。从时间上看，这主要是最近10多年的事情。相关体育产业发展政策出台后，体育领域投资开始加剧，体育市场热开始出现。如在足球领域，广州恒大、上海上港、江苏苏宁等企业先后进入，刺激了我国职业体育的快速发展。中超联赛也迅速摆脱了建立初期的窘境，经营管理、市场开发等环节取得了较大进步。管理体制方面，落实《中国足球改革总体方案》要求，中超联赛管办分离改革迈出实质性一步，中国足球协会去行政化成为独立实体，作为中超联赛的办赛责任主体，而中超联赛的运营等事物交由中超公司具体操作。赞助招商方面进步明显。从万达广场到中国平安，4年6亿元、5年10亿元的背后显示出联赛的冠名费用实现了飞跃；与此同时，赞助市场开发成效显著。特别显性的是，赞助费用逐年攀升。如图2-4所示，10年时间中超联赛的赞助费用实现了超10倍的增长，且增长趋势稳定。同时，完备的多元赞助体系逐渐形成。如表2-5所示，在篮球领域，按照市场规律对赞助

商进行分级分类，使得联赛的赞助体系更加合理；五级赞助商体系优化联赛商业开发，为联赛的市场化支撑。

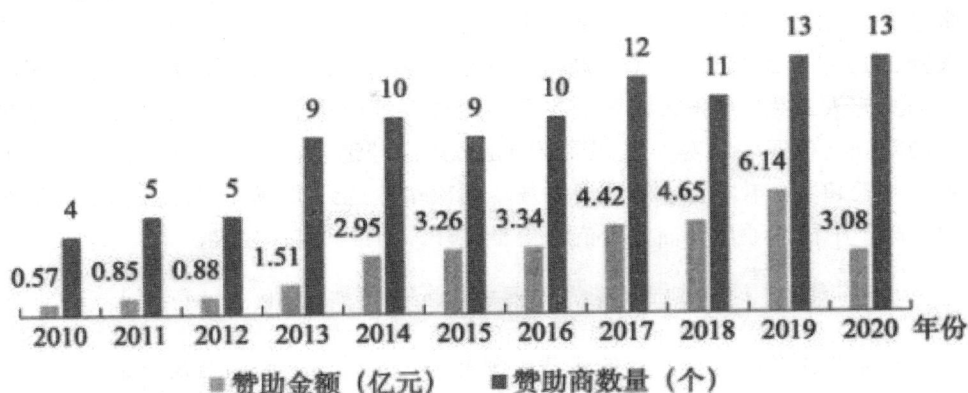

图2-4 2010—2020年中超联赛赞助情况

表2-5 CBA赞助商体系及相关赞助商一览表

| 赞助商类别 | 赞助商名称 | 数量（个） |
|---|---|---|
| 官方主赞助商 | 中国人寿 CHINA LIFE | 1 |
| 官方战略合作伙伴 | LI-NING | 1 |
| 官方合作伙伴 | 安居客 百岁山Ganten 长隆 快手 McDonald's Mobil美孚道达 TCL 伊利 中国移动5G 广发银行 | 10 |
| 官方赞助商 | 匹克 CAT 德邦快递 咪咕cafe PISEN品胜 | 5 |
| 官方供应商 | 金陵体育 MERRY美的 宝体育 | 3 |
| 媒体合作伙伴 | 央视体育 CCTV5 咪咕视频 快手 微博 | 4 |
| 官方服务机构 | 大麦 虎扑 酷狗音乐 贝塔科技 pwc | 5 |

在电视转播方面，2015年中超版权卖出5年80亿元的天价一度成为社会热点。2018—2019赛季，CBA联赛在央视与地方频道的总播出场次达到4151场，累计播出时长为6809小时，累计收视人次超10.79亿次，创造历史新高。即便是受疫情影响赛制发生了明显变化的2020赛季，仍然有19个传统媒体和新媒体转播中超联

赛，累计播放场次数量超1700场，累计收视人次超6亿。

此外，随着各队加大投资，众多世界级球星开始效力中国职业联赛，并直接带来赛场内观众数量的增加。据统计，中超联赛场均上座率从2004年不足1.1万人到2018年近2.4万人，增长超过了两倍。德勤的报告显示，2019赛季中超联赛平均上座人数为23336人，在世界顶级足球联赛中排名位居第五，仅次于除法甲外的欧洲其他四大联赛。更为重要的是，中超球迷多为资深球迷。他们平均关注中超时长超过5年，且单赛季现场观赛场次多数达到15场。广泛且稳定的消费群体保障了中国职业体育商业价值的稳步提升，助推其有序发展。

## 三、基础建设进展顺利，国际影响力有所提升

对职业体育而言，联赛的运营管理是极其关键的，因为这是一个联赛是否可以生存下去的基础。当然，职业体育市场运营离不开高水平体育竞赛的支撑，而后者则需要有稳定的后备人才作为保障。同样，职业体育市场运营的好坏，归根到底在于有无稳定的消费群体，也即需要球迷市场建设提供基础。如此，后备人才培养与球迷市场建设成为支撑职业体育有序发展的基础，一旦一国职业体育相关基础建设不佳，则其发展必然出现各色问题。

从源起看，我国职业体育具有特殊性，是从传统的专业队体制转轨而来的。也即原有的运动队通过与企业合作或者企业买断等形式，变为职业俱乐部。这一过程，有两个问题是特别值得关注：一是原有运动队转型后低级梯队的发展问题，原有的通道是否被关闭了；二是新生的职业俱乐部对后备人才培养的重视及其经验问题。现实中，由于后备人才培养的经验不足和俱乐部重视程度不够，我国职业体育出现了这样或那样的问题。2004年，时任国家体育总局篮球运动管理中心主任李元伟即指出，"NBA有435名现役球员、1.8万名优秀球员储备、37.5万名正在进行严格基础训练的未来人才。而CBA现在只有280名现役球员、900名优秀球员储备、6200人的未来储备。"为此，中国篮球协会推出的"北极星计划"中一个关键的问题即是解决后备人才问题。后续，有关后备人才培养问题开始逐渐受到重视，市场准入制度的后备梯队要求、强化体教结合共同培养、重视社会机构培养建设等举措相继出台。在足球后备人才培养方面，2009年国家体育总局和教育部牵头启动"全国青少年校园足球活动"，2015年《中国足球改革发展总体方案》更是给出了时间表和路线图，随后2020年中央全面深化改革委员会第十三次会议审议通过《关于深化体教融合促进青少年健康发展的意见》，在建设规格、体制机制上有了更加明确的要求。其间，2016年起中国足球协会出台多项政策，提高了俱乐部准入门槛，要求中超、中甲和中乙俱乐部完善青训梯队建设。在相关政策引领下，我国后备人才培养呈现了持续向好的局面。仍以足球为例，截至2019年已认定校园足球特色学校27059所，2014—2019年参加校园足球四级联赛的学生达1255万人，而全国各级各类学校共有校园足球场地120960块（2018年数据）。

中国后备人才培养体系正在向着以职业青训为引领，以校园体育、社会体育等多种形式为支撑的多层次、标准化方向发展。

我国职业体育球迷市场建设卓有成效。球迷作为职业体育消费者，其重要性不言而喻。提升职业联赛水平更好满足社会大众观赏需要，不仅关系职业体育盈利，还关系我国职业体育本质属性的回归。当然，经过近30年的发展，我国职业体育球迷消费市场建设成效显著。以足球为例，中超联系培育出了一批符合职业体育发展规律的球迷群体，并支撑了中国职业足球联赛的有效发展[①]。《中超联赛2020商业价值白皮书》显示，中超联赛球迷以男性为主，且具有较高的学历，其中本科生以上学历占84%以上；在年龄分布上，57%为30—39岁，而进一步放开年龄范式，我们发现94%的球迷为25岁以上有自主创收能力的群体；就收入水平来说，中超联赛球迷绝大多数为中产阶层以上，年收入在10万元以上超过80%。此外，中超联赛球迷对中超联赛相关产品的消费能力也是显性的，绝大多数（84%）的球迷会购买相关特许商品。如图2-5所示，球迷对特许产品的消费热情稳中有升，2018—2020年平均支付金额从533元提升至763元，平均花费金额显著提升。

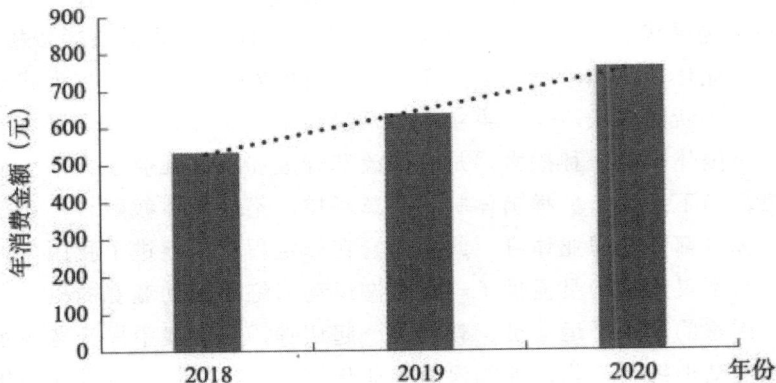

图 2-5　2018—2020年中超球迷联赛特许商品消费额统计

此外，中国职业体育竞赛表现、传播力度、运营水平等方面提升明显，这不仅有助于联赛品牌形象提升，创造更高的商业效益，还有助于提升联赛的国际影响力。以足球为例，在竞赛表现方面中超俱乐部在亚冠比赛成绩稳定，在疫情前的5个赛季（即2015—2019赛季）中超俱乐部小组赛阶段累计参与20次，其中晋级16强13次、4强阶段3次、获得冠军1次，并在2019年首次登顶亚足联技术积分榜，成为亚洲最好的联赛；在传播力度方面，全球近100个国家的转播中超比赛，遍布五大洲，辐射数亿人群，而在国际影响力上，高水平外援的进入有效增强了联赛的知名度和海外影响力，参加2018年世界杯足球赛的中超外援数量就达到9人，球员国际认可程度不断提升。此外，近年来中超联赛还先后与英超联赛、

---

①耿志伟，段斌著.职业体育球迷消费行为研究［M］，镇江：江苏大学出版社，2020，第22页.

西甲等全球顶级联赛深化战略合作，建立全方位的战略合作关系，并借此实现国际影响力的提升。

## 四、助力中国体育发展贡献度提升，社会贡献有所彰显

20世纪90年代起步的中国职业体育，是历史选择的结果。它诞生于特定的社会主义市场经济建设氛围和改革大潮中，有小康社会和城市化加速所催生的社会需求作为支撑，有中国体育事业谋求健康发展的必然要求作为条件，还有现代竞技体育所展示的不以个人意志为转移的发展方向为基础。当然，职业化改革近30年的发展历程，中国职业体育在显示其强大活力和广阔空间的同时，也不断彰显其应有的价值。

（1）职业体育发展有效助力了我国举国体制完善与发展。在我国体育发展历程中，举国体制作为一种有效的竞技体育运行方式具有极其重要的贡献，它支撑了我国竞技体育快速发展，并在北京奥运会创造辉煌。当然，举国体制也存在一些问题，需要完善，而职业体育是一种主要依赖市场手段并以社会力量为支撑的竞技体育发展方式，无疑是有助于前者完善发展的。首先，职业体育为我国竞技体育因势利导选择优势项目实现奥运争光创造了条件，一些需要耗费极大人力、财力的项目职业化后，国家可以专注于重点项目的发展。其次，它为我国举国体制完善提供一个新的实践路向。事实上，从缘起上，职业体育就是坚持和改善我国竞技体育举国体制的一种探索，是适应改革开放和我国社会主义市场经济需要的改革举措。当下完善新型举国体制的改革举措，不论是体教融合，还是运动员退役安置，多少都涉及职业体育。此外，它在一定程度上促进了我国竞技体育水平的提升。它不仅为运动员提供了一个常态运动训练、运动竞赛的机会，还可以与世界其他国家的高水平运动员、教练员一起切磋，在实践中提升竞技水平；另外，在诸如运动训练科学化、训练保障专业化等方面，职业体育为我们迅速接触世界，汲取先进经验提供了帮助。

（2）职业体育发展有利于应对日趋复杂的国际体育竞争和国外职业体育全球扩张。伴随经济全球化的深入，体育领域的全球化也呈现加速趋势，不仅表现在全球性体育竞赛数量的增长，还显现在发达国家对全球体育市场和资源的争夺上。对于前者而言，传统的依靠国家力量的体制已经显示财力、物力等方面的众多不适应性，迫切需要转变应对方式。于是，跟随改革开放步伐，推进体育领域改革开放主动融入全球体育竞争实践成为明智之举，在此意义上职业化就带有对接世界的意味。而对于后者而言，则更为紧迫。因为20世纪80年代后期欧洲五大足球联赛、北美职业体育联盟（NBA等）等国外职业体育就开启了中国战略，意甲联赛、NBA等加快进军中国市场的步伐。应对挑战，或者出于文化保护，或者出于市场抢占，都需要加快中国职业体育发展，以维系中国体育后续发展空间。当今世界的体育竞争已经从传统的竞技体育竞争，变为全方位竞争，群众体育、竞技体

育、体育产业、体育文化等都涉及其中，而具有勾连和整合各体育形态的有效体育运行方式即为职业体育。这不仅仅是因为它是竞技体育的高级形态，是高精尖的竞技体育，是一种独特的体育文化现象，还因为它从产生开始就内嵌于群众体育的发展之中，且具有明显的市场属性，丰富群众体育需求、提升群众体育层次的同时还可以创造经济效益。正是如此，可以认为没有高水平的职业体育，就无法赢得现代体育竞争，也就无法建成体育强国。

（3）职业体育顺应了我国经济社会发展的客观要求，更好满足了人民群众对高水平体育赛事观赏的需要。在西方，职业体育的产生与工业革命后的商品经济、城市生活、市民社会密切相关。一般认为，当经济社会发展到一定水平以后，人民的体育参与、体育需求就会多元化起来，观赏性参与随即出现。在我国，诚如前文所述职业体育的兴起与我国谋求体育产业发展有关。在邓小平同志南方谈讲话和党的十四大胜利召开以后，推进和融入社会主义市场经济大潮，成为各行各业的应然选择。此时，作为体育产业的主体——运动项目产业如何发展成为亟待解决的问题，当然，方向是明确的，即职业化。后续，我国职业体育的曲折发展历程，无一不与我国宏观经济社会发展同步，特别是为体育领域改革提供了一个特别好的试错机会。事实上，正是全国骂杀的足球，承载着为中国体坛打假反腐、赛场治理、媒体应对、法治建设等试错探索的功能，积累留下了宝贵的经验，避免中国体育改革少走弯路。

（4）职业体育正在成为体育强国建设的新亮点。今天的职业体育已经全面融入中国社会发展，体育专门媒体带来的成千上万场的各色职业赛事，为茶余饭后来自各行各业的体育迷提供了话题与谈资，形成了独特的体育文化，有效丰富了社会大众的业余文化生活。同时，职业体育由于其关涉广泛，很好带动了包括传媒、旅游等行业的发展，有效助推了我国体育产业的发展。在另一个层面，职业体育还有效带动了群众体育的发展，中国的3亿篮球迷就是3亿篮球爱好者，也就意味着至少有3亿人在从事篮球运动。而这些恰恰是后续我国体育强国建设的社会基础。换句话说，中国职业体育不仅是体育强国建设的一分子，还由于它更接近市场与社会，具有较强的自主动力，正在积极发挥体育强国建设的牵引者角色。

# 第三节　中国特色职业体育实践经验总结

单从经济角度看，中国职业体育改革发展历程，就是一个建立体育竞赛表演业生产与消费市场的过程。市场建立的过程至少包括以下一些内容：（1）资源要素的货币化、市场化。区别于一般商品生产，劳动力、资本、职业组织是职业体育赛事生产的基本要素。同时，职业体育赛事运作也不同于一般商品的售卖与消费。从表层的观赛，到深层的赛事生产与运作，职业体育赛事可货币化尤为关键，有了该环节以后职业体育的市场交易才有了依托，赚钱效应才能产生；而在另一个层面，职业体育赛事生产是职业体育运营的手段，而不是目的。也即，区别于职业化前的体育赛事仅仅是为了竞赛本身，职业体育赛事是为了服务社会大众，或者是服务于更多赛场外的经济利益，因为现场观众也好，转播商、赞助商也罢，所有职业体育消费都是对赛事进行付费。我国竞技体育职业化改革实践，实质上就是推动这些要素市场化的过程。（2）资源要素配置机制建设。在我国，这是一个从依赖行政力量调配资源变为主要依靠市场力量的转型实践，发挥市场的决定性作用成为当前职业体育发展的基本要求。（3）要素市场建设。资源要素市场化后，依靠市场来配置机制需要有平台，这个平台就是要素市场。在这个市场上，运动员、赛事资源等可以进行市场交易，可以实现最优化配置，产生效用最大化。如此来看，中国职业体育改革发展是复杂的，有成功的顺畅，也有失败的苦困，当然更多的是基于现实抉择的艰辛。这也意味着，有必要研讨其解决现实问题的经验与教训，把握其实践规律，为后续改革与发展服务。

## 一、坚持党的领导，把握了中国经济社会快速发展所创设的机遇

习近平总书记指出："中国特色社会主义最本质的特征是中国共产党领导，中国特色社会主义制度的最大优势是中国共产党领导。"更为关键的是，这种地位不是自封的，而是经过历史实践检验的，是人民选择的。中华民族近代以来180多年的历史、中国共产党成立100年以来的历史、中华人民共和国成立以来70多年的历史都充分证明，没有中国共产党，就没有新中国，就没有中华民族伟大复兴。今天中国经济社会发展取得成就，不论是综合国力和国际影响力，还是人民生活水平、社会获得感，都实现历史性跨越，回溯这些成绩的取得，其关键在于中国共产党领导。[①]

"党的领导是做好党和国家各项工作的根本保证，是战胜一切困难和风险的'定海神针'"，这是中国共产党的性质所决定的，更是中国共产党人的初心使命的集中体现。为中国人民谋幸福、为中华民族谋复兴，中国人的事情需要中国人办，办好中国的事情，关键在于中国共产党。同样的道理，也体现在中国职业体育发展上。比如，中国职业足球改革的兴起即与党的领导有着密切关系，伍绍祖同志在1992年红山口全国足球工作会议闭幕式上的讲话中即指出，"我们了解到小平同志非常关注足球……杨主席也非常关心……江总书记非常关心……讲话内容摘要了一个稿子，已经印发到大会上了，大家可能看到了。铁映同志是主管这方面事情的政治局委员和国务委员，更是直接关心，过去有过批示，也印发给大家了。在会议期间，他又找大家来座谈。"再如，2015年2月习近平总书记主持召开中央全面深化改革领导小组第十次会议，会议审议通过了《中国足球改革总体方案》，为包括职业足球在内的我国足球事业发展指明了方向。我们可以认为，中

①张保华著.中国特色职业体育的政府治理与路径选择 [M]，广州：中山大学出版社，2020，第22页.

国共产党的领导保证了中国职业体育的服务面向，特色所在，也为中国特色职业体育建设提供了最坚实、最有效的保障。

当然，党的领导对竞技体育职业化帮助还体现在为我国职业体育发展创设了特别好的经济社会环境。在党的领导下，我国实施改革开放战略，中国经济发展迅猛，经济实力大幅提升，经济总量持续增长。如图2-6所示，GDP从职业化改革前1993年的4447.31亿美元增长到2020年的14.72万亿美元，创造了中国奇迹。伴随经济社会发展，人民收入稳定增加（见图2-7），民生保障持续改善，社会环境越来越好，这样的一个安居乐业的社会氛围显然是有利于包括职业体育在内的各行各业发展的。其中，最为明显的变化就是我国服务业增长率最近10年开始超过GDP增长率（见图2-8），呈现出服务行业消费需求的兴起，预示我国经济社会结构的变迁。同时，随着人民生活水平的提高，越来越多的人开始加入各色体育运动中来，经常参加锻炼体育人口数量稳步增长，接近40%。我国体育产业发展迅猛（见图2-9），体育休闲、体育旅游、赛事观赏等活动越发红火，观赏性体育消费群体不断扩大，加之中国城镇化的快速形成，交通、场馆等改善明显，这些都为我国职业体育的发展创造了有利的条件。

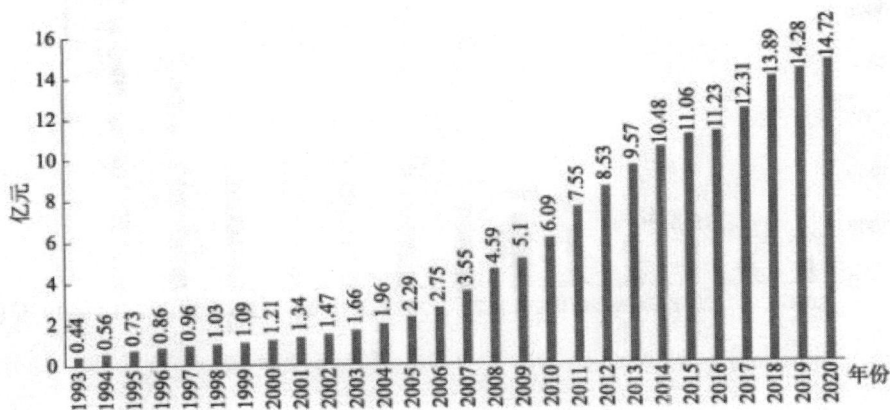

图2-6　1993—2020年中国GDP发展情况

图2-7　1993—2020年中国人均GDP发展情况

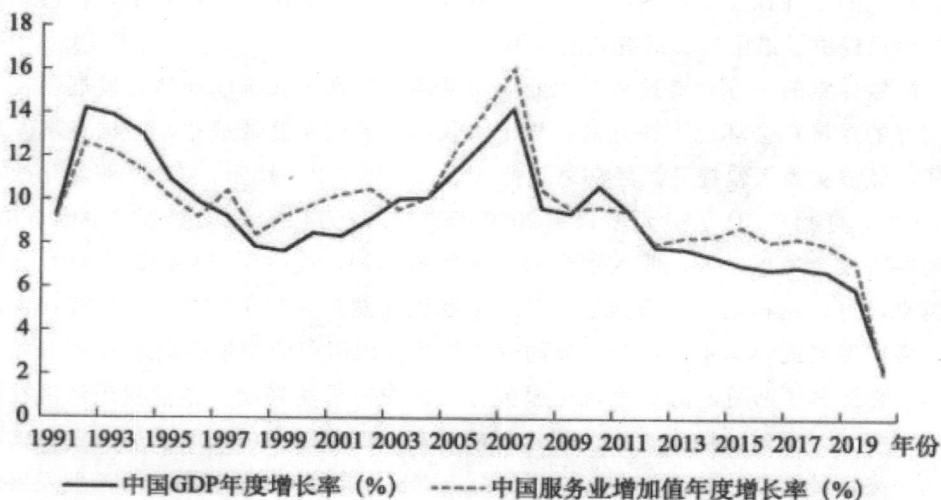

中国GDP年度增长率（%）　——--中国服务业增加值年度增长率（%）

图 2-8　中国GDP与服务业增加值年度增长率比较

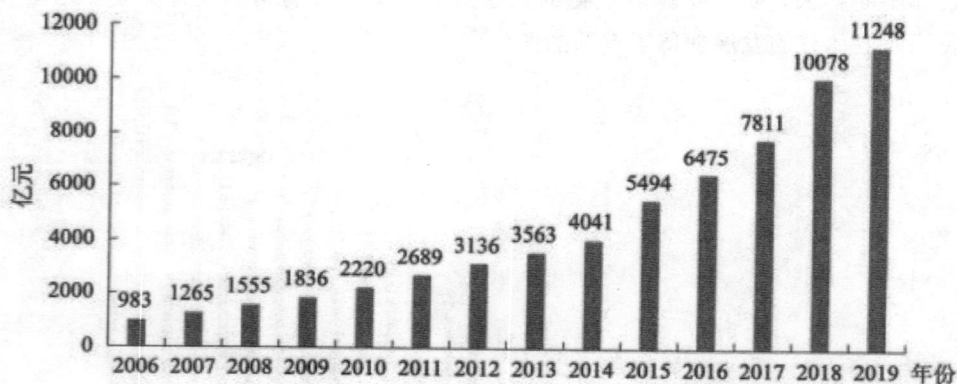

图 2-9　2006—2019年中国体育产业增加值变化情况

　　总体来说，中国共产党领导是中国职业体育有序发展的根本保障，其作用贯穿中国职业体育发展的全过程，为中国职业体育发展创设了良好的内外部条件，引领着中国职业体育摸索找到一条适合自身国情的发展道路。当然，我们相信在中国梦实现进程中，中国职业体育将迎来更为有利的外部环境，也必将能够获得更大进步，更好满足人民群众对美好生活的需求。

## 二、嵌入中国宏观改革实践，遵循了渐进式的改革路径

　　客观来说，中国职业体育发展是很快的，从启动到实施30年时间，联赛体系、组织规范及基本运营规则都已建立，中超联赛已然成为世界第六大联赛。之所以如此原因是多方面的。既有我们沿用政府主导推进方式，可以集中力量办大

事，也有我国宏观经济社会的发展，相关社会需求激增，带来连锁效应。而另外的原因也不容忽视，这就是中国比其他国家更具有推进竞技体育职业化、市场化的条件。职业体育在西方社会的演化，不可避免受到社会、经济、政治乃至文化的影响。在社会层面，从业余活动、精英运动提升为专业化、职业化的历程，理念上的转变首先就会成为问题，精英阶层把控的竞技体育赛事去世俗化在奥运会对职业运动员排斥的实践中表现得尤为明显，同时，对于普通大众而言，从事职业运动的风险是不得不考虑的问题；在经济层面，职业体育性质确定历程也是极其挣扎的，北美职业体育联盟的数次反垄断诉讼和屡次兼并即是明证，获得经济法层面的承认与经济效益的获得一样困难重重。当然，对此的深入把握还需要回归对中国宏观改革的认识之中。

关于中国的改革发展，学术界往往贯之以中国模式，这主要区别于欧美模式或东亚模式而言。或者如美国学者乔舒亚·库珀所提出的"北京共识"，并相对于美国学者约翰·威廉姆森（John Williamson）所提出的、以新自由主义学说为理论依据的"华盛顿共识"。事实上，从第二次世界大战以后，除了因为特殊缘由（如日本等）发展起来以外，东亚模式与中国模式是具有显著代表性的迅速崛起的模式。关于东亚模式，大体上涉及：发展顺序上先发展经济、再进行社会改革、最后借助政治改革实现现代化；集中依赖上强调政府的作用；经济样态上重视出口导向性，强调利用外资的力量。中国改革发展充分吸收了国外成熟的运行模式，不仅包括西方先进国家的模式，还包括东亚模式，甚至于吸收了东欧的社会主义国家转型失败教训。

（1）从经济运行样式上看，从计划经济转型为市场经济是基本特征。其中一个关键的环节即在于引入市场，让市场机制成为资源配置的手段，发挥资本的作用。

（2）从改革机制依赖上看，从政府主导推动向多元驱动发展是基本特征。其中政府与市场关系成为关系改革与发展的重要议题，从发挥市场作用，到市场主导地位的确立。

（3）从改革次序性和重点来看，先易后难的渐进式改革是基本特征。在经济领域，中国的改革从农村试点改革起步，到农村联产承包责任制的全面推广，到价格改革，再到企业改革的全面铺开；而到"蛋糕"做大了以后，社会改革随即展开，关注不同群体的社会诉求建设社会主义和谐社会；再后则是全面深化改革，并以阻滞改革深入的体制机制（乃至政治领域）为重点，强化法治中国建设。

（4）从支撑力量上看，一个坚强的领导和推动力量显得尤为关键，这就是中国共产党。从改革的起点到方向的把控、再到一个又一个困难的突破，背后都有党的身影和行政的力量，而这恰恰是区别于其他的国家的关键所在。

事实上，之所以选择这样一种改革路径，关键还是基于国内外环境的。如果我们前置中国改革的历程，从计划经济开始，我们会发现，这本身就是新中国成立初期以毛泽东同志为代表的第一代中国共产党人在无奈的条件下的选择。在特殊的"冷战"氛围中，即便我们选择了开放的政策，也无法有效地实现。而"割裂"的条件下，依靠外国是不行的，于是可选择的方案唯有将国内市场作为一个整体，利用政府手段自力更生谋发展。而冷战后期，全球化提速的实践给予了中国一个可以接轨世界的机会，改革开放成为极其明智的选择。此时，选择利用外资，从点及面逐渐推进显然是阻力最小的，于是，乡镇企业、出口导向型企业在东部沿海迅猛发展起来。后续，当市场的理念逐渐形成后，改革的深入开始着眼于国企改革，"抓大放小"作为解决政府与市场关系的重要举措显然更符合国家利益，也具有更强的现实意义。当下，当资本从短缺变为丰盈时，走出去战略就显得尤为重要，"法治中国""营商环境""一带一路"成为当前热词。总体来看，后发的我国改革正是以问题为导向，在复杂的国际国内环境中博弈选择的结果，而且正是中国共产党人的正确领导带来了中国的繁荣发展。

中国竞技体育职业化改革大体也遵循渐进式的分解改革路径，先搭建职业体育竞赛和体系，再进行市场组织建设与完善，再着力于管理体制和机制改革。更为关键的是，它是以问题为导向的改革路径选择，带有明显宏观改革的特征。与中国宏观改革发展一样，这一改革在不断试错中慢慢推进，具有集约化和小风险的特征。当然，渐进式改革的困难在于对改革复杂问题的处理不力上，许多难点问题往往会不断累积，形成新的改革难点与堵点，而且改革过程伴生的利益集团等阻滞力量也会不断扩大，这给最后的改革或者超越形成独特模式带来困难。

### 三、以问题为导向，呈现了不断深入的适应性变迁过程

回溯我国近现代历史，追求现代化实践中大体即遵循了向外看、向内看、再向外看、再向内看的立场。19世纪中叶，西方列强的强势崛起，打破了中国传统文明的自序演化，早期的先贤开始了追求民族兴旺、国家强盛的实践。从洋务运动到五四运动，从"中学为体、西学为用""中国欲自强，则莫如学习外国利器"（李鸿章），到三民主义（孙中山），学习西方的探索启迪了国人的理念，但是将现代化和"西化"联系起来的局限性注定了革命的失败。中国共产党成立后，马克思主义的中国化实践，群众路线、"农村包围城市"这些更符合中国实际之举，引领了新中国的成立，从此中国走上了民族复兴之路。而后，审时度势的中国共产党人根据国内和国外特定形势，选择了改革开放之路，积极与世界接轨，加入世界贸易组织，"引进来走出去"，带来了中国的快速发展，中国模式及"北京共识"开始超越"华盛顿共识"逐渐为世界所关注。而近年来，特别是党的十八大以来，以习近平同志为核心的党中央提出了"中国梦"的战略部署，贯彻以人民为中心的理念，更好满足人民群众对美好生活需求的实践，则将中国与世界关系话题上升到新的高度，寻找和积淀适合中国国情的发展模式，为世界其他国家的发展提供新的模板，助力人类命运共同体建设。由此可见，从摆脱半封建半殖民地的积

贫积困境地，到创造中国奇迹，其背后的引擎是找到了切合国情的发展道路，其间向外看还是向外看不过是找寻这一模式的手段罢了。

关于中国宏观改革的理论认识，当经济改革取得成功后，社会改革就有了依托，而社会民主到了一定程度后，政治改革的阻力就自然会小些。但是，问题是对于职业体育改革这一牵涉面极广的领域，如何评判经济领域的改革是否完成就成为问题。同样，社会领域的改革也如此。另外，对我国社会改革而言，经济改革的支撑是自发的，一方面从计划体制中释放出来的社会需求是空前的，需求激增，而社会供给不足必然带动社会生产和经济的发展，而此时国外产品是很难进入的，即便进入高昂的价格也会限制一般消费，当然也形成一种激励，于是出于人的追求更好生活的本性，经济改革必然带动了社会改革的进阶；另一方面，早期改革开放伴生的是外资的大肆进入，外国企业或乡镇企业往往是以出口为导向的，在劳动力成本低的氛围下，竞争优势极易形成。总体来说，早期国内改革发展是符合国内外需求的，是小阻力的，更为关键的是极易撬动社会发展，是给后续的社会改革带来益处的。

与之不同的是，职业体育领域，市场生成逻辑上具有特殊性——先有消费市场（且是国外赛事开发的），再有市场企业（中国赛事），最后方有职业体育完整市场体系。这一特殊性，意味着我国职业体育在开始阶段就是无法实现有效的排外性。国外先发职业体育本着对利润的追求，不断侵蚀和抢占中国市场，左右中国职业体育发展，因为从理性的角度看，面对如此巨大的消费市场，中国职业体育发展水平越差，对他们越有利。也就是说，中国职业体育改革发展的现实阻力是巨大的，不仅仅来源于内部的经验不足，还来源于外部的干扰甚至是误导。

比如社会改革方面，后备人才培养就是一个例子，在国外成熟的模式下，后备人才的商业化、市场化是有基础的，且形成了体系。但是对中国而言，这种样态是否合适本身就是问题，或者是合适但是需要代价，或者本身就不合适。我们一旦选择了错误的发展路径，则后备人才培养出了问题，职业体育赛事质量提升困难是不可避免的，而我们付出代价的另一面则是西方先发职业体育赚得盆满钵盈。究其根由来看，显然是经济改革与社会领域的改革不匹配。或者是国外先发职业体育，或者是国内短期投机者，他们最大限度地享受了改革所带来的好处，而以损伤中国竞技体育可持续发展为代价，对后续改革危害极大。或者说，经济领域改革与社会领域改革没有区分开来，用经济范式去改革社会领域，而没有对社会领域进行必要保护。

另一层面，由于我国职业体育改革起点的特殊性，意味着分权实践是不可避免的，而且这一分权化贯穿改革发展始终。事实上，从某种意义上讲，分权不是改革者所乐于看到和愿意去做的，更不是制度设计而来的，甚至分权是与制度改革方向相违背的。因为分权则意味着权力更加多元化，权力配置向着社会多主体方向演进。当然，为了将改革进行下去，分权成为极其关键的一部，特别是在我国职业体育改革实践中（见图2-10）。

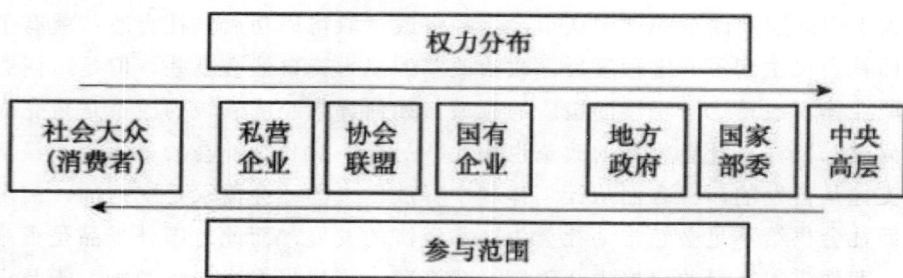

图2-10我国职业体育分权改革示意图

　　细数，我国职业体育分权改革的现实表征过程中，可以发现如下一些特征：
（1）参与主体从原有单一的政府主导向多主体互动发展，社会（市场）力量开始
成为关键，如协会、联盟等。（2）政策出台和治理实践过程，变成为围绕利益的
争夺、冲突、整合、再平衡过程。（3）利益组织失衡问题开始出现，政策企业家、
专家等强势利益集团开始占据利益诉求，信息成为关键要素。总体上，分权化，
问题出现后需要再集权，这个权力适应性调整过程是基本趋向。这种适应性变迁
实践，是从非理性向理性发展的选择结果，符合我国发展的阶段性诉求，并有效
推动了我国职业体育改革的顺利实践。

　　总体上，基于后发理性，始于20世纪90年代的中国职业体育策略性地选择了
"跟随跑"战略，在过去20余年发展中"节省"了"体力"，取得了应有成效。
2019年国务院办公厅下发的《体育强国建设纲要》，站在中华民族伟大复兴的立场
上，强调要推进包括职业体育在内的中国体育发展，积极探索中国特色发展道路，
最终建成符合中国国情和中国实践、与中国国际地位相匹配的现代化体育强国，
全面拉响了从"跟随跑"向"并跑领跑"进发的号角。

### 四、持续有效的改革动力依赖，政策在职业体育发展中发挥重要作用

　　诚然，改革是一个千头万绪工作，包括很多环节，也受众多因素影响。而决
定改革的变量，可以简化为：（1）物质变量，如运动员的收入、场地设施建设等。
这是操作性最强，同时也是受到反对或阻滞最少的部分，只要政策一动，很容易
达成。（2）个人变量主要指相关主体的个人素质，如运动员竞技水平、裁判员执
法水平、管理人员运营水平等。这往往受自然规律影响，即便是变革的意愿很强，
但是"十年树木百年树人"的古训告诉我们，改变现状需要时间。[1]提高职业体育
从业人员的素质必然是一个长期过程，不可能一两个政策或要求就能够实现的。

---

　　①张保华著.中国特色职业体育的政府治理与路径选择［M］，广州：中山大学出版社，2020，第30页.

而且个人素质的提升，往往受宏观的因素影响较大，如社会对经济利益的追求增加，撬动个人素养提升的砝码就需要顺应性加大。（3）制度变量或者文化变量，这是最难的部分，特别对于向市场方向的制度建设，难免不会受到多种力量的抵制。它们需要各个环节的综合作用效果显现，从理念到程序，从体制到机制，无一不涉及众多利益关系。

从计划体制下的专业体育起步，我国职业体育兴起与发展离开行政政策的作用，几乎每一次改革的重大突破，背后都有政策的身影。如表2-6所示，我国职业体育启幕时，原国家体育运动委员会和中国足球协会先后出台了近20个相关文件，其中既有支撑性文件又有专门性文件以及辅助性文件。政策出台，以制度形式保障了改革的可操作性和稳定性，维系了改革的稳定性。

表2-6　我国足球职业化改革准备及起始阶段政策文件一览表

| 序号 | 政策文件名称 | 文件性质 |
|---|---|---|
| 1 | 《国家体委关于深化体育改革的意见》（1993年） | 支撑性文件 |
| 2 | 《关于运动项目管理实施协会制的若干意见》（1993年） | 支撑性文件 |
| 3 | 《关于培育体育市场、加速体育产业化进程的意见》（1993年） | 支撑性文件 |
| 4 | 《中国足球运动改革总体方案》〔（92）体足协字 no 号〕 | 支撑性文件 |
| 5 | 《关于强化足协实体化改革实施方案》〔（92）体足协字 U2 号〕 | 支撑性文件 |
| 6 | 《关于建立和逐步完善足球俱乐部体制的实施方案》〔（92）体足协字113号〕 | 专门性文件 |
| 7 | 《关于建立足球特区的方案》〔（92）体足协字114号〕 | 辅助性文件 |
| 8 | 《关于整顿队伍促进改革的实施方案（草案）》〔（92）体足协字120号〕 | 支撑性文件 |
| 9 | 《全国足球竞赛改革的初步设想》〔（92）体足协字122号〕 | 专门性文件 |
| 10 | 《中国足球协会章程（草案）》（1993年） | 支撑性文件 |
| 11 | 《中国足球协会俱乐部章程》（1993年10月18日公布） | 专门性文件 |
| 12 | 《中国足球协会竞赛管理规定》（1993年10月18日公布） | 支撑性文件 |
| 13 | 《关于继续深入整顿的决定》〔（93）体足字069号〕 | 辅助性文件 |
| 14 | 《关于实行运动员转会制度的通知》〔（94）体足字114号〕 | 专门性文件 |
| 15 | 《中国足球协会纪律委员会工作条例》（1995年） | 支撑性文件 |
| 16 | 《中国足球协会诉讼委员会工作条例》（1995年） | 支撑性文件 |
| 17 | 《职业教练员管理条例》（1995年） | 专门性文件 |
| 18 | 《职业和半职业运动员管理条例》（1995年） | 专门性文件 |
| 19 | 《中国足球协会运动员转会细则》（1995年） | 专门性文件 |

具有典型性的是顶层设计的应用，并成为化解和推进中国职业体育进一步发展的关键所在。顶层设计，议题上需要明确改革什么、如何改革的问题。因为从改革的指导目标、原则遵循、方案设计、落实保障等，都需要借助自上而下的权

力来指导。当然，从顶层设计的价值来看，首先回归改革的原点，即任何的改革都需以促进社会的发展为根本目的，更好地服务与满足社会发展是改革的起点与终点，经济领域也好社会领域也罢，都是如此。回到职业体育领域，则体现在以高质量的竞技体育发展来更好满足社会大众的体育赛事需求，背离之则难免不出现问题。同时，任何改革都需要以社会的支持和接受为评价标准。因为服务社会发展的规定性，自然内化了这一属性。而现实的职业体育改革举措之所以能够顺利推下去，关键即在于这些政策符合多方利益诉求，能够给职业俱乐部、球迷等带来现实的好处；相反一旦政策背离了社会支持，特别是无法获得职业体育主要利益群体（如单项协会、职业俱乐部等）认可，往往就会停留在口号上，难以真正落地[①]。此外，顶层设计的有效价值还在于搭建可持续发展路径，可以更好满足各利益主体日益增长的要求，有空间有发展余地是必要的。

---

①耿志伟，段斌著.职业体育球迷消费行为研究［M］，镇江：江苏大学出版社，2020，第61页.

# 第三章　中国职业体育发展环境研究

　　法制环境是职业体育健康持续发展的重要因素之一，成功的职业体育组织以及市场化运行都离不开规范的发展环境。我国体育职业化已经走过了20多个年头，我国职业体育法制建设取得了哪些进展？达到怎样的程度？目前的法制环境对我国职业体育发展有何影响？这些问题到了需要进行系统的梳理和研究的时候了。本部分的研究宗旨在从理论上理清职业体育法制环境与职业体育发展的内在关系；比较全面地了解我国职业体育法制环境现状以及存在的问题；提出改善我国职业体育法制环境的相应对策，为进一步加强我国职业体育相关法制建设，改善法制环境提供有价值的参考文献。

## 第一节　中国职业体育的法制环境概述

　　"法制"可以从两个层面理解：从狭义层面来看，"法制"是一个静态概念指一国法律制度的总和；从广义层面来看，"法制"是一个动态概念不仅包括通过立法形式逐步形成的法律制度本身，还包含司法、执法、守法等相关法制活动。"环境"指向的是特定范围中的情况以及条件的空间概念。"法制环境"的概念既包括法律、法规的制定，也包括执行客观事实及基本情况，还包括法制实施的效果，它不仅涉及国家和社会中所制定的法律制度、发展状况，同时在法律制度认识上也涵盖人们的态度，也包含法制观念、意识、文化及法律制度对社会、经济、环境的影响力。法制环境的整体形成以及在后续的发展中需要一定的时间历经缓慢的改变它不仅对法律制度和执行情况产生一定的影响，并且与法律文化的各方面因素也息息相关，对其产生最为深刻影响的到最终归属与人们自身的法制观念和政府的执政水平。法制环境也在不断地发生改变，与社会的整体发展相辅相成，较为深的层次表现与人们的观念有关，并且根据不同时间和地域有着不同的表现。职业体育的法制环境是也归属于广义层次的，它不仅受到社会环境的影响，比如：政治、经济、文化等等也是社会环境的一种形式，它是有关体育方面的各种法律意识、观念、程度、执法状况和守法程度等方面的总和。

计划经济体制下的中国实行体育的举国体制，法律很少与体育发生关系，体育纠纷往往依照体育自治的惯例解决，或者依靠行政力量解决。随着改革开放不断深化和我国社会主义市场经济地位的确立，20世纪90年代中期，我国足球、篮球项目开始了职业化改革和发展的道路，职业联赛，《中华人民共和国体育法》在这一时期同时颁布实施。但是，职业化进程在不断地改变，针对其中的管理体制、经营活动、经纪人组建、场馆、商业等等方面也会随着这种改变而对职业体育的法制环境建设有了更为严格的要求。

法律对体育的关切首先体现在它对体育中人的权利的尊重和保护；同时法律对体育的相关方面还涵盖着体育自身所产生的消极与负面影响。同时，作为非常特殊的一个人类社会领域，职业体育的法制环境并不仅仅包括法律对职业体育方面的相应管理，同时与体育运动当事人所带来的体育规则并且用于矫正和完善彼此之间体育关系。前一类法律具有公力强制性的特点，而后一类规则具有多方面的特点，这其中包括多元性、专业性、文化性、传统性以及非公力强制性。因此我们谈及中国职业体育法制环境，关注的并非仅仅是国家司法对体育的调整，还包括在体育组织与体育参与者适用体育内部规则对体育进行调整，即法治下的体育自治。

## 一、职业体育法制环境与职业体育发展

职业体育发展与法制环境关系紧密，因为只有在和谐稳定的环境中，职业体育组织的生存发展才能维持一定的秩序，才能保证自身的正常运转，法制是维持职业体育秩序的重要手段，没有健全的法制环境则职业体育很难得到健康发展。

### （一）职业体育法制环境与职业体育发展

1. 职业体育中的"硬法"与"软法"

狭义层面的职业体育法制环境，指的是调整职业体育的法律制度。与一般行业不同的是，调整职业体育的法律制度，不仅是国家法，还有行业法。到底什么是"体育法"，很多体育法专家都非常关注体育的这一特殊性，即对国家法之外的体育规则的关注。对此，国内外学者的研究中就有学者提出了包括两个层面的广义层面的体育法陈述。尽管叫法有所不同，但所要表达含义的内容是一致的。

《国际体育科学和教育理事会体育科学指南》对"体育法"概念的界定是，决定体育领域中的法律关系结构及产生于体育活动中的问题的一种法律，包括广义上和狭义上的不同层次，针对狭义体育法的叙述中这样规定：要对运动员的权利和义务进行相关的法律规定；体育组织的结构和运行，并涉及它们之间存在的关系；教练员相关的权利和义务；体育所体现的精神和原则。而在对广义层面上体育法的叙述中主要涉及：进行体育运动锻炼和突显自身个性的权利；劳务关系；

体育经纪人的法律；对体育领域中的犯罪事件产生负面影响的研究；国际重要竞赛中的出现的问题研究，机构、人员以及团体、国家与其之间的联系叫。但是最终不论是在广义层面上的体育法还是狭义层面上的体育法都应该包括体育纠纷的解决机制。按照日本体育法学者干叶正士所提出的"体育固有法"和"体育国家法"之分，狭义体育法一定程度上趋向于规则，广义体育法则比较接近于国家法，与此同时，还有一部分国外的研究专家提出将其分为硬法（Hard Law）和软法（Soft Law），硬法就是国家强制法，软法则主要是针对体育组织，特别是国际和国家体育组织制定的章程、规则、原则等，还有部分学者认为可以这样进行分层，一种是"内部规则"，另外一种是"外部规则"，外部规则主要指法律规则与政策性规则，行业规则属于内部规则。

故此，我们在研究职业体育法制环境时，既要关注国家在体育管理上所制定的法律，同时也要关注当事人创造出来用于矫正和修改双方利益关系之间的体育关系规则。前者主要是体育国家法、外部规则、硬法，具备较强的公力强制性是其主要特点；后者主要是固有法、内部规则、软法，其特点主要呈现为多元性、专业性、传统性和非公力强制性等。

2. 职业体育与行业规则

体育竞技的特点导致了体育行业要以自治的方式进行管理。和其他社会自治组织一样，体育组织是由组织成员通过协议，自愿和直接组织起来，向成员提供某种内部"公共物品"的公共体，它们的活动和行为主要受组织成员达成的共同协议——组织章程及各种相关规则而不是法律的拘束。

体育组织为了实现其组建宗旨，必须制定一定的规则，促使其运作有序进行。体育组织制定的规则大体可以分为三类：

基本性规范，即协会章程。包括协会目的、会员资格、入会手续及退会程序、官员的资格、权利、地位以及任期、选举权、财产来源及处理等。

行为规范，主要包括体育职业道德、职业体育参与人（如运动员、裁判员等）的技术等级标准、竞赛规则等。

惩罚规则，主要是指协会对违反章程或行为规则的会员是否应当做出处罚以及如何做出处罚的规定。

（4）争端解决规则，各单项体育协会如中国足协等在章程中均明确规定协会成员间或成员与协会间发生争议时适用何种程序加以解决。

制定行业规则是体育组织进行管理的前提条件，这些行业规则，就是体育中的"软法"，它们的效力主要体现在对成员的约束。体育规则是一种契约性和自律性规范。其契约性体现在：体育规则的内容是单项协会全体成员意思表示一致或法定多数成员同意的结果。其自律性表现为：它是全体成员或法定多数成员为了体育（项目）共同体的共同利益而自愿制定的，所有成员都接受制定的内容并受其约束，但最终还是要靠诚信，作为体育公共行为规范，我们必须要求所有的成员无条件接受和服从，否则所有的一切都无法正常的运转和实施，在共同利益上也不能很好的体现，那么体育规则就失去了一定的价值，当成员违法规则时由单项协会进行处罚，并且在性质上，多数体育规则都带有一定的色彩，这种色彩也是介于法律和契约之间的色彩，体育规则虽然具备较强的约束性，但不存在强制性只有通过法院确认合法有效后才能够实施这样的强制权利。同时，体育规则的自律性和契约性都是从一开始就附有的，但要按照多数成员共同同意制定。

因此，自治权就是体育组织中最为重要的权利。首先，体育组织需要制定一套更为规范化的规则，利用制定好的一切规则进行自律；其次，保留法律行使优先原则还须建立起相关内部监督机制。当然，更为全面和理性的做法是建立起国家立法与行业规则之间的协同善治机制实现国家与社会的共同治理。

### （二）我国职业体育法制环境建设的意义

#### 1. 规范职业体育各种关系的需要

当前的中国正处于深化改革和经济转轨的关键时期，市场经济体制的逐步完善，使得社会中的各个行业快速发展并得以稳定前行。而市场经济是以资源配置、方式和手段为一体的经济，完善有效的法制环境是建立健全市场机制的必要条件。

自21世纪以来，体育领域在中国社会经济快速发展的大环境下不断深化改革。与此同时，体育法律关系主体相应地发生了变化，从以往单纯的体育行政法律关系更多转化为体育运动管理中心（单项体育运动协会）、职业体育俱乐部、运动员、赛事公司、经纪人等之间的民商事关系。如此错综复杂的各种内外部关系导致体育主体间的矛盾与纠纷丛生。例如，姚明与可口可乐公司以及孙杨的"被代言"事件引发了众人对运动员肖像权、商事人格权归属及利益分配的争议与讨论；龚建平案吸引学者开始探讨控制比赛罪；亚泰诉中国足协、凤铝诉中国篮协等激发了对行业自治与司法审查的讨论；兴奋剂处罚、外籍运动员合同与转会等则引发了对体育纠纷解决机制和仲裁的关注，正是这种市场经济环境下职业体育的利益多元，导致各种责任、权利、义务等方面的问题存在，只有通过法律手段和制度协调这些利益关系，明晰产权与收益，才能保障职业体育的良性发展。另外，职业联赛以竞赛为产品在市场中生存，比传统体育比赛更加激烈，也更追求公开、公正和平等，无论在俱乐部准入、运动员选拔、教练员选派、纪律处罚和纠纷解决方面都应有法可依，有法必依，只有如此才能维护体育的公平。

#### 2. 保障职业体育改革持续健康发展的需要

1994年中国足球甲A联赛的开创标志着我国职业体育走上历史舞台。近十余年来，在不断的改革和发展中，职业体育领域出现了很多负面问题，如中国足球窝案，上至足协常务副主席、足协中层，到俱乐部管理人员、运动员、教练员、赞助商几十人入狱，假球黑哨已经成为公开的丑闻，球员赌球、裁判受贿、球场秩序混乱等时常见诸报端。球队罢赛、退赛屡见不鲜，无视规则的心态表露无遗。单项协会的决策过程缺乏俱乐部以及更广泛的公众的真正参与，越是缺乏民主的地方越是缺少秩序，缺乏民主导致人们对于相关规则的缺乏认同，维护规则者少，而钻空子、牟私利者多。单项协会缺乏民主决策的基础和过程，也无法通过所有成员的参与来强化规则与参与者利益之间的关联，缺乏服从规则的心理基础，规则也就无法得到普遍的遵循，结果俱乐部、协会、政府、球迷、赞助商几败俱伤，除了投机者外无一获益，项目美誉度一败涂地。

单项协会的地位以及相应的权利和义务一直是问题的关键，如足协的官、民、商三重身份何去何从？足协三个权力（政府权力、公益权力和市场权力）合一，导致了目前对足协法律地位的质疑。目前政府对体育的干预比较突出，国家体育总局设立运动管理中心，实施"中心领导下的协会制"，两块牌子一班人马，项目管理中心具有双重身份。这种机构设置方式使管理中心和协会的职责明显重叠，二者都负责该运动项目的管理工作，管理中心架空了协会的管理职能，容易使人混淆行政主体，同时，作为事业单位，在人员编制、经费使用上都受到很多制约，无法很快回应市场的需求，既浪费了政府的资源，又降低了工作效率。

中国足协和俱乐部、投资人所产生的矛盾冲突，是中国市场化改革步伐的加快和传统的政治体制管理之间必然会产生的冲突。中国足球发生这场冲突也是因为足协没有按照社团组织这个定义来定位自己。所以，我们首先要改变民间组织的官办性。中国足协是我国3万多个行业协会中的一个。在以往，中国足协名义上是"由从事足球运动的单位和个人自愿结成的唯一全国性非营利社会团体"，但实际上是一个半官方机构。这种名与实不相符的局面导致协会组织在行使管制权力的情况下普遍只对政府部门负责，而非对会员负责、为会员服务。可喜的是，2015年2月由中央全面深化改革领导小组第十次会议审议通过的《中国足球改革总体方案》明确规定了改革方案的近期目标是"理顺足球管理体制，制定足球中长期发展规划，创新中国特色足球管理模式印"，并按照政社分开、依法自治等原则重新调整组建中国足协，从根本上改变"两块牌子、一套人马"的原先局面，同时还对健全内部管理机制和协会管理体系、改革完善职业联赛和职业俱乐部建设等做了具体要求，这些要求表明俱乐部的健康稳定发展和联赛的良性持续生存需要不断加强我国职业体育法制建设。

## 二、我国职业体育法制环境存在的问题

职业体育中的法律问题可以从组织、行为、秩序三个方面进行梳理：（1）组织方面的问题。此类问题主要关乎单项运动管理中心、单项体育协会、职业体育联盟和职业体育俱乐部四个主体的权利或权力区别问题，既涉及管理体制方面的改革，也涉及体育联盟的组织模式，以及职业联盟法律性质和俱乐部的权利与义务关系等问题；（2）行为方面的问题。职业体育的治理行为同一般公司的治理存在较大区别，俱乐部之间、联盟之间和协会之间因为存在着联营关系而具有一定的特殊性。市场由交易构成，而交易的法律形式是合同，这点在职业体育中体现

为大量的非典型合同，如冠名合同、赞助合同、球员转会合同等；（3）秩序方面的问题。职业体育作为体育的特殊形态，其开展过程中充斥着不少不当行为、失范行为及违法行为，包括操纵比赛、假球、黑哨、裁判等一系列问题及其对这些问题的相关治理，包括政府职责、协会职能、联盟内部章程及俱乐部管理办法等。因在职业体育法制环境方面主要存在下列问题：

### （一）体育主法层次不高

截至2015年5月20日，通过中国法律法规信息系统，以标题"体育"为检索词共收集到1部法律、3部中共中央、国务院法规及文件、26件部委规章及文件、190部地方性法规规章。这些法律法规共同组成了我国当前的体育法制环境，从上述数据来看，调整我国体育事业全面发展的全国性法律和行政法规明显较少，只有4部，其余多为部委规章或地方性法规文件等，可见我国体育立法的效力等级较低。与此同时，从国家体育总局近年的立法规划来看，一件单行体育法律也未列入，说明我国的体育法制建设有待加强。

当某一法律法规的立法层次不高，其文件规范水平一般很低。笔者通过阅读国家体育总局已正式出版的3部《体育法律法规汇编》所收录的287件法规文件，有接近40%属于非常宽泛和不具有严格法条形式的文件，这些文件往往在语言运用、体裁选定、结构排列等方面存在问题。伴随我国经济社会迅猛发展所带来的深刻变革，职业体育这一新情况、新现象不断涌现并发生着翻天覆地的变化，而目前我国的体育法制环境建设却与这一新形势形成了鲜明对比，并明显滞后于实践情况。另外，一些过时的法律法规及部门规章尚未清理，上位法与下位法之间、新法与旧法之间相互冲突。

### （二）体育法规调内容不完善

《体育法》受20世纪末我国立法指导思想的影响，大部分法规条款是一些纲领式、原则性的概括，缺乏一定的可操作性。比如：

调整内容主要是宏观管理，较少关注针对体育特殊性而建立起来的专门性法规，例如，对不同领域的体育纠纷处理、职业体育联赛管理和赛场竞赛秩序规制等问题的立法，尽管讨论和呼吁多年，却仍旧成效显微。

作为体育法制体系中起支架作用的相关法律和行政法规，它们在法律责任方面的规定并不完善也不具有权威性，这使得法条的实施受到很大制约。例如，《体育法》第46条明确规定：任何组织和个人不得侵占、破坏公共体育设施；《公共文化体育设施条例》尽管对改变或侵占公共体育设施提出了程序方面的具体要求，也规定了相应的法律责任，但因为没有明确的执法主体，体育场地被侵占破坏或改变用途的现象在国内时有发生，且多为政府行为。

调整内容呈现出不平衡，体育管理部门的部门规章和规范性文件多以调整体育系统内部关系和竞技体育为主，较少关注日益强大的体育产业市场，尤其是职业体育领域。这也导致迄今为止，我国没有一件关于职业体育的专门立法；教育管理部门的相关法规和规定则偏重于口号式概括，对涉及具体学校体育运动伤害事故的调整内容缺少较为有效的应对之策，尤其是在学校体育保险领域。这在一定程度上直接造成我国的多数中小学学校在开展体育运动课程时瞻前顾后、畏首畏尾。

### （三）体育立法的指导思想相对滞后

我国现行的大多数体育法律、行政法规以及部门规章是在20世纪90年代制定的，然而，那时我国社会正处于由计划经济体制朝着市场经济体制过渡的初始摸索阶段，且计划经济仍占据主体地位，体育作为国家文化教育事业的重要组成部分，也被列入到计划的范围，比如在培养竞技体育运动员体系中的"少体校→省市专业队→国家队"的培养机制，就是典型计划经济体制的相关产物，特点就是经费依赖国家财政拨款且表现出浓厚的行政色彩。这就使得体育法律、行政法规及规章都披上了计划经济体制的外衣。

在我国由计划经济向社会主义市场经济转变的过程中，我国经济飞速发展，国民经济和人民生活水平得到很大提高。作为上层建筑之一的体育也跟随者发生很大变化。这也出现了当初制定体育法律、行政法规及规章时所依赖的经济基础及所调整的内容发生了变化，并由此产生了立法相关指导思想相对滞后的问题。关于这一问题最显著的法规就是计划经济体制下制定的国家体育总局505号文件，文件规定："现役运动员的所有无形资产归国家体委所有"。然而在现实社会中发生的纠纷却在强力地冲击着该法条，使得国家、集体、个人三方的合理利益分配产生矛盾，比如跳水冠军田亮被开出国家队争议的背后隐藏的真正问题就是国家队运动员能否拥有自己的经纪人并支配自己的商事人格权；2003年，姚明诉可口可乐公司肖像权侵权案将对该法条的争议推向高潮，在该案中505号文件的合法性成为争论焦点，因为集体把个人的肖像权占夺，使个人独有的权利变成集体的权利，这是一个严重的违法行为。实践中发生的运动员教练员奖金争议、运动员无形资产利用都与人力资本归属有关，将"国家级运动员的无形资产归国家所有"是犯了法律常识性错误。体育体制改革以后，中国运动员尤其是一些体育名人的人力资本归属长期未能明确，一些有识之士尽力纠正实践中将国家作为职业体育人力资本所有者的做法，但是直至今日仍然有人将运动员视为单位的"固定资产"，认为自己有权力随意支配运动员的去留，成为运动员流动的最大障碍。

### （四）缺乏与《中华人民共和国体育法》配套的法律法规

单从实践发展角度来看，《中华人民共和国体育法》（以下简称《体育法》）内容过于原则和宽泛，许多内容是一些口号式规定，不具备法律应有的可操作性。尤其是在职业体育等一些关键的体育领域缺乏很好的配套立法，导致职业体育行政执法制度和执法机构存在严重滞后并伴有有法不依、执法不严的现象。这与我国职业体育的发展实践以及国家法制建设的要求极不适应，我国的体育法制环境建设任重而道远。

职业体育是伴随经济社会的工业化和市场化而衍生出的竞技体育特殊形态，如此的产生背景也导致其必然因各种经济利益冲突而发生矛盾与纠纷。我国现行《体育法》对体育与其他社会活动相互交叉的领域，几乎没有规范，对于职业体育而言更是如此。比如职业体育俱乐部的组织结构问题、职业运动员选秀及转会问题、合同问题、保险和相关福利问题、运动员退役后安置问题、体育纪律处罚和纠纷解决问题等。目前这些问题是由各体育行政部门、单项体育协会制定的各种条例和规定以"行规"形式加以规范，是依照行业特点和惯例而制定的。我国的体育行规往往是以适应体育行业组织管理问题，依照法律规定的基本原则而制定的运动项目管理规定。它不是法律，没有统一的法律规范，就很难避免一些开展较晚的项目有重复建设的现象，既浪费人力物力，又因为时间的消耗而延缓了本项目的发展。从这个方面讲，建立与《体育法》配套的相关法律、法规是刻不容缓之策。

作为上述行规制定主体的体育协会存在着立法权限不明、立法重复、越权立法等现象。具体表现为：在立法过程中，规章制定权侵越法规制定权，甚至侵越法律制定权的现象；我国目前颁布和实施的若干地方政府制定的体育规章中，特别是对于体育经营活动方面，存在着条文上下不一、相互矛盾等立法撞车现状，往往使得人们无所适从，一定程度上也造成了部门间相互推诿责任或出现因执法权不清而引起的争议或矛盾。上述现状具体到司法活动中就导致规则规定不明确、缺乏可操作性。许多应予追究的违法行为缺少应有的责任条文；已有的责任条文逻辑结构不严密，虽然规定了法律责任，但对于由谁来承担责任，应由哪个机关来执法以及以什么手段和程序来执法无明确具体的规定，成为制约体育执法实际效果的重要因素。在现有的规则中，宣言性、原则性、概括性的条款内容占有很大的比例，使操作性不强，而且许多体育法规中的责任不具体、不明确，缺乏应有的强制性和权威性。

### （五）困扰职业体育发展的问题

1. 缺乏促进和规范职业体育和体育产业发展的法规

在市场经济条件下，以体育运动为职业是社会分工的结果和正常的就业渠道。它与国家财政出资培养的国家队队员有所区别。在欧美等体育发达国家的体育法制实践中，大多数国家对职业体育有着明确规定，同时还采取鼓励发展政策使其成为该国体育产业的重要组成部分。我国自1994年兴办职业足球俱乐部以来，便开启了体育职业化的模式。随着体育领域改革的深入和其他体育运动项目职业俱乐部的兴起，职业体育正在发展成为我国体育事业的一个重要组成部分。但是我国《体育法》中对职业体育并无明确规定，亦未有专门性的职业体育法规条例。

产业化正在成为体育行业的发展方向，2014年10月，国务院颁发了《关于加快发展体育产业促进体育消费的若干意见》（以下简称《意见》）。《意见》中明确规定要完善体育产业相关法律法规，加快推动修订《中华人民共和国体育法》，清理和废除不符合改革要求的法规和制度。

虽然在《意见》颁布之后，体育产业迅速成长为互联网和商业大亨争相抢占的据点。但是，《意见》的施行并非一蹴而就，而是仍然存在很多问题。

体育是第三产业，随着我国社会主义市场经济体制的不断完善，体育产业化、市场化的程度日益提高。然而，市场经济的本质是法制经济，体育产业的发展离不开法制保障，需要有与其相适应相配套的法律和法规。但现状是一无法律、二无法规，在部门规章中，也只有在 1998 年由国家体育总局、财政部、中国人民银行联合发布的《体育彩票公益金管理暂行办法》和 1999 年由国家体育总局发布的《体育彩票财务管理暂行规定》；从各地出台的地方性法规或规章来看，多数为比较宏观的"体育经营活动管理办法"或"体育市场管理办法"。国家立法层面的空白以及地方立法层面的不健全使得构成体育产业重要组成部分的体育竞赛表演市场、体育中介市场、体育无形资产开发及利用等方面不能得到有效规制。这是当前我国体育产业和职业体育发展面临的主要困境，它主要表现为以下三个方面：

（1）我国职业体育联赛的法律性质和产权归属在法律中并未做出明确界定。相比而言，尽管国外职业体育联赛的法律性质和产权归属各有差异，但却明文规定、非常明确，比如 NBA 就是一个股份有限公司，可以完全按照公司法人的有关法律规定进行市场化运作。而在我国，职业体育联赛的产权关系却混乱不清，球队投资者共同出资组成联赛，但却不拥有所有权以及进一步的管理权和经营权；单项体育协会由于集政府、社团与企业多位一体，在组成机制和民主决策上都存在制约，无法代表俱乐部的利益诉求，由于权责关系不明晰，特别是一些不规范的初期合作项目，使得产权关系更为混乱。当投资主体的合理权利得不到法律的有效保障，必然会影响他们的投资热情以及职业体育的进一步发展。

（2）体育产业化一定会促进融资渠道的多元化，政府将不会再是资金来源的唯一主体，还来自企业、社团及私人；融资形式也愈加丰富，不仅有内部划转，还有股权融资、债务融资等。但是，由于缺少专门性法规或部门规章的规制，使得这些投资主体和融资形式得不到相应法律的规范和界定，也使得它们暴露在法制之外。

（3）体育产业化促进了体育中介市场尤其是体育经纪人的发展。然而，由于行业内此类机构处于初创阶段且映射规模较小，从业人员素质不高、执业行为不规范等问题也顺之呈现出来。在我国当前的法制环境中，解决此类问题主要是依据国家工商行政管理局 1995 年颁布的《经纪人管理办法》。但该办法并非是专门针对体育行业，这就致使由于体育自身特殊性而出现的各种相关扰乱人力资源市场的经纪行为缺乏有力的管理依据。

2. 公平竞赛秩序有些混乱

公平竞赛是体育事业的根本。《体育法》第34条规定"体育竞赛实行公平竞争的原则。体育竞赛的组织者和运动员、教练员、裁判员应当遵守体育道德，不得弄虚作假、营私舞弊。在体育运动中严禁使用禁用的药物和方法。①禁用药物检测机构应当对禁用的药物和方法进行严格检查。严禁任何组织和个人利用体育竞赛从事赌博活动"。虽然法律为惩治体育领域的不公平现象提供了基本依据，但由于缺乏相应的界定标准和法律制裁手段而在现实中显得"心有余而力不足"。

任何领域的腐败都会对本行业的声誉造成恶劣影响。由于体育运动的专业性，使得体育领域的腐败表现形式比较独特和隐秘。例如，近些年较为突出又屡禁不止的足坛"假、赌、黑"现象，这一现象严重危害了中国足球的健康发展。在中国足球处于前法治时代，从渝沈案不了了之、甲B"五鼠"受惩、龚建平案发，到国安罢赛，裁判一直是焦点，作为上级管理部门的中国足协在这一问题上难辞其咎。"甲A和中超进行了将近11年，裁判问题却越来越严重，说明中国足协在对裁判的管理、任用方面的能力确实有所欠缺。"但由于我国现有的法律中并未对此予以规定，且现有的《体育法》也没有明确、清晰的界定裁判员在竞技体育项目中的作用和责任，使得司法系统难以进入并发挥应有作用；再比如，操控比赛、滥用兴奋剂、参赛年龄作假等现象更是层出不穷，在缺乏可诉性的竞赛法律和及时有效的司法救济时，只好转给体育行政机关处理，而传统的行政干预手段在解决此类问题时由于自身的变通性、随意性太强，使得处理标准前后不一，造成了处理结果的不科学和不稳定，亦严重侵犯了运动员和教练员的权利。

3. 没有建立体育纠纷解决的仲裁机制

体育仲裁作为体育纪律处罚的有效救济手段。我国《体育法》第33条规定："在竞技体育活动中发生纠纷，由体育仲裁机构负责调解、仲裁。体育仲裁机构的设立和仲裁范围由国务院另行规定。"《关于严格禁止在体育运动中使用兴奋剂行为的规定（暂行）》第19条规定，运动员、相关人员及其单位与有关单项协会达成仲裁协议的，国家体育仲裁机构的仲裁结论是最终结论。然而迄今为止，我国并未设立专门的体育仲裁机构，也无专门的体育仲裁立法。

自律是指行为主体的自我约束，他律是指外部力量对行为主体的监督和制约，自律的形成有赖于他律。行业自律机制的形成及良好运转离不开外部他律机制的约束与监督。为防止公共体育组织权力的滥用以及狭隘的行业保护，在该组织之上须设立一个外部监督机构，旨在维护成员和社会公共利益。对此，国家司法应义无反顾地承担这一责任。就目前我国理论和实践来看，我国传统行政法学主要是从主体角度来认定行政法的调整范围，一般将行政权的行使主体仅仅定位于行政机关，其他非行政机关的社会组织因在行政法上没有明确地位而被排除在行政法调整范围之外。这就导致在实践中，我国法院拒绝对全国性单项体育协会的处

①曹景川著.职业化走向中的中国体育道德建设［M］，北京：人民出版社，2017，第65页.

罚进行审查。具体案例有"吉利俱乐部"和"亚泰俱乐部"诉足协被驳回;"广东凤铝篮球俱乐部"诉中国篮协不成立等。

### 三、改善我国职业体育法制环境对策研究

#### (一)转变体育立法指导思想

当今社会以体育竞赛表演业为核心的职业体育产业已蓬勃发展为一项新兴的产业并带来了巨大的经济效益。随着现代社会人民生活水平的提高和对健康重要性认识的加深,体育的含义已不再局限为由国家兴办的公益事业,而成为一个公益事业与市场产业齐头并进的综合性社会活动。实践决定法律的发展,现实中这种深刻的变革动力迫切需要与此相对应的法律体系的支撑。很多研究指出,我国体育法制建设相对滞后。体育法律体系的滞后与我国法制建设大环境整体薄弱和体育立法所处的特殊阶段有关,而滞后的关键是立法指导思想的相对滞后。因为立法指导思想的滞后必然会致使法律内容的滞后。因此,当前体育行业发展最需要的就是改变立法思想,完善现有体育法律体系特别是作为体育行业根本法的《体育法》。同时,这也是促进体育领域改革的动力。只有改革和立法同步推进、相互促进,才能推动体育行业朝着健康良性的方向发展,进而适应市场经济体制和体育国际化的需要。

国家体育总局刘鹏局长在2015年1月召开的全国体育局长会议上强调改革开放以来,尤其是在1995年《体育法》颁布实施以来,尽管我国的体育法治建设取得了长足进展。但是,相对于我国体育事业迅猛发展和深化改革的大环境,体育法制建设仍然相对滞后。这就要求我们要深入学习贯彻十八届四中全会精神,深入推进依法行政、坚持严格规范公正文明执法、加强体育法治队伍建设、加快推动《体育法》修订的步伐,最终营造一种健康、有序、良性发展的法治环境,这可以看作是新时期我国体育立法指导思想的具体要求。

#### (二)将"职业体育"写入《体育法》

《体育法》作为我国体育行业的根本法,与其他诸如教育、娱乐、文化等行业的根本法律一样,都具有规定相对原则的特点。这是为了给行业发展留有空间并保持法律本身的相对稳定性。然而,我国职业体育迅猛发展的现实情况却在催促相关立法工作必须加快推进。对此,从《体育法》本身的进一步完善细化角度来看,应增加职业体育相关内容;另一方面也需要适时推出与《体育法》相配套的各种职业体育相关行政法规、地方性法规、规章和规范性文件。

党的十八大以来,全国人大在全面开展法律清理工作后,确认现行《中华人民共和国体育法》已不能适应社会发展的需要,必须进行修改。因此,体育界要通过各种渠道,向全国人大常委会阐明修改《中华人民共和国体育法》的必要性、可行性和紧迫性,同时体育行政主管部门要高度重视现行《体育法》已远远落后

于体育事业发展需要的客观现实，做好修改《体育法》的各项准备工作，推动《体育法》早日进入修改议程。具体修改时，建议将"职业体育"单列为一章，对职业体育的概念、基本原则、职业运动员、职业联盟、职业俱乐部、职业联赛等分别加以规定。修改《体育法》时还应增加体育产业内容，让体育产业合法化。

如果《体育法》修改无法立刻进行，可以以部门规章的形式出台职业体育的相关规范，解决现实存在的制约职业体育发展的问题。

### （三）完善职业体育配套立法

市场经济是法治经济，我国职业体育是社会主义市场经济条件下的产物，其发展和改革，必须在完善配套的法律法规保驾护航之下才能得到健康有序良性的发展。同时，还必须认识到职业体育并非一个简单系统，包含其内的法律主体、法律关系复杂多样，导致涉及的法律问题也种类繁多。尽管目前已有一些相关的规章制度，但立法和修法的任务仍然相当繁重。对此，应充分发挥不同立法主体的立法主观能动性，使得国家立法和行业规则"双管齐下"；应在全国配套的基础上加强体育立法，将《体育法》中关于职业体育的特殊规定具体化；根据我国职业体育的发展现状和需要，结合国情进行立法，尽快推出体育产业方面的专门法规，把《意见》法律化，加快体育经纪人、体育仲裁等与职业体育密切相关的立法。

在我国，随着现代体育运动的发展，体育运动的各方主体间不可避免地会产生冲突和纷争，与体育运动相关纠纷的内容和领域不断扩大，建立体育仲裁制度的必要性早已得到实务界和学术界的共识。但体育仲裁制度应如何建立，却众说纷纭。目前，制约体育仲裁制度建立的最关键性问题，是《中华人民共和国体育法》与《立法法》两部法律规定的不一致：根据1995年《中华人民共和国体育法》第33条的授权性规定，国务院应以行政法规的形式，建立体育仲裁制度。而国务院在《立法法》出台前，一直没有制订有关体育仲裁的行政法规。而根据2001年《立法法》第8条的规定，诉讼和仲裁制度只能制订法律，也就是说，仲裁事务属于全国人大及其常委会的专属立法权。国务院早在1996年的立法工作计划中，就将"体育仲裁条例"的制订列入"需要抓紧研究、待条件成熟时适时提出的守法项目"，但"体育仲裁条例"至今仍然没有出台。其中，最核心的问题要解决体育仲裁问题，必须采用法律形式。但目前"体育仲裁法"制订的必要性、紧迫性和可行性，只在体育界人士中讨论，显然并未得到国家最高立法机构的认同。因此，必须重视体育立法的研究，加强宣传，推动《中华人民共和国体育法》的修改和《体育仲裁法》的制订。

### （四）坚持深化体育体制改革

体育产业的法律问题归根到底是体制问题，管办问题一直以来都是纠缠中国职业体育产业发展的首要问题，而管办问题的核心则是关于体育行政管理与股权的问题，要充分尊重市场投资者的利益，深化体育体制改革，转变职业体育管理方式。如同 2015 年 3 月 16 日国务院办公厅发布的《中国足球改革发展总体方案》那样，应该按照政社分开、权责明确、依法自治的原则调整组建单项体育协会，改变单项协会与体育总局运动管理中心两块牌子、一套人马的组织构架。单项协会与体育总局脱钩，在内部机构设置、工作计划制定、财务和薪酬管理、人事管理、国际专业交流等方面拥有自主权。单项协会不设行政级别，其领导机构的组成应当体现广泛代表性和专业性，以项目最大利益为出发点，推动项目发展。

要想改变中国职业体育的现状，首先得使单项协会脱胎换骨，使之成为政会彻底分开、真正代表本项目利益，公信力和权威性受到俱乐部和球迷公认、与国际体育组织在体制上充分接轨的自治组织。项目管理中心只能是一个过渡措施，不能成为终极目标，而且它也不应在较长时间内存在，应尽快转变形式与职能。按照社会主义市场经济的要求，依照国际惯例，我国单项运动协会管理体制的改革必须建立具有中国特色的社团属性的单项运动协会管理体制：国家通过财政拨款，领导体制确定以及体育方针、政策的宏观指导，体现国家意志；在国家法律的框架下，协会成为真正的社团法人，走上项目管理规范化、法制化、自我管理、自我约束的道路，取消项目管理中心以节约资源，充分发挥协会的作用，保障利益各方的合法权益。

## 第二节　中国体育职业化体育环境研究

职业体育的体育环境，是指围绕着职业体育并对其产生影响的所有体育相关因素，诸如国家或地区的体育人口、氛围、联赛所必需的运动员、教练员和裁判员队伍、体育场馆设施状况、体育市场的开发程度等因素。良好的体育环境是职业体育发展的基础，职业体育的发展历程表明，一项运动能够进行市场化运作，首先，它必须具有良好的大众基础，受到人们的普遍喜爱，人们的体育热情以及参与程度是职业体育发展的基础条件；其次，该项目还必须长期保持较高的运动技术水平，充足的高水平运动员及后备力量是职业体育发展的支撑条件。此外，体育场馆作为联赛的载体，其设施状况制约着职业体育市场的开发程度，直接影响职业体育组织的经济效益。体育环境中的各个因素都与职业体育的发展息息相关，分析职业体育发展的环境，体育环境是必不可少的一个方面。本章将从经常锻炼人口、我国竞技体育人才的培养、体育场馆和体育经纪活动四个方面分析我国职业体育发展的体育环境。[①]

---

①周建华著.中国职业体育人才的发展［M］，长春：吉林大学出版社，2014，第 23-24 页.

## 一、经常锻炼人口与职业体育发展

### （一）大众的喜爱是职业体育产生的基础

职业体育的产生离不开大众对体育项目的喜爱，从职业体育发达的欧美来看，能够进行商业化、市场化的运动项目，都有着浓厚的历史文化底蕴，是大众普遍喜爱的运动。中世纪末，在热爱足球运动的欧洲，因为足球运动的危险性，教堂和政府曾不断下令禁止足球运动，但因为大众对足球的喜爱，足球运动一直没有停止，街巷足球和乡村足球仍然很盛行，并最终成立了足球俱乐部。经过100多年的发展，欧洲职业足球联赛成了世界顶级的职业足球联赛，英超的曼联俱乐部成为世界最赚钱的俱乐部。在美国，橄榄球、棒球、篮球和冰球，是本国国民普遍喜欢的运动，项目的普及度与参与度都较高，四大职业联赛长久以来的成功运营都与此密不可分。大众的体育喜爱是职业体育产生的先决条件，是职业体育产生的基础。

此外，受大众喜爱程度越高的运动项目，往往该项目的竞技水平也越高。较高的喜爱度，促进了较高的参与度，从而为高水平的竞技运动员的选拔提供了更大的空间。无论是巴西的足球、美国的篮球，还是我国的乒乓球、韩国的射箭运动等都印证了这个规律。所以说，职业体育的发展是与大众的体育喜爱息息相关，它们之间相互促进、相互依存，以普及促进提高，以提高带动普及。

### （二）大众的参与是职业体育组织营利的重要保证

职业体育组织的最终目标是获得高额的利润，营利性是职业体育组织的本质属性，是职业体育发展的根本动力。目前，职业体育组织的经济来源，主要有电视转播收入、赞助收入、联赛门票收入以及特许产品的销售收入，其中占有份额最大的是电视转播收入。媒体和赞助商是职业体育组织非常重要的合作伙伴，而若想对媒体和赞助商有广泛和持久吸引力，就要靠二者的共同受众——观众，既包括场内观众也包括电视观众，因为电视观众的数量决定了媒体的收视率，赞助商花费大笔的赞助费的目的也是吸引更多人关注自己的品牌。大众的高参与度满足了媒体和赞助商的需求，实现了二者的目标，保证了二者的利益。除此以外，门票与特许商品销售收入，更离不开大众的直接参与。大众的体育参与是职业体育组织的收入保障，职业体育的长期稳定可持续发展离不开大众的参与，大众的体育参与是职业体育赖以存在和发展的必要条件。

### （三）经常锻炼人口是衡量群众体育参与的重要指标

大众的体育参与是职业体育产生与发展的基础，是职业体育发展过程中必不可少的体育环境之一，衡量一个国家或地区的大众体育参与度是判断该国家或地区是否具备职业发展的体育环境的重要标准，而经常锻炼人口是衡量大众体育参与的一个重要指标，因此可以用经常锻炼人口来衡量一个国家或地区职业体育发展的体育环境。目前，我国判定经常锻炼人口有三个标准：（1）每周身体活动频度3次（含3次）以上；（2）每次身体活动时间30分钟以上；（3）每次身体活动强度在中等或中等程度以上。根据我国三次群众体育调查的结果（表3-1），可以看出我国群众体育正处在一个不断向前发展的过程中，经常锻炼人口每年不断增长，参与的体育项目也发生了较显著的变化，特别是喜爱和参与乒乓球、足球、篮球和排球项目的人数有了明显的提升。

**表3-1 我国三次群众体育普查中经常锻炼人口及大众参与体育项目排名表**

| | 16岁以上人群 | 学生及军队人群 | 参与体育项目排名 |
|---|---|---|---|
| 1997年 | 15.5% | 31.4% | 气功、健身操、交谊舞、武术、秧歌 |
| 2001年 | 18.3% | 33.9% | 走步和跑步、羽毛球、游泳、足篮排球、乒乓球、体操、登山、舞蹈、台球和保龄球、跳绳 |
| 2007年 | 28.2%（含在校学生） | | 走步、跑步、乒羽网、柔力球、毽球等球类活动、骑车、足篮排等球类活动 |

调查的结果还显示出，大众进行体育消费的趋势日渐明显，且居民观看体育比赛的消费支出不断增加。第一次普查中，体育参与者全年全家体育消费平均在200元以下者占86.1%，100元以下者占58.31%，且主要是实物体育消费。用于体育劳务消费支出比例很低，对经营性体育娱乐场馆的门票，城乡居民目前只能承受较低的价格，能承受1~3元得占63.6%，10元及10元以上的只占15.5%。第二次普查中，参加体育锻炼的人群中，有72.7%的人进行了体育消费，其中20-29岁年龄组的人均体育消费最高，从消费项目来看，用于观看体育比赛的费用占总体育消费的7.2%0第三次普查中，体育消费人群比例上升到74.5%，全年人均消费额718元，观看体育比赛的消费比例上升至10.1%。

此外，在对我国体育赛事认知度、关注度、喜爱度的调查中（表3-2），中国男子篮球联赛、乒乓球俱乐部超级联赛、中国足球超级联赛和全国排球联赛都榜上有名，尤其是男子篮球联赛在三个调查选项中都高居榜首，这些表明了我国职业体育的发展具有较好的群众基础，加之我国居民对劳务型体育消费，尤其是观看比赛消费的不断增长，说明目前发展职业体育的消费基础已经初步具备。群众体育在自身发展的同时，将会为职业体育的改革与发展提供更加有力的支撑。

**表3-2 中国体育赛事认知度、关注度、喜爱度排序情况**

| 认知度 | 关注度 | 喜爱度 |
|---|---|---|
| 1.中国男子篮球联赛 | 1.中国男子篮球联赛 | 1.中国男子篮球联赛 |
| 2.全运会 | 2.全运会 | 2.中国乒乓球俱乐部超级联赛 |
| 3.中国足球超级联赛 | 3.中国乒乓球俱乐部超级联赛 | 3.全运会 |
| 4.中国乒乓球俱乐部超级联赛 | 4.全国女子排球联赛 | 4.全国女子排球联赛 |

| | | |
|---|---|---|
| 5.中国网球公开赛 | 5.中国网球公开赛 | 5.中国网球公开赛 |
| 6.全国女子排球联赛 | 6.中国足球超级联赛 | 6.全国攀岩锦标赛 |
| 7.中国女子篮球联赛 | 7.杭州马拉松 | 7.全国速度滑冰锦标赛 |
| 8.全国男子排球联赛 | 8.中国女子篮球联赛 | 8.杭州马拉松 |
| 9.全国围棋甲级联赛 | 9.全国攀岩锦标赛 | 9.中国女子篮球联赛 |
| 10.环青海湖自行车赛 | 10.厦门马拉松 | 10.厦门马拉松 |

## 二、竞技人才培养与职业体育发展

### （一）竞技人才是职业体育必不可少的生产要素

职业体育是以人力资本为生产要素的产品，其中运动员是必不可缺的生产要素之一。可以说，没有运动员，就没有职业联赛。而且运动员的竞技水平决定着联赛的质量。运动员的竞技水平与联赛质量呈正相关的关系，竞技水平越高，质量越高。高质量的联赛，能够带来较高的关注度，有助于市场开发，进而扩大职业体育组织的收益。高水平的运动员除了能增加联赛的观赏性，其本身也是进行市场开发的重要筹码。NBA成功打造的一代代伟大的球星，吸引了无数的篮球爱好者和球星们的崇拜者与追随者，既巩固了职业篮球市场份额，又给联盟带来了巨大的收入。1992年巴塞罗那奥运会上"梦之队"的打造更把NBA推向全球。NBA年均30亿美元的收益，离不开这些高水平的球员，离不开精彩的高质量的竞赛。

### （二）人才培养是获得大量竞技人才储备的根基

某一运动项目若想始终保持着很高的运动竞技水平，必须依靠行之有效的人才培养体系，有效的体系可以获取大量的生源，为职业体育提供充足的人才储备，源源不断输送优秀运动员。NBA之所以能够一直保持很高的联赛质量，与它的人才培养体系就有很大关联，美国高中与大学篮球的发达，培养出一批批年轻的优秀选手，公正的职业联赛选拔体制，既为这些天才球员提供了展现技能的职业舞台，又为职业联赛输入了新鲜的血液。像巴西、阿根廷、西班牙、英国等足球发达的国家，青少年几乎人人爱足球、人人踢足球，正因为他们拥有了大量的青少年足球人口，才有了大量的足球人才储备，所以这些国家的足球运动水平站在了世界顶峰，职业足球市场也是相当发达。可见，有效的人才培养体系确保了发展职业体育所必需的人才储备，为职业体育的发展提供了重要的支撑。

### （三）我国竞技人才培养状况

一直以来，我国竞技人才培养采用的是计划经济时期建立起来的"三级训练网"培养体系，政府通过运用行政手段构建了一个相对独立的竞技后备人才培养系统，由训练网中最基层的体育组织培养、选拔优秀的运动员，并向高一层级的组织输送这些高水平的运动员。这种培养方式下，高效率地产出优秀运动员是基层体育组织的主要目标，所以对训练的重视和投入高于文化教育，缺少必要的文化素质使得退役后的优秀运动员在再就业中遇到了很大的障碍。加之，这种竞技人才培养体系下的高淘汰率，决定了大多数人最终还是要退出这个系统，使得越来越多的青少年从开始就放弃了这条成才道路。

目前，我国三级训练网中最基层体育组织，体育运动学校和少年儿童业余体校的数量出现下滑趋势，尤其是业余体校的数量从2004年的2176所大幅下滑到2009年的1600所（图3-1，图3-2）。三级训练网所依靠的培养根基已经开始动摇。

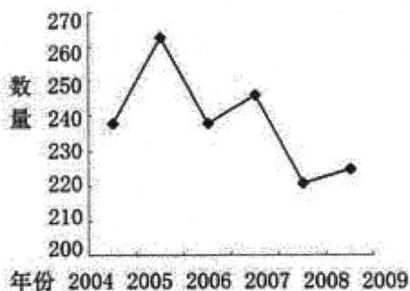

图3-1 体育运动学校机构数

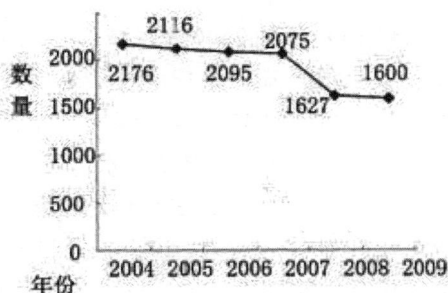

图3-2 业余体校机构数

除了基层体育组织的数量减少外，足、篮、排球项目的在训学生数量也呈现下降的趋势。足球项目在训学生数量下滑趋势最明显，作为一项普及程度较高的运动项目，截至2008年，体育运动学校的在训学生数量仅为3375人，业余体校的在训人数近几年逐年下降；篮球的在训学生人数最多，也呈现下降趋势，但下降趋势没有足球幅度大；排球的在训人数基础最少，全国两个基层组织的培养人数不到8000人，如果这个数字继续降低，排球运动的发展将受到严重阻碍；4个项目中只有乒乓球项目的在训人数呈上升趋势（表3-3、表3-4）。

表3-3 体育运动学校在训学生数 单位：人

| 年份 | 2005年 | 2006年 | 2007年 | 2008年 |
|------|--------|--------|--------|--------|
| 足球 | 4296 | 4412 | 3629 | 3375 |
| 篮球 | 6856 | 7943 | 7357 | 6734 |
| 排球 | 1437 | 1474 | 1531 | 1426 |
| 乒乓球 | 1907 | 2401 | 2233 | 2012 |

表3-4 业余体校少年儿童在训人数 单位：人

| 年份 | 2005年 | 2006年 | 2007年 | 2008年 |
|------|--------|--------|--------|--------|
| 足球 | 22140 | 20770 | 20690 | 18347 |
| 篮球 | 35611 | 34321 | 32916 | 33809 |

| 年份 | 2005年 | 2006年 | 2007年 | 2008年 |
|------|--------|--------|--------|--------|
| 排球 | 7448 | 7071 | 6474 | 6371 |
| 乒乓球 | 24874 | 24261 | 26144 | 27160 |

职业体育推行以后，我国试图转变原有的竞技人才培养体系，效仿国外由各俱乐部培养的方式进行转变。中国足协尝试将青少年足球的具体工作逐步下放到俱乐部所属梯队和其他独立的足球学校。但是，从目前足球项目的改革效果来看，结果不尽如人意，足球学校在经历了职业化初期短暂的辉煌之后，开始大幅下降，从鼎盛时期的4300多所下滑到20多所。大连市曾拥有近30家青少年足球俱乐部，3000多名青少年运动员，现在俱乐部都已关闭；在沈阳市足协注册的青少年，从最高峰1998年的2500人锐减到2007年的不足百人，注册的训练单位由1998年的25家业余俱乐部、足球学校减少到目前的5家俱乐部。在足协注册的青少年数量由职业化初期的65万人，骤然剧降到2008年的3万人（表3-5），短短的十几年间我国青少年足球人口严重缩水。另一份数据显示（表3-6），我国1985年和1986年两个年份出生的球员在足协注册的总人数是1550人，1987年和1988年1100人，1989年和1990年仅有720人。而日本，仅东京市的青少年注册球员就有6万多人，是我国全国数量的两倍。日本从U12年龄段就有全国联赛，而中国到U15才有，并且很不普及。日本不只各个俱乐部有梯队，各所大学、高中、初中甚至小学都有自己的梯队，并且相互间经常比赛。与欧洲大面积培养几百万的足球人才相比，我国显现出足球基础的极度薄弱，后备人才的极度匮乏。

**表3-5　我国足协注册的青少年足球运动员数量**

| 年份 | 1990—1995年 | 1996—2000年 | 2001—2005年 | 2008年 |
|------|------------|------------|------------|--------|
| 人数 | 65万 | 61万 | 18万 | 3万 |

**表3-6　我国1985-1988年龄段青少年在足协注册情况**

| 出生年份 | 1985年—1986年 | 1987年—1988年 | 1989年-1990年 |
|----------|--------------|--------------|--------------|
| 人数 | 1550 | 1100 | 720 |

篮球和排球也面临较为严峻的后备人才培养困境，U17女篮各单位的教练员和领队普遍反映招生难，生源逐年下降。除阜新篮球学校、大同体育学校、黑龙江省体校和山东淄博竞技体校招生情况稍好外，其他学校年均招生仅为10人左右。U17男队的情况较女队稍好，但招生前景也不容乐观，除阜新篮球学校每年能招收新生百人左右以外，其他学校大部均在15—20人左右。在国家体育总局排管中心命名的青少年高水平排球后备人才培养训练基地中，运动员总数为615人，其中女排342人、男排273人，只有这区区几百人可供一二线运动队挑选和录用。在北京奥运会后，排管中心主任徐利向外界公布了一个令人震惊的数据——"中国女排后备人才规模太小，一线专业运动员只有300多人；二线队员更少，2008年全

国青年队集训，男女排加在一起才16个队，总人数竟不足200人。"

这些触目惊心的数字，将我国后备人才匮乏的现状暴露无遗。无论是足球、篮球还是排球，这些集体球类项目，需要众多选手共同参与、互相配合，众多球队相互交流、竞争提高，这就决定了提高三大球运动水平的基础在于必须拥有相当大数量的热爱者和参与者。如果没有足够多的青少年参与，就不可能孕育、涌现优秀的青少年后备人才，也就不可能提高三大球的运动水平，而较高的运动竞技水平恰恰是职业联赛生存的重要前提条

## 三、大型体育场馆与职业体育发展

体育场馆是进行职业体育联赛的必要物质条件和重要载体，是职业体育产品的重要的生产要素，没有场馆，联赛将无法进行。随着场馆功能的不断延伸，它不仅是比赛的载体，还是满足现场观赛需求的物质保障，为观众提供观赛场地。在我国，由于管理体制的特殊性，联赛经营单位并不能获得电视转播收入，赞助和门票收入就成了各职业体育组织主要的收入来源。现场观众的数量直接影响到门票收入的高低，而体育场馆设施因素对门票的销售量与销售价格都具有重要的影响。

随着场馆经营理念的不断提升，场馆设施因素对观众二座率的影响受到职业体育组织越来越多的关注。体育场馆设施因素包含诸如场馆的地理位置、建设规模、新旧程度、座席的舒适度和卫生状况等。优美的场馆设施环境可以激发观众观看比赛的热情，也有助于观看比赛的安全性，比如1992年以来，由于英超各俱乐部对球场进行了改建，所有球场都配备了座椅，对控制球迷骚乱事件的发生起到了很大的控制作用。《财经杂志》的IRC调查研究小组对1000名职业运动的球迷进行了调查，也得出了同样的研究结论：如果让消费者花费太多或投入精力太多，人们宁可待在家里。只有让人们坐在舒适的座位上，吃着不太贵的食品，他们才愿意观看主队的比赛。

职业联赛发展至今，场馆环境较职业化初始时期有了大幅度的改善。上海虹口体育场兴建于1953年，是上海申花队的主场，由于体育场设施的落后与老化，于1999年在原址新建了一座专业足球场，容量升级，且因合理的建筑结构和灵活的空间处理，确保了观众席能保持一览无余的良好视线。泰达足球场于2004年投入使用，是天津泰达队的主场，它集中了目前世界上最先进的建设理念和手段，70%的观众座椅可以被顶棚遮盖，高级包厢中设有餐厅和会客室，并配备防弹玻璃与外界相隔，足球场的硬件设施不仅创造了全国之最，在世界上也堪称一流。从表3-7可以看出：中超联赛各主体育场大多数设在我国的一线城市，在15座场馆中，13座的容量超过3万人，其中3座超过5万人；有2座专业的足球场，其余都是带有田径竞赛区域的综合运动场；至少有9座场馆是在职业联赛开始以后进行建造和改建，其中2000年以后兴建和改造的有7座。

**表3-7　中超联赛各主场场馆概况**

| 俱乐部 | 主场 | 座席数量 | 建成/改造时间 | 功能 |
|---|---|---|---|---|
| 天津泰达 | 泰达足球场 | 37000个 | 2004年 | 专业足球场 |
| 上海申花 | 虹口体育场 | 35000个 | 1999年 | 专业足球场 |
| 深圳金威 | 深圳市体育场 | 32500个 | 1993年 | 综合足球场 |
| 长沙金德 | 贺龙体育场 | 60000个 | 2003年 | 综合运动场 |
| 西安国际 | 陕西省体育场 | 50100个 | | 综合运动场 |
| 山东鲁能 | 山东省体育中心 | 50000个 | 1988年 | 综合运动场 |
| 长春晚报亚泰 | 长春市体育场 | 42000个 | 1992年 | 综合运动场 |
| 辽宁俱乐部 | 雷锋体育场 | 35000个 | 1996年 | 综合运动场 |
| 武汉光谷 | 新华路体育场 | 32137个 | 2003年 | 综合运动场 |
| 北京国安 | 丰台体育中心 | 31043个 | 2003年 | 综合运动场 |
| 大连实德 | 金州体育场 | 30776个 | 2007年 | 综合运动场 |
| 厦门蓝狮 | 厦门市体育中心 | 30000个 | 1983年 | 综合运动场 |
| 重庆力帆 | 永川区体育中心 | 30000个 | 2007年 | 综合运动场 |
| 青岛中能 | 青岛天泰体育场 | 20525个 | | 综合运动场 |
| 上海联城中邦 | 浦东源深体育场 | 16000个 | 2000年 | 综合运动场 |

CBA联赛是我国六大职业体育联赛中运行最好的一个，自1995年开始职业化以来，现场观赛人数及上座率水平均有较大幅度的提高。中国篮协的统计数据显示：从职业化开始至2007—2008赛季，联赛的比赛场次、观众人数和上座率发生了明显的变化。在这13个赛季中，平均上座率达到80%，现场观众人数从首个赛季的45万人上升到102万人，上升了2.5倍，电视转播时间由296小时上升至2028小时。这些都说明了我国职业篮球市场正日益扩大，人们对职业篮球产品的需求日益旺盛。在2005—2006赛季，中国篮协实施了准入制，加大了对上座率和比赛场馆的规定。在准入制实施的标准中明确指出：主场上座率不低于70%；俱乐部能选择并提

供4000个座位以上的体育馆供比赛使用。就目前CBA联赛各主场场馆情况来看，除东莞队主场大朗体育馆是3800个座席外，其余场馆均达到4000座的要求，其中山东队、佛山队和天津队的主场座席数量超过了8000个，大大提高了赛场的观众容量（表3-8）。

表 3-8　CBA联赛各主场场馆概况

| 俱乐部 | 主场 | 坐席数量 | 建成/改造时间 | 俱乐部 | 主场 | 坐席数量 | 建成/改造时间 |
|---|---|---|---|---|---|---|---|
| 新疆 | 红山体育馆 | 4500个 | 2002年 | 辽宁 | 营口红运体育馆 | 5000个 | |
| 广东 | 东莞体育馆 | 4000个 | 1994年 | 山东 | 山东省体育中心 | 8000个 | 1988年 |
| 东莞 | 大朗体育馆 | 3800个 | 2000年 | 上海 | 浦东源深体育馆 | 5000个 | 2007年 |
| 江苏 | 南钢体育中心 | 6000个 | 1995年 | 吉林 | 长春市体育馆 | 4299个 | 2010年 |
| 浙江 | 梅湖体育馆 | 6000个 | 2005年 | 佛山 | 岭南明珠体育馆 | 9500个 | 2006年 |
| 广夏 | 杭州体育馆 | 5036个 | 2001年 | 青岛 | 青岛大学体育馆 | 6000个 | 2005年 |
| 八一 | 雅戈尔体育馆 | 5000个 | 1994年 | 福建 | 祖昌体育馆 | 4000个 | 2002年 |
| 北京 | 首钢篮球中心 | 6000个 | 2000年 | 天津 | 天津体育中心 | 10000个 | 1994年 |
| 山西 | 滨河体育中心 | 5331个 | 1998年 | | | | |

与职业化初期相比，联赛使用场馆在建设规模、硬件设施和经营理念上都有了大幅提升，截至目前，我国共有大型体育场馆752个，为职业体育发展的场馆要求提供给了保障，随着各省市"一场两馆"要求的逐步实现，我国体育场馆环境将随之得到改善，为联赛及观众提供更好的更舒适的竞赛及观赛环境。

虽然我国体育场馆的数量不断增加，场馆建设标准不断提高，但场馆的现代性、科技性和专业性都与英超和NBA各球队的场馆有着较大的差距。英超各球队自身都拥有专业的足球场地，甚至英甲和英乙联赛的各球队也都有自己的专业球场。在专业球场里，球员和球迷的距离更近，观赛的视角更好，让现场球迷有身临其境的感觉，更能感到和球队是融为一体的。NBA目前的30支球队也都拥有自己的球馆（表3-9），且联盟的准入规定里，明确写明新加入球队首先必须要拥有自己的篮球馆。为了更好地服务球迷，NBA的部分球馆加入了高科技元素，在座位旁设有迷你电脑，观众可以快捷地搜索球队和球员的信息，也能够通过电脑购买零食，场馆特色已经成为NBA各支球队吸引球迷的重要手段之一。体育场馆作为球迷观赏比赛的重要载体，也是球队文化的传播载体，场馆的设计、装饰都可以体现球队的传统及特色，加深球迷对球队文化和精神的认知和理解，增强球迷的归属感，这对于培养忠实球迷起到非常重要的作用。而在我国自身拥有场馆的职业体育俱乐部只有天津泰达一家，其他俱乐部都在租用场馆比赛，篮球和排球俱乐部更多租用的是我国二、三线城市的体育馆，且频繁地更换场馆，对于球队文化的传播以及球迷的培养没有连贯性，目前的场馆现状不符合职业体育未来发展的要求。

**表3-9　NBA球队场馆概况**

| 球队 | 容量 | 建成时间 | 球队 | 容量 | 建成时间 |
|---|---|---|---|---|---|
| 西雅图超音速 | 17098人 | 1995年 | 丹佛掘金 | 19099人 | 1999年 |
| 奥林多魔术 | 17283人 | 1989年 | 达拉斯小牛 | 19200人 | 2001年 |
| 萨克拉门托国王 | 17317人 | 1988年 | 金州勇士 | 19596人 | 1997年 |
| 孟菲斯灰熊 | 18119人 | 2004年 | 迈阿密热 | 19600人 | 1999年 |
| 休斯敦火箭 | 18332人 | 2003年 | 纽约尼克斯 | 19763人 | 1968年 |
| 印第安纳步行者 | 18345人 | 1999年 | 新泽西网 | 19968人 | 1981年 |
| 夏洛特山猫 | 18500人 | 2005年 | 犹他爵士 | 20000人 | 1991年 |
| 波士顿凯尔特人 | 18624人 | 1995年 | 多伦多猛龙 | 20300人 | 1999年 |
| 密尔沃基雄鹿 | 18717人 | 1988年 | 费城76人 | 20444人 | 1996年 |
| 亚特兰大老鹰 | 18729人 | 1999年 | 明尼苏达森林狼 | 20500人 | 1990年 |
| 圣安东尼奥马刺 | 18797人 | 2002年 | 克里弗兰骑士 | 20562人 | 1994年 |
| 新奥尔良黄蜂 | 18836人 | 2002年 | 波特兰开拓者 | 20630人 | 1995年 |
| 洛杉矶湖人 | 18997人 | 1999年 | 华盛顿奇才 | 20670人 | 1997年 |

### 三、体育经纪环境与职业体育发展

#### （一）体育经纪是职业体育市场的催化剂

体育经纪是指体育经纪人充当媒介实现体育产品交易的活动，因经纪人具有专业技术知识，并能够快速掌握市场信息，所以通过体育经纪活动可以促进职业体育市场中各类资源的有序流动，实现资源的有效配置。体育经纪活动是伴随着竞技体育职业化的发展而产生的，虽然是职业体育发展的衍生物，但却是职业体育发展的重要支撑力量，可以说是职业体育市场的催化剂。职业体育发达的国家和地区，其体育经纪活动也十分活跃。

#### （二）体育经纪影响了职业体育发展的规模和质量

从欧美职业体育发展的历程来看，职业体育的繁荣发展离不开一个以体育经纪为主体的中介市场的支撑，职业体育发展的规模与质量都要受到体育经纪活动的影响。对于运动员来说，体育经纪人帮助他们找到合适的职业俱乐部，使他们在有限的运动生涯里，进行合理训练或赛事的安排与管理，获得最大的商业利益；对于体育组织来说，体育经纪人为其进行市场开发，寻找赞助资源，促进赛事的顺利进行，使体育组织与赞助商实现双赢，获得各自的利益。体育经纪活动的蓬勃兴起和体育经纪人的创造性劳动，推动了职业体育的繁荣发展。体育经纪与职业体育的发展息息相关，是加快职业体育发展的重要体育环境之一。

### （三）我国体育经纪发展现状

1999年，国家体育总局为培育我国的体育中介市场，稳步、健康地推动我国体育经纪人的发展，开始着手与国家工商管理局联合起草《体育经纪人管理办法》，并选择北京、上海、江苏和广东两省、两市进行体育经纪人立法、培训和资格认定的试点工作。目前，一个以服务体育主体市场、中资企业与外资企业并存、专营机构与兼营机构并存的体育中介市场在我国已初步形成。

1. 体育经纪行业体系初步形成

从1997年我国第一家专业体育经纪公司成立至今，经过短短十几年的发展，主营体育中介业务的专业化公司目前超过200多家，因体育经纪公司数量不断增长，规模日益扩大，业务范围逐步拓宽，从业素质逐渐提高，体育经纪需求越发兴旺。截至2005年8月，全国各地经过培训且具有正式资格证书的体育经纪人已达4500余人。[2] 2006年4月，体育经纪人作为一项新职业被国家劳动和社会保障部纳入第六批新职业。随后体育经纪人培训陆续展开，培训教师既有体育经纪研究领域的专家、学者，还有体育经纪实践领域的领军人物。教师来源的多元化保证了理论与实践相结合的教学效果，既能够调动学员的积极性，又有助于学生对理论知识的理解和运用。目前，全国共有15个省（区、市）、3个计划单列市培训过体育经纪人。

2. 形成了具有不同特色的体育经纪公司

在不断实践的体育经纪活动中，我国的体育经纪公司和体育经纪人都在不断成长，部分公司与经纪人已经具备了赛事策划与运动员相关业务的经纪能力，其中北京高德体育文化公司、中体经纪管理有限公司、北京未来国际体育发展有限公司是其中具有代表性的体育经纪公司，各自形成了经营特色与主打业务。

北京高德体育文化公司策划和运作了多场有影响的活动和一系列商业比赛，出色的组织了高档次的大型的国际比赛和交流活动，如中国国家队与英格兰、韩国、美国国家足球队友谊赛和国际女足四国邀请赛。高德在商业性比赛运作上也获得了成功，如皇马中国行、巴萨中国行。高德公司已成功运作三百多场各种类型的国内国际足球赛事，已经成为国内名列前茅的体育推广公司。除了安排和承办足球队的重要比赛外，高德还联络和安排了中国足协、俱乐部高级管理人员、教练员和运动员到国外进行考察、学习、交流和其他商务活动，在足球业务实践中高德具有大量的经验和运作渠道。

中体经纪管理有限公司主要涉及多种类的体育赛事的组织和推广，先后承担了中国国家男篮商业开发、世界沙滩排球巡回赛中国站、全国大力士邀请赛、红牛全国青少年三对三篮球联赛、NBPA夏令营、汇丰银行高尔夫邀请赛等大型体育推广项目。自2005年起，中体经纪管理有限公司将长期独家承办中国越野锦标赛。

北京未来国际体育发展有限公司是一家与媒体合作紧密的体育专业经纪公司，与CCTV-5，中国体育报等强势体育媒体联合开辟报纸专版、制作体育影视产品和广告代理，为体育开拓更为广泛的发展领域。通过与国际很多成功的职业体育联盟及俱乐部的密切合作，将职业体育所创造的巨大商业价值及其成功经验带入中国体育，挖掘中国体育的商业价值。

3. 仍然缺乏高素质的体育经纪人

由以上分析可以看出，我国体育经纪公司的运作能力不断提升，体育经纪活动趋于规范，促进了我国体育竞赛市场的繁荣发展，但体育经纪人的业务素质距离体育经纪行业成熟的国家还具有显著的差距。体育经纪行业对从业人员的要求较高，既要熟悉各种体育项目的特点和内在规律，熟悉体育组织和运动员，还要熟悉相关的法律、财务、税务、项目策划、赛事推广、市场营销等各方面知识，且这些知识不是通过短期的培训就能掌握和熟练运用，需要一个完整的培养体系。目前，我国从事体育经纪行业的人员绝大多数是体育相关工作者，虽然对体育的理解深刻，但缺乏其他必要的相关知识。知识的局限性，对经纪业务开展造成了较大的影响。1993年和2001年两次拳王邀请赛的比赛运作失败，与经纪人的业务素质不无联系。目前，我国体育经纪人中拥有国际经纪人执照的只有10人，远远不能满足我国职业体育市场发展的需要，对比美国的体育经纪人数量（表3-10），还有很大的开发空间。

表3-10　美国四大职业体育联盟运动员和经纪人人数　　单位：人

| 四大联盟 | 在册运动员人数 | 在册经纪人人数 |
| --- | --- | --- |
| NBA | 350 | 350 |
| NHL | 186 | 750 |
| NFL | 1112 | 1900 |
| MLB | 328 | 750 |

此外，我国体育经纪人的业务范围相对狭窄，主要涉及运动员日常事务代理、运动员转会，以及个别体育赛事的转播、广告经营等内容，尤其在促进职业体育发展中起到的作用还很小。加之，由于体制方面的原因，目前大量的体育经纪资源仍被行政部门掌握，使得体育经纪公司和经纪人不能充分地按照市场运行规律配置资源。这些问题如果得不到解决，将会制约职业体育市场的发展。

## 四、中国体育职业化体育环境的研究结论与建议

### （一）结论

1. 从经常锻炼人口、竞技人才培养、体育场馆设施及体育中介市场四方面来看，我国已经初步具备了职业发展的体育环境。我国三次群众体育调查的结果显示出，喜爱和参与乒乓球、足球、篮球和排球项目的人数有了明显的提升，居民观看体育比赛的消费支出不断增加，这些都为职业体育的发展提供了支撑条件。

2. 大型体育场馆的兴建、原有体育场馆的扩容以及硬件设施的升级，为职业联赛提供了比赛和现场观赛的载体及必要的物质条件，随着"一场两馆"的逐步实现，场馆环境将得到进一步的改善。但目前足球只有天津泰达俱乐部和篮球的首钢俱乐部有自己的场馆外，其他均以租赁的形式经营。在很大程度上影响俱乐部的品牌效应和主场观众的忠诚度。这也是今后需要进一步发展的地方。

3. 我国体育中介市场也已初步形成，目前拥有多家体育中介公司，其中几家已较为成熟，具有较多的运作经验，运作能力在不断提升，并成功引进和输出一些运动员的交易。体育经纪活动的快速发展对我国职业体育的发展起到了一定的推动作用。但是，从整体来看我国经纪人队伍在规模上和专业程度上还不能满足我国职业体育的快速发展。需要进一步加强经纪人队伍的建设。

4. 目前我国竞技体育后备人才培养，除乒乓球外，其他项目储备严重不足，特别是出现了足球、篮球、排球三大项目的青少年运动员数量逐年呈现下降的趋势。即使与我国职业化初期相比，也有明显下滑。这一现象已经影响到我国职业联赛的竞赛水平和质量，甚至国家队的后继无人。这将是影响我国职业体育环境的核心要素，亟待改进。

### （二）建议

1. 加强体育文化建设，扩大体育消费人口

从国外成功的体育竞赛表演业来看，其球迷市场、赞助市场、电视转播市场、特许产品市场等都离不开深厚的体育文化底蕴和众多的体育消费人口。在我国随着经济的快速发展，人们生活水平显著提高，必然产生对高水平、高质量的文化娱乐产品的需求。职业体育联赛通过生产体育娱乐产品，不仅能够满足我国日益增长的体育文化娱乐需求，还能丰富人们业余文化生活方式，同时还能带来可观的经济效益。因此，从国家层面应加强体育文化宣传，营造体育文化氛围；从俱乐部层面，加强俱乐部文化建设和品牌建设，充分发挥球迷办会作用，增强球迷归属感，培育忠诚度高的球迷市场。

2. 完善体教结合模式，创新体育后备人才培养体系

由于我国传统青少年体育运动训练体制已经不能适应我国目前经济社会和教育、体育发展的现状，导致目前我国足球、篮球、排球以及基础田径、游泳等基

础项目体育后备人才储备不足，也带来了我国职业体育后备人才枯竭现象。导致这种现象的原因是多方面，包括社会需求的多元化、人才发展的多渠道以及竞技体育人才高淘汰率等。为了转变这种现状，最佳办法是解决好"体教结合"问题。

所谓体教结合是指，以人的全面发展为核心，体育系统与教育系统分工合作，优势互补，既遵循教育规律，又保证系统的运动训练，为培养全面发展的高水平竞技体育人才而构建的运动员培养体制。具体思路：（1）探索青少年体育后备人才培养渠道。①充分发挥具有我国特色的体育运动项目传统学校的特殊作用，科学培养后备体育人才；②以校园足球为示范，全面推动校园篮球和校园排球开展。在全面发展学校体育，促进青少年身体健康，增强体质，普及三大球运动的同时，也为有一定运动天赋的青少年学生提供科学训练的机会与条件；③改革传统意义上业余体育学校人才培养模式，探索运动训练与文化教育的相结合的模式，创新业余体育学校后备人才培养体系；④探索职业体育俱乐部（球队）培养后备人才的机制，把后备人才培养纳入奖励机制范畴；（2）进一步加强以学校为基础的三大球联赛，营造赛事氛围，激发青少年体育情结，为培养优秀后备体育人才提供发展机会与平台；（3）加强青少年运动训练教练员队伍的建设。继续做好由国家体育总局主办的体育传统项目学校体育师资培训，该项目已经持续8年，已初见成效。"十三五"期间应继续开展；参照校园足球教师培养模式，采取国内培训和国外培训相结合的形式，探索校园篮球、校园排球教练的培训工作，提高学校体育教师课余训练的能力和水平。

3. 加强俱乐部主场建设，培育球迷忠诚度

进一步规范职业体育联赛准入制度，加强职业体育俱乐部竞赛专用场馆的建设与使用。建议：（1）鼓励有条件的俱乐部建设专业的竞赛场地，既有利于增强球迷的归属感，又有利于电视转播的效果，按照国外的场地建设经验，可以通过政府、企业、社会共同融资建设。（2）要固定主队比赛场馆，不要频繁更换。考虑到目前我国职业联赛的发展水平和程度，大多数的俱乐部不可能建设比赛场馆，而是租用场馆。建议根据城市的人口规模、市场规模选取合适场馆作为俱乐部主场，一旦选定，就不要轻易更换，这样有利于逐步培育球迷市场。

4. 加强体育经纪人队伍建设，促进职业体育市场良性运行

进一步加大对体育经纪业的扶持力度。建议：（1）体育行政部门应从政策上引导、指导和扶持体育中介机构与组织的健康有序地发展，建立体育经纪人的培训机制，完善体育经纪人的相关法规政策，规范体育中介市场的运作。（2）充分利用高校资源，鼓励高校设立体育产业专业，重点培养体育经营管理、体育中介等专业人才。（3）引导其他行业的经纪人才进入体育领域，以缓解体育经纪人数量与质量不足的问题。（4）不断提高体育经纪人综合素质，采取定期培训和考核制度。

# 第三节　优化中国体育职业化发展环境研究

通过前述对职业体育产生与发展的必然条件和国外成功职业体育发展环境的研究，以及对我国体育职业化发展环境的现状分析，结合我国政治体制、经济体制和体育体制改革的实际，对优化我国体育职业化发展环境进行系统研究。本部分就我国体育职业化体制环境、经济环境、发展环境和体育环境四个方面提出改革思路和措施。

## 一、总体改革目标与思路

### （一）我国体育职业化发展环境改革总体思路

以党的十八大、十八届三中和十八届四中全会提出的全面深化改革，强化市场决定作用，推进依法治国为思想基础和理论基础；以落实《国务院关于加快发展体育产业促进体育消费若干意见》的重点任务为抓手，以法治思维推进我国职业体育发展环境，以深化改革职业体育体制环境为突破口，完善法制环境为补充，逐步创新体育环境，用好经济环境，有目标、有计划、分步骤地推进我国体育职业化环境朝着正确的方向发展。

我国体育职业化发展环境改革总目标

构建符合职业体育发展规律和我国国情的职业体育市场体系，进一步优化职业体育发展环境，深化改革体育职业化体制环境，完善和健全法制环境，创新体育环境，充分利用良好的经济环境，打造具有中国特色的职业体育利益共同体，调动体育竞赛表演市场各利益主体的积极性和能动性，推进我国体育职业化进程，[①]力争在10年左右使中超联赛和中职篮联赛成为亚洲第一和世界一流的职业体育联赛。

## 二、优化体育职业化体制环境的措施

本研究从所有制结构、组织结构、协调结构、决策结构和利益结构五个方面入手探讨优化体育职业化体制环境的思路与措施。

### （一）明确职业体育市场投资主体，构建"产权明晰"的所有制结构

长期以来，我国职业体育所有权结构一直由体育行政主管部门所统治。所有权决定使用权和分配权。所有权结构决定组织结构和利益分配结构。我国体育体制所有权结构表现形式突出就是行政化管理。即使在市场商业化性质很强的职业体育组织体系中也注入了浓厚的行政化色彩。即以行政权力窃取了联赛的所有权，

---

①杨铁黎等著.中国体育职业化发展环境研究［M］，北京：北京体育大学出版社，2016，第78页.

使用权和分配权。由于这种人为性的产权制度混乱，我国职业体育市场的运行与发展受到了严重制约，不仅影响联赛投资人的根本利益，也为政府主管部门产生腐败埋下了巨大的祸根。

我国职业体育发展的20多年中，由于所有权问题没有得到很好地解决，联赛所有权一直把握在政府主管部门手中，运动项目管理中心集行政、事业、社团、企业四位一体，权力高度集中；致使职业联赛中不正之风反映突出，从国家队员的选拔，到裁判员选派都存在不公开、不规范、不透明；干预比赛，违背公平原则，弄虚作假，赌球、假球、黑哨等现象时有出现，严重损害了消费者的利益；联赛商业开发权由运动项目管理中心（协会）统一进行，导致开发经营混乱，缺少必要的规范和监督。

职业体育作为市场经济条件下发展起来的产物，其发展也必须遵循市场经济规律。我国体育职业化体制环境的改革必须坚持市场决定性作用。正如十八届三中全会提出上提出的：让市场调节在资源配置中起决定性的作用，因为只有依靠市场的力量配置资源，才能真正做到效益最大化；只有在市场起决定性作用的前提下，才能够做到结构优化，并且是我们经济的发展稳定的基础；只有遵循市场规律，才能真正能杜绝或者是消除长期以来，因为资源配置而产生的各种寻租现象，各种贪污腐败现象。

党的十八届三中全会通过的《中共中央关于全面深化改革若干重大问题的决定》中提出，全面深化改革。深化我国职业体育体制环境改革也势在必行，改革就是要调整利益格局，必然会给既得利益者带来既得利益的损失。正如党的十八届三中全会通过的《中共中央关于全面深化改革若干重大问题的决定》中指出：中国改革进入全面深化的新时期，要突破的不仅有思想领域的条条框框，更有现实利益的盘根错节。今天的改革者往往也是被改革者，需要面对在各种利益表达中调整利益格局、取舍利益分配的巨大压力。深化我国体育职业化体制环境的改革，首先是所有权结构的改革，这不仅需要我们从思想观念上去突破，还有从所有制结构和利益格局去突破。现行政府主管部门——运动项目管理中心必须放弃联赛的所有权、市场经营权和收益权及处置权，做政府应该做的事情。将联赛所有权归还于联赛的真正所有者。

**（二）探索职业联赛独立自治体，构建"管办分离"的组织结构**

目前，我国政府、事业、社团、企业一体化的，集行政管理权、市场经营权、利益处置权为一体的职业体育管理体制组织结构已经成为制约我国职业体育健康发展的阻力，必须进行全面深化改革已经形成共识。《国务院关于加快发展体育产业促进体育消费若干意见》中明确提出，"进一步转变政府职能。推行政社分开、政企分开、管办分离，加快推进体育行业协会与行政机关脱钩"，"完善职业体育的政策制度体系，扩大职业体育社会参与，鼓励发展职业联盟，逐步提高职业体育的成熟度和规范化水平"，"完善职业体育俱乐部的法人治理结构，加快现代企业制度建设"。《意见》已经指出了我国职业体育体制环境改革的方向，关键是如何落实和推进。

本研究认为：根据我国具体国情，建议我国职业体育管理体系参照英超管理模式。即在单项运动项目协会下成立职业体育联盟，职业体育联盟由参加联赛的俱乐部（球队）的投资人组成。职业体育联盟则作为各个俱乐部（球队）投资人的利益代理机构，为实现参与职业体育联赛的各个利益主体服务。

为此，必须做好以下几方面的工作。

1. 推进政社分离

尽快实现运动项目管理中心与单项运动协会在管理职能、人员配置、经费预算与使用的分离。在国务院办公厅印发的《中国足球改革发展总体方案》（以下《方案》）已经提出了一些具体地措施。《方案》在明确足协的定位是："中国足球协会作为具有公益性和广泛代表性、专业性、权威性的全国足球运动领域的社团法人，是代表我国参加国际足球组织的唯一合法机构"。并明确提出："按照政社分开、权责明确、依法自治的原则调整组建中国足球协会，改变中国足球协会与体育总局足球运动管理中心两块牌子、一套人马的组织构架。中国足球协会与体育总局脱钩。"运动项目管理中心推出职业联赛的管理与经营，只负责职业体育联赛的监督和检查等。只有这样，才能从根本上解决政社分离的问题。

2. 推行政企分开，社企分开

单项运动项目管理中心通过与单项协会的分离，退出职业联赛的管理与经营。在单项协会框架下成立职业体育联盟。该职业体育联盟应具有以下两个属性：（1）具有职业体育联赛利益共同体性质的独立自治组织；（2）具有独立法人的企业属性。联盟是以各个俱乐部投资人构成的股份制企业。

在此，还必须厘清中国足球协会和职业体育联盟之间的职能和关系。根据《中国足球改革发展总体方案》（以下《方案》）规定的足协主要职能包括："负责团结联系全国足球力量，推广足球运动，培养足球人才，制定行业标准，发展完善职业联赛体系，建设管理国家足球队"。"发展完善职业联赛体系"是足协的主要职能之一。也就是说，职业足球联赛须在中国足球协会领导下开展，中国足球协会拥有职业体育联赛的管理权。单项协会通过制定章程、制度、条例等形式对联盟进行管理。

经济学专业原理，就企业内部而言，具有所有权和经营权两个层面。经营权所涉及的是企业所有权人向经营权人授权，经营权人在获得授权的情形下，为所有权人实现经营目标而采取的一切经营手段；而所有权涉及的是如何科学地向职业经理人进行监管和制衡。

职业体育联盟就应该以这种公司治理模式为参照，由各俱乐部（球队）投资人组成职业联赛利益共同体——职业体育联盟。投资人拥有职业联赛的所有权，并将经营权通过股东大会将经营权授予职业经理人（总裁），并以企业的机制实行市场化运作，开发联赛资源，为联赛的各利益主体实现利益最大化。如果从整个职业体育市场来看，被授权的职业经理人（总裁）通过一系列内部或外部的制度或机制来协调职业体育联盟与所有利益相关者（俱乐部投资人、债权人、员工、球员、教练员、裁判、赞助商、电视转播商、媒体、中介、观众等）之间的利益关系。唯此，才能真正实现职业体育市场的行政管理权与市场经营权相分离。

3. 推进职业体育俱乐部的法人治理结构

职业体育俱乐部是职业体育市场的基础，没有真正意义上的职业体育俱乐部（球队）就不可能打造真正意义上的职业体育联赛。因此，推进职业体育俱乐部的法人治理结构是当前我国职业体育改革的重要一环。《中国足球改革发展总体方案》（以下《方案》）中提出："完善俱乐部法人治理结构，加快现代企业制度建设，立足长远，系统规划，努力打造百年俱乐部"。"促进俱乐部健康稳定发展。严格准入，规范管理职业足球俱乐部，充分发挥其在职业联赛中的主体地位和重要作用"。法人治理结构是现代企业管理模式之一，即是通过俱乐部所有者、董事会和总经理三者组成的一种组织结构。职业俱乐部法人治理结构中其所有者、董事会和总经理三者之间各自权力、责任和利益十分明确，为了共同利益，形成相互促进、相互制约的关系。

建议将该组织结构体系，先在职业足球体制改革中试点试行，逐步完善后在其他职业体育项目中去推广。

## （三）推行现代化企业的管理模式，构建"科学民主"的决策结构

"决策系统是整个职业体育体制环境建构的灵魂所在，它肩负整个决策活动主导地位，被赋予决策活动的发动者、组织者、协调者，更是决策方案下达的决断者，尤其是决策活动本身是多阶段、多部门的复杂行为过程，管理层不会全权负责所有的事情，但是需要及时处理决策过程中暴露出来的问题进行协调、组织、检查和监督，以保证决策活动的顺利完成。职业体育的管理层在决策活动中的主要职责是：确立决策的目标，组织决策方案的制定，负责决策方案的抉择。"

决策的目的是为选择正确的经营理念，正确的经营管理方式方法，正确的投融资形式等，为职业体育组织中的利益关系人得到利益。因此，决策形式决定效果，构建现代化企业的决策结构是保证职业体育持续发展的必要前提。然而，组织决策结构由所有权结构和组织结构而决定，所有权结构决定决策者的地位，组织结构决定决策的形式。那么，构建什么样的决策结构才是合理的呢？《国务院关于加快发展体育产业促进体育消费若干意见》中给出了答案："完善职业体育联赛内部治理结构、权力运行程序和工作规则，建立决策权、执行权、监督权既相互制约又相互协调的机制"，"改进职业联赛决策机制，充分发挥俱乐部的市场主体作用"。

"完善职业体育联赛内部治理结构"的前提是"管办分离"，政社分离，政企分离，社企分离，即运动项目管理中心与单项协会相分离，运动管理中心与联赛

相分离，单项协会与联赛经营相分离。在这个基础上，从职业体育联盟的层面和职业体育俱乐部的层面分别构建法人治理结构。形成决策权、执行权、监督权相互制约、协调一致的决策系统。

改善决策结构的根本是"去行政化"。在我国"行政化"无处不在，即使在具有明显市场经济特征的职业体育领域也很强势。行政化必然形成权力集中，高度垄断。以自身利益为核心，忽视其他主体的利益。决策结构也是自上而下的指令式，缺乏民主、缺乏监督。既容易产生腐败，也容易损失市场主体的利益。因此，职业体育的"去行政化"，已经成为我国体育职业化体制环境改革的共识。所谓"去行政化"，概括来讲是指：淡化行业、职业或者是某项工作的行政色彩，尽可能地突破行政管理的束缚，突出行业、职业的主导地位。目前，我国职业体育管理体制"去行政化"，应从以下两个方面着手：（1）要明确职业体育的产品定位。职业体育组织的生产目的是追求利润最大化，其社会属性是通过生产体育竞赛产品提供给市场，获取经济利益为主的私人产品。我国职业体育推动始于政府，其初衷是以联赛制取代赛会制，借助社会资源，发展足球、篮球、排球等运动，提高我国竞技体育运动技术水平。错误地将职业体育理解为公共产品。因此，依照计划经济方式办职业体育，

用行政化手段管理和经营职业体育联赛。以至于后来带来的一系列不符合职业体育发展规律的问题。这是去行政化的理论前提。（2）明确"去行政化"后政府的角色和职能问题。"去行政化"后，政府的首要职能是保护财产所有权，而不是所有者。政府以第三者的身份做好社会仲裁或者解决经济纠纷，站在利益冲突之外调节利益冲突，凌驾于当事人之上而不是站在利益当事人的位置上进行蛮横的利益辩护。而目前我国的所有职业体育联赛，政府恰恰扮演直接管理、直接参与经营从中获取利益的联赛"所有人"，又是联赛规则的制定者和的仲裁者，结果很明显，俱乐部被限制了经营自主权和经营范围，失去积极性和创造性进而导致职业体育体制环境恶化。因此，转变管理体制和机制，建立权力明晰、责任清晰、利益有保障的法人治理结构决策机制。

只有突破"行政化"的桎梏，我国职业体育体制环境才能从根本上净化，才能走向真正体育职业化的轨道。

### （四）完善职业体育联赛市场体系，构建"共赢共享"的利益结构

谈到我国职业体育市场的利益问题，首先要考虑的是利益主体的问题。利益主体是追求和享有一定利益的人或人群。按照经济学理论阐释，利益结构的产生是在各社会成员的相互作用中，那些掌握或支配利益资源的人们将占有主动的和优势的地位，相反的则只能处于被动的和劣势的地位。由于主体需要的多样性，利益的内容和形态也是多样的。不同的利益主体对不同的利益有不同的价值评价和排序次序。

我国职业体育市场利益主体一般包括三大类：即由关键利益相关者（政府、

项目协会、俱乐部）；重点利益相关者（赞助商、媒体、广告商、教练员、裁判员、运动员、观众）和次要利益相关者（项目运营公司、场馆经营者、中介）三个层次构成的利益结构。

从关键利益相关者分析来看，我国职业体育组织从诞生之时就是由政府（项目中心、项目协会）为主导的，并始终占有我国职业体育市场支配利益资源的权力。虽然，政府启动职业体育联赛的初衷是通过体育市场化、社会化的形式，提高我国体育运动技术水平，在国际大赛中取得优异运动成绩。但在推进过程中出乎意料地收到了经济效益。作为职业体育俱乐部（球队）参与职业体育联赛是以利润最大化为目的的，这就形成了目标悖论的利益群体。进而产生了利益追求的性质就不同的主体。

重点利益相关者（赞助商、媒体、广告商、教练员、裁判员、运动员、观众）中的利益主体各有各的利益诉求。赞助商、广告商、媒体、运动员、教练员、裁判员等均企望在职业体育市场中获得自身利润最大化的利益。而观众则将付出一定的货币购买体育文化娱乐产品，满足其精神文化需求。

次要利益相关者（项目运营公司、场馆经营者、中介）进入职业联赛市场自然也离不开利润最大化的诉求。

利益结构形成的过程必然要伴随着利益主体之间的各种不同的利益矛盾，这些利益相关者在市场体系中不可避免地产生各种博弈。诸如运动项目管理中心（协会）和俱乐部之间的矛盾、俱乐部和球员、教练员之间的矛盾、裁判员和俱乐部之间的矛盾、协会与赞助商、媒体、广告商、中介的矛盾等。由于利益的分裂，必然造成整个联赛资源的分散，难以形成合力。最终结果是所有主体的利益均受到损失。另外，现有的体制和机制若不能良好地达到一种利益均衡状态，也容易使联赛走向异化的道路。

因此，构建完善我国职业体育市场体系，全面落实《国务院关于加快发展体育产业促进体育消费若干意见》的精神，积极探索建立法人治理的职业体育联盟管理体制，从根本上改善我国职业体育利益结构，推动职业体育市场向良性运行。

## 三、优化体育职业化法制环境的措施

### （一）以法治思维为指导，转变体育立法指导思想

党的十八届四中全会通过的《中共中央关于全面推进依法治国若干重大问题的决定》提出的依法治国论断，其核心含义就是要树立法治思维，增强法治观念，遵守法律，依法办事，提高运用法治思维和法治方式深化改革。我国体育职业化法制环境不能适应快速发展的职业体育发展需要，在很大程度上制约了职业体育的健康发展。"我国体育法制建设相对滞后的关键是立法指导思想的相对滞后，直接后果是导致体育法律系内容滞后，法律体系内容的滞后是立法指导思想滞后的

客观反映。因此，转变立法指导思想，完善现有体育法律体系特别是国家层面的《体育法》，不仅是当前体育行业发展的需要，也是促进职业体育改革的需要。只有改革与立法的同步进行、互相促进，才能推动体育行业健康有序的发展，适应市场经济体制和体育国际化的需要。"

职业体育的发展，离不开体育的法制化建设。职业体育发展要进入快速的、有序的、适应社会发展和人民需要的发展新阶段，必须营造良好的法制环境，这是世界各国职业体育发展为我们提供的宝贵经验。法制是职业体育发展的必由之路，依法治体是建设法治中国的有机组成部分，体育行政主管部门要进一步强化法制观念，大力加强体育法制建设，以法制思维改革职业体育管理体制，推进体育职业化进程，使中国职业体育尽快纳入科学化、规范化、法制化的轨道。

**（二）完善国家法规建设，将"职业体育"写入《体育法》**

已经实行20年的我国现行体育行业根本大法《体育法》，与其他行业的根本法律一样，由于法律建设的滞后，制定时为了给行业发展留有空间并保持法律本身的相对稳定，都具有相对原则性，框架式的特点。《体育法》第四章虽有涉及竞技体育的内容，但由于当时我国职业体育还刚刚起步，条款中还没有专门针对职业体育的内容。

随着我国体育事业和体育产业的快速发展，职业体育已经成为体育产业不可或缺的组成部分。在职业联赛实际工作的管理、运作过程中会经常遇到一些法律问题，找不到可资参照法律依据。这就为职业体育联赛的规范管理带来诸多不利影响。因此，完善和修改《体育法》势在必行。

**（三）本身需要进一步完善细化，增加职业体育相关内容**

《中华人民共和国体育法》的修改虽未列入全国人大的五年立法规划，但全国人大在全面开展法律清理工作后，确认为现行《中华人民共和国体育法》已不能适应社会发展的需要，必须进行修改时，也有可能对立法规划进行调整，将《中华人民共和国体育法》的修改列入本届常委会任期内进行审议。因此，体育界要通过各种渠道，向全国人大常委会阐明修改《中华人民共和国体育法》的必要性、可行性和紧迫性，尤其是体育行政主管部门要高度重视现行《体育法》已远远落后于体育事业发展需要的客观现实。做好修改《体育法》的各项准备，推动《体育法》早日进入修改议程。在《体育法》修改中，建议将"职业体育"单列一章，对职业体育的概念、基本原则、职业运动员、职业联盟、职业俱乐部、职业联赛等分别加以规定。

如果《体育法》修改无法立刻进行，可以以部门规章的形式出台职业体育的相关规范，解决现实存在的制约职业体育发展的问题。

**（四）加强体育法规研究，健全职业体育配套立法**

如前所述，我国体育职业化的改革，必须有完善的与之相配套的法律法规为之保驾护航，才能得到健康快速有序的发展，职业体育是一个复杂的系统，其中的法律主体、法律关系复杂多样，涉及的法律问题也种类繁多。虽然目前各运动项目中心也已制定了一部分的规章制度，但立法和修法的任务还相当繁重。首先，在立法主体上，应充分发挥多方面的立法主观能动性，国家立法、行业规则"双管齐下"。其次，在立法内容上应在全国配套的基础上加强体育立法，而具体操作上可以从以下几个途径展开：（1）要将《体育法》中关于职业体育的特殊规定具体化；（2）要根据我国职业体育改革现状和发展需要，结合我国的国情进行立法，以适应我国职业体育的发展需要；（3）要加快经纪人、体育争议解决这些与职业体育相关的立法。

在完善《体育法》的同时，还应及时研究和制定与《体育法》配套的规范职业体育的各种相关行政法规、地方性法规、规章和规范性文件。在我国，随着现代体育运动的发展，体育运动中的各方主体间不可避免地会产生冲突和纷争，与体育运动相关的纠纷的内容和领域不断扩大，建立体育仲裁制度的必要性得到共识。但体育仲裁制度应如何建立，还没有一个明确的定论。目前，制约体育仲裁制度建立的最关键性问题是《中华人民共和国体育法》与《立法法》两部法律规定的不一致：根据1995年《中华人民共和国体育法》第33条的授权性规定，国务院应以行政法规的形式，建立体育仲裁制度。而国务院在《立法法》出台前，一直没有制订有关体育仲裁的行政法规。而根据2001年《立法法》第8条的规定，诉讼和仲裁制度只能制订法律，也就是说，仲裁事务属于全国人大及其常委会的专属立法权。《中华人民共和国体育法》与《立法法》的规定相冲突，以谁为优？这可以从两个方面进行分析：（1）从法律的效力等级来看，《立法法》是由全国人大通过的，而《中华人民共和国体育法》是由全国人大常委会通过的，当全国人大常委会通过的法律与全国人大通过的法律相冲突时，全国人大通过的法律优先；（2）从法律颁布的时间来看，根据"新法优于旧法"的原则，两法在发生冲突时，应以后法优先。因此，《立法法》的规定优于《体育法》。也即要建立真正意义的体育仲裁制度，必须建立相关法律。解决体育仲裁的问题，必须采用法律形式。但目前"体育仲裁法"制订的必要性、紧迫性和可行性，并未得到国家最高立法机构的认同。因此，必须重视体育立法的研究，加强宣传，推动《中华人民共和国体育法》的修改和《体育仲裁法》的制订。

另外，加强我国职业体育组织内部的规章制度建设也势在必行。如建立和完善"运动员转会制度""新秀选拔制度""运动员工资帽制度""俱乐部比赛主场建设规定"等。

# 第四节 优化体育职业化经济环境和体育环境的措施

## 一、优化体育职业化经济环境的措施

我国宏观经济总体发展态势下良好，国内生产总值8%左右速度增长，城市城镇居民人均可支配收入逐年稳步上升，2013年拥有职业联赛的各城市人均可支配收入平均是35547元，已经远远超出了我国26955元的均值。产业结构逐渐转型和提升，我国体育职业化处于良好的经济环境之下。许多俱乐部资金雄厚，为引进高水平外援和内援提供了经济基础。如何利用好目前的经济环境，推进职业体育市场持续健康发展也是目前值得深入研究的课题。在良好经济环境下应该注意的几个问题：（1）避免盲目竞相涨价，破坏联赛各俱乐部（球队）竞赛能力的均衡性和公平竞争环境；（2）有计划地做好经费预算规划，加大俱乐部和球队的文化建设和品牌建设的投入，为打造百年俱乐部做准备；（3）有条件的俱乐部（球队）应在球场（馆）建设方面加强投入，自建或以股权入股形式打造属于俱乐部的主场。

## 二、优化体育职业化体育环境的措施

### （一）加强体育文化建设，扩大观赏性体育消费入口

从国外成功的体育竞赛表演业来看，其球迷市场、赞助市场、电视转播市场、特许产品市场等都离不开深厚的体育文化底蕴和众多的体育消费人口。在我国随着经济的快速发展，人们生活水平显著提高，必然产生对高水平、高质量的文化娱乐产品的需求。职业体育联赛通过生产体育娱乐产品，不仅能够满足我国日益增长体育文化娱乐需求，还能丰富人们业余文化生活方式，同时还能带来可观的经济效益。因此，从国家层面应加强体育文化宣传，营造体育文化氛围；从俱乐部层面，加强俱乐部文化建设和品牌建设，充分发挥球迷协会作用，增强球迷归属感，培育忠诚度高的球迷市场。

### （二）完善体教结合模式，创新体育后备人才培养体系

由于我国传统青少年体育运动训练体制已经不能适应我国目前经济社会和教育、体育发展的现状，导致目前我国足球、篮球、排球以及基础田径、游泳等基础项目体育后备人才储备不足，也带来了我国职业体育后备人才枯竭现象。导致这种现象的原因是多方面，包括社会需求的多元化、人才发展的多渠道以及竞技体育人才高淘汰率等。为了转变这种现状，最佳办法是解决好"体教结合"问题。

所谓体教结合是指，以人的全面发展为核心，体育系统与教育系统分工合作，优势互补，既遵循教育规律，又保证系统的运动训练，为培养全面发展的高水平

竞技体育人才而构建的运动员培养体制。具体思路：第一，探索青少年体育后备人才培养渠道，（1）充分发挥具有我国特色的体育运动项目传统学校的特殊作用，科学培养后备体育人才；（2）以校园足球为示范，全面推动校园篮球和校园排球开展。在全面发展学校体育，促进青少年身体健康，增强体质，普及三大球运动的同时，也为有一定运动天赋的青少年学生提供科学训练的机会与条件；（3）改革传统意义上业余体育学校人才培养模式，探索运动训练与文化教育的相结合的模式，创新业余体育学校后备人才培养体系；（4）探索职业体育俱乐部（球队）培养后备人才的机制，把后备人才培养纳入奖励机制范畴。第二，进一步加强以学校为基础的三大球联赛，营造赛事氛围，激发青少年体育情结，为培养优秀后备体育人才提供发展机会与平台。第三，加强青少年运动训练教练员队伍的建设。继续做好由国家体育总局主办的体育传统项目学校体育师资培训，该项目已经持续八年，已初见成效。十三五期间应继续开展；参照校园足球教师培养模式，采取国内培训和国外培训相结合的形式，探索校园篮球、校园排球教练的培训工作，提高学校体育教师课余训练的能力和水平。

**（三）加强俱乐部主场品牌建设，培育球迷忠诚度**

进一步规范职业体育联赛准入制度，加强职业体育俱乐部竞赛专用场馆的建设与使用。建议：（1）鼓励有条件的俱乐部建设专业的竞赛场地，既有利于增强球迷的归属感，又有利于电视转播的效果，按照国外的场地建设经验，可以通过政府、企业、社会共同融资建设。（2）要固定主队比赛场馆，不要频繁更换。考虑到目前我国职业联赛的发展水平和程度，大多数的俱乐部不可能建设比赛场馆，而是租用场馆。建议根据城市的人口规模、市场规模选取合适场馆作为俱乐部主场，一旦选定，就不要轻易更换，这样有利于逐步培育球迷市场。

**（四）加强体育经纪人队伍建设，促进职业体育市场良性运行**

进一步加大对体育经纪业的扶持力度。建议：（1）体育行政部门应从政策上引导、指导和扶持体育中介机构与组织的健康有序地发展，建立体育经纪人的培训机制，完善体育经纪人的相关法规政策，规范体育中介市场的运作。（2）充分利用高校资源，鼓励高校设立体育产业专业，重点培养体育经营管理、体育中介等专业人才。（3）引导其他行业的经纪人才进入体育领域，以缓解体育经纪人数量与质量不足的问题。（4）不断提高体育经纪人综合素质，采取定期培训和考核制度。

# 第四章　新时代中国特色职业体育建设：
# 语境与内涵

## 第一节　新时代中国特色职业体育建设语境

　　雅斯贝斯在论述历史特征的认识方式时曾指出，"我们称之为历史的东西是可以从外部进行观察的，在时间和空间中，它发生在属于自己的特定位置上。"事实上，任何事物的发展都离不开其社会背景，波兰尼将其定义为嵌入性，布迪厄称之场域，不过他们意思都是相近的，都指出那是事物演化发展的基础和认识视角。由是，探究一事物的内涵与外延，离不开对其所赖以发展的背景认识。当然，新时代中国特色职业体育的认识与把握亦应如此。本节内容即是基于这一思考，旨在把握新时代中国特色职业体育建设所依存的语境，为明晰其本质服务。

### 一、体育强国与中国特色职业体育建设

　　2019年8月，《国务院办公厅关于印发体育强国建设纲要的通知》下发，科学规划了新时代中国体育高质量发展的战略目标与战略任务，即体育强国建设。体育强国建设是一项系统工程，涉及群众体育、竞技体育、体育产业等众多领域，需要站在服务人民对美好生活向往需求的层面解决多元问题，其中职业体育作为勾连甚广的领域需要有所作为。事实上，经历近30年的发展，中国职业体育赛事体系基本成型，国内外影响力不断彰显；同时，其发展壮大的立场恰是内嵌于体育强国建设实践之中的。当然，新时代体育强国建设是一项系统工程，需要职业体育有所担当、有所作为。

#### （一）中国职业体育的源起与发展内嵌于体育强国建设进程

　　中国体育强国建设起始于20世纪80年代初，为学术界所认同。"1983年原国家体委向国务院报送的《关于进一步开创体育新局面的请示》，正式提出要在20世纪末把我国建设成为'世界体育强国之一'的目标"。此后，推进我国体育事业

发展，建设体育强国，成为中国体育发展的战略目标。当然，作为后发的尚处于发展之中的我国体育，所面临的基本问题是"如何在'处处不如人'的条件下还得比人家增长得更快"。于是，要实现这一愿望，就要客观分析我国体育的现实，充分吸收和借鉴国外相对成熟的发展经验和发展举措。

职业体育是一个竞技体育专业化发展的结果。作为一种以竞技体育俱乐部化为运行主体的组织方式，可以追溯至17世纪西方社会赛马等俱乐部的成立；而作为一种具有明显商业化性质的竞技体育运行样态，则是19世纪末、20世纪初的事情，体系化的竞技体育赛事赚钱效应的出现催生了这一实践。随后，经历了不断积淀的西方职业体育已然形成了具有独特性的运行体系和治理结构，并伴随全球化的历程影响着世界体育的发展，成为当代体育极其显性的运行模式。高水平的运动员、教练员、裁判员、管理团队及其培养体系，独特的运动竞赛和运作体系，适应现代市场经济氛围和娱乐休闲型消费社会需求，具有顺应现代文明的特征，对中国体育强国建设具有极大的"诱惑力"。

如果说，中国体育强国建设是一个逐渐适应经济社会发展、伴随认识深入而优化调整的过程，那么极为重要的举措就是推进竞技体育职业化改革。1992年，邓小平同志南方谈话确定了解决"姓资姓社"问题后，红山口会议召开，以足球为代表的竞技体育职业化改革议题正式走上历史舞台。当然，实践中我国职业体育发展的基本条件相较于西方更为复杂。从内部看我国竞技体育职业化改革恰逢体育强国建设起步阶段，从外部看职业体育发展和社会主义市场经济建设具有同步性。在体育强国建设初期，中国职业体育发展的竞技体育条件相对较差。早期职业化的项目，如足球、篮球等，国际竞争力和地位并不突出。同时，沿承传统专业队体系，不仅人才培养模式较为单一，而且相关项目的群众基础较差。我国职业体育发展的法律、信用、舆论等外部环境并不理想，加上国内对于市场经济模式、机制的认识不足以及相关市场规则规范体系不完善，增添了职业体育发展的不确定性和运行实践的欠规范性，并造成职业体育市场主体交易成本居高不下。此外，在时机条件上，我国职业体育的源起与发展时逢西方体育全球化加速推进阶段。在国际环境方面，我国是后入者、是弱小者，在体育领域的国际影响力和发言权不够，无法在国际市场交易环节中获得有效话语权。国外先发职业体育的资源禀赋、模式机制等方面的优势，在为我国提供参照的同时还往往成为我国职业体育有序发展的约束条件，并在一定程度上压制我国职业体育的发展。

伴随我国体育强国建设的有序推进，竞技体育、群众体育、体育产业等领域取得了骄人成绩。顺应之，中国职业体育也走上了较为正态的发展演化路径，取得了显著成效。首先，我国职业俱乐部建设、联赛建设和运营机制体制初步成型。俱乐部建设方面，以中超联赛、中国职业篮球联赛为代表的中国职业体育，已经完成了俱乐部的法人实体化改造，职业俱乐部成为遵循市场原则、按照市场要求自主运营、自负盈亏的专项性社会组织。2015年11月广州恒大淘宝足球俱乐部上市成功，标志着中国职业俱乐部建设已经与世界顶级俱乐部全面接轨。同时，职业联赛体系基本搭建完成。2004年中国足球超级联赛（CSL）、2005年中国男子篮球职业联赛（CBA）以及2017年中国排球超级联赛（CVL）的先后推出，中国职业体育联赛在赛制、赛程方面实现了联赛模式的跨越式发展，而涉及中超、中甲、中乙及地区性联赛的较为完整的职业足球联赛体系形成预示着中国职业联赛组织和运营体系的基本成型。伴随管办分离以及随后足球、篮球等单项协会的实体化、社会化改革落地，与职业体育发展相适应的管理体制和运营机制建设迈出了坚实的一步。其次，我国职业体育竞赛水平不断提升，消费群体不断扩大，市场开发能力不断改善。竞赛水平高低，是职业体育的生命线，直接关乎消费市场的规模与质量。从1994年开始，我国职业联赛尝试多种举措（如引入优秀外援等）提升联赛水平和质量，并带来了消费群体的不断扩大。如中超联赛，自推出伊始其消费规模即始终处于上升通道，场均上座率在2011年开始成为亚洲第一，从2015年上升为世界第六，具体如图4-1所示。与此同时，我国职业体育联赛的市场开发能力不断改善，联赛赚钱效应不断提高。如中国足球联赛的冠名费从1994年的120万美元，到2018-2022赛季的5年10亿元，增长了20倍。而德勤《中超联赛——2018商业价值评估白皮书》报告显示，2018年中超版权价格达到10年110亿元，与此同时，中超联赛赞助收入在过去15年年复合增长超过30%，2018年总赞助金额达到4.65亿元。此外，伴随中国职业体育发展，产业链条不断延展，中介体系、服务体系不断完善，职业体育对我国体育产业和国民经济的贡献度不断提升，成为我国经济新的增长点。诚如江小娟（2018）所强调的那样，"比赛确实创造了GDP，而且还将高速增长创造更多"。

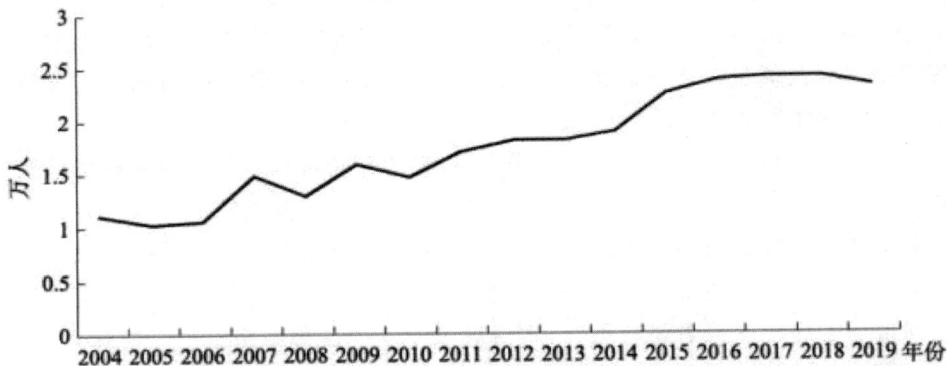

图4-1　中超联赛场上均上座率统计（2004—2019年）

**（二）职业体育改革实践带有较明显体育强国建设的特质**

内嵌于体育强国建设中，我国职业体育选择了区别于西方的发展模式、推进机制，从建立职业俱乐部、职业联赛等微观领域开始，然后逐级推进各类要素市场的改革与建立，破除旧体制和建立新体制并行推进，形成微观与宏观互动，并有效对接体育行政管理体制和国家经济社会体制改革。作为一种转轨建构实践，我国职业体育内嵌于特定的体育变迁发展实践中，除了需要解决符合职业体育一般特征的基础性建构问题外，还需解决转型发展所衍生出的具有中国特殊性的发展问题。或者说，我们不仅仅需要遵循职业体育一般范式搭建职业体育运营平台、完善相关内部构件、处理市场运营问题，更重要的是立足中国转轨实践，解决中国问题。事实上，对于前者而言，在全球化的当下，模仿学习即可能解决；而后者，则更为复杂，对中国职业体育的影响尤甚。因为那是中国特色化再造实践，不仅与中国发展传统相关，还与当前所处国际环境密切关联；而且作为后发的转轨样态，不充分不均衡发展问题往往伴生其间，作用与影响极大。结合体育强国建设特征，职业体育改革实践的切合性至少体现在以下几个方面：

1. 采用从单项突破到综合改革、从易到难的探索式改革发展思路

探索性有计划、有选择、有节奏推进体育强国建设，优先发展竞技体育，特别是有国际竞争力的项目，然后综合推进，是我国体育强国建设的基本思路。这种思路也体现在我国职业体育改革实践中，如选择足球、篮球等有代表性的项目进行试点，探索改革路径，总结形成改革经验。实施思路则是首先通过联办形式成立俱乐部建立职业联赛，然后进行职业俱乐部企业实体化改革，接着围绕建立职业体育运行体制的总目标进行统筹规划，探索式推进综合改革。同时，这种由浅入深、由易到难、循序渐进推进的思路也反映在专项改革之中。如中国职业足球联赛即首先在北京、上海、大连等 n 个城市率先进行，待到相关实践取得经验后再全国推广。再如在职业足球运动员市场建设方面，即经过"顺序申报制（1998年）、顺序摘牌制（1999—2000年）、倒摘牌制（2001—2002年）、自由摘牌与倒摘牌相结合制（2003—2004年）、自由摘牌制（2005—2008年）"等尝试，逐步建立涉及注册转会制度、准入治度、仲裁制度等的制度体系，最终形成较为完备的中国职业球员市场。总体上，正是这样一种思路保证了中国职业体育改革发展的可持续性和低波动性。

2. 饯行从"摸着石头过河"到"需求导向""市场取向"的逐级目标优化改革理念

中国体育强国建设不同于西方，前期没有可资借鉴的先例可循；其发展历程贯穿于中国特色社会主义市场经济建设实践中，而"中国的改革一般被认为是从计划向市场的转轨，或者说转型"，本身就是一个"摸着石头过河"的探索实践。内嵌于宏观经济社会背景，我国职业体育改革也带有社会主义市场经济建设的内在规定性，秉持谨慎态度，摸索前行。如在《中国足球运动改革总体方案》（体足协字〔1992〕110号）中即强调"任何事物的发展都要有一个过程，经过若干年的努力，我国足球俱乐部必将发展起来。在相当时间内俱乐部和其他组织形式并存，这对整个足球事业的发展将起到促进作用"；在《关于建立和逐步完善足球俱乐部体制的实施方案》（体足协字〔1992〕113号）中则指出足球界应把握时机，首先

迈出关键的几步……建立足球俱乐部是当务之急，而随着改革的深入，职业体育赚钱效应、社会效益逐渐体现出来，加之市场主体不断形成，增加市场要素、建构切合市场运行的规则体系和治理机制成为将改革进行到底的必然选择。在实践中，逐步明确职业体育市场化改革目标，按照市场要求进行制度创新，充分发挥市场的主体地位。如中国职业足球领域，早期的中国足球职业联赛的建立更多是一种尝试，中超公司的成立则意味着市场化取向的目标转变，而管办分离的实践以及中国足球协会去行政化的落地则进一步明确了职业足球市场化发展目标。

3. 重视政府力量的持续作用，遵从"边发展、边治理"的分阶段、问题导向型推进实践路径脱胎于传统举国体制的我国体育，实践中政府、市场、社会之间关系重塑是其核心议题，也是关系体育强国建设成效的关键。事实上，工业革命后，经济社会的发展本身就是一个不断协调优化政府与市场关系的历程。跳出传统农业社会，工业化大生产的发展，即开启了政府角色重塑的实践，从亚当·斯密的"守夜人"、到市场失灵中政府作用（凯恩斯主义）、再到新自由主义的兴起。当然，对于后发国家而言，政府的作用往往还不仅限于填补市场在产业结构升级中的作用以及解决市场失灵的范畴，政府在扭转产业弱势、实现竞争地位等方面的作用尤为重要。其中，日本等国家的快速发展，乃至我国经济社会快速提升实践已然证明政府在国家产业发展中的巨大推动力。对于我国职业体育而言，政府的作用甚至不限于上述范畴。我国体育强国建设具有后发性，谋求超越式发展是其基本目标指向。逻辑上，一旦定义为超越式发展，则意味着我国体育的发展不能单单依靠市场或社会力量来达成，还必须依赖一个更强的动员与组织主体，这个主体自然非国家或者政府莫属。这不仅因为市场力量或社会力量的自然演化效能不足，更为关键的是后发的中国体育，内部存在众多需要协同与解决的问题；同时在全球体育竞争环境中，中国体育无法孤立发展，必须在西方主导的不平等秩序中推进，而这些问题的有效解决需要一个国家或政府力量出面动员协调，依靠这一强势的力量组织实施。依赖政府力量对原有专业队进行社会化改造，推行俱乐部制，搭建起职业体育联赛，我国职业体育快速高效地实现了"从无到有"。从联赛体制建构、职业运动员"调拨"、再到职业体育市场架构，宏观微观层面都离不开政府行政力量的身影。当然，对于一个市场化趋向明确的职业化改革而言，政府行政主导推动的问题也随之而来。因为政府行政力量的过度介入，往往会引致政府与市场、社会关系之间的隔阂，政府行政机制的局限性逐级暴露出来。而与此同时，随着职业体育市场体系的完善，社会资本的力量开始显现出来，利用市场和社会力量化解政府问题，成为引领我国职业体育快速发展的动力源泉。但是社会资本进来以后，资本天然的逐利性，又会造成供需之间的结构性矛盾，职业体育的投资逐利生产与社会大众需求之间呈现了不协调，并成为阻碍职业体育高质量发展的困境，驱动新一轮的改革。总体来说，逐级推进、分类解决问题的实践方式，在保障职业体育发展平稳性的同时，顺应了我国经济体制改革的节奏，有利于激发我国职业体育持续改进的动能。

4. 新时代中国特色职业体育建设需借力体育强国建设

从市场运行角度看，政府干预主义与（新）自由主义之间在实践层面往往是摇摆的，时而重视政府作用，时而强调市场力量，也即稳定的政府与市场关系是不存在的。当下国际形势即带有从自由主义向干预主义变迁的趋向，在体育领域也是如此，如英国、日本等在竞技体育发展策略上，举国体制的兴起已然是事实。但是，我国的情况更为复杂。关于本体特征上，可以用双转型来反映我国职业体育改革与发展的复杂性：（1）在运行模式上，从举国体制（政府主导）向市场（社会市场主导）体制转型，从社会效益为主向市场效益为主、兼顾社会效益转向，这区别于西方单纯地从社会效益向市场效益转换的实践。（2）内置发展水平提升的变量，从低水平向高水平转变。

当然，新时代中国特色职业体育建设是一个复杂的过程，牵涉面极广。制度设置、人财物的实质性变迁等，无法单单在职业体育系统内有效解决，需要借力体育强国建设，以解决众多自身无法或者力不从心的问题。可喜的是，2019年国务院办公厅关于印发的《体育强国建设纲要》（国办发〔2019〕40号）中，不仅有"推进职业体育发展"的专门内容，在9项重大工程中也至少有5个关涉职业体育发展，体现职业体育在体育强国建设中重要性的同时，也为其发展增添了新动力。

## 二、经济全球化与中国特色职业体育建设

### （一）经济全球化及中国基本立场

当今世界，全球化是一个基本特征与趋向，以经济全球化为导向，裹挟着政治、文化等连带物影响着每一国家、每一个体。源头上，全球化是以科技创新为先导的，从早期的通勤交通能力提升，到信息科技全面发展，全球生产与贸易成为现实，一个具有全球规模的世界市场开始形成。其间，以跨国公司为主要形式，资本、技术、劳务等在国际上流动，全球各国和地区之间的经济联系和相互依存逐渐提升。如果说，逐利是资本的基本特性，全球化就是这种逐利性的结果，其实质是资本掠夺关系范围拓展，扩展至全球。综合来看，经济全球化至少涵盖一些特征：

一方面，经济全球化是资本为了获取最大利润，抢占全球市场，谋求控制全球的现实表征。这一进程实质上加强了资本权力对世界的控制和统治。弱肉强食的竞争贯穿于全球化进程，并将其变为"以资本主义为主导的、以实现全球少数人利益为目的的资本征服整个世界的现象和过程。"也即，经济全球化过程加剧了国际世界的分化，特别不利于后发国家的发展。虽然全球化有助于资源要素配置的便利，但是资本积累的差异，使得贫富分化是资本关系发展的伴随物。经济全球化在为后发国家带来机会的同时，也在一定程度上锚定了其位置，或者成为资

本主义的廉价生产基地，或者成为其消费市场。

另一方面，经济全球化蕴含着资本主义推行其运行方式的内在规定性。对于后发国家发展而言，迎合资本扩张的内在规律，追求资源配置效用最大化，其关键在于形成全世界范围一致的机制、规则。而消除国界阻碍，推行资本主义运行方式和运行机制是明智和现实选择，或者说，借经济之势推行资本主义政治经济制度和价值观念，内嵌于经济全球化实践。当然，这一实践，也为后发国家创设了难得的发展机遇，从技术跟随、资本要素，到人力资本素质提升、管理经验积累。

总体来说，经济全球化是一把"双刃剑"：既有资本逐利主导的"阴暗面"，也有打开后发者眼界的"阳光面"。问题在于我们如何应对之。保持清醒认识，抓住历史机遇，以更加积极的态度走向世界，借全球化大势，更好地推进中国现代化建设，显然是必要的。而这一关键就在于：应对经济全球化过程与发展中国特色社会主义的协同推进。

为此，我们首先要以更加积极的态度认识到融入全球化的必要性。封闭就要落后，落后就会挨打，这是历史教训告知国人的基本逻辑。而中国改革开放40余年的辉煌成就，则另一面揭示了开放的重要性。邓小平同志明确指出："关起门来搞建设是不行的，发展不起来。"为此，我们正确看待全球化给我们带来的机遇，迎难而上，找到融入全球化与实现中华民族伟大复兴之间的最大公约数。其次，我们要清醒地认识到当前全球化进程中存在着众多需要谨慎处置的"陷阱"与挑战。追求世界范围内的平等、互惠、共赢、共存，搭建人类命运共同体，符合全体人类的共同利益，也是全球化所能实现的最大福祉。但是，诚如前文所述，全球化从源起开始就是夹杂了资本主义企图获取更大利润的倾向，全球市场中充斥着大量不公正、不合理的"国际惯例"，这需要我们善于把握，认真对待，精准施策，趋利避害；同时，也需要我们埋头实干，做好我们自己的事。此外，我们善于总结经验，积极探索将全球化融入中国特色社会主义建设进程的方略。发展是共同的议题。全球化不论怎么说，都提供了一个极佳的发展机遇。为此，以更好满足人民需要为出发点，抓住发展主线，借力全球化助推中国特色社会主义建设，更符合我们的利益诉求。

如此来看，全球化作为一种无法阻挡的潮流，带有两面性：既有联合，又有分化；既会带来积极机遇，也会带来消极影响。于是，客观对待全球化，主动融入全球化，而不是"被全球化"，往往能够带来战略的主动性，更符合后发国家的利益。

**（二）中国职业体育建设恰逢国际职业体育全球化加速时期**

中国职业体育改革议题，可以追溯至20世纪90年代早期。1993年，《国家体委关于深化体育改革的意见》出台后，中国竞技体育职业化改革正式走上历史舞台，从足球项目开始，并于1994年正式推出职业联赛。随后加速提升阶段，直至当下进入新时代。时间上，恰逢西方职业体育全球化实践的加速期同步。

全球化，从物质资源的全球争夺、到跨国联合运营，在20世纪六七十年代后，随着科技的快速发展出现了新的转向，构建全球的消费主义文化成为其目标所在。诚如美国学者乔治·里茨所认为的那样，全球化催生了市场交易实践中的地点、商品、人和服务的虚无化，将社会消费引向脱离实在的规定性，并架构起某种逻辑联系，跨国的消费被改写。事实上，在市场经济发展初期，工业化的大生产依赖于资本的积累、生产资料的投入，而消费往往被认为是影响资本积累的，是不利于再生产的；当然，此时的经济系统更多是集中于产品生产系统中，遵循生产一分配一消费一再生产的运行逻辑。而伴随市场经济的发展，生产过剩的危害及其带来的经济危机逐级引起人们的重视，如何迅速地将生产系统生产出的产品消耗掉，并转而产生新的需求，成为现实需要考虑的问题，这也就催生了丹尼尔·贝尔语境中后工业社会的服务业态。顺应之，消费对象也跳出了单纯的实物形态，满足心理诉求、符号化的东西进入消费领域，"需求瞄准的不是物，而是价值。需求的满足首先具有附着这些价值的意义。"也即，"商品的物质使用价值日益失去意义，消费成为替代性的声誉享受和追赶时尚的欲望，最终，消费品的商品性似乎全部消失——从而转化为审美幻象的拙劣模仿"。而"这一切带来的都是固定的态度和习惯，以及使消费者比较愉快地与生产者、进而与社会整体想联结的思想和情绪上的反应。"由是，经济运行系统被改写，消费文化主导着一类生产实践——以创造商品的符号意义，引导消费者消费需求为目标，以传媒为载体，借助媒介包装将生产嵌入于需求体系和符号化欲望满足系统中，不断推动新的需求产生和再生产的延续。

在消费文化语境中职业体育，借助运动方式、运动价值和组织形式上的分歧与协同来实践自身的社会切合性，实现其符号化生产和再生产。首先，职业体育将在赛场上高强度的紧张体育竞争与观赏实践中相对放松的娱乐体验有机结合，演化为职业体育消费实践的表面矛盾的双重性，在激情中体验放松、在放松中感受激情。其次，职业体育"建构了一套完全崭新的表现方式，一整套行为和象征的方式，甚至成为集体想象的自我参照"。在消费实践中，消费者（观众、赞助商）往往以自我喜爱的球队、运动员进行自我参照和自我定义，从而实现消费者与运动员（运动队）之间的勾连，运动竞赛的成功与失败，不仅仅是运动员或运动队的事情，它们还深深触动着整个消费群体的神经，关乎着众多人的利益。而且这种有效缔结，不仅有效改变职业体育竞赛的运行生态，还改变了体育竞赛的生存价值，为体育赞助等商业行为提供了可能。再次，论及职业体育消费，不得不谈及电视等传播媒体。电视等传播媒介的出现，对职业体育赛事具有极其重要意义。不仅仅在于它给运营主体带来丰硕的收入，更重要的是它带来了更为宽广的市场，丰富和延展了体育竞赛的时间与地点，甚至是改变和提升了体育比赛的结构，塑造了体育神话。电视传播媒介编撰了一个又一个故事，改变了体育竞赛的核心运行机制，将即时的竞赛表演活动变为可记录、可延展和重构的叙事，也即增加了职业体育竞赛的可贴附性，商业价值、人文精神乃至自我成就感都可以无缝嫁接其中。此外，更为重要的是，职业体育消费文化运行实践跳出了区位的限制，变为了通俗的、可拓展的、全球化的文化形态，无羁绊地融入全球化运作实践中，从而形式上打通了各国职业体育所依存的文化基础，变为全球通用的符号。而且诚如布迪厄所认为的那样，"文化生产场的自主程度，体现在外部等级化原则在多大程度上服从内部等级化原则：自主程度越高，象征力量的关系越有利于最不依赖需求的生产者，场的两级之间鸿沟越深，也就是有限生产的次场和大生产的次场之间的鸿沟越深"。事实上，职业体育运行实践即是遵循这一逻辑而不断发展与演化的，并进而开启全球化运作实践。20世纪80年代末的意甲联赛、90年代早期的篮球NBA联赛等开始进入中国，并在一定程度上培育了中国的消费市场，当然也改变了国人对竞技体育价值的认识。

现实中，伴随全球化、信息化的深入发展，西方职业体育发生了一系列适应性变化。首先，原有的职业体育盈利结构发生变化，德勤、普华永道等关于职业体育财务数据研究报告业已显示，商业收入、电视转播收入开始支撑西方职业体育跨越式发展，而以门票为主体的比赛日收入增长则陷入停滞。在全球化之前，职业体育（职业俱乐部）与伴随经济发展而来的市民社会关系密切。职业俱乐部扎根城市社区，嵌入市民业余生活方式之中，满足他们的观赏需求以及以此为基础满足赞助商等消费主体诉求，属地性、本土化是这一阶段的基本特征。而随着全球化的加剧，特别是信息化的迅速发展，职业体育改变了原有的运行方式，门票收入占总收入的比重随之下降，转播权收益的贡献率逐级提升，成为支撑职业体育联赛发展的支柱力量。通过对德勤事务所 Roar Power: Annual Review of Football Finance 2018 中年度（2016—2017赛季）营收前10名俱乐部财务信息统计发现：俱乐部收入中，平均比赛日收入、平均转播收入、平均商业收入占比分别为18.2%、38.9%、42.9%；这与其上一年度报告（Ahead of the Curve: Annual Reviews of Football Finance，提及的"在这8亿欧元的涨幅中，49%来自转播收入，42%来自商业收入，只有9%来自比赛日收入"趋势相符合。而这意味着，传统"SSSL模式（即'门票—补助—赞助—本地化'模式）"，随着技术与制度的变迁，发生了根本性变化，职业体育收入中的门票、转播和商业收入各占三分之一的格局逐渐被打破。普华永道关于北美体育赛事市场的研究报告也显示相似的趋势（见图4-2）。该报告显示，版权收入的剧增是引致北美体育市场收入增加的引擎所在，2013—2018年其累计增长率与其他收入（门票收入、赞助收入、附加品收入）的总和持平。事实上，转播版权收入和商业收入背后蕴含的恰恰是境外扩张的脉络。

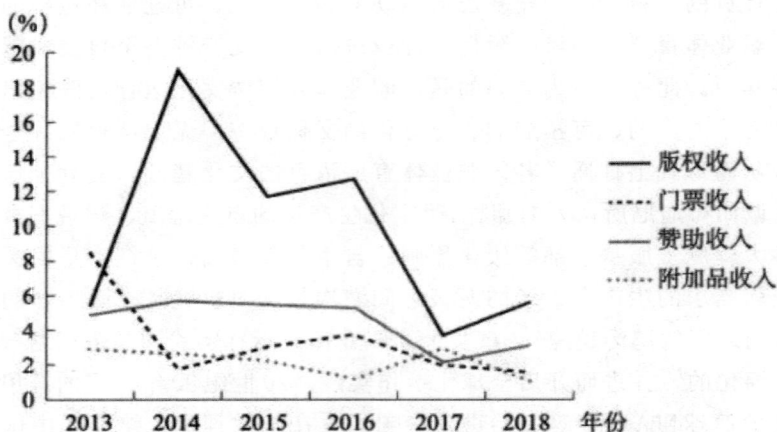

图 4-2    2013—2018 年北美体育赛事市场收入复合增长率变化

其次，大量的机构投资者（甚至私人投资者）进入职业体育，如欧洲五大联赛的战略投资者在过去 20 年中呈现成倍的增长，即便是诸如"欧足联财政公平法案"这样极其严厉的财政控制举措都没有消减这一趋势。此外，西方职业体育传统的联盟关系正在悄然发生着改变，北美职业体育联盟的高水平球员集聚持续呈现，而欧洲职业足球，不论是英超、西甲、德甲、意甲，还是欧冠、欧联杯，长期被少数几个足球俱乐部垄断，从运动成绩、到盈利能力都呈现出相类似性。当然，在全球化背景下，社会问题和经济问题，似乎不可分地与国际问题混在一起，因为全球化打开了全球生产、消费同质化的通道，"使世界每个角落的生产与消费出现了同一性"，世界各国成为全球性生产和消费体系的组成部分。同样，任何一国的职业体育已然无法孤立运作，而是作为全球化职业体育市场体系的一个分支而存在。全球化时代，中国职业体育无法"独善其身"，而且更为关键的是，从原初的市场（最早是消费市场），到当下的全面融入，中国职业体育已经完全进入了国际职业体育产业链体系，成为全球职业体育完整体系的一分子。

基于上述分析可以看出，建设中国特色职业体育无法跳出，也不可能跳出全球化这一基本背景。后续如何在经济全球化进程中把握机会，变被动为主动，实现自身竞争力提升，成为新时代中国特色职业体育建设的重要内容。

## 三、数字经济时代（职业体育运营变迁）与中国特色职业体育建设

推进新时代中国特色职业体育建设，必然涉及一个重要内容，即需要把握职业体育运行规律，洞悉世界职业体育发展趋向。学理上只有把握了世界职业体育发展的一般性，中国特色职业体育的特殊性才有意义。实践上，在全球化、数字化进程中，中国职业体育发展离不开对西方职业体育现存样态和发展趋向的系统关照。

### （一）适应性变迁：职业体育运营演化的经济社会学探析

自达尔文伊始，系统的自我生成观点逐渐被认可。从生物进化到社会适应，再到自组织系统，事物维系运行的基本机理即在于拥有一套自我生成系统。内生于近代西方社会的职业体育，脱胎于贵族阶层俱乐部化的体育活动组织方式，早期更多显现为业余性的体育竞赛活动。当然，伴随西方资本主义生产方式持续扩散，社会分工引导着专业化延伸，体育也逃脱不了受其"侵蚀"。从运动员的专业化、到运营管理的专业化，这一历程不仅标志了真正意义上的职业体育产生，还在一定程度上催生了职业体育的转向，即赚钱成为职业体育运营的核心工作，也成为考核职业经理人的关键所在。当然，这种转向客观上赋予了职业体育区别于其他社会文化形式的关键特征，即实践中依托球场和市场这两个紧密联系的场域存在。

事实上，罗森博格（Rotten berg，1956）、尼介（Neale，1964）的经典研究，业已揭示了职业体育运营的内在规定性，即职业体育运营的基础是体育竞赛，核心又是运动员、教练员等人力资本有创造性、高技艺的劳动。作为职业体育赛事供给的最基本要素，运动员的竞技能力高低直接关系竞赛水平，并进而通过竞赛吸引力影响职业体育市场运营水平。这也使职业体育与其他领域一样，都不可避免面临着人力资本的维系与发展问题，伴生其中的必然是以运动员为核心的从业人员收入的持续增长。首先，在社会发展历程中，劳动生产率提升，社会财富增加必然引致个体生活水平的提升，包括运动员在内的社会大众收入的增加是常态。其次，进入现代社会，人才的竞争是社会发展的动力源泉这一普遍规律被广泛认可，围绕（具有特殊技能的）人才竞争的关键手段即在于提供有竞争力的收入保证，这一实践往往无形中催生了运动员收入的增加，特别是在竞争激烈的开放联盟中，运动员薪资的增长尤为明显。最后，维系职业体育这一特殊的自我生成系统，需要不断有新的运动员加入其中，激励青少年从事刻苦训练并最终成为职业运动员，也有必要提供一个标杆激励，不断提高运动员的收入待遇。由此可以看出，职业运动员的收入增长是具有刚性的。

从职业体育发展演化来看，脱胎于业余体育的西方职业体育，早期的运作实践更多是选择立足球场的。借助运动员的专业化、职业化，提供具有竞争力、吸引力的体育竞赛，贯穿早期职业体育的型塑历程，期间赚钱效应则带有一定的附加性。此时的职业体育商业行为大体遵循这样的逻辑，即超出常人（业余体育）的体育竞赛，提供了观赏和娱乐的可能，观赏门票的售卖成为维系竞赛进一步开展的手段；而相关职业体育赛事的集聚效应，给诸如食品店、酒店等提供配套用品与服务的企业（行业）提供了机会，早期的赞助行为随着集聚效应的扩大而产生；与此同时，体育俱乐部的定点运作伴随轰动效应逐渐成为区域性的热点事件（形象），且这种形象的象征意义越发明显，通过投资体育俱乐部或联赛（联盟），可以为更多人知晓，从而售卖更多、盈利更多，资本介入行为开始慢慢出现，职业体育的营利性逐渐被激发出来。换句话说，职业体育的经济性不是与生俱来的，是逐渐从以运动员为中心的竞赛运作方式中过渡而来的；其间，技术的改进与变迁支撑了这样一个实践。当然，这里涉及的技术不仅包括运动竞技能力、赛事组织技术，还包括社会宏观技术变迁，如交通、建筑等，其中尤以电视转播技术影响最为深远。因为伴随电视转播技术的发展，传媒作为一个独立的社会系统出现，它不仅增加了职业体育赛事信息传播效用，还逐渐改写了职业体育商业模式。首先，在传媒作用下，职业体育的竞赛产品被逐渐改写。职业体育不再仅仅是体育竞赛活动，也不再仅仅停留在运动场上、体育馆内，多元化的衍生产品陆续被推出。其次，职业俱乐部、职业运动员也不再仅仅是赛事的组织和生产者，它们本身就体现出明显的商品属性，具有特有的交换价值、符号价值。挖掘职业体育商业价值，成为商业资本一度追逐的热点议题，并以职业俱乐部上市运营为特征在20世纪八九十年代风靡欧美。

竞赛产品功能性拓展实践赋予了职业体育作为竞技体育商业运行样式的规定性，产业性、营利性，成为职业体育的显性特质。遵循经济学的一般思路，资本具有天然的逐利性，追求利润最大化、促进价值增值也往往被用以定义资本所有者商业投入的目的所在，并以带有明显经济学遵守的市场规律呈现出来。而嵌套于西方资本主义社会，职业体育自产生伊始就带有天然的逐利性，并随着商业资本的大肆进入呈现加剧的特征。循此，"在商言商"的基本市场规范遵守，意味着职业体育运营实践中必须做好边际分析、平衡财务收支。而且按照经济学的一般原理，收益与成本的相对均衡更可能是行业运行的常态，对于职业体育来说也是如此。对于职业体育俱乐部而言，投入主体上以人力资本（运动员等）为主，而产出则显现为门票（比赛日）收入、转播收入和商业收入（赞助等）。遵循市场运行基本规则，商业色彩浓郁的职业体育要想维持自我可持续运营，边际成本收益是基本的遵守，否则处于亏损中的俱乐部（联盟）难免不陷入倒闭退出的窘境。总体来看，职业体育运营的基本规定性中即内含着一个矛盾的统一体：一方面是遵循市场运行规律，将职业体育看作一个企业，需要遵循财务控制的基本原理，为成本设置一个上限，需强调"节流"；另一方面则是遵循谋求获胜的竞赛规律，吸引和稳定优秀运动员的实践往往伴生运动员工资的不断升高，并进一步推高俱乐部的总成本，需重视"开源"。面对商业利益和竞赛成绩最大化的双重目标，从组织结构架构到制度规则（如维系竞争平衡的倒序选秀等）、再到技术变迁，西方职业体育"费尽了心思"，进行了众多必要调和。在欧洲职业足球领域中，从财务安全准入制度，到财政公平法案，保障体育竞赛水准的同时强化了职业体育营利性和财务稳定性；在北美，不仅组织形成了关系更为密切的职业联盟，还进行了针对性的制度设置，通过工资帽来约束俱乐部的总成本。但是，结果却呈现另一景象。如欧洲职业足球运动员转会费近30年增长了30倍，亿元身价球员倍增，与此同时球员薪资增长令人瞠目；在北美，球员薪资也始终处于上升通道，NBA工资帽所呈现的始终增加特征即是明证（见图4-3），而且可能正是这种上升的工资收入激励了后备人才资源的有序投入，维系了NBA联盟的良性运行。如此可以看出，在化解两难选择的路径上，西方职业体育具有明显的趋同演变特征，不约而同地选择了后者，即采用了"开源"而非"节流"的运作方式——通过不断拓展市场空间，进一步提升盈利能力，并引领着职业体育运营模式的转变。

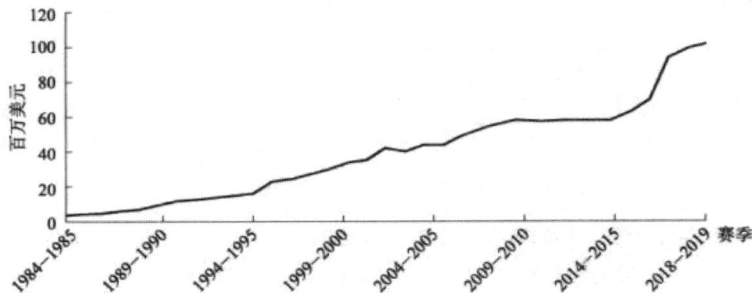

图4-3　NBA工资帽变化情况统计（1984—2019年）

注：资料来源于NBA官方网站。

**（二）数字经济时代职业体育运营机制变化**

从业余体育走来的职业体育，以职业运动员的竞赛表演为核心，以商业化、市场化运营为特征，在维系运动竞赛生产与消费满足之间平衡的实践中演化发展。一方面，由于运动员的再生产对维系职业体育的自我生成最为关键，遵循理性人思路，维系生存和发展意味着运动员收入增长具有刚性，需要借助运营扩展的硬性加以满足，并最终引致了西方职业体育运营方式的变迁；另一方面，跳出业余性的职业体育，资本投入所带来的逐利性，在资本与技术的互动中，充分展现了功用性逻辑，改进市场运营效用、提升盈利能力贯穿职业体育演化实践。实践中，这种变迁主要涉及以下两层面：一是消费者范围的扩大，消费场域从球场内拓展到球场外，消费群体分布从属地变为全球，同时职业体育（俱乐部）的属地性运营等传统模式相继发生变迁，且一直处于推陈出新之中；二是产品及其效用发生变化，从即时性的竞赛产品变为多元化的复合产品，从仅仅服务于观赏需要，逐渐变为文化产品，并 向着更高附加值的产品变迁。当然，上述变迁的实现是有条件的，恰巧当今经济社会流变创设和满足了相关条件。一方面是全球化的深入推进，生产、交易、消费的全球一体化体系形成，"地球村"格局切实改变了当今西方职业体育运营样态；另一方面，科学技术的进步，特别是信息传媒技术的发展，顺应变化赋予了职业体育运营提升的机会和空间。当然，对这种适应性变迁的考察还需进一步回归西方社会的发展历程。遵循经济社会学传统，强调"经济制度（行为）的社会嵌入性""社会型塑性"，以资本的主要存在形式为考察依据，可以发现，早期资本主义社会的资本存在形式以物化为主，利益（利润）规则以生产为中心，货币、劳动力、机器流水线等决定着资本主义的生产关系、制度样式。

而随着技术进步和社会发展，从工业时代（后工业时代）到全球化和信息时代、再到后信息时代（即数字化时代），"资本的逐渐虚化实践加剧"，金融资本、社会资本（位势资本）、品牌资本等陆续生成并开始引领社会走上"寻找一个非生产导向的、幸福的和全面发展的社会"。内嵌于这一特定经济社会发展实践，以满足社会需要为靶向，西方职业体育从人力资本运作起步，与时代同步演化发展，实现了两次关键性跨越，发展周期上涉及三个主要阶段，如表4-1所示。

**表4-1 职业体育运营阶段及内在机理**

| 时代类型球场 | 中心时代市场 | 中心时代 | 数字虚拟时代 |
|---|---|---|---|
| 阶段划分 | 人力资本运营阶段 | 商业资本运营阶段 | 品牌资本运营阶段 |
| 时间节点 | 20世纪70年代以前 | 20世纪70年代以后 | 21世纪以来 |
| 运作类型 | 生产者主体的赛事资源的产品运作 | 生产者主体的赛事产品的商业运作 | 消费者主体的多元资源的品牌运作 |
| 核心产品 | 球场赛事 | 球场赛事、衍生品 | 市场知名度、衍生品 |
| 核心产品定位 | 以运动能力显现为核心的 | 以赛事价值衍生为核心的商业产品 | 以俱乐部（联盟）竞赛形象为核心的品牌产品 |
| 产品特征 | 有生命周期、易于模仿、价值难以累计 | 有形为主、易于模仿、有累积效应 | 无形为主、独一无二、有累积效应且可延伸扩展 |
| 时代类型 | 球场中心时代 | 市场中心时代 | 数字虚拟时代 |
| 运作平台 | 消费市场 | 消费市场 | 媒介市场 |
| 价值管理关涉 | 以价值捕获为核心的业务管理 | 以价值创造为核心的资源管理 | 以价值共创为核心的利益相关者管理 |
| 俱乐部定位 | 体育竞赛产品生产商 | 体育竞赛产品生产商、相关服务商 | 体育竞赛产品生产商、相关服务商、运营商 |
| 服务对象 | 消费者（球迷） | 多渠道的商业伙伴 | 多层级的利益相关者群体 |

职业体育第一个有典型性的阶段，可以称之为球场中心时代，因为这时的运营主要围绕现场球迷的运作，体育竞赛的球场是职业体育运营场域的主体。在这一阶段，职业体育运营的基本旨趣是提供高水平的体育竞赛。于是，强化体育竞赛本身价值的达成度，多采取改善运动训练水平、修改运动竞赛规则、活跃球场氛围等旨在提高比赛吸引力的方式；同时，增强与现场观众需求的切合度，并采取了以下主要手段：改善赛事组织结构、切实大众需求安排赛程和竞赛时间、推出一系列球迷互动活动等。在另一层面，以运动员为主的人力资本保值增值，是这一时代职业体育运营价值体现的核心，因为有了优秀的运动员就可以提供有吸引力的体育比赛，也就可以转化为购买力，实现资产增值盈利。而伴随社会大众对高水平竞赛追求本性的表达，职业体育市场属性很快被彻底激发出来，职业体育随即进入了商业资本运作的实践体系中。以市场为中心，职业体育首先拓展了

商业范围，体育竞赛精彩程度之外的元素开始变得重要，比如竞赛产品的强市场收益预期性、话题的独特性等。其中，具有显著意义的是，职业体育俱乐部（联赛）资产作为一个重要资本形式开始走上前台。跳出球场的束缚遵循商业资本的运行范式，职业体育俱乐部（联盟）借助其自身的商业形象和象征意义，围绕商业利益展开，实现价值提升。由此，可以将其称之为商业资本运营阶段。这一阶段，虽然商业资本仍带有竞赛产品的衍生色彩，且以人力资本作为支撑，但职业体育运营不再仅仅是生产领域，而逐渐向市场交易领域延伸，球员市场、赞助市场、中介市场、电视转播市场等都成为职业体育谋求盈利、实现增值的场所。

事实上，从球场到市场，仅仅是完成了职业体育的第一次跨越，更多的是一种运营理念的变化。因为在球场中心时代，与运动竞赛密切相关的门票收入是职业体育收入的主要来源；随着职业体育商业资本运作的加剧，商业收入开始逐渐增长，电视转播收入、赞助收入的比重逐渐提升，但是相关收入更多带有职业体育赛事的衍生品特质，职业体育运营的核心逻辑并没有发生变化，仍然以职业体育竞赛产品质量为导向，以满足大众的观赏产品为中心，或者是赛事的观赏范围扩张了或者是赛事的存在形式变化了。而职业体育真正意义上伴随时代的进迁，则发生在 21 世纪——从产品运营向品牌运营的变迁，才是具有显著意义的第二次跨越。在资本全球化、信息网络化等数字经济社会环境支撑下，商业化加剧的内在追求引导着职业体育走向了一个新的运营阶段，即品牌资本运营阶段。进入这一阶段后，职业体育（联赛）俱乐部形象、影响力等无形资产已经不再仅仅被看作是一种可以利用的资产，而变为可以自我增值的资本；同时职业体育运营逻辑也随之发生明显转向，从球场的单核运作变成为双核运作，也即职业体育的盈利结构中不仅有职业体育竞赛活动这一盈利资源，职业体育自身（联盟、俱乐部、运动员等）开始作为盈利资源而存在。与之对应，职业体育运营的领域进一步延伸，职业体育（联盟、俱乐部）资产开始与金融市场、信息市场等建立联系，无形资产运作成为主攻方向，从球场内向球场外，从属地向全球化扩张，从商誉代言到无形资产专用权特许权运作、再到俱乐部形象的核心竞争力运营，多角度、全方位的品牌运营样式正在逐渐形成。比如，西甲的皇家马德里俱乐部自 21 世纪伊始就根据品牌资本运营的规律，推进了涉及体育、社会和经济的三大战略，立足竞赛影响力提升、知名度美誉度扩张与运营组织结构优化，培育和强化俱乐部品牌形象，跃升为世界顶级俱乐部行列，且带来了俱乐部盈利能力的切实提升，其中与俱乐部品牌效应关系更为密切的商业收入和电视转播收入增幅更大（见图4-4）。由此可以认为，西方职业体育已经进入了一个全新的时代：以强化品牌资本运营为基本特征，并连带运营理念、运营机制等方面的实质性转变。

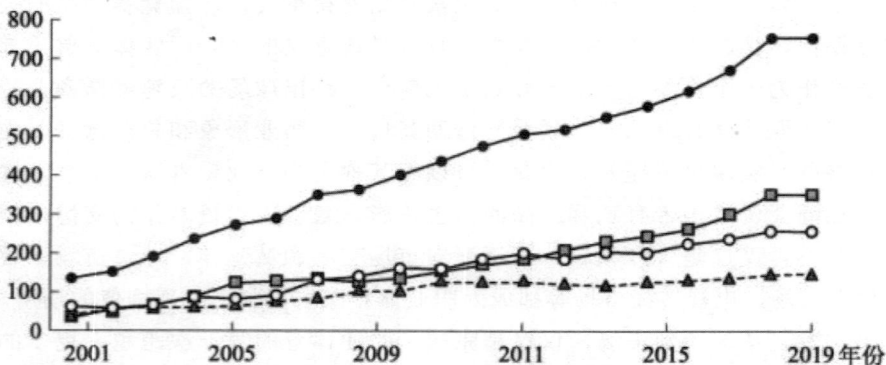

图 4-4　皇马足球俱乐部收入结构变化情况（2001—2019 年）

注：数据整理自德勤足球财富报告。其中系列 1 为总收入，系列 2 为比赛日收入，系列 3 为电视转播收入，系列 4 为商业收入；单位为百万欧元。

在传统职业体育理论中，或者说在电视出来之前，门票收入关乎职业体育的生死存亡，属地性往往被认为是职业体育俱乐部运营的关键原则，关系职业俱乐部及其经营者成败。因为职业俱乐部依靠吸引球迷前往运动场（馆）观赛获得收益，本地球迷的数量与质量直接决定俱乐部的门票收入，也即属地球迷所创造的价值是早期俱乐部乃至联赛生死存亡的关键所在。即便是进入了电视转播时代，属地性的重要性也是不言而喻的，它不仅体现在属地球迷产生的门票收入，还有属地的赞助、纪念品等衍生收入。正是如此，市场分割性往往被认为是职业体育的基本特性，并对应西方职业体育联盟内俱乐部的特许经营权体系，关乎联盟的准入、扩张、合并以及俱乐部的迁移，关系联盟的反垄断赦免以及竞争平衡等。遵循属地性原则，城市的规模、富有程度、球场大小等成为关系俱乐部盈利能力的重要因素。因为大城市、富有之地，意味着有大市场，职业俱乐部也就有相对更强的盈利空间和能力。于是在属地效应原理下，立足大城市、拥有一个足够大的自有产权球场（馆），往往是俱乐部首先考虑的事情，而且现实证明只有具备了这一条件，俱乐部才能取得成功，西方职业体育，特别是北美四大职业体育联盟俱乐部的分布大体即是遵循这一原则。而与之对应的是球迷运作备受重视，且往往强调两个方面的功用，其一是通过与球迷（特别是属地球迷）建立良好的长期稳定关系，并将其转化为门票购买以及俱乐部衍生商品的消费；其二是借助于球迷的密切关系型塑俱乐部影响力，并作为俱乐部与赞助商、转播商进行讨价还价的资本，实现俱乐部盈利能力的提升。当然，此时俱乐部与消费者（球迷等）之间的互动更多是属地性的。互动平台以球场为主，特别强调球场文化，看台文化被认为是特别有价值的；同样深入社区被俱乐部作为常规工作对待。不过，应该认识到选择属地运营，是由于职业体育的产品特性及其引致的消费群体来源特征所决定的，是基于特定条件实现价值增值、维系联盟（俱乐部）有序发展的需要，带有明显的球场中心时代特征。因此，一旦职业体育产品及其消费群体发生变化，则意味着原有的属地性可能随之变迁。而全球化、信息化的快速发展，当职业体育跳出传统的属地性后，原有的单纯依靠深入社区、强化属地性的球迷联系方式也正发生着变化。因为进入品牌资本运营阶段后，职业体育的消费群体跳出了球场束缚，社会影响力也超出了属地限制。此时，比赛不确定性所制造的悬念可能仅仅是众多话题之中的一个要素；数字时代，话题、流量才是最重要的或者说最关切联盟收益的指标。其背后的逻辑是，俱乐部受到的关注越多，球迷数量越多，俱乐部影响力越大，商业价值也就越大；同时，职业体育相关社会话题越多，商业运作的空间就越大，盈利能力也就越强。转换运作理念，与体育场地（馆）建设的高投入、高风险以及不可决定性相比，另一个俱乐部与球迷互动的平台逐渐受到重视，也即是社交媒体平台。区别于传统媒体的属地性，社交媒体平台摆脱了地理障碍，为消费者服务提供了便利，俱乐部可以与全世界范围内的消费者（球迷）建立广泛联系；实践中，西方职业体育借助网络化和社交媒体平台，改写了球迷运作方式——从球场看台变为社交平台。品牌资本运营阶段的社交媒体平台成为俱乐部的"新球场"，平台的互动人数越多，俱乐部吸引力越大，商业价值越大。对德勤欧洲足球俱乐部财富榜（前20名球队）球迷数据进行处理即发现，网络化的球迷数自变量与球队（年）收入呈正相关，而场均球迷数对球队（年）收入的解释能力较低，两者无法建立良好的关联性，具体如表4-2所示。

表4-2　新旧球迷运作方式影响球队年收入的一元线性回归方程模型

| 自变量（x） | 一元线性回归方程模型 | R2值与P值 |
|---|---|---|
| Facebook likes | $y=6.187+0.893x_1$ | R2=0.798；P=0.000 |
| twitter followers | $y=3.629+0.793x_2$ | R2=0.629；P=0.000 |
| Instagram followers | $y=6.429+0.789x_3$ | R=0.623；P=0.000 |
| 场均球迷数 | $y=1.382 + 0.42x_4$ | R2—0.176；P>0.05 |

　　数字经济时代，利用社交媒体平台的球迷运作方式，不仅改变了职业体育运作的属地性，还改变了球迷运作的价值，将其变为涉及商业利益、资产价值、社会责任等具有长期投资效益的资本运营实践，并带动职业体育运作中的媒体利用变迁。事实上，西方职业体育发展历程，媒体的身影始终存在，甚至在一定程度上可以认为，职业体育运营变迁就是一个伴生于媒体发展的实践。当然，需要指出的是，传统媒体更多承担信息传递的功能，信息接收者（球迷等）借助媒体获得信息，却很少可以表达自我的观点，也即传统媒体是存在信息传递阻滞、互动效用低下的。正因如此，许多职业体育联盟尝试自制媒体资源，以期消解媒体平台的中介损耗，实现与球迷的直接联系。伴随信息技术的发展，数字经济时代来到，社交媒体出现，问题随之而解。在社交媒体平台上，俱乐部可以直接对接来自世界各地的消费者（球迷等），在全世界范围内获得认可，实现了社会辐射度和

影响力的扩大；同时，新平台还可以实现双向互动、借助相互对话建立稳定的关系，直接打通了俱乐部与球迷之间的交流壁垒，有助于增强消费黏度。更为关键的是，在社交媒体平台上球迷不再是简单的信息接受者、消费者，还时时充当着价值的生产者。因此对职业体育俱乐部而言，社交媒体扮演着多重角色，既是对话全球球迷的服务性机构组织，也是与赞助商进行品牌合作的完美工具，还是与消费者共同创造"链接价值"的有效平台。换句话说，在伴随经济社会的变迁实践中，西方职业体育把握了全球化和网络时代的契机，借助社交媒体完美实现 4 的换挡升级，从品牌价值推广转变为品牌价值共创。类似的，在与转播商、赞助商等利益相关者借助多元平台实现价值共创实践中，传统的赛事生产供给为主体的运营，逐渐被消费需求引导的赛场内外融合、生产交换消费共通的多层次运营所取代。当然，这一价值共创实践，职业体育并没有跳出自我的属性，相反进一步促进了体育竞赛与市场运作之间的深度融合。

**（三）数字经济时代职业体育运营特征把握**

1. 从价值增值到价值共创：职业体育运营理念发生变迁

关于职业体育品牌运营的认识，可能首先要从俱乐部的名称开始谈起。事实上，职业俱乐部名称，在球场中心时代，它更多是一种代号；展现自我独特的、又区别于他者，是此时俱乐部名称的最大特色。在西方，可以发现各色各样的俱乐部名称，有的是地方标识、行业类分，有的是地方萌宠，或者其他。比如 NBA 的休斯顿火箭队，其队名的由来是由于球队坐落在航天城的缘故，波士顿凯尔特人这一队名则事关波士顿的爱尔兰移民念旧情节；而英超阿森纳队的"枪手"昵称得来则与其前身是伍尔维奇兵工厂（Ares—NAL）队有关。之所以如此，可能与当时职业体育以满足消费者（特别是属地球迷）观赏需要为基本出发点的运营理念相一致。在此理念下，俱乐部名称作为一种球迷文化标识存在，满足消费者需要，发挥着联络俱乐部与球迷关系、培养球迷忠诚度的功效，于是决定权多交由球迷，由球迷投票选出来。当然，此时的职业俱乐部名称也确实发挥着一定的商业作用，但是这更多停留在标识层面，类似今天门店招牌的意义。而随着职业体育运营范围扩展，在知识产权保护相关法规逐渐形成的前提下，职业体育俱乐部开始加强自身名称、商标的市场开发力度，俱乐部名称也就不再仅仅是标识，转而成为一种具有产权意义的商业资本，成为俱乐部的重要战略资产。围绕品牌的运营也就此拉开了帷幕。事实上，一旦进入品牌运营阶段，则俱乐部名称、标识等随之成为品牌商标，充当着俱乐部、消费者（球迷）间多元关系维系的纽带。其中与职业联赛或职业俱乐部的竞赛文化（精神）相关的、区别于其他产品的特征，往往被无限放大，成为传递某种内涵与外延、体现某种特定利益、具有某种竞争优势的载体。职业体育（联盟、俱乐部）的品牌资产也随即转变为品牌资本。相比于商业资本时代的生产中心样式，品牌运营范式下职业体育开始发生明显转变，即从（生产者，特别是运动员）生产决定市场，变为（消费者）需求决定市场，球迷、赞助商、转播商成为职业体育的最终决定力量；与此同时，产品运营从功能导向转变为"功能+体验"导向，在提供高水平有特点的体育赛事及相关服务的同时，分享体验、社交参与、文化认同、价值认同等专门性活动开始出现在职业体育运营中，以提升职业体育消费者（球迷）的感受，增强俱乐部的消费切合度；顺应之，职业体育俱乐部（联盟）也不再单纯是赛事生产商，它们还要充分联合转播商、中介商等利益相关者当好赛事品牌运营商。

2. 从利益共同体到产业链：职业体育结构关系被改写

诚如前文所述，基于运动员人力资本的资产专用性特征，职业体育存在双层竞争合作关系：一层为体育竞赛，运动竞赛的公平性规则要求联盟内俱乐部之间必须是平等的；另一层则是市场经营，联盟内各俱乐部在自身利益最大化的同时要兼顾联盟利益。这决定了职业体育联盟内俱乐部的运营结构关系，联合生产是基本特性，各俱乐部之间的平等关系往往被广泛认同，并被作为职业体育组织的基本特征看待。当然，我们要意识到，形成这一判断的依据在于职业体育根植于高水平体育竞赛的本质规定性，或者说，职业体育联盟中的俱乐部之间的平等协作关系更多的是基于体育竞赛的公平竞争规则展开的，因为只有平等的双方才能在竞技场展现出高超的运动水平，为社会大众贡献精彩的比赛。换句话说，在一个封闭的社会环境中，经济利益最大化的最优选择是供给势均力敌的竞赛，创设竞赛的不确定性，提高比赛的可观赏性，实现途径的最优选择是将联盟内的球员按照竞技实力进行均分，实现竞争平衡。因为这样，体育竞赛的不确定性越大，观赏性和吸引力越大，可以吸引的球迷数量就越多。现实中，随着全球化的推进，职业体育逐渐跳出了封闭空间，打破了原有平衡。数字时代品牌资本运营阶段，职业体育联盟（俱乐部），不仅要与其他职业体育联盟竞争，还要面对其他相似领域（诸如演艺等文化娱乐产业）的竞争。这也意味着，职业体育运营的空间扩展了，运营的逻辑变化了。以前仅仅面对属地球迷，现在需要面对更多元的消费群体；以前只要做好自己即可，现在还要比别人更强、更有吸引力、更有影响力。面对新的变化，需要联盟进行必要的整合，以维系和促进价值提升。

实践中，西方职业体育即是以人才供需为纽带，以内部市场（球员交易市场等）为平台，形成了带有明显产业链特征的俱乐部结构关系，也即英国学者丹尼尔-菲尔德森德（2018）在《欧洲足球成功的秘密》所描绘的俱乐部基于其所处环境的成功之道——"财富金字塔"。在这种结构体系中，顶层是超级俱乐部，这些顶级俱乐部处于资本链的顶端，购买超级明星球员，通过诸如欧战（欧冠、欧联）、联赛等重大竞赛展现自我形象，为与赞助商、转播商讨价还价提供坚实保障。如德甲联赛的拜仁慕尼黑俱乐部过去十年一枝独秀的存在，不仅没有削弱联盟的盈利能力，相反却促进了联盟整体盈利能力的提升，德勤的相关数据即显示其总收入和盈利能力都增长了超过1倍，分别从2008—2009赛季的15.75亿欧元和1.72亿欧元增长为2017—2018赛季的31.68亿欧元和3.73亿欧元，且涨幅明显大于拜仁慕尼黑俱乐部；相似的情况也出现在诸如西甲、意甲等其他联赛。换句话说，顶级俱乐部关系联盟的总体收入增长成为现实。处于产业链结构体系下一层级的是，投资于潜能和年轻球员的主要成功者与中间成功者，它们在加强潜力球员培育的同时形成具有特色的俱乐部形象，如西甲联赛的马德里竞技足球俱乐部始终保持稳定成绩、铁血风格，而阿奎罗、托雷斯、马丁内斯、格列兹曼等明星球员的转会收入实实在在地维系了俱乐部的盈利。再向下则是边际成功者和青训机构，它们处于财富榜的低端，具有相对较小的知名度和品牌影响力，这些中小俱乐部（亦是弱小俱乐部）通过提供锻炼球员的机会，为上一层级（最好是顶级）俱乐部输送优秀球员，售卖球员的转会费作为维系俱乐部正常运营的保证。由此可以看出，进入品牌资本运营阶段后，出于整体价值增值的考虑，职业体育联盟内的俱乐部合作特征进一步深化，（原有的）竞争平衡创造利润最大化的理念逐渐被品牌效应最大化的新理念取代，而谋求获取品牌优势、吸引资本流入、实现价值增值的实践，实质性地带动了职业体育联盟内俱乐部关系变迁。事实上，北美职业体育联盟中近年出现的明星球员"抱团现象"背后也隐藏着类似的逻辑，这可能正是联盟没有采取更为强制性的限制手段的原因所在；而细想近年来中国职业足球联赛的市场价值提升，多少与广州恒大俱乐部的高效介入及其强势表现相关。

在品牌运营阶段，全球范围内职业体育是个大产业，存在明显的产业链体系，形成较为稳定的价值整合和增值结构，而且这种全球范围内的产业闭环结构对谋求超越发展的中国职业体育而言，影响极大，值得进一步关注。

3. 从赛场优势到全面领先：西方职业体育获取超额利润的稳定性增强

传统意义上，我们往往将西方职业体育的赛事产品领先定义为西方强势的决定因素，也即它们有着世界上最优秀的运动员、教练员、裁判员以及高效的转播推广运营团队，所以西方职业体育牢牢把持世界职业体育的顶端位置，掠取其他国家的资源，赚取超额利润。循此思路，赶超西方职业体育的关键之策即是提升运动员水平，以此来提升职业赛事水平。在相关政策利好刺激下，我国职业体育一度开启了"快速追赶"的步伐，但很快发现高薪引援，虽然带来了些许"起色"，但是"副作用"同样明显。之所以如此，与西方职业体育进入品牌资本运营阶段的适应性变迁有关。现代经济学业已明晰，品牌具有自造产品差异性的特征，并可以依靠这种差异获得长期的、持续的超额收益；或者说它天生拥有一定的市场权力，可以引领"真正意义上的产品"占有与品牌影响力相当的市场份额，从而获得相应的垄断价值。反映到职业体育品牌资本运作的价值实现过程，可以认为决定职业体育品牌价值的因素，不仅取决于职业体育品牌所代表的职业联赛（俱乐部）水平的高低，还体现为其所具有的影响力大小，更为关键的是这种影响力可以形成品牌的认知价值，并具有独特的贴附价值，可以提高其他产品或品牌的认知深度和广度，为他者（赞助商、转播商等）创造价值（溢价、市场份额增加等），最终实现融合提升的价值共创。由此，获取超额利润的稳定性是西方职业体育品牌资本运营所带来的显著变化。当然，这一实践的有效达成可能还与职业体育品牌运营的以下三个特征密切相关：

首先，品牌具有代理竞争性。传统的职业体育竞争更多体现在球场上，重视赛事的不确定性和吸引力，强调竞争平衡，并用以维系赛事活力，实现市场盈利。对于俱乐部而言，拥有高水平球员，提供高水平竞赛显得尤为关键，因为这有利于借助比赛吸引力来提升盈利能力。而进入品牌资本运营后，品牌价值开始成为决定联盟或俱乐部盈利能力的关键所在，并且成为市场竞争的重要内容。某一赞助商为何会选择这家俱乐部而不是另一家，考虑的最为核心因素即是俱乐部的品牌区分效应，因为每一品牌资本背后都隐藏着独特的质量承诺、深层的消费导向以及附加的精神（文化）认同。或者说，品牌资本逐渐成为关系职业体育核心竞争力的关键标志。比如，英超联赛的曼联俱乐部虽然数年未获得联赛冠军（也即竞赛成绩不佳），但是这似乎不影响其由于历史传承及当下维系所形成的品牌影响力。

其次，品牌资本作为无形资产，具有全面的开放性和完美的运动性特质，为职业体育全球扩张、资本保值增值以及结构化体系的形成提供了便利。今天，全球职业体育格局的形成，更多的是基于品牌资本的社会感知共识而生的，而非完全体现在竞技场上或者现场观众多寡上。同时，职业体育品牌资本运营后，高附加值的本质规定性，使得西方职业体育在资产评估、转让中呈现出极大优势。数字经济时代，保持盈利能力、开拓新市场、增加俱乐部价值都与流量（媒体曝光率）密切相关。或者说，经济上的成功是由国内和国际体育赛场成功以及品牌价值所驱动的，这已在西方职业体育实践中被证明。

此外，品牌本身具有极强的垄断性。作为一种标识，品牌资本往往是独一无二的，这也引致其具有天然的排他性和垄断性倾向，一个行业仅有一个品牌往往是内含在品牌资本的逻辑规定性中。而且这种垄断性，极易与像职业体育这样人力资本依赖程度高的文化服务行业结合，从而创造更大、也更为难以撼动的超额利润。

总体上，面对激烈的市场竞争，迎合数字经济时代特质，西方职业体育以品牌运营为核心手段进一步强化了"赢家通吃"效应，保障了其获取超额利润的稳定性、持续性。更为关键的是，西方职业体育由于其先发性，并遵循品牌资本运作规范，牢牢把控世界职业体育的方向，获取巨大的垄断利益。如NBA仅在中国每年即可挣超过10亿元人民币，海外收入成为支撑其发展的关键。事实上，中国职业体育前期消费外流问题，根源上与西方职业体育所推行的品牌资本运营有关。这也提示，在西方职业体育扎堆中国、密集抢滩中国市场的背景下，转换我国职业体育运营方略，强化品牌突围具有极其现实的意义。更进一步讲，在中国特色职业体育建设实践中，提升自身核心竞争力显得特别重要。

## 第二节　新时代中国特色职业体育建设内涵

中国特色职业体育，字面上类同于中国特色社会主义的表达。关于中国特色社会主义，习近平总书记强调其体现了马克思主义中国化，就是"按照中国的特点去应用马克思主义，使之在其每一表现中带着中国的特性"。循此思路，中国特色职业体育，如同对中国特色社会主义的字面解读，可以理解为"中国+特色+职业体育"的方式，即在中国特殊的社会背景条件按照特有的组织方式和制度体系运作的职业体育形式。关于中国特色职业体育的内涵，前期相关研究认为应包含以下几个方面内容：

首先，中国特色职业体育是中国化和时代化的我国所特有的竞技体育市场化、商业化运行模式。根据职业体育的共性特征，按照市场化机制运行是中国特色职业体育所需要的，偏离市场化和商业化，就偏离了我国竞技体育改革的初衷，同时也就偏离了对职业体育的共性要求。但是，中国特色职业体育并不是完全按照西方职业体育的运行模式，完全片面追求市场机制的作用，而脱离我国国情，漠视我国行政机制的价值和功用。更多应该是利用市场机制实现资源配置和运作的效率，而通过行政机制促进市场机制的形成和效率显现，并实现职业体育社会价值和公平性。其次，中国特色职业体育是社会主义基本制度下的职业体育运行制度体系，是对原有竞技体育体制的继承、完善与发展，是对原有"举国体制"的理性"扬弃"。其要实现的目标强调社会性、经济性、文化性的价值追求统一，即一方面避免过分强调竞技体育的政治功能和社会价值；另一方面，又避免过分追求职业体育的商业性，而忽视职业体育服务国家体育事业、服务社会大众体育需求的根本出发点。再次，中国特色职业体育建设又是一个在我国经济、政治、文化体制改革和社会主义国家转型的大潮中，通过实践提炼特色的过程。当然，由于其立足的社会背景特征，加之选择项目的特殊性，可能会出现其实现征途的曲折化和艰巨化。此外，中国特色职业体育作为后发的职业体育形式，可以借鉴和吸收先进的中外经验，其发展过程是一个定序化的过程，而不同于西方职业体育的自序化形成过程。当然，该定序过程首先是一个面临复杂难题的实践过程，同时也是一个特色显现的过程，更是逐渐显示社会主义体育优越性和独特性的过程，并成为借此区别于西方职业体育。

需要指出的是，作为差异于传统又有别于他国（或组织）的职业体育运行模式，中国特色职业体育内涵远比字面意义要深远。2017年10月，习近平总书记在党的十九大报告中明确提出了中国特色社会主义建设进入新时代。新时代，作为我国发展新的历史方位，是对改革开放以来中国特色社会主义建设的承继与开拓，是"从站起来、富起来到强起来的伟大飞跃"，从模仿、跟随发展到创新、超越发展的根本性变革；强调中国特色、解决中国社会主要矛盾全面建设社会主义现代化强国，"贡献中国智慧和中国方案"是这一阶段的根本任务。这也意味着进入新时代以后，中国特色职业体育建设的内涵理应有所拓展，不仅仅涉及中国模式建构和通用范式遵守，还需要解决中国职业体育高质量发展问题。因为落后不是社会主义，更不是中国特色社会主义，这一理念在中国特色职业体育层面同样适用。当然，对中国特色职业体育的学理关注，重心不仅应该放在应当如何，或者肯定或者否定上，还应该回归实践层面，将重心放在回答中国特色职业体育建设议题的解答上。

## 一、遵循通用范式：新时代中国特色职业体育建设的基本要求

职业体育作为一种竞技体育发展的高级形式，市场化、商业化是其基本属性，也是其基本遵循。于是，遵循商业原则，也理应成为职业体育可以区别于其他运行形式的基本存在。当然，对于中国职业体育建设而言，遵循职业体育通用范式自然需要内嵌于其特色化建设之中。甚至于可以认为，离开通用范式去谈论特色是毫无意义的，因为它背离了职业体育基本规定性。于是，接下来需要把握职业体育的运行特征，找出其共性的特质。

关于职业体育的概念存在多元性，不同的学者基于不同的语境给出了差异化的表达，那么到底什么是职业体育呢？事实上，在国外的语境中是相对于业余体育（Amateur Sports）而来的。有一部分人开始专门以体育为职业以及相关专业组织（职业体育俱乐部、职业体育联盟）出现，职业体育作为一个特殊类型也即出现。在这个意义上，职业体育的显耀特征即是以职业运动员为主体的，专门性从事体育赛事经营与推广活动。循此思路，可认为职业体育的第一个特殊性是相对于业余体育存在的。强调其具有体育的特性，是一种以体育为职业，以体育运动（训练竞赛及其相关活动）来赚钱并作为谋生手段的特殊形式。

当然，认同了赚钱的职业体育特性后，如何获取经济利益就成为接下来需要考虑的问题。遵循经济学的基本理论，资源要素的配置是关系经济运行的基本问题，更是事关能否获利的关键所在。在复杂的社会演化中，按照市场机制要求行事已被作为基本经济规律确定下来。在这个意义上，一旦强调按照市场机制，遵循经济规律进行体育资源的配置，则意味着职业体育就不再单单是体育行为，而变成了商业化行为，是一种采取了市场机制作为资源配置和运作方式的运行模式，具有明显区别于我国传统专业队模式的特性。循此思路，可以认为职业体育的第二特殊性是相对于专业体育而存在的，强调其具有经济的特性，是一种采用市场机制作为资源配置手段，并以体育作为市场经营和运作客体的特殊形式。

现实中，诸如中超联赛、NFL联盟等，职业体育往往是一个个鲜活的运营实体，上述两个的特殊性，即体育性和经济性是有机融合的，并产生了极为显著的效果。拓展看来看，职业体育的体育性体现在按照运动项目特征遵循体育竞赛规则是职业体育的基本遵守，围绕运动员等主体的体育竞赛活 动是基本活动，有了

这一活动以后，职业体育的经济性才有所依托，也即有了遵循市场机制去运营和推广体育竞赛活动（体育赛事）的可行性。当然，对于一个社会构建物而言，其间如何保障这一融合实践的有效性、常态性极为关键。现实中，内嵌于特定的社会关系和经济结构中，职业体育形成了较为严密的制度体系，用法律协议来规定各方权益、用经济手段来激励赛场表现、用道德规范和竞赛规则来约束赛场行为等，而且"这种制度机制已经深入到职业体育的本质中去，成为其存在的一个重要构件。"在这个意义上，职业体育就不再仅仅是一次性行为了，以严密制度体系为保障的确定性成为职业体育区别于一般商业性体育赛事的特性所在。循此思路，可以认为职业体育的第三特殊性是相对于一般商业体育赛事而存在的，强调其具有确定性的特质，是一种以体育为社会活动形式，在严密制度体系包裹下的具有了较强专业化程度和较高确定性的特殊组织体系与运作形式。

至此，我们对职业体育是什么大体有了一个较为可观的认识，那是一个兼具体育与经济特性的，且具有确定性的特殊组织体系和运行形式。当然，仅仅在这个层面认识职业体育，其意义还不大，因为无法找到可资考察的标准。这也意味着，需要进一步探寻职业体育的运作特征，以更清晰把握其实质。沿承上述三个层次分析，我们认为，职业体育这一特殊运行形式，至少应包括以下三个方面基本原则：即体育竞赛层面必须遵循胜负二分对立原则；市场运行层面遵循联合生产的原则；系统整体层面强化自组织原则以维系再生产的确定性。

**（一）体育竞赛层面的胜负二分对立原则**

这是基于竞技体育自身逻辑的一条基本原则，强调的是职业体育的发展本质上是一种体育竞赛活动，在此活动中职业体育运行主体，特别是运动员、俱乐部（球队）需要无条件地服从竞技体育自有的竞争性，或者成功，或者失败。沿承之，竞技场上的成功则意味着声望、财富等随之而来；反之则将失去一切，对于运动员也好，俱乐部也罢，甚至一个职业体育联盟或联赛都是如此。竞争性作为体育的本质属性，支撑了体育作为一种特殊的社会设置得以迅速发展，且越发受到重视与关注。

在体育竞赛中，一方的成功必然是以另一方的失败为前提，通过否决对手来成就自我，是体育系统内置的基本理念。而现代体育竞赛仅仅是在形式和程序上，做了相应的修饰，使得依靠身体的竞争更加制度化、规范化、合理化。不论是我们认可体育竞赛脱胎于传统以靠身体竞争的战争或生存需求，还是强调其是顺应近现代社会竞争形式公平的仿真需要，不确定性是其内核所在，且这种不确定性是通过自我身体所能达成与干预的，显示更快、更高、更强已深入人心，并成为今日评判胜负的标准。之所以，运动员或俱乐部乐于投身于体育竞赛中，就是看中了这一场域的自我实现价值。如想成功就战胜对手，就比别人更加投入，做得比别人更好，别无其他选择。围绕之，体育竞赛的一个螺旋式上升通道即被型塑起来，没有最好只有更好成为关系竞赛胜负的钥匙。而这恰恰是激励一代又一代人为之奋斗的根源所在——我们要赢，我们要打破纪录，我们要创造纪录。

从整体竞赛体系层面看，胜负二分逻辑使得体育竞赛变得简单化了，或者说标准单一化了。而且这种单一化的标准显然是便于体育竞赛的制度化，使得竞赛的整体结构变得简单且恒常，一个区域的胜利者，一个国家的胜利者，然后是全球的胜利者。从观众或其他参与者层面看，依靠形式公平和胜负对立逻辑建构的体育竞赛，充分展现了其独特的不确定性，营造了一个不断向上、不断超越的境地，紧张、刺激且充满挑战的竞赛吸引了无数为之疯狂的观众，为他们提供短暂的休闲消遣的空间。作为观众，他们需要竞赛的不确定性，因为他们不需要为成功或失败买单，也不需要承担任何风险。不确定性越强，他们感受到成功的欣喜或失败的懊恼越甚，可茶余饭后谈论的话题越多。更为重要的是，感受了社会生活紧张刺激的观众，往往有一个导向，即会选择性的关注运动员或运动队（俱乐部），而且他们多崇拜成功者、摒弃失败者。运动员竞赛场上的成功即使得他们成为体育明星，或者说他们凭借竞赛胜负和竞赛成绩，成为万千观众追捧的对象。而且他们获得成就的方式，在胜负对立逻辑中具有更加的普世化，往往被看作是通过自身努力或者特殊能力在公平竞争中获得的，与依赖出生、长相、权力及家庭背景等世俗化东西有本质差异。另外，在媒体的信息时代，胜负二分的逻辑是有助于媒体操作的，并借媒体之手成就自我。因为对需要有价值话题的媒体来说，胜负清晰的竞技体育竞赛，无疑是减轻了它们的负担，选择优胜运动员或运动队，或者挖掘失败者背后的事件，都可以激发关注者的兴趣。同样，胜负二分逻辑的好处还有利于赞助商、政府行政管理及协会等多元主体。

艾伦·格特曼（Allen Guttmann）认为，区别于工业革命前的民间比赛，今天主流的运动具有以下七个相互联系的特征，即世俗化、平等、专业化、理性化、科层制、量化、纪录。特别是，有组织的竞技运动以强调量化为特征，任何可由时间、距离、分数来定义的事物都被测量和记录下来。这为体育运动的形式和功能变迁创造了便利，也为运动融入人们生活方式提供了空间。总体来看，在职业体育赛事生产主体（运动员、俱乐部等）、观众、大众媒体、赞助商、协会及政府管理人员等相关利益主体之间构成的复杂关系网中，以运动竞赛成绩为导向的行动激励，不仅有利于保障体育运动的公平、公正竞争价值的实现，还使得相关利益分配更为顺达、明晰，符合各方的理性诉求。

**（二）市场运行层面的联合生产原则**

众所周知，体育竞赛活动有一个特殊性，即单一的主体是无法形成具有社会学意义的竞赛互动，或者说必须有至少两个竞赛主体参与方能有效竞赛。而两个以上的体育竞赛活动，自然就产生了优劣之分，有胜利也有失败，这是体育竞赛的基本特性所在，也是它区别于其他社会活动，并吸引人之处。当然，这种特性对于单纯目的（诸如游戏、休闲等）而言没有问题，反正就是为了竞赛，谁胜谁负都是一样的。一旦在这种竞赛上增加附属物，则问题随即复杂化，因为追求刺激和不确定性是人之本性，一个稳定胜负的竞赛的吸引力自然要远远弱于一个充满悬念的竞赛。职业体育大体就是这样。诚如前文所言，体育竞赛这一体育特性是保障职业体育运营的基础，但是其目的上是追求盈利赚钱的。于是单纯竞赛规则需要被改变，竞赛结果的不确定性变得重要了。由是，出于维护消费者权益，团队生产成为职业体育的生产形式。

按照阿门·阿尔钦和霍华德·德姆塞茨（Armen Achaian and Harold Damsels，1972）的经典研究，团队生产具有以下几个要素：（1）使用几种类型的资源；（2）产品生产所需资源不是每种合作资源的可分离的产出之和；（3）不是所有被用于团队生产的资源都属于一个人。职业体育恰恰满足这一要求。在体育竞赛层面，两个及以上参赛主体是基本条件；两个独立的参赛主体联合运作产生了体育竞赛产品（体育赛事），而且隔离了其中任意一方，体育竞赛产品就无法生成；这也导致了职业体育竞赛产品的生产是无法区分哪一方所有，甚至哪一方的贡献更大，哪怕是两者在竞赛表现上差距很大。总体来看，基于体育竞赛层面的制度硬约束（非胜即负）和整体经济利益上的最大化考虑，职业体育采取团队生产无疑是经济的。

职业体育竞赛产品的生成特性——互相竞争、互相依存的联合生产及职业体育产业的独特性，意味着职业体育的参与者之间存在着一种特殊的共生性竞争关系，它们既需遵循一般的市场竞争规则，又需恪守独特的体育规则，表现出垄断与竞争交织的复杂性。为了维系这种稳定的竞争合作关系，或者出于维持资产专用性，节约交易成本，或者为了保持职业体育产权合法性，提升团队生产过程（体育赛事）的悬念和观赏性，联合生产特性演变为组织革新——职业体育联盟作为保障各俱乐部稳定合作关系并获取高额利益的方式，被广泛采用，特别是在北美。关于职业体育联盟，其至少具有以下特征：（1）职业体育联盟的内部运作带有企业运作特性，内部各俱乐部不具有独立资格，更像是一个个生产要素，而在生产决策方面是一个类计划生产，生产、分配等都由联盟以制度形式确定。（2）职业体育对外具有自然垄断性，且获得了国家立法上的反垄断豁免。（3）职业体育联盟的存在，使得职业体育具有多维双边市场形态，职业体育联盟、职业俱乐部、赞助商、转播商、观众等利益相关者之间形成了一个复杂网络；在该网络中，职业体育联盟充当了一个双边转换平台，对外联合竞争，对内提供竞争。

**（三）系统整体层面的自组织再生产原则**

体育运动是一种非常特殊的社会文化活动。仅仅就身体活动意义而言，体育运动是切合人的本性，从少儿的身体教育及其社会化、到相伴一生的健身锻炼，其价值即在于此。当然，体育运动又是超越人的本性，因为进入社会化以后的体育运动带有明确的规则约束性，对个体的约束成就整体意义上的价值，是其发展的基本逻辑。正因如此，美国学者杰·科克利认为，当今的运动是"制度化的竞技活动，它包括个体体能活力的发挥或者相对复杂的身体技巧的运用，个体参与运动受个体自身的愉悦和外部回报两方面因素的激励。"另外，他还从四个方面对运动的制度化过程进行了界定，即活动规则标准化、规则执行机构的正式化、活动的组织和技术的专业化、活动技能学习的正规化。如果以此作为判断标准，那么职业体育显然是一种高度制度化的体育运动形态。于是，接下来的问题是职业体育的制度化实践是如何达成的呢？因为职业体育不仅仅存在体育运动竞赛层面的制度化，而且更为重要的是它还超出了单纯体育运动竞赛的层面，有着复杂的市场运作环节——并且围绕体育赛事的运营与推广还是其核心所在。

关于存在两个场域的复杂社会系统的运作机理，德国学者 N. 卢曼（Nikolas Luhrmann，也有译为鲁曼）有着较为成熟的研究理论范式。按照传统的结构功能主义理论，什么样的结构会产生什么的功能，抑或有反向的倒逼机制，这也为冲突论、互动论等其他社会理论提供了发展空间。当然需要强调的是，上述理论都是基于一个独立的社会系统而言的，忽视社会系统的开放性，并将其复杂的适应性过程简单程序化处理。卢曼的研究试图"将源生性逻辑和一种整合性逻辑协调起来"；他认为，任何的社会系统区别于其他系统，是从建立相应的自我参照系统开始的，"自我参照与外部参照的结合也是对构成该系统的那些要素的认知、确定和再生产"，循此，系统显现双循环状态，其间资本与劳动的区分，在稀缺这一经济指挥棒作用下引导着组织不断调节优化。跳出业余体育，职业体育的产生是以体育竞赛及其衍生产品可以量化交易开始的，而体育竞赛的价值显现自然保障了运动员这一核心资源的专业化发展。不同训练水平、不同竞技能力的运动员其所获得的劳动报酬不一，市场价格有差异，而且这还不仅仅体现在简单的货币化量值上（当然，数值上也是远远超过一般劳动者的），更为重要的是带来了极大的社会荣誉和影响力。于是努力成为最好的那个人，激励着无数青少年为之奋斗；同时，围绕青少年训练也随之成为一个行当，青训也就产生了。与此同时，即产生了球员市场和中介组织，面对运动员这一核心资源的稀缺，以市场方式解决问题的思路很快出现。在球员交易市场上，运动员等职业体育人力资本被货币化，转变为类似其他一般物资并与资本迅速扯上关系，体育竞赛层面的循环与经济领域的循环也就实现了对接。运动水平高的运动员，需要高价购买，而购买高价运动员的俱乐部，它的竞赛水平就会高，自然会吸引更多的人观赏与关注，会盈利更多。而这种盈利又促使俱乐部继续购买高级的运动员，并推高运动员整体收入水平，激励更多青少年投入这一项目的训练之中。如此，一个从"运动员—运动员市场—俱乐部—体育赛事—俱乐部—运动员"的自我生成系统随即产生，这种自组织的良性循环保障和引领着职业体育不断地向前（上）再生产。

需要指出的是，即便我们认同中国职业体育需要遵循通用范式，或者说西方职业体育所呈现出来的某些特质，但我们并不认同任何模式具有支配性和圆满性。事实上，任何的社会系统都具有开放性，而且正是这种内在个体无法把控的系统开放性，给予了社会事物发展的丰富空间和无限可能，区别于西方模式的中国特色职业体育才有意义，也才有可能。因为我们一直是在一个充满不确定性的、具有复杂性的运行空间中基于中国问题进行构建的，其所生成的结果自然是充满差异性的，是区别于任何固有刻画的模式，而这恰恰是中国特色的本真所在。

## 二、构建中国模式：新时代中国特色职业体育建设的本质取向

事实上，关于中国模式的讨论，从"北京共识"提出即开始流行起来。当然，美国人乔舒亚·库伯之所以在"华盛顿共识"风头正劲时提出这一概念，关键还在于中国模式已经引起了全世界的广泛关注，梳理总结出某种共性的特质，为中外学者所热衷。具体来说，首先是中国改革开放40余年发展所取得的成就已经超出一般发展范式，具有闪耀性，需要单列予以概况呈现其独立意义；同时，中国模式是有特色的，更进一步讲是有中国特色的，是可以区别于西方传统资本主义发展模式，也是有别于苏联及东欧模式。比较有代表性的观点是，郑永年（2012）认为，中国的改革发展区别于苏联和东欧的爆炸式改革，具有分解式改革的特征，"先经济改革，再社会改革，再政治改革"。当然，他也认识到采取这样的一种模式，是基于中国国情展开的，且"包含有诸多的政治和政策思想"。具体来说，1978—2002年主体性改革是经济领域的；从2002年党的十六大开始社会改革的议题在"和谐社会""科学发展观"等目标提出成为主体；而党的十八大以后，全面深化改革和体制改革的深入，则预示着政治改革主体性显现。

从源头看，中国模式最早更多是基于经济快速增长的反思认识而生的，也即国内外都对中国经济快速发展感兴趣，或者是有感于中国面貌的快速改变与现实提升，或者是把握中国经验的可资借鉴之处。姚洋（2008）论及经济增长的"中国模式"时，认为这个模式有四个主要内容：第一是中国政府是中性政府；第二是财政分权；第三是我们探索了一条新的民主化道路，为发展中国家的国家治理，开创了一个新的模式；第四是务实主义的政党。也即中国的发展模式包括：中性政府、财政分权、务实政党、新民主化道路四个方面。现实中，关于中国模式的认知大概存在以下三种倾向，即乐观捧杀论、悲观威胁论、不确定论。捧杀论，也即对中国模式大加吹捧，看到了中国取得的辉煌成就，认为过不了多久中国将超越美国成为世界第一号强国。对中国的发展保有乐观的态度。威胁论，主要是国外的立场，他们看到了中国的发展，并认为中国的快速发展已经开始威胁西方的地位，对西方社会构成了压力，甚至会取代西方的地位与模式，背后的潜台词是要适时的打压中国，以避免构成危害。不确定性论，即是认为目前很难客观的评价中国模式是什么样的，又会呈现什么的发展前景。这种忽视中国模式存在的论断多少带有谬误性。

认知与诉求的多元化，引领对中国经验的深入分析与探解，中国模式的内涵与外延开始拓展。在国内理论体系中，往往有这样的一个基本认识，即中国模式与中国特色社会主义道路实际上是不同语境下的同一概念。有学者指出，"中国模

式"的主要内容包括三个方面：（1）中国发展模式，包括适合中国国情和社会需要、寻求高速增长的社会发展模式与被冠以"中国奇迹"的经济增长模式。（2）中国改革模式，涉及改革地位上强调发展导向并有效处理改革、发展与稳定关系；改革次序上遵循先易后难的渐进性改革方式；改革内容上先经济体制、后社会体制改革，先农村、后城市改革，先体制外、后体制内改革。（3）中国制度模式，既坚持中国特色社会主义道路，又强调吸收和借鉴其他制度优势。在中国特色的议题下，比较典型的观点主要有："中国化的马克思主义""民族共产主义""一种新版的马克思主义""后社会主义论"等。而当前较为共识的是，中国特色社会主义是科学社会主义学说与中国具体国情相结合的产物，是马克思主义中国化的产物。从具体层面出发，中国共产党为领导、公有制为主体、马克思主义为指导"三位一体"，共同构成了中国特色社会主义的本质内涵。以人为本，满足广大人民群众对美好生活的需求，服务于社会主义国家利益，助力中国梦实现，是我国社会主义现代化建设的出发点。

　　作为中国特色社会主义建设实践的重要组成部分，经过几十年的发展，中国体育取得了辉煌成就，走出了一条中国特色社会主义体育事业发展道路。关于中国特色社会主义体育事业，首先想到的是，竞技体育的举国体制以及给中国体育带来的巨大成就。与竞技体育一样，中国群众体育的快速发展，也带有明显的中国切合性，从全民健身计划出台，到全民健身日的确立，再到当下健康中国建设。对广大群众身体健康的关注，在疫情防控档口让国人感受到了党的英明和国家的温暖。在官方层面，2013年全国体育局长会议工作报告中主要从以下几个方面加以界定，即"坚持党对体育工作的坚强领导""坚持体育工作为党和国家的中心任务服务""坚持发展体育事业的政府职能""坚持以人为本，面向大众""坚持立足国情，面向世界，解放思想，改革创新""坚持统筹兼顾、协调发展""坚持和完善竞技体育的举国体制""坚持发扬光大中华体育精神，培育塑造社会体育文化"。诚然，中国特色社会主义体育事业是一个不断优化的实践，发展永无止境。2014年全国体育局长会议工作报告强调，要从"紧紧围绕"改革要求，即紧紧围绕构建基本公共体育服务体系，增强社会活力，加快推进群众体育事业发展；紧紧围绕为国争光和丰富群众精神文化生活，探索实践改革创新的措施，加快推进竞技体育发展；紧紧围绕促进经济发展，增强体育事业内生发展动力，加快推进体育产业发展；紧紧围绕树立和践行社会主义核心价值体系和倡导健康文明、积极向上的生活方式，加快推动体育文化繁荣发展；紧紧围绕强化权力监督制约，大力推进廉洁体育建设；紧紧围绕提高体育管理的科学化水平，加快推进体育系统自身改革。总体来看，在党的正确领导下，以人民为中心，将满足人民群众对美好生活向往的体育需求作为体育事业改革发展的动力源泉、行动标准和评判尺度，是中国特色社会主义体育的集中体现，而其背后的发展性、开放性以及科学化、法治化方向，不断推动其完善的根本保证，也是其优越性所在。

　　内嵌于中国特色社会主义体育事业改革发展实践，中国特色职业体育自然兼带其特征——坚持中国共产党领导、坚持以人民为中心等。而且这为中国特色职业体育奠定了基本底色，与中国特色社会主义建设保持一致，契合于中国特色社会主义建设的目的与任务。具体来讲，中国特色职业体育建设是伴生于中国特色社会主义现代化建设和中国梦实现进程的；满足广大人民群众对高水平竞赛产品欣赏需求，服务于我国社会主义市场经济建设形成经济新的增长点以及服务于我国竞技体育转型升级助力体育强国建设，应该是推进中国特色职业体育建设的目的所在。作为新时代中国特色职业体育建设的重要议题，探寻与推进适合中国社会的模式可以基于以下视角展开：（1）中国模式的文明性视角，即基于中国传统和现实文化氛围，将中国特色职业体育与中国优秀传统文化及前期体育改革发展经验结合起来，理解中国特色所在。在此视角下，中国传统文化观念、中华体育精神、新时代社会主义市场经济建设经验等都应该被考虑在内。（2）中国模式的改革发展视角，即从中国道路这一层面出发，把握中国职业体育从建立到发展的过程性特征，回答"从何而来、到何处去"的问题。在此视角下，从易到难、从市场到组织再到体制的渐进式改革，制度建设先体育后市场的次序性以及改革优先选择等都是其内容所在。（3）中国模式的政策逻辑视角，即从中国案例这一层面出发，基于中国改革启动和相当长时间内的政府主导推动属性及政策依赖性，把握中国职业体育在具体实践中，是如何进行有序推进的，政策变化实践与具体改革实践是如何有效衔接的。

　　此外，中国特色职业体育或者是职业体育的中国模式，不是一蹴而就的，而是一个缓慢的实践总结再实践的发展过程。在改革中发展，在发展中型塑中国特色，形成中国模式，这恰恰突出了研究的必要性——即认识与彰显职业体育中国特色模式的社会意义所在。总体来看，至少涉及以下三个方面：

　　（1）从本体上看，有助于客观的评价自我，解决"我是谁"的问题。诚然，任何社会发展都存在变化的，在变化的历程中认清自我、把握自我是能否可持续发展的关键。中国职业体育发展已经经历近30年，是时候反思认识自我了。

　　（2）从发展价值上看，有助于聚集共识，解决"向何处去"的问题。经过一段时间发展，中国职业体育的自我定位显得特别重要，我们到底发展到了什么样的程度，国人是怎么看的，国外人是怎么看的，而要回答这些问题，就需要对中国特色模式进行一个客观认识，并在该认识基础上，形成共识，找到改革再出发的方向。

　　（3）从现实作用看，有助于认清现实，解决"我又该如何改进"的问题。任何的发展都不可能是绝对完美的，都会存在这样那样的问题，改进这些问题的前提是认清和把握它们。于是，系统化的、模式化的分析中国特色，具有极其现实的意义。

## 三、谋求高质量发展：新时代中国特色职业体育建设的题内之义

谋求高质量发展、全面推进社会主义现代化建国建设，是新时代中国特色社会主义发展的战略安排。从国家宏观经济角度看，新时代高质量发展体现在发展方式、经济结构与增长动力的转变方面，强调以供给侧结构性改革为主线，推动经济发展质量变革、效率变革、动力变革。诚然，高质量发展，不仅是一个内涵极其丰富的议题，更是一个开放的实践。一般认为，伴随中国经济从高速增长向中高速增长的转换，解决了"有没有"问题的中国经济要以提升质量为中心，解决"好不好"的问题。于是抛弃 GDP 中心主义，促进经济稳定可持续，让老百姓生活更幸福、获得感更多，让天更蓝、水更清、山更绿……开始成为需要考虑的重要内容。具体观测上，可以从社会矛盾变化和新发展理念、从宏中微观（诸如区域发展、产业结构等）、从供求和投入产出以及现实问题等角度，寻找高质量发展的实践方略和现实必要性。新时代，需要新担当、新作为，对于职业体育也应如此。以满足人民日益增长的体育需求为导向，新时代体育强国建设需要职业体育高质量发展的担当，并在责任担当中推进中国特色职业体育建设。

### （一）找寻新发展目标：新时代中国特色职业体育高质量发展的重要导向

传统认为，中国职业体育是与中国体制改革相伴而生的，因为从形式和内容上看，中国职业体育的产生、发展过程同样也是体育体制改革的过程，两者相互融合，无法单独割裂开。从体制改革角度看，确实我国职业体育的产生本身就是改革的产物，而且后续的发展进程也是离不开改革的推进，从红山口会议的突破，到管办分离改革的管理体制建设，再到《中国足球改革发展总体方案》出台后的全面深化改革，中国职业体育基本体系和框架已基本形成。当然，我们注意到体制改革这种制度变迁，从机理上主要涉及的是权利结构的变迁。更进一步讲是原来隶属于体育局系统的运动队和运动员变成职业俱乐部和职业运动员了，原来的国际或省市体育竞赛中的一部分变为带有明显商业性的职业赛事了，从更多依赖计划行政手段转变为更多依赖市场手段。事实上，从原来体制内变为体制外的自负盈亏、独立运营实体，还必然涉及一个重要问题，即运作机制的重建过程，依靠市场机制进行资源配置是关键。在这个方面，职业化前的我国是基本不存在的，不仅没有球员转会市场，还没有赞助、转播等市场。从这个意义上讲，我国职业体育发展又必然面临着市场重建过程，从主导机制到组织、制度，都需要不断地重建、磨合优化。此外，我们也注意到，我国职业体育的产生发展历程恰逢西方职业体育全球化加剧期。这也意味着，我国职业体育的发展不可避免地面临着全球化市场融入问题，是一个不断争取全球话语的实践。

由此来看，回顾过去 30 年的发展，我国职业体育经历一个艰难的"三重任务叠加期"——伴生并嵌入于体制改革、重建发展机制及应对全球化挑战，取得了

较好成绩。不过，值得反思的是，过去中国职业体育改革更多是强调搭台唱戏，跟随国家相关步伐，取得的成绩有的是宏观经济发展到一定程度后的累加效应在职业体育显现出来，如职业体育消费水平提升等。进入新时代后迫切需要发展转向，找到新的突破点，实现高质量发展。也即寻找新的发展目标，比如体制改革方面落实管办分离、机制再造上强化全要素市场配置和营商环境建设、全球化方面增强国际话语权和国际市场份额等，这些都是新时代中国职业体育建设的重要内容，也是谋求高质量发展的要素之一。

### （二）更好满足人民需要：新时代中国特色职业体育高质量发展的核心要求

在西方，职业体育是相对于业余体育而言的，并以其为起点演化而来的。关于业余体育，不论是西方文艺复兴后的资本主义兴起时期，还是当今社会，其本质上都带有以自我发展为目标的特征，健身、娱乐、休闲、放松等词汇所体现的意思基本上是与之追求价值相匹配的，也即强调自娱自乐的本体导向。区别于业余体育，职业体育是带有明显以他人发展为目标的，自我的发展（运动水平提升、场馆设施优化、转播技术改进等）是手段，目的上是为他人服务的。进一步讲，出于盈利赚钱的目的，"主观为自己、客观为他人"这种利己主义的价值理念贯穿于职业体育市场运作始终，服务于他人——为观众提供精彩的比赛、为赞助商提供超高的曝光度、为媒体提供丰富的话题等，是职业体育的基本目标定位。

诚然前文所言，中国社会主义国家的基本国情决定着中国共产党领导下中国社会主义建设，必须坚持以人民为中心的理念。当下，从高速发展转向高质量发展，正是基于这一理念，把增强人民的幸福感、获得感作为评价一切改革发展的准绳。反映到职业体育运行实践，首先体现在对社会大众多元化的赛事观赏需求满足上，这不仅仅需要有高质量的赛事供给，还需要兼顾不同群体的诉求，提供多层级的赛事，优化赛事结构。同时，职业体育作为相对于业余体育、专业体育而言的组织形式，在体育强国建设、体育产业快速发展中如何更好发挥作用，也具有极其现实的经济和社会价值。此外，职业体育，特别是诸如足球、篮球等具有影响力的赛事，还事关一国的综合影响力，甚至在一定程度上体现了一个国家的社会发展水平，这也为职业体育高质量发展提出新的要求，即需要关注如何以体育之力助推"中国梦"实现、提升中国话语权和影响等事关国家之大事。

以满足人民对高水平赛事的需要为关键，高质量发展的新时代中国特色职业体育建设在重心上需要向两个方面倾斜：一是继续加大对高端和高水平赛事的供给，千方百计提升我国职业体育赛事的国际竞争力，更好满足人民群众对体育赛事观赏的需求；同时要健全赛事体系，形成"高—中—低"协同的、多层次职业体育赛事体系，以满足不同层级社会需求。二是要从传统的营销模式走出来，以培养社会大众赛事消费习惯和能力为核心，强化品牌引领，增加个性化、数字化元素供给，引导社会大众消费偏好，打造支撑职业体育高质量发展的消费氛围；同时要加强与业余体育赛事、学校体育活动等的衔接力度，打通人财物流转体系，形成一体化应对社会大众多元需求的机制，以更好满足人民对美好生活的需求，助力体育强国建设。

### （三）探求新发展路径：新时代中国特色职业体育高质量发展的重点所在

我们职业体育的自主盈利能力长期深受诟病，因为一个无法自负盈亏、独立运营的职业体育是无发展前途的。这也意味着我们传统的发展路径呈现了阶段性极限特征。特别是，疫情等非经济因素倒逼着中国职业体育必须转变发展模式，寻求新的增长路径。事实上，增长路径是有其自身运作逻辑——符合社会发展特定阶段的需要、有助于人的自我实现和全面发展、具有资源利用效率或配置效率提升性，这往往是不以人的意志为转移的。

现实来看，当前伴随人民生活水平提升，体育休闲消费与日俱增是常态，对职业体育高质量赛事与高水平运作的支撑力不断增强，而与此同时，追求自我实现和自我全面发展正成为中国现代化进程中的中心议题。同时，过分依赖"输血"的职业体育，引致的增长陷阱，与当下中国社会主要市场经济建设、与法治中国建设、体育强国建设已有众多不适应，需要改变发展模式，真正回归市场成为现实诉求。总体来看，打破传统路径依赖和利益格局，寻求新的发展路径，是当下以高质量发展为旨趣的中国特色职业体育建设的重要内容。

### （四）解决现实问题：新时代中国特色职业体育高质量发展的重要内容

任何的改革发展都不可能是一帆风顺的，都会存在发展的烦恼，面临尚待解决的一系列现实问题。对于中国职业体育而言，这一问题不仅仅存在，而且极其复杂。从内容上看，当前中国职业体育面临的现实问题，不仅仅有微观要素供给问题，也有中观机制问题，甚至还有许多需要借助全面深化改革加以突破的体制问题。比如，一方面我国职业体育联盟（管理层）与俱乐部之间在联赛运营上的分歧长期存在，俱乐部控诉协会（联盟）不考虑俱乐部利益更多兼顾国家队利益；另一面则是协会（联盟）则指责俱乐部非理性经营违背甚至侵害整个联盟（项目）的可持续发展，在透支未来。在具体领域上，后备人才培养体系的缺失，使得我国职业体育对国家竞技体育的支撑力没有有效显示出来，并影响了整个职业体育领域的社会认可度和宏观氛围；同时，也带来了职业体育市场全要素改革的滞后，以及更为麻烦的高薪引援和连带而来的球员薪资失衡状况。

事实上，中国职业体育过去的传统发展模式，自负盈亏、独立运营能力低下是不争的事实，要么是依赖母公司输血，要么是等待政府让利。遗憾的是，一方面当社会整体环境变化后，母公司输血能力不足，则俱乐部生存即存在问题，不论是天津权健，还是江苏苏宁都是相似的原因；另一方面，依靠政府让利，在当前中国经济发展方式转移和法治中国建设的双重叠加背景下，政府的作用空间不够、可资动员资源不足且内部协同不佳，已经非常清楚。如此状况下，我国职业体育唯有依赖自身的改革创新，增加自主造血和生存能力，向创新发展要动力。

这也就意味着，高质量发展成为中国特色职业体育建设的重要环节。因为离开了高质量发展的中国职业体育是否可以生存都值得怀疑，哪有特色可谈。近年来，我们可喜地看到，在足球、篮球等领域出现了旨在维系联赛有序运营的举措，而且一些举措还发挥了积极的作用。

# 第三节  新时代中国特色职业体育建设特征的社会认同度分析

前文从建设语境和建设内涵两个层面对中国特色职业体育进行了框化，初步刻画了新时代中国特色职业体育建设的样态。但是，作为尚待建设的探索性概念，中国特色职业体育的认识是否准确，需要进行必要的判断。基于此本书进行了问卷调查论证。

## 一、中国特色职业体育特征认同度分析的资料来源阐述

### （一）问卷设计的相关说明

问卷的题项设计，基于前期相关研究提取，并集中参照了关于职业体育概念的代表性观点和中国特色职业体育的代表性观点，具体见第二章表2-2和表2-3。

问卷基本部分包括14个选项，其中前13个是关于中国特色职业体育特征判断的描述，全部为肯定性的特征描述。其中，1—3题是对中国职业体育缘起特征概况，4—8题是对中国职业体育发展过程特征的概况，9—13题是对中国职业体育发展目标特征的描述（目标特征也即是关于中国特色职业体育的属性）。当然，基于研究目的需要，题项设置的过程中，往往对一个特征进行了多重描述，以通过调查获得关于中国特色职业体育相对合理的特征。第14道题为建议性题型，旨在反映不同层面对中国特色职业体育发展动力机制的判断。

此外，考虑到问卷调查的验证功用，故对问卷信度、效度等相关信息不做细致介绍。

### （二）研究对象选取及问卷发放

职业体育从业人员涉及单项协会、职业联盟、俱乐部相关从业人员，并以足球和篮球两个项目为主；职业体育相关研究人员，以近10年在核心期刊发表1篇以上职业体育主题论文为基本条件，筛选出的对职业体育领域比较熟悉的学者与专家；职业体育关注群体（含球迷）则以对职业体育有所了解，但是又欠缺专业的一类人，同时考虑到职业体育的专业化较强，最终选择了一所高校的体育系部教师（并严格剔除掉职业体育相关研究人员）。

对前两类群体采取点对点微信推送方式进行，各推送50人，而后群体则在工作群中直接发放，有兴趣同志填写的方式进行。相关问卷回收共计133份，考虑到填写时间因素，得到有效样本130，具体如表4-3所示.

表 4-3　研究对象基本情况一览表

| 样本情况 | 职业体育从业人员 | 职业体育相关研究人员 | 职业体育关注群体 |
|---|---|---|---|
| 发放数量（份） | 50 | 50 | 138 |
| 回收数量（份） | 33 | 40 | 60 |
| 有效数（份） | 32 | 40 | 58 |

## 二、中国特色职业体育特征的认可度分析

### （一）关于中国职业体育缘起及其基本性质的认识

通过调查发现，关于中国特色职业体育的总体判断与研究设计基本一致，相应题项得分都在 3.5 分以上，如表 4-4 所示。而关于中国职业体育缘起特征、职业体育发展过程特征及中国职业体育发展目标特征（即中国特色职业体育）的均分都超过 3.8 分。这反映了前期课题组关于中国职业体育及其发展特征的把握是符合常规的，与实务界、学术界他们对中国特色职业体育的理解偏差不大。

表 4-4　中国特色职业体育特征情况整理

| 题项 | 平均值 | 标准差 |
|---|---|---|
| 中国职业体育源起于举国体制，是借助政府主导的转轨改革而来的 | 3.96 | 1.25 |
| 中国职业体育是顺应职业体育全球化发展潮流，中国体育产业发展到一定阶段的产物 | 3.74 | 1.09 |
| 中国职业体育是顺应中国社会主义市场经济建设要求，主动求变的竞技体育改革实践 | 3.73 | 1.20 |
| 中国职业体育改革与发展是以实现中国竞技体育长效发展、更好满足人民群众体育需求为目标的 | 3.75 | 1.24 |
| 中国职业体育改革与发展体现了我国体育发展方式优化改革立场 | 3.82 | 1.13 |
| 一个强大且具有卓越行政能力的政府是中国职业体育改革取得成效的关键所在 | 3.68 | 1.28 |
| 渐进性改革和包容性发展贯穿中国职业体育改革与发展历程之中 | 3.84 | 1.09 |
| 政府、企业（俱乐部等）和社会体育组织（协会等），三方力量融合贯穿中国职业体育改革实践之中 | 4.05 | 1.06 |
| 在相当长时间内，中国职业体育以西方职业体育为模板，参照西方模式展开 | 3.58 | 1.23 |

| 题项 | 平均值 | 标准差 |
|---|---|---|
| 搭建中国模式，谋求高质量发展是中国特色职业体育建设的重要历史任务 | 4.10 | 1.15 |
| 中国特色职业体育是职业体育运行规律与中国实践的结合样态 | 3.85 | 1.23 |
| 中国特色职业体育建设是以中国特色社会主义理论为指导的不断完善过程 | 3.98 | 1.06 |
| 中国特色职业体育建设需要将政府与市场作用同社会主义制度的优越性有机结合起来 | 4.02 | 1.14 |

各细分题项中，均分超过4分的有3个，分别是：搭建中国模式，谋求高质量发展是中国特色职业体育建设的重要历史任务；政府、企业（俱乐部等）和社会体育组织（协会等），三方力量融合贯穿中国职业体育改革实践之中；中国特色职业体育建设需要将政府与市场作用同社会主义制度的优越性有机结合起来。其中，"搭建中国模式，谋求高质量发展是中国特色职业体育建设的重要历史任务"，这一题项得分最高，达到4.10分，也即调查对象对中国特色职业体育目标规定性的认可度较高，且具有一致性：一是要搭建中国模式；二是要强调高质量发展。与之相对的是："在相当长时间内，中国职业体育以西方职业体育为模板，参照西方模式展开"这一个题项的得分最低，均分仅为3.58分，反映职业化改革20余年后，关于中国职业体育发展必须跳出西方模式的牵引逐渐获得各界认同，这在某种意义上也说明中国特色职业体育建设的必要性。当然，在此议题下，中国特定的社会背景环境成为关乎中国特色的重要议题，并获得广泛认同，不论是缘起特征、发展过程特征，还是目标特征，都有较高的认可度。

**（二）突出经济性，强化产业属性是中国特色职业体育发展的基本遵循**

诚然，中国职业体育在改革初期更多是竞技体育的改革实践，这与当时的社会背景是有关系的。一是在奥运争光战略进程中，经历1988年"兵败汉城"后急需缩短战线，集中人财物等资源于优势项目上，此时给一些相对弱势的且花费巨大的集体项目找出路成为重要议题，职业化是一个很好的选择；二是虽然1992年邓小平南方谈话在思想上解决了"姓资姓社"问题，但中国社会主义市场经济探索刚刚起步，统一的社会意识尚处于整合阶段，

此时体育可不可以搞成产业尚是个值得讨论的议题，先实践再总结显然是符合当时情境的。时过境迁，经过20余年实践，中国经济社会环境已经发生了显著变化，特别是当下体育产业已经成为体育领域的闪耀因子，此时各界如何来看待该问题就显得特别有意思。

通过单因素方差分析得出，不同人群对"中国职业体育是顺应中国社会主义市场经济建设要求，主动求变的竞技体育改革实践"认可度的差异具有统计学意

义（F=4.051，P<0.05），其中职业体育相关从业人员对该题项的认可度最低为3.22，职业体育研究人员和职业体育消费群体的认可度相同为3.90。换一个思路来解释该问题，可以认为：职业体育相关从业人员，即实务界已经开始转变了，开始认识到职业体育的本质属性是市场的，而不仅仅是竞技体育的议题。关注市场需求，遵照体育市场、体育产业发展逻辑，应该是当下或今后中国职业体育建设的基本遵守。市场是瞬息万变的，并往往带来经济观察的滞后性，这在当前中国职业体育性质理解上是有所体现的，学术界的整体认识滞后于实务界是值得提防的。当然，对于职业体育关注者（观众）来说，由于他们看的是比赛，关注的是球员或俱乐部，而这些恰恰更多隶属竞技体育的样式。事实上，问卷中的另一个题项大体也支持这一论点，即"一个强大且具有卓越行政能力的政府是中国职业体育改革取得成效的关键所在"呈现的情况也是职业体育从业人员的认同度低（3.4），且与其他两组之间有统计学意义（F=3.457，P<0.05）。理由是，一个基本观点可以形成，即随着中国职业体育的深入发展，对职业体育的性质理解应该回归常识——跳出单纯的竞技体育逻辑，在需求、市场、产业的逻辑中思考问题。

### （三）关于中国特色职业体育建设着力点的认识

把握中国特色职业体育的内涵与特征的意义，在于指导实践。至于具体该如何实践，可能是仁者见仁智者见智。为此，采用双因素分析法对中国特色职业体育建设着力点进行分析。研究发现（见表4-5），不同职业类别的调查对象在中国特色职业体育建设的着力点选择上不具有统计学意义（F=2.012，P>0.05），且建设着力点因素和调查对象的职业因素不存在交互作用（F=0.496，P>0.05）。但另一维度，不同建设着力点对我国特色职业体育建设的影响，具有统计学意义（F=n.542，P<0.01）。

表4-5　中国特色职业体育建设着力点统计（N=130）

| | | | | | | |
|---|---|---|---|---|---|---|
| 政府行政<br>力量 | 1 | 32 | 3.31 | 1.36 | 0.24 | |
| | 2 | 40 | 3.23 | 1.27 | 0.20 | 0.737 |
| | 3 | 58 | 3.53 | 1.29 | 0.17 | 0.48 |
| | 总计 | 130 | 3.38 | 1.30 | 0.11 | |
| 市场主体<br>（俱乐部、<br>联盟等） | 1 | 32 | 4.09 | 1.12 | 0.20 | |
| | 2 | 40 | 4.38 | 1.10 | 0.17 | 0.557 |
| | 3 | 58 | 4.24 | 1.14 | 0.15 | 0.575 |
| | 总计 | 130 | 4.25 | 1.12 | 0.10 | |

| | | | | | | | |
|---|---|---|---|---|---|---|---|
| 社会体育组织（协会） | 1 | 32 | 3.56 | 1.27 | 0.22 | | |
| | 2 | 40 | 4.05 | 1.06 | 0.17 | 1.905 | 0.153 |
| | 3 | 58 | 3.98 | 1.12 | 0.15 | | |
| | 总计 | 130 | 3.90 | 1.15 | 0.10 | | |
| 需求侧（消费群体） | 1 | 32 | 3.59 | 1.21 | 0.22 | | |
| | 2 | 40 | 3.95 | 1.26 | 0.20 | 0.774 | 0.463 |
| | 3 | 58 | 3.79 | 1.17 | 0.15 | | |
| | 总计 | 130 | 3.79 | 1.21 | 0.11 | | |
| 其他相关主体 | 1 | 32 | 3.34 | 1.26 | 0.22 | | |
| | 2 | 40 | 3.40 | 1.13 | 0.18 | 0.059 | 0.943 |
| | 3 | 58 | 3.43 | 1.11 | 0.15 | | |
| | 总计 | 130 | 3.40 | 1.15 | 0.10 | | |

通过单因素方差分析中的S—N—K检验得出：市场主体（俱乐部、联盟等）力量进一步激发明显高于其他所有因素，而政府行政力量继续发力和其他主体力量明显小于球迷等消费群体作用的展现和社会体育组织（协会）力量的有效作用，具体如表4-6、表4-7所示。这一结果与前文结果相类似，并提示我们进一步相信市场，依赖市场是推动中国特色职业体育建设的关键所在。

表4-6  中国特色职业体育建设着力点与职业类别的双因素分析（N=130）

| 源 | III类平方和 | 自由度 | 均方 | F | 显著性 |
|---|---|---|---|---|---|
| 修正模型 | 79.674 | 14 | 5.691 | 4.043 | 0.000 |
| 截距 | 8500.538 | 1 | 8500.538 | 6038.313 | 0.000 |
| 建设着力点 | 64.994 | 4 | 16.248 | 11.542 | 0.000 |
| 职业分组 | 5.666 | 2 | 2.833 | 2.012 | 0.135 |
| 建设着力点 X 职业分组 | 5.587 | 8 | 0.698 | 0.496 | 0.859 |
| 误差 | 893.932 | 635 | 1.408 | | |
| 总计 | 10088.000 | 650 | | | |
| 修正后总计 | 973.606 | 649 | | | |

表4-7　中国特色职业体育建设着力点单因素方差分析S—N—K检验检验（N=130）

| 着力点 | 个案数 | 子集 | | |
|---|---|---|---|---|
| | | 1 | 2 | 3 |
| 政府行政力量 | 130 | 3.38 | | |
| 其他相关主题 | 130 | 3.40 | | |
| 需求侧（消费群体） | 130 | | 3.79 | |
| 社会体育组织（协会） | 130 | | 3.90 | |
| 市场主体（俱乐部、联盟等） | 130 | | | 4.25 |
| 显著性 | | 0.917 | 0.465 | 1.000 |

### 三、中国特色职业体育特征再思考

诚如前文所述，中国职业体育缘起特征、发展特征及目标特征具有学理上的可解释性和接受性。从发展缘起上看，时代性、发展性的倾向是明确的，且带有明显的政府机制依赖；在发展过程特征上，区别于西方的自序演化秩序，转轨秩序的特征明显，其间国际惯例和中国职业体育所依存的经济社会特殊性交互作用；而在发展目标特征即中国特色职业体育建设目标上，适应和满足中国社会需求的导向，强化嵌入中国特色社会主义市场经济的本土特色创新和高质量发展是关键。当然，这些特征的产生是基于中国特殊发展语境和现实情况的反馈，是对中国特色职业体育探索历程、现实问题、目标期望的综合研判结果，并在一定程度上回应了前文对中国特色职业体育的语境分析。

同时，基于上述分析中国特色职业体育建设模式大概也呈现出基本脉络特征：适应中国社会需要的，切合职业体育市场运行规律、强调以满足社会需要为导向、可以充分发挥中国优势，具有与中国大国地位匹配的国际影响力，高质量发展的。这表明前文所论述的中国特色职业体育的建设内涵，是相对恰当的、符合各界对新时代中国特色职业体育的认识，是具有解释力的。

# 第五章　新时代中国特色职业体育建设：基点与目标

　　职业体育产生于西方，对中国来说是个"舶来品"。对于西方的东西，用哪个尺度衡量特别重要。北京大学原校长蒋梦麟在其带有自传色彩的《西潮》一书中，揭示了当时学人对待西方的观点，即"对于欧美的东西，我总喜欢用中国的尺度来衡量。"客观来说，用西方的尺度，那是极其便当的，因为社会背景一致性易于探索出其核心规律和运行方式；但是从功利价值来看，确实意义不大的，因为不带目的的考证一个运行模式是不经济的。如蒋先生一般，用中国的尺度，也存在难度，因为存在一个从已知到未知的过程，这时对已知的把握是否到位就特别重要。逻辑上，先知往往外在且多元，不同人基于不同视角会产生差异认知，由此探索内理，则往往会为外表所迷惑，导致学习模仿不得法。反之，则落实上难以推进，找不到切入点，甚至无法达成共识。从这个意义上讲，"化"是特别难的，是特别有技巧的东西，而其中尺度是最重要的一环。实践中，这一尺度可能也就是我们所理解的实践基点，是我们探索后续建设目标的基础所在。基于此考虑，本部分即结合实际探讨新时代中国特色职业体育建设的基点和目标，以便为后续策略找寻奠定基础。

## 第一节　新时代中国特色职业体育建设基点

### 一、改革2.0时代：新时代中国特色职业体育建设的阶段特征

　　1978年以来，中国改革开放取得了巨大成就。当然，中国经济社会发展中也面临着生态环境、人口老龄化等问题，转变发展方式，从高速发展向高质量发展的转变，实现中华民族伟大复兴的"中国梦"，意味着需要进一步深化改革，拓宽改革的领域，调整改革的重心。而这关键在于建构与新时代中国社会主义市场经济相协同的政治、经济、社会治理体系，消解过去改革中临时性过渡手段的风险积聚和政府、市场、社会发展不均衡问题。面对新形势、新矛盾、新任务，2013

年党的十八届三中全会以全面深化改革为议题做出了《中共中央关于全面深化改革若干重大问题的决定》，树立了"完善和发展中国特色社会主义制度，推进国家治理体系和治理能力现代化"的改革目标，并从"六个紧紧围绕"进行了战略部署，引领中国改革的深入。2019年10月，党的十九届四中全会做出了《中共中央关于坚持和完善中国特色社会主义制度、推进国家治理体系和治理能力现代化若干重大问题的决定》，提出了总体要求，从13个方面进行战略部署，系统框化了"中国之治"的美好前景。在国家相关改革举措的引领下，中国体育领域以体育强国建设为目标推进全面深化改革实践。其中，职业体育作为前序改革的试点领域，率先启动，取得了阶段性成效，管办分离及协会去行政化等相继落地。那么，新时代中国职业体育到底处于一个什么样的发展阶段呢？这一阶段需要解决哪些关键问题呢？这显然对推进新时代中国特色职业体育建设极为关键。

### （一）新时代中国特色职业体育进入新阶段

起始于1993年的中国职业体育改革，是中国体育史上具有划时代意义的事件。职业体育的引入，实质性开启了中国体育社会化、市场化改革的方向，引领着中国体育从传统的举国体制中解脱出来，顺应社会需要，形成了多元化的运行体制。总体上，中国竞技体育职业化改革遵循了迈向市场化、社会化的发展思路，推进建立适合职业体育市场主体运行的体制机制一直是其重心所在，解决政府、市场、社会之间关系贯穿于改革始终。在职业体育改革推进实践中，体育内部结构和治理体系发生剧烈的适应性变迁，竞技体育为中心的样式逐渐被打破，群众体育、体育产业逐渐走上历史舞台，并占据着主导地位。然而这样的一种改革也不是没有风险的，因为我们所进行的体制机制改革隐性前提是利益驱动，并伴生着权利结构的变化与变迁。现实中，体育领域利益结构发生了显著变化，出现了经济、社会等多元利益需求及其依附的利益集团，产生了一些过渡性体制，比如项目管理中心等，这些过渡性改革举措或组织设置，在一定程度上促进了改革，但是随着改革的深入，利益集团定型问题可能就演化成为改革进一步推进的阻碍。伴随党的十九大召开，中国特色社会主义进入新时代，职业体育改革也在管办分离改革及协会去行政化后，进入全面深化改革阶段，并以中国特色职业体育建设为核心议题。

回溯中国职业体育发展历程，从顶层设计角度出发，以国家宏观政策引领为标志，中国职业体育发展历程大体可以框分为三个阶段，即启动阶段、改革1.0时代和改革2.0时代，且各阶段所力图解决的核心议题具有逐渐提升的特征，具体如表5-1所示。换句话说，中国职业体育改革，按照自身的改革发展节奏、遵循自身的制度变迁逻辑渐进演进，在产生良好的累积成果后，进入了一个全新的改革阶段。结合其所处的国家宏观发展阶段，我们可以将当前新时代中国职业体育所处的阶段称为职业体育改革2.0时代，是一个全面深化改革的时期。

表 5-1　中国职业体育改革阶段特征梳理

| 阶段 | 启动阶段 | 改革1.0时代 | 改革2.0时代 |
|---|---|---|---|
| 宏观改革节（起）点 | 1992年党的十四大 | 2002年党的十六大 | 2017年党的十九大 |
| 宏观政策依据 | 社会主义市场经济体制建设 | 完善社会主义市场经济体制 | 社会主义市场经济新时代 |
| 核心内容（任务） | 建立新体制 | 完善新体制 | 全面深化改革 |
| 解决核心议题 | 职业体育联赛建立、俱乐部实体化、要素市场建设 | 职业体育联盟建设、市场建设，管理体制改革（管办分离） | 新时代中国特色职业体育建设 |

　　当前我国职业体育正处于第三阶段，全面深化改革、谋求高质量发展是这一阶段的根本任务。从机制依赖方面看，我国职业体育改革的动力机制经历着一系列变迁。从缘起上说，我国职业体育离不开政府力量，是政府行政干预的产物，并依赖政府的力量建立了联赛、俱乐部以及相应的市场；而待到市场逐渐完善后，政策效应引领下社会资本开始成为职业体育发展的动力源泉，广州恒大地产、中国上海港务集团、江苏苏宁集团等资本力量陆续进入，并在一定程度上提升了中国职业体育发展水准。随后，伴随国家经济社会改革的深入，特别是进入新时代，我国职业体育开始关注需求，重视联赛和俱乐部的社会价值提升和彰显，进入以供给侧结构性改革为重点的改革阶段，其动力机制也开始逐渐转向。与此同时，我国职业体育发展目标，也从单纯服务于国家和社会利益的专业队模式向着服务于经济利益、社会需求的职业体育转型，从国家需求、投资者需求到社会、国家、市场需求变迁。[①]总之，顺应体育强国建设，当前我国职业体育改革2.0时代，即是以全面深化改革为切入点，以谋求高质量发展为重点，以型塑新时代中国特色职业体育为目标的实践阶段。

**（二）新时代全面深化改革中国职业体育的重点**

　　如果说经过近30年的发展中国职业体育已经解决了基本模式架构问题，那么职业体育改革2.0时代，后续工作重心将从以职业体育运行体系搭建、市场开发模式探索等为中心的体系架构转向以规范化运营和系统化运作为内容的治理能力建设，推进治理体系和治理能力现代建设，建构中国特色职业体育运行体制是这

---

①白震，袁书立，张华岳著.体育产业发展：新的机遇与挑战［M］.长春：吉林人民出版社，2021，第92页

一阶段的核心任务和基本路向①。从体育治理现代化的要素构成看，新时代全面深化职业体育改革至少应该涉及以下一些内容。

1. 明确职业体育服务面向，重塑治理主体

诚然，治理是对管理的超越，改变传统的政府主导样态，给予社会主体参与的空间，发挥社会力量的功用，激发社会主体积极性，形成多元主体参与的利益共同体，是其题内之义。换句话说，治理的价值定位上就带有依赖社会大众，并服务社会大众的内在规定性。由此，在社会主义市场经济建设的新时代，以更好满足人民对美好生活的需求为导向，中国职业体育需要着力解决与群众体育、与休闲文化、竞技体育协同发展问题，激发和满足社会大众对高水平竞赛观赏的需求。但现实中，一方面，"职业联盟联赛让位于'为国争光'的国家队比赛，职业体育市场改革让位于国家意识形态建设"现象时有发生，这种思维定式往往将职业体育发展引向"举国体制"的逻辑体系中，而背离社会大众的现实需求。另一方面，资本的逐利性是天生的，社会化改革的实践一直在强调充分发挥社会资本的力量，激发社会办职业体育的活力。但是，这种过分追求社会化和资本力量作用，也是有边界的，一旦资本力量主导了职业体育改革，便有可能出现资本力量左右社会力量，制约政府甚至政治力量，造成由于资本力量过分追求自身利益而损害社会大众利益的问题。于是，坚持服务于新时代社会主要矛盾化解的立场，转换职业体育服务面向，转变职业体育治理主体依赖，充分发挥市场的决定性作用，成为全面深化改革需要解决的首要议题。

2. 优化职业体育机制依赖，规范治理过程

近年来，我国职业体育改革进展顺利，但是市场决定性作用发挥不明显仍然是当前制约职业体育发展的最大问题。首先，政府之手没有完全（真正）退位，以前是行政主导，现在变换了"花样"，成为各种旨在推动体育产业发展的产业政策，其本质上还带有明显的政府干预色彩。其次，市场自身发展演化不够，市场机制作用所依赖的制度环境不足，使得市场自由竞争成本过大，市场主体往往自觉退缩并转而追求寻租效应。此外，在去行政化改革实践中，政府出于方便或者为了某种特殊需要（如顺应整个改革步伐等），推进了单项协会改革，并赋权于社会组织，而后续这些权力怎么用、用到什么程度及如何监管，思考不深，没有可资约束的实践举措。事实上，相对于西方的自序演化，我国职业体育制度建构的起点是计划秩序，计划秩序内在的行动逻辑是"以关系为运作空间及手段的行动方式"，这也意味着中国职业体育的建构实践是从关系理性向市场理性转变的，而市场交易理性的制度化实践需要在关系理性基础上构筑交易理性。现实中，交易理性和关系理性往往会产生一些掣肘情形，实现两者均衡本身就需要有一个平台，或者更具体来说需要制度载体。当然，职业体育制度的好坏，不在于设计的完美

---

①张保华著．中国特色职业体育的政府治理与路径选择［M］，广州：中山大学出版社，2020，第58页

程度，而在于能否产生实效。如此，以中国特色职业体育建设为目标，改革的好坏，关键在于是否可以有效促进职业体育的有序发展，能否在促进运动项目发展的基础上更好满足人民群众的需求；而架构政府归位后的职业体育运行体系，按照职业体育运行规律规范治理流程，成为全面深化改革的重要内容。

3. 型塑中国特色职业体育体系，保住改革成果

回溯职业体育改革历程，从建立职业体育联赛开始，借助引进国有资本和社会资本，建立职业体育俱乐部，然后逐级提升，形成独立运营、自负盈亏的市场主体，搭建体系化的联赛体系，完成职业体育的初步构建。随后，伴随中国经济社会发展，特别是中国经济体制的逐渐完善，在社会需求不断被激发的实践中我国职业体育完成了第二次飞跃，转变发展方式、依赖社会资本的力量推进职业体育改革成为时代需求，于是管办分离改革等相关举措相继被推出并落地。在相关政策引领下，中国职业体育取得了丰硕成果，不论是观众人数、球迷氛围，还是赚钱效应、市场开发能力，抑或是联赛体系、运行机制，都呈现出向好的态势。于是，如何保住前期职业体育改革取得的成绩，积淀梳理成功经验，分析把握目前存在的问题，消解近30年改革与迅速发展中累积的风险，找出可资操作的推进中国职业体育高质量发展的举措，成为当前亟待解决的重要议题。这需要借助改革提升职业体育治理能力来达成，以形成与中国职业体育快速发展相匹配的体制、机制，保住前期来之不易的改革成果。

总体而言，全面深化改革阶段，中国职业体育改革的目标不再仅仅是为了改革，相反，改革更多的是一种举措，而其最终目标必然是建立与人民对美好生活向往相切合、与中国体育强国相匹配的职业体育运行模式，形成高水平的中国特色职业体育。而此时，中国职业体育的问题，已经不是简单的产权或者管理体制问题，其边界甚至超出了政府与市场关系的范畴，体现谋求中国特色高质量发展、实现强势崛起的职责担当，而且这需要在中国特色职业体育建设实践中加以型塑。

## 二、市场治理复杂性：新时代中国特色职业体育建设的现实面对

遵循经济社会学的论断，即"经济是嵌入于社会的，并且是受具体的社会结构限定的"，那么，职业体育这一具有明显经济取向的社会运行样态，显然也是内嵌于特定经济社会结构之中的。工业文明带来的城市化生活样态与现实需求、精细化的社会分工与合作关系、消费主导的社会生产结构及其全球化扩展模式等都是关涉职业体育缘起与发展之关键所在，迎合之进行的体育竞赛组织化、商业化再造实践贯穿职业体育发展过程。一旦职业体育偏离其现实的社会需求和运行背景，则往往带来灾难性的后果。这也意味着，出于职业体育有序运行和良性再生产需要，市场治理也发挥着勾连、调和职业体育与其所依存经济社会环境的作用。当然，在西方社会，这种关系主要是通过社会需求与生产满足来实现的，或者说依赖市场来达成的，遵循着市场竞争的选择原理。

在当前中国，以满足人民对美好生活需求为宗旨转变体育发展方式、推进体育强国建设成为体育领域的核心工作；在此议题下，走市场化、社会化，发展我国职业体育的基本方向是基本明确的。而回溯中国职业体育发展历程，转轨改革是其基本特征。这一转轨改革，起点是举国体制或者说专业队体制，终点是市场化趋向明显的职业体育体制，从起点到终点的过程即是转轨改革实践过程。但是这一过程，会出现多种可能。首先，职业体育作为内嵌于西方经济社会背景中的运行样态，虽然具有理论上的先进性，但是这种样态如何在中国进行再造，再造后的目标样态又会是什么样的，一旦这个问题无法把握，则改革必然从目标清晰变为摸索前进，并连带着共识凝聚的艰巨性。其次，转轨改革过程中，往往会产生一系列既得利益集团，更为关键的是，我国职业化改革中的既得利益集团往往兼具市场性和政治性双重属性，"以权力与市场因素的奇异结合为特征"，实践中"往往是权力与市场手段交替使用甚至结合使用"，挤压着职业体育改革的空间，消减着职业化改革的动力。管办分离前我国职业体育运行中即存在这一问题，并成为改革力图解决的问题。此外，改革过程中，偶然事件往往会影响改革的走向，如北京奥运会等。已有研究显示，我国职业体育改革中的众多调整与这种偶然性事件或者国家体育事件中重大事件有关，为了奥运会、世界杯等大赛更改赛程赛制、为了大赛成绩调整报名与注册标准等时有发生。如此来看，区别于西方的方式，在一定程度上决定了中国职业体育问题的特殊性与复杂性。

## （一）新时代中国特色职业体育建设需面对发展与治理同步局面

如果以西方成熟的职业体育市场样态为参照，中国职业体育最闪耀的特征即在于其发展与治理的同步性，也即我国职业体育既要加紧市场完善与发展，又要不断针对发展过程中存在的问题进行治理。这种边发展边治理的运行样态是后发的中国职业体育所独有的，无参照可言，无标准可循，难度极大。同时，在全球化浪潮中，中国职业体育无法独善其身，必须面对西方职业体育（欧洲足球联赛、北美职业联赛等）的竞争。更为关键的是，在全球化实践中，去地域化的竞争机会，貌似公平，实则暗含风险，甚至存在"宣扬、推销和强化西方主流的文化、经济和政治话语"的维度。因为西方职业体育经过一百余年的发展历程，已经形成了规模化、成熟化的商业运行模式，具有竞技水平更高的运动员并生产水平更高的赛事，水平更高，吸引力更强，更能得到赞助商、转播商、球迷等消费群体的信赖和关注，而后发的中国职业体育，转轨发展历程仅有20余年，在赛事水平、组织能力、运营层次上都无法与之抗衡。如此，直面西方竞争，压力极大。基于上述两个背景，可以看出，中国职业体育不仅要解决自身发展问题，不断处理发展所面临的众多体制、机制等问题，同时还需化解全球化带来的运行风险，这无形中增添了中国职业体育市场治理的难度。

而且正是在此状况下，中国职业体育出现了一系列新的问题，主要显现为以下两个方面：其一，市场发育不完善，存在产权关系模糊、市场主体地位不突出、法制建设滞后、激励约束机制不健全等问题，并与我国职业体育发展周期不足、运营管理体制机制不适应密切相关。当然，这种市场化欠缺既有生产力层面的职业体育赛事产品供给结构失衡的困境，也有生产关系层面的制度供给结构失衡的问题。其中，前者体现在职业体育赛事供给与需求之间的失衡，或者说职业体育赛事生产与消费之间的市场勾连不足。而且中国职业体育的问题还不单单是失衡问题，因为现有职业体育相关需求是有的，消费能力也是旺盛的，职业联赛供给也是充足的，但中国的需求和消费不关注自己的供给，熬夜看欧洲联赛也不看中超请假看NBA也不看CBA，国内职业体育赞助虚弱而海外大肆投入即是明证。而职业体育制度供给结构失衡，并不仅仅显示为制度供给不够或者没有制度供给，而是制度供给与职业体育有效发展不配套，前者无法有效满足后者需要，甚至出现了矛盾与掣肘困境。其二，过度市场化问题。当然，中国职业体育领域中存在的过度市场化还不同于当下中国经济领域中的诸如能源等市场过剩状况，因为它不单单是市场供给超出了市场需求的供给侧问题或者结构性矛盾，而是在职业体育的某些领域、环节存在过度市场开发的现象，且多是由于中国职业体育价值追寻上的偏差引起的。回溯中国职业体育发展历程，从职业联赛推出、俱乐部和联赛的运营管理改革，其着力解决的都是如何供给问题，而鲜有关注需求。即便是旨在促进体育消费的《国务院关于加快发展体育产业促进体育消费的若干意见》（国发〔2014〕46号），也更多是站在促进职业联赛水平提升角度从投资人和政府立场出发，而缺乏满足社会大众观赛需求的方案。在以投资人为出发点的发展状况下，资本大肆进入成为现实表征，其中尤为突出的显现为运动员市场的过热上，如"中超购全球"等一度成为社会热词。

当然，作为后发的职业体育，以发展为第一要务，需要外来力量，特别是资本力量的有效介入，依靠资本力量来实现我国职业体育跨越式发展。而且伴随家层面供给侧结构性改革的深入，围绕职业体育人才供给、赛事供给的调整优化举措不断推出。如中国足球协会制定了《2020行动计划》，并拟推出"职业俱乐部财务监管计划"。可以说，不因资本过度或不合理介入出现了一些问题而因噎废食，围堵资本介入；相反，应更加重视吸引和调动社会资本，科学地引导、规范和驾驭资本，多渠道引导资本合理介入职业体育系统循环过程之中，让资本运作回归生产职业体育系统循环自身，回归与职业体育高水平赛事生产密切相关的后备人才培养和赛事运营建设中去，使得职业体育发展成果为人民所享，已经基本成为共识性的观点。事实上，转轨而来的我国职业体育，首要在于市场体系建设，而促进市场体系完善一直是努力改进的地方，可以说我国职业体育20余年改革发展的工作重心都在此。从俱乐部企业法人化、到管办分离改革以及近期力求推进的联赛公司化或联盟化，其背后追求的机理都是不断践行和提升职业体育相关要素的市场化水平，旨在解决市场不完善、不充分发展问题。但是，相关治理涉及面极广，牵涉资源配置、权利配置、组织协同等多方面内容，而且以集体行为表现出来的治理行动，往往有着复杂的内在症结，一旦无法有效区分问题根结，也就没有办法找寻解决问题的现实路径。从这个意义上讲，化解困扰中国职业体育的市场不完善或者过度市场化并存困局，还需要深入挖掘其背后隐藏的根源机制。

### （二）新时代中国特色职业体育建设需应对市场竞争与身份竞争共存局面

诚然，职业体育是追求经济性的，以市场为主要运行机制，具有类属市场经济的规定性。关于市场经济的特征，学术界往往在两个层面进行界定：其一为"竞争为他人创造价值"；其二为"陌生人之间的分工合作"。也即竞争与分工合作是维系市场运行的支撑点。遵循市场逻辑的职业体育也应如此，市场竞争与分工合作贯穿职业体育赛事生产、消费的每一个环节。即便广为诟病的全球化所涉及的"赢家通吃"，实质上是由于西方职业体育水平更高，吸引力更强，更能得到赞助商、转播商、球迷等消费群体的信赖和关注。说白了，这是由于职业体育市场竞争特征所致的，或者说决定"赢家"的要素是市场力量，而非市场外在力量（如权力关系）。当然，市场竞争与分工合作需要有所依托，需要涉及各类资源要素，需要对资本有特殊的关照。关于资本是什么？马克思曾深刻地指出，"资本不是物，而是一定的、社会的、属于一定历史社会形态的生产关系，它体现在一个物上，并赋予这个物以特有的社会性质"。他又说，"毫不相干的个人之间的互相的和全面的依赖，构成它们的社会联系。这种社会联系表现在交换价值上，……每个人行使支配别人的活动或支配社会财富的权力，就在于他是交换价值的或货币的所有者。他在衣袋里装着自己的社会权力和自己同社会的联系。"如此来看，以资本等资源要素构筑的市场机制运作实质上是一个重塑社会关系的实践，而其中资本（包括人、财、物等）实际上充当着一种社会关系再塑力量，即是一种权力。换句话说，以市场竞争为特征的资本流通配置，表层意义上构筑了市场运行的特征，深层意义上则在不断型塑着社会关系结构。事实上，职业体育在西方的缘起与发展历程大体是即遵循这种逻辑，表面上是职业运动员、职业俱乐部、职业联赛（联盟）等资本的合法化竞争，实质上背后隐藏的是伴随工业社会深入发展的社会关系演化实践。正是在这个意义上，柯林斯指出，"运动俱乐部是运动商业化、组织和发展的结果，而不是原因"，因为藏在商业化背后的阶级区分的重塑才是其动力源泉。由此来看，跳出市场本身问题，方能找准当前中国职业体育市场特征。

回到中国职业体育发展实践，源头上看，中国职业体育来源于专业队体制，如中国足球职业联赛脱胎于全国足球联赛，中国职业篮球联赛也是如此。以足球为例，红山口会议后，职业化开启，原有队伍（多为省市足球队）与企业联合组建职业足球俱乐部，参加职业联赛。如北京足球队，1992年由中信国安集团公司和北京市体育运动委员会共同出资成立北京国安足球俱乐部，即为北京国安队；再如广州太阳神，即为原广州队，职业化后由广州市体育运动委员会和广东太阳神集团有限公司联合组建成立广州太阳神足球俱乐部。由此，中国职业体育从缘起上即具有明显的身份划分，不是任何队伍都可以参赛的。随着职业联赛的发展，原有先赋的身份权利演变为联赛的准入条件，并形成俱乐部的"壳资源"。事实上，"壳资源"之所以作为中国职业体育发展的一种奇特现象存在，是由于管理部门在联赛的准入上进行了相应设置。如中国职业足球联赛包括中超、中甲、中乙共计64支队伍，中国男子职业篮球联赛则包括CBA、NBL共计34支球队；更为关键，现有联赛规模的形成区别于西方职业体育的市场选择（如NBA等），带有明显行政设置色彩，而后期其他球队获准进入联赛的门槛提高，从而形成较为封闭的职业联赛球队圈。当然，这种制度设置在一定程度上有利于中国职业联赛水平稳定和提升，但这在无形中赋予职业联赛俱乐部以身份权利。而且这种身份权利使得投资人在职业体育俱乐部投资上的目标偏移，追求溢出效益，服务于关联母企业的现象实质性存在，并在宏观经济社会转型大背景下成为中国职业体育投资中的极具代表性的动机选择。由是观之，市场竞争和身份权利竞争并存成为当前我国职业体育市场表现的内在特征。

从理论上看，身份权利竞争和市场竞争之间具有鲜明的差异性。首先，从参与主体来看，市场竞争是讲究主体去人格化的，平等是其内核所在；而身份权利竞争却刚好与之相反，重视身份、地位，并进而依赖它们获取资源。其次，从竞争方式看，市场竞争追求公平竞争，依赖价格机制，在交易环节中价高质优者胜；而身份权利竞争则必然带着身份展开，谋求更高身份，并依赖身份获取资源，不完全、不充分乃至不公平竞争是其突出表现。此外，从竞争结果来看，市场竞争往往可以促进资源的最优配置，并进而促进社会进步，其间往往又会催生一系列带有利益共同体性质的行业组织以维系这一竞争，或者说市场竞争具有促使横向联合，推进利益共同体形成的本质规定性；相反，身份权利竞争则往往会催生特权阶层，并导致资源的不合理配置，影响社会进步效率；或者说身份权利竞争具有激发打破横向联合的动机，转而激励建立纵向的依附关系。由是观之，市场竞争与身份权利竞争具有相异性，它们同时存在又交互作用于当前中国职业体育运行中，具有较大的危害性。当然，逻辑上需要首先明显其产生根源所在。

之所以中国职业体育出现市场竞争与身份权利竞争并存局面，原因可能与我国职业体育改革发展的动力机制、路径依赖及目标追寻有关。前期有关我国职业体育发展问题，往往有一个基本判断，即竞技体育职业化改革是顺应我国体育体制，特别是竞技体育改革的一个关键举措。循此路径，则改革的目标是解决竞技体育发展问题，使其从粗放式发展变为精细化、专业化发展，更有效率地发展竞技体育是其立足点。这也意味着，改革的目标上将优化竞技体育竞赛体系、人才培养体系等看作发展目标。笼统地说，职业体育领域从创设之初即面临双重压力：一方面是经济性，另一方面是成绩（政治性、社会性）。当然，在不同发展阶段这种双重压力表现的特征有所不同，从生存压力为主到更好发展，这一螺旋上升趋势大体反映了其生成的内在机理，而至于后续的表现则显示出双重压力上的取舍问题。而关于我国职业体育改革的机制选择上，跟随我国社会主义市场经济建设的步伐，中国职业体育的渐进式改革路径受到学术界和社会各界的认同。而关于中国经济社会改革，往往被冠以双轨制的标签，即市场与行政机制双重存在。事实上，在中国职业体育改革中，也存在类似的双轨制。当然，这种双轨制还不同于我国经济层面的样态，其特殊性在于运行中我们的省市队通过职业化改革成为职业体育俱乐部，遵循着市场机制，即要求具有法人企业化性质的俱乐部，而国家队仍沿用举国体制样式，更多的是行政主导的。这一局面使得国家与社会诉求上的张力突显，一方面以经济效益和市场效率为准绳；另一方面则有强调服务整体利益，追求国家或政府效益的最大化。如此矛盾的出现可能与最初我国改革目标选择上的非定型化有关。或者进一步讲，最初我国竞技体育职业化改革不是为了实现市场明显的职业化，而只是为了完善原有的举国体制或者说奥运争光计划；而后续改革，伴随新的形势出现，职业体育改革不断走向新的路向，即完全市场化的职业体育样态。这种路径上的不确定性，使改革策略选择上政府退出的顾虑增多；加之，中国经济社会改革中政府与市场结合实践的成功鼓舞，体育领域中自然保留了行政权力的有效存在。后续这种行政权力随着利益集团的形成，逐级异化，并最终以身份权利竞争样态存在。

以运动员价格为例，职业化开始之前，我国运动员是没有市场可言的，归体育局所有，短缺与过剩并存（至少是局部的短缺与过剩，如项目地域分布不均衡等）。解决这一局面市场力量无疑是高效的，于是，转变政府职能，放开市场调配机制，进一步激发和改进运动员资源的配置效率，更好地服务于"奥运争光"的国家战略——"国内练兵一致对外"。放开运动员市场，推进职业化，当时乃至现今的基本指导思想都是"服务大局、适时推进"，也就是说，职业体育市场化发展节奏需遵循政府调节的部署，有计划地推进。当然，这一渐进推进的实践方式，有利于增加改革的稳妥性，消减不必要的风险。那么什么时候是适时的？这一命题本身就是政府无法有效解决的议题。相反，市场具有天然的敏锐性。以运动员价格为例，一旦需求大于供给，则价格上涨，并带动供给增加；反之则下降与减少。但是，中国的问题是，我们不是一个闭合的市场，而是一个逐渐融入国际化的市场。一旦内部供给不足，谋求国外资源的诉求自然产生。此时，政府管制也带有逻辑应然性，限制外援，成为政策选择。循此路径，也即形成我国职业体育运动员市场的新双轨制，即国内球员市场与国际球员市场的不均衡、区别化管理的双轨制。传导到俱乐部层面，相关政策就被变相利用，高价引援、高额薪资不再仅仅是为了满足俱乐部竞赛需要，而变为彰显母企业经济实力和社会影响力的手段，因为俱乐部本身就是身份权利竞争的手段。由是观之，当前中国职业足球领域中，外援薪资和U23球员价格的异常，即是这种双重竞争的结果。

学理上，市场竞争与身份权利竞争的并存状况危害是多元的。诚如前文所述，它是造成中国职业体育既有市场不完善又面临有市场过度发展状况的根源所在；

同时，它还在一定程度上干扰我国职业体育改革发展的有效深入，特别是对当前问题的治理。如利益共同体治理往往被认为是一种有效的治理方式选择，且西方职业体育，特别是北美职业体育联盟的有序运行即与此有关。关于西方职业体育运行规律的研究已然显示，职业体育有序发展背后的逻辑是社会组织的自治，或者更准确说是社会组织基于自身利益诉求的机制选择，其产生与演化历程，恰恰切合波兰尼"双向运动"理论中的经济关系与社会关系互动演化规律。在波氏理论体系中，社会活动的增加催生社会关系中的经济行为扩张，经济扩张又推动社会组织的兴起与发展，在市场经济氛围中，或者保护自身生存或者满足发展需要大众往往寻求横向联合，自生自发的缔结各类互助性的社会组织，因为经济活动是社会生产力与生产关系互动的结果。市场经济的发展，打破了传统经济的依赖关系圈，不确定性凸显。消解之，不仅需要契约的跟进，还涉及组织的优化，以生成抗衡市场经济的市民社会。这便是市场经济条件下社会组织生成的逻辑，而且市场经济发展越充分，社会分工越细化，社会需求越发多样化，社会组织发展程度越好。这也意味着，市场竞争构筑了社会组织生成的内在动力，其结果是社会大众（市场主体）以利益协同为突破口进行内在联合，这种内在联合关系的组织化确定即为利益共同体，也即市场竞争是利益共同体生成的内在动力。正是基于此，推进利益共同体建设被认为是解决当前中国职业体育面临的市场困境的有效方向，并得到许多学者的认可。但问题是，身份权利竞争往往具有消解或者说阻碍市场竞争和利益共同体等社会组织发展的内在规定性。有研究即证实，"一个国家或地区，社会组织的发展程度与身份权利竞争的激烈程度成反比，即身份权利竞争越激烈，社会组织发展越缓慢"。如管办分离改革前，我们往往将问题归咎为政府冲在了前头，职业体育运管主体的政社不分，官办不分，既当裁判员又当运动员，基于政府利益或者国家利益推进职业体育发展，强调职业体育服务于国家意志，服务于"奥运争光"、体育强国建设。管办分离改革后，政府退居幕后，但是新的社会组织（中国足球协会、中国篮球协会）是否具有单纯的社会性，是否还沿用原有行政运行思维、机制，往往成为社会广泛关注的焦点。之所以如此，其根源即在于管办分离并没有也无法改变困扰我国职业体育改革发展的身份权利竞争问题。

总体来说，缘起方式和路径上具有特殊性的中国职业体育，受限于特定历史阶段，不仅需发展与治理同步推进，还要应对全球化影响，存在市场不完善与过度市场化并存、市场竞争与身份权利竞争共生的局面，扰动着中国职业体育发展的不确定性，引致中国特色职业体育建设的复杂性，同时也凸显新时代加快建设中国特色职业体育的必要性和紧迫性。

### 三、营商环境不佳：新时代中国特色职业体育建设亟待深解的重要议题

市场体制机制改革作为全面深化改革的关键领域，正在向着法治化、专业化、

精细化方向迈进。从党的十八届三中全会明确"市场的决定性作用"，到党的十九大报告提出要"全面实施市场准入负面清单管理，深化商事制度改革"，再到2020年中共中央、国务院下发了《关于新时代加快完善社会主义市场经济体制的意见》，激发市场活力主题呈现从政府主导推动向宏观规划、精准引导转变，其中尤以营商环境打造举措最为耀目——其标志性事件即是《优化营商环境条例》（下称《条例》）的出台。《条例》强调"以市场主体需求为导向""坚持市场化、法治化、国际化原则""为各类市场主体投资兴业营造稳定、公平、透明、可预期的良好环境"。作为"企业等市场主体在市场经济活动中所涉及的体制机制性因素和条件"，营商环境不仅体现了服务市场发展的政府职责定位、调控理念和监管方式，还事关市场主体的投资预期、运营成本及运营收益，被看作是决定经济发展质量的又一关键因素。我国体育产业自2014年46号文出台后，迎来了快速发展，社会资本大量涌入，体育产业市场规模不断扩大。但是，伴生的一系列问题也逐渐为社会所重视，其中尤以体育竞赛表演业主体的职业体育领域最为显著——投资者退出、赞助转播商违约事件屡有发生，"一波未平一波又起"。作为国家和社会广泛认同的朝阳产业与热门领域，却遭遇消费动能不足、市场开发困难等运营困境，这种吊诡性显然不单单是我国职业体育发展周期不长、联赛竞争力不强等客观因素所能解释的，职业体育软环境不佳、营商环境打造不力似乎更具有解释力。

### （一）营商环境与职业体育营商环境阐释

诚然，不确定性是市场经济的基本特征。诺思即将不确定性作为驱动经济变迁的动力因子，认为正是人类对不确定性的厌恶催生了知识积累及建立在其基础之上的制度创新。遵循经济学的一般思路，多元市场主体运营实践中，围绕资源争夺，多会出现相关利益主体因目标不同而产生的摩擦、冲突，带来制度性交易成本及其复合衍生成本，需要借助外在的协同力量（如契约制度、组织架构等）予以融合化解，以促进目标趋同，降低运营风险，进而提升市场活力，实现资源配置效益最大化。一般来说，市场分工越细，市场主体就越多元，市场运行不确定性和运作风险也就越大，对市场契约的要求也越高；在另一个维度上，资产专用性越高，沉没成本就越大，也就越需要稳定的市场关系。此时，市场生态越好，专有投资越稳定，"黏合剂"作用就越大，相对的违约成本也就越高，市场运行风险则越低，资源配置效益最大化越有可能。正因如此，制度经济学即认为，旨在促进社会财富增长的一系列制度变迁都与消解不确定性的理性选择偏好有关，且与市场组织化、制度化，乃至文化氛围建设之间保有正向演进的规律性。此外，任何市场行为都内嵌于特定的政治经济氛围中，适应宏观经济社会需求是市场主体的基本生存之道。这种经济社会嵌入性，意味着市场主体不仅仅要解决自身问题，还要积极与外环境进行互动；构建具有明显公共性的综合运营生态，对市场来说具有重要意义。由是，当市场预期、市场秩序与氛围关乎市场行为、市场绩效，具有明显嵌入性和公共性的营商环境价值即体现出来。进一步讲，消解市场运营（特别是市场交易）中的不确定性，化解多主体因不完全契约所引致的市场风险，最大限度激发资源效用，以创设和维系市场良好运营生态及其与政府、社会之间均衡关系，是营商环境建设的逻辑内核。

当然，营商环境不是一个空洞的概念，而是有着丰富且易于考核的内涵。有的学者从软环境与硬环境角度区分和认识营商环境；有的学者指出，营商环境包含影响企业活动的社会、经济、政治和法律等要素，认为"政务环境、市场环境、法治环境、人文环境、生态环境以及国际贸易环境等既是营商环境的重要组成部分，又对营商环境发挥重要影响"。至于营商环境涉及的指标要素，不同的学者也有区别化的视角。武靖州（2017）关于东北营商环境优化的分析，选择将经济发展水平、政府管制和成本状况、人力资本与机会成本、涉企收费问题等作为营商环境的核心测量指标；杨涛（2015）则以市场发展、政策政务和科技创新为一级指标，并对鲁苏浙粤四省进行实证对比研究，提出公平、高效、自由是关键点。而粤港澳大湾区研究院发布的《2018年中国城市营商环境评价》报告，选取了软环境、基础设施、商务成本、市场环境、社会服务、生态环境六个一级指标。国际上比较通用的世界银行年度《世界营商环境报告》涉及面更广，其一级指标包括："开办企业、办理施工许可、获得电力供应、登记财产、获得信贷、投资者保护、缴纳税款、跨境贸易、合同执行、办理破产"。事实上，"营商环境"概念即是由世界银行于2001年提出，早期关注的是私营经济发展环境，其不同年份调研核心议题不同，登记物权、税制环境、投资者保护、知识产权保护、跨国贸易、治安环境等先后成为衡量和评价营商环境的关键指标。由此可见，市场主体不同，营商环境涉及的内容也会不同；同时市场主体居于不同的发展阶段、面临不同的社会问题，其所需要的营商环境建设重点也有所差异。

职业体育作为竞技体育发展的高级形态，带有市场经济特性，遵循契约精神是其本质要求。而且这种契约遵守不仅仅体现在赛场内竞赛规则的遵守，更重要的是对赛场外市场规则的遵守。同时，职业体育的一个显要特征是对高水平运动员的依赖性非常强，具有较高的人力资本专用性，需要必要的专有投资关系予以维系。为此，西方职业体育演化构筑了较为稳定的人力资本供给流转体系。在欧洲，俱乐部后备人才梯队建设及其全球市场交易体系，是保障其有序运作的关键之一；而北美的职业体育联盟，不仅具有较为严密的契约组织设置，还有诸如倒序选秀、收入共享等契约制度。同时，跳出单纯体育竞赛的场域，职业体育涉及多元利益主体，而且相关利益主体的异质性非常高。如政府出于丰富大众社会文化生活和助力产业发展的目的，协会则强调运动项目发展；而职业俱乐部主要从事赛事的生产，转播商专注于赛事资源的转播及其衍生品开发，赞助商则从事与体育赛事本质上有着明显差异的行业生产。换句话说，职业体育运行中涉及政企、政社、社企等多元关系，具有运作复杂性和协作难度大的特质。更为关键的是，这又是单纯依靠市场的力量无法有效达成的，需要借助综合生态建设的力量，形成有效共识和稳定预期，建构利益共同体。现实中，促进多主体融合、维护交易可持续性、降低违约风险，职业体育即演化出较为典型的制度密集型特征——"生产、交易和消费过程涉及更为密集和复杂的契约安排"。由是观之，对契约要求较高的职业体育，相较于其他领域对市场规范化、法治化水平也有着更高的要求，更需要营商环境，也更依赖于营商环境。

基于上述分析可以看出，依据消解不确定性和维系多元主体对规则、权利及机会平等追求的基本旨趣，职业体育营商环境是职业体育联盟（俱乐部）及相关利益主体在职业体育赛事生产、运营等活动中所涉及的体制机制性因素和条件的综合。保障职业体育市场主体利益、维系多元主体公平竞争、协作共赢关系是其基本立场，而有效的组织架构和制度安排是其重要内容。另外，营商环境体现的是职业体育运作及治理的综合效应。良好的营商环境，往往显示为职业体育软实力，有助于职业体育市场运营活动及其效用最大化。

### （二）中国职业体育营商环境建设现状分析

与其他社会构件一样，顺应环境需要、解决现实问题是营商环境建设的根源，而实践诉求的变化往往引导营商环境内涵及其相关体制机制的变迁。职业体育作为一种特殊的竞技体育运行样式，本身就是社会需求选择的结果，是内嵌于宏观经济社会氛围的体育领域专业化发展的结果。自序形成的西方职业体育，在生成与发展过程中根据现实诉求不断增设激励约束内容，从组织建构到制度设计、再到综合体系打造，顺应西方资本主义经济氛围和职业体育运营规律形成了具有明显稳定性的维系再生产的营商环境。区别于西方，职业化之前的我国竞技体育，在政府框架内遵循事业型的行政运作逻辑，极少涉及营利性的经济利益，自然不需要营商环境这一具有市场取向的约束力量。随着职业体育的发展，市场决定性作用逐渐显现，与之相应的是行政力量在"放管服"改革中逐渐淡出微观领域，或者说原有的行政主导的约束力正在逐渐退出。而与之相对的是，竞技体育的职业化、专业化发展实践伴生了利益关系的复杂化，化解矛盾、协调关系、促进资源效用最大化和系统再生产，营商环境作为有效控制手段有了"用武之地"。更为关键的是，这一实践还具有区别于西方职业体育营商环境的特殊性，并具化为以下几个方面：

（1）从宏观层面看，中国整体营商环境尚处于积极打造之中，良好有序的营商环境尚未完全形成。回溯中国经济改革历程，从放开消费市场开始，一般消费品的强烈需求有力带动了相关产业的发展，而后则重心放在企业改革上，围绕国有集体企业的改制的系列举措有力促进了市场主体建设。当然，不论是前者还是后者本质上都是关于市场主体培育，且特别强调市场硬件建设。而伴随中国加入世界贸易组织以后，中国改革开放实现了跨越式发展，在国际舞台上与成熟经济体的竞争实践，倒逼软环境建设的加速，以法治为抓手的营商环境建设才逐渐走上前台。换句话说，强化营商环境建设更多的是近年的事情。2013年，《中共中央关于全面深化改革若干重大问题的决定》中首次涉及营商环境的概念，提出要"建立法治化营商环境"。随后，优化营商环境，频繁出现在习近平总书记一系列重要指示和中央相关方针政策中，营商环境建设进入实质性推进阶段。内嵌于中国经济体制改革与法治中国建设进程，中国营商环境虽然有了较大改善，但是世界银行全球排名第31位（2020年）表明还有较大改进与提升的空间。从外部环境看，全球化时代，信息科技的快速发展打破了职业体育的属地性，对后发且在国际市场竞争中处于弱势地位者挤压严重，同时带来的运营风险极大。此时，实现赶超发展，不在仅仅是做足内功的事情，在提高竞赛水平和市场规范程度的同时，稳定的发展预期、良好的法治水平、有序的市场运营规范等都成为应对国际竞争的有效手段。换句话说，在开放的国际市场竞争环境中，营商环境本身就是核心竞争力所在。对于后发者而言，营商环境必然是面临边建设边实践的，不断趋于完善的历程，但是由于存在一个较为完备的、可考察的形态存在，其面临着更为复杂的外部约束和复杂境地。

（2）在日常职业体育运营活动中，营商环境建设的价值在于保证运行的秩序，因为有序的基于理性的行为往往会产生最利于社会发展的效力。内嵌于以私有产权、经营自由、劳动自由为核心内容的资本主义经济制度体系中，西方职业体育强调保障运营的机会平等，给予职业体育俱乐部、联盟以足够的经济自由和运作空间，奉行小政府主义，追求以市场自由竞争来保障主体权利的实现。如北美职业体育联盟拥有自身的权利束，外部获得了反垄断豁免，为部形成了从赛场到市场的形式平等制度架构，用以保障各方权利，从运动员、裁判员等人力资本主体，到职业俱乐部投资主体，再到赞助商、转播商、球迷等利益相关群体都可以获得较为有效的权利保护。当然，需要指出的是，西方职业体育营商环境遵循"生产资料"中心的范式展开，或者说，其经济权利保障在理念是以有效激发生产力提升、创造更多经济效益为根本取向的，如在运动员权利方面，强调保障运动员作为劳动者的劳动权，而在俱乐部或联盟层面则重视投资者的财产权、收益权。反观我国职业体育，借助竞技体育职业化而来，其经济权利之成路径与各方主体关系型塑同步，权利保障的基础、依据及各方利益诉求都是出于一个变动的实践之中。这也决定其营商环境建设复杂性和难度。在宏观法律层面，1993年《中华人民共和国宪法》修改中将"国营经济"改为"国有经济"，从国家法层面将经济权利主体与经济权利内容加以区分，为所有权和经营权的分离奠定了法律基础，也从法理上将国家权力从市场运作中剥离出来，将市场经济活动交由市场自主运营；顺应之，国家权力（公权力）逐渐回位，成为市场调节的辅助性力量，从另一个层面保障市场主体的经济权利。在体育领域，经过"放管服"、协会去行政化、管办分离等改革实践，发挥市场决定性作用，让市场主体成为市场的主宰，成为落实中央精神，处理好政府与市场关系的基本体现。当然，沿承传统体制，政府放权以及通过法治方式规范和约束政府权力的实践无疑是困难的，而这也恰恰是营商环境建设的重要内容。同时，我国职业体育进入了一个特殊的发展阶段，全面深化改革，建构中国特色职业体育运行模式和治理体系成为当前核心议题。回溯我国职业体育发展历程，从早期的竞技体育职业化运行模式搭建，到职业体育俱乐部、联盟等组织规范建设及随后的赛场内外秩序建构，再到围绕资源效用调配的全面深化改革，不同阶段所面临的主要矛盾不同、所要解决的问题和建设的侧重点也有所差异。进入新阶段后，顺应体育强国、法治中国等国家战略，以建构中国特色职业体育、更好满足人民群众社会需求为旨趣，借助全面深化改革推进换挡升级、谋求高质量发展。而转轨而来的实践，要素市场、商业生态链不完善也是现实，甚至于呈现市场不完善与过度市场化并存、市场竞争与身份权利竞争共生的复杂局面。与之不对称的是，中国体育的顶层制度设计滞后，特别是《中华人民共和国体育法》现实适用性及修改缓慢，致使职业体育领域法律制度不健全；同时，单项协会和职业体育联盟作为新生事物，在制度供给方面也缺失相关经历，借用西方成熟模式和制度又往往受限于中国宏观经济社会、政治法律环境，导致有效的制度供给系统性不够，使得具体市场运作实践中稳定的政策预期难以形成。

（3）职业体育营商环境建设，不仅包含软环境建设，还涉及硬环境建设，是一个复杂的系统工程。其中，对于硬环境而言，职业体育管理组织体制、职业体育基础设施建设、运动员、裁判员等人才建设尤为关键。而软环境建设，则以市场法治体系和诚信氛围、治理体系和治理能力最为关键。中国职业体育遵循渐进式改革路径，在一定程度上保障了改革的连贯性，但是也衍生出了改革举措和政策上的碎片化问题，影响政策执行效果。以职业足球领域的限援限薪令为例，近年来多达7次的显著性调整，弄得俱乐部无所适从。同时，为顺应国家相关战略，全面深化体育"放管服"改革，我国已经做了大量富有成效的工作。从赛事审批权下放、到单项协会去行政化，实实在在地推动了职业体育的发展。但是，需要指出的是，我国以简政放权为特征的"放管服"改革，强调以政府建设为导向，而不太注重对职业体育资源要素的赋能，同时在缺少社会承接载体的情况下过分放权，也难免不存在问题，其中尤以后备人才培养这一关乎职业体育自组织系统存续的关键资源问题尤为突出。职业体育的特殊性在于其高质量发展离不开高水平竞赛，而这又依赖于高水平的运动员队伍及其有序的人才培养体系。长期以来，我国竞技体育以奥运争光为导向，强调优秀运动员培养的国家利用及其成长路径上的行政依赖。即便职业化后，运动员这一职业体育关键资源仍遵循行政导向性，重视国家价值和社会价值，而忽视作为市场资源配置的特殊规律性，或者说，在运动员资源配置上，市场主体无法获得平等主体看待，阻碍其实践的规则体系中更多来源于行政力量。虽然，前期以型塑政府职能的"放管服"改革稳步推进，但是涉及运动员这一特殊资源的改革并没有明显改观，相反却有强化取向，因为运动员人力资本开发的关键在于为其培养确权，形成有效的激励相容和利益捆绑机制，推进其资源配置效率提升。这一核心议题无法有效解决，在政府放权后，谁来承担后备人才培养的本质规定性没有明确，使职业体育运作中围绕人力资源有序运作的若干举措陷入"布雷特悖论"，需要再回到体教结合、体教融合的框架内为后备人才培养重搭体系，重找着力点。当前，快速发展的我国职业体育即深刻感受到后备人才成长生态的不佳所造成的恶果，甚至于在一定程度上干扰了我国职业体育其他相关运作的有效运作。是以，特别是人（如运动员、管理人才等）、物（专用场馆建设和利用等）、信息等市场交易生态欠佳，干扰了改革的进一步深入。

总体而言，降低风险、缩减成本，形成与职业体育发展相适应的治理体系和治理能力成为当前现实诉求，而这又主要体现在以依法治理为特征的管理体制优化、完整职业体育法权关系确立及法治体系建设问题，后者恰恰是营商环境建设的重要环节。在法治中国、体育强国建设进程中，当前我国职业体育边发展边治理的同时还需应对全球化的影响；加之基础性构件建设不力，人财物信息等关系职业体育有序发展的"四梁八柱"面临着"地基不牢"的状况，这无形中增加了我国职业体育营商环境建设的复杂性，更加凸显了新时代中国特色职业体育建设的难度。

## 四、消费外流：新时代中国特色职业体育建设面临的重要挑战

2017年，党的十九大报告提出中国特色社会主义进入了新时代，指出"我国经济已由高速增长阶段转向高质量发展阶段""坚持质量第一、效益优先，以供给侧结构性改革为主线，推动经济发展质量变革、效率变革、动力变革"，以化解"人民日益增长的美好社会需要和不平衡不充分的发展之间的矛盾"，成为引领各行各业改革发展的重要战略思路。顺应之，体育领域也启动了相应的改革举措，从体育休闲小镇建设和城市体育综合体建设，到体育赛事审批权放开和职业体育改革发展，适应经济社会发展所引致的体育需求变化成为当前我国体育领域改革的主旋律；当然，也带来了一系列可喜的变化，其中职业体育尤为明显。如中超联赛的电视转播权卖出高价，赞助商、观众逐渐回归。而在以中超为首的中国职业体育取得明显进步的同时，一个趋向并没有随之发生改变，且呈现加速趋向。这就是消费外流问题。本部分即聚焦当前我国职业体育消费外流问题，分析它具有什么的特性、有何种危害以及背后根源等问题。

### （一）职业体育消费外流内涵

阐释生产与消费之间关系是经济领域的核心议题。一个完整的社会再生产过程，也即涉及生产、分配、交换和消费四个基本环节，其中，生产解决的是生产什么和如何生产的问题，决定着消费水平、方式和能力，消费则关系着为谁生产问题，能够带动和引导生产水平和能力的发展。对于一个封闭的国家而言，生产

和消费总是在稀缺和选择这一经济学规律的导引下遵循萨伊定律，走向相对的平衡。而一旦走出古典经济学的理论假说，迈入开放的市场环境，则情况变得复杂，资本积累、外来资源都会打破原有的生产消费链条，改变企业（产业）生产可能性、机会成本与边际效用，引致供给与消费均衡变化。资本主义经济危机、（后发国家的）消费外流等问题即会产生。所谓消费外流，通俗讲就是在开放市场环境中，一国的消费跳出本国生产的束缚，转而消费其他国家的产品所形成的相对本国市场的消费溢出。对于一般的实物商品来说，消费外流主要涉及境外消费、国内购买进口商品或购买外资商品等形式，其中尤以境外消费最为突出。

当然，对于职业体育消费而言，其呈现形式更为复杂。具有现代服务业性质的职业体育，其消费实践具有特殊性，不仅涉及现场的竞赛观赏和附加产品购买，还涉及赞助消费和电视（网络）转播的非属地消费。从消费渠道看国内职业体育消费大概有两个主要途径：其一为国内消费渠道，也即在中国境内消费（观赏）职业体育赛事。当然，国内职业体育消费不仅包括国内职业体育赛事资源和赛事产品，还包括国外职业体育赛事的国内分销，如 NBA、欧洲足球联赛等。据不完全统计，国内现在通过电视转播、网络转播可以观看到数百个职业体育赛事。事实上，这种在国内消费国外的职业体育赛事，属于典型的消费外流行为，而且这种消费外流形式还具有一定的隐蔽性。因为虽然其消费行为发生于国内市场，但是消费所体现的购买力和生产拉动力却变相的转向国外，形成对国外职业体育生产系统的支撑力。其二为国外消费渠道，涉及对国外职业体育俱乐部投资、国外职业体育赛事赞助和国外职业体育赛事观赏消费等形式。这一类消费的整个消费行为发生在国外市场，是一种显性的消费外流。基于此，职业体育消费外流可以认为是某一国对国外职业体育赛事资源消费而产生的溢出现象，涉及国外赛事国内分销（转播消费）、国外赛事赞助、境外观赏消费以及国外职业体育俱乐部投资等具体形式（见图 5-1）。从一般意义上讲，消费外流意味着一国的职业体育消费能力是充足的，但是对本国的消费又不充分，存在消费不足情况。

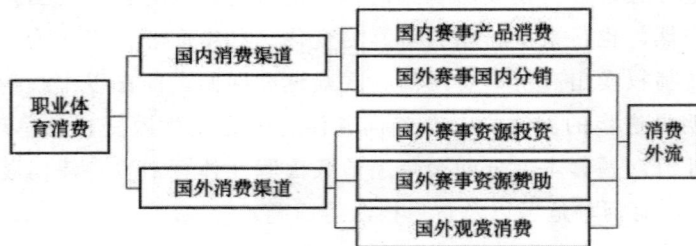

图 5-1　职业体育消费外流及其方式

事实上，伴随中国经济社会发展，中国经济实力的增强和人民生活水平的提升，带来了中国社会消费能力的自然提升。如图 5-2 所示，与我国国内生产总值快速增长同步，职业体育消费隶属的第三产业增长率与教育文化娱乐消费增长率都呈示快速提升的趋向，这与经济学领域关于人均生产总值超过 4000 美元以后，服务产业的增幅明显提升的论断相一致；另外，作为发展中国家，我国进口服务总额总体上也呈现随着国民经济增长而增加的趋势。在此背景下，我国职业体育赛事消费外流也呈现加速趋向。以转播权而言，近年苏宁体育旗下的PPTV在四大欧洲主流足球联赛（即英超、西甲、德甲、意甲）中国地区的赛事版权上的花费就高达14.71亿美元。而2018年世界杯期间，国际足联（FIFA）售出的19个赞助席位中，中国企业占了7席；其总计收获的24亿赞助费中，中国企业就贡献了8.35亿美元，超过总金额的三分之一，远超美国的4亿美元，成为第一大金主。再如，中国企业苏宁投资的意甲国际米兰俱乐部，连签中国品牌赞助商15家，合计给国际米兰俱乐部带来2亿多欧元收益，相关赞助甚至高于中超联赛2017赛季整体商业赞助收入（15.9亿元）。此外，中国企业（资本）的海外职业体育俱乐部投资，到了国家需出台相关法令予以缓解的局面。总体来看，当今主流的体育赛事，不论是欧洲职业足球联赛、北美职业体育赛事，还是奥运会、世界杯足球赛，它们的消费群体中中国元素日益增多。与此相对的是，中超联赛、中职篮等中国职业赛事却面临着市场开发难、盈利能力欠缺等问题。换句话说，现实存在的我国职业体育消费外流问题已然影响了我国职业体育的有序发展。

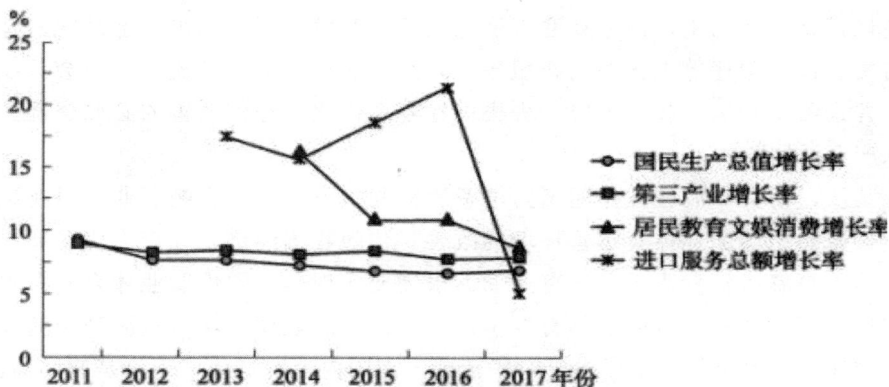

图 5-2　中国消费增长涉及的相关指标统计

## （二）我国职业体育消费外流的危害性剖析

经济学一般规律显示，随着经济发展，人民收入水平随之提高，并带动生活水平的提升，对高端消费品需求将逐渐增加，并诱导资源的重新配备，低端消费品生产企业逐渐被淘汰，而高端消费品生产企业获得更多资源，从而最终实现产业结构的换代升级。当然，这种存在于经济发展、消费升级、产业优化之间的正向激励机制，是有条件的。其可以实现的基本条件是不存在外来供需，因为一旦出现外来供需，则生产、消费的匹配结构被打破，外部市场供需改变内部市场供求态势，内部市场的价格形成机制被扰乱，并进而使资源流动呈现复杂化，或者生产外流或者消费外流。就生产外流而言，由于外部市场存在充足的中低端市场需求，则意味着内部市场消费升级引起的低端市场生产企业的淘汰机制失灵；而对于消费外流而言，由于外部市场提供了充足的优质高端市场消费供给，则在一定程度上打压了内部市场生产企业的转型升级，甚至挤压它们生存空间。也就是说，不论是生产外流，还是消费外流在一定程度上都是影响产业的优化升级的，是不利于产业整体水平提升的。事实上，消费升级引致产业结构优化这一机制在职业体育领域同样如此，英超联盟的产生在一定程度上就与此有关。但问题是我国当前职业体育面临的是消费外流问题，国外优质的职业体育赛事资源长期霸占中国消费市场，成为中国企业、中国观众、中国资本追逐的对象，相反中国职业体育赛事提升则面临困境。相关影响突出表现在以下几个方面：

首先，消费外流引致职业体育赛事价格机制紊乱，影响中国职业体育运营策略，干扰赛事优化升级实践。在全球化的市场中，由于国外优质职业体育赛事的大肆进入，中国职业体育赛事市场呈现出西方主导的结构样态，中国职业体育市场主体失去赛事的主导定价权，甚至无法准确感知市场需求变化，从而造成依赖市场激励提升赛事水平的驱动失真，要么盲目跟风"虚高定价"，寻求机会主义行为，要么停滞在原有水平，进一步恶化我国职业体育赛事的消费体验。更为关键的是，在西方职业体育强势介入背景下，中国职业体育出于自身生存与发展需要，往往以短期行为为主，而忽视赛事资源的后续开发、联赛和俱乐部品牌培育以及针对赞助商、球迷等主体的消费服务，其结果必然是赞助商流失、社会关注度下降，并最终引致运营收益下降，失去支撑赛事优化、经营改善的必要资源，最终落入产业结构陷阱。

其次，消费外流往往伴随国内消费者福利损失，进而影响职业体育赛事价值开发，阻碍中国职业体育运营环境的改善。伴随我国经济和社会文化发展，更高层次的体育赛事消费需求和体育赞助诉求需要实现，在国内职业体育赛事水平不高的层次下，选择西方职业体育赛事，但是西方职业体育赛事资源基于其成熟品牌，往往采取"溢价"手段进行对华营销，而国内消费群体，不论是赞助商群体，还是通过传播商媒介的球迷群体，都没有足够的议价资本和议价能力，只能被迫接受"溢价"，从而造成其消费福利受损。而且，这种消费福利受损还具有传导性，确切地说由于消费西方职业体育赛事的福利受损，影响对职业体育赛事资源的价值误判，并最终回归到中国职业体育发展中，影响其招商和运营。

再次，消费外流干扰中国职业体育相关政策的制定及政策效用的发挥。诚然，中国职业体育从缘起上就具有一定的政府推动性，而其后的发展无一例外带有政策驱动痕迹。但是，消费外流现象往往干扰了政策的制定和执行环节，影响其正常效用的发挥。如在职业足球领域，伴随《国务院办公厅关于加快发展体育产业的指导意见》（国办发〔2010〕22号）的出台，中国足球超级联赛迎来了一个迅速发展的机遇，广州恒大的强势介入，扰动了平静的中国职业体育发展局势，资本大肆进入，大牌球员大举来华，联赛关注度逐渐提升；而后国家又制定、出台了

《国务院关于加快发展体育产业促进体育消费的若干意见》（国发〔2014〕46号），旨在进一步促进体育产业发展，带动体育消费提升，但反映到中国职业足球领域，则演化为资本的竞赛，特别是球员投入的竞赛，高溢价球员成为热词；在此背景下，中国足球协会不得不在2017年出台《关于限制高价引援的通知》，借助征收引援调节费来遏制恶性的高薪引援问题。事实上，从源头上看，消费外流是相关问题出现的关键所在，因为在政策驱动下，中国职业联赛处于快速发展阶段，中超电视转播、俱乐部门票等收益激增，扩张投资驱动在无定价权支持条件下，必然催生盲目的消费外流，而消费外流又实实在在地干扰了中国职业体育正常运营秩序，背离了前期相关政策的初衷，甚至需要相左的后续政策予以纠偏。

### （三）当前我国职业体育消费外流的根源

站在消费者所属国家的立场上，消费外流往往对本国职业体育发展产生一系列影响，特别是对于一个尚处于完善与发展的国家而言。当然，对于一个后发的国家而言，消费外流现象的出现可能与众多因素有关，不仅源自内部因素，还与全球化的职业体育整体运行方式关系密切。

在经济领域，自恩格尔的经典研究伊始，消费随着经济社会发展，特别是国民收入增长的规律逐渐引起世人重视。经济学理论体系中，消费与收入保持着稳定的函数关系，消费往往伴随收入增加而增加，在消费具体实践中，又会出现选择性消费问题。也即当达到一定收入水平（国际上较为认可的是4000美元）以后，随着收入增加，生存性边际消费倾向越低，相反发展性消费倾向更为明显，已有研究显示我国已经进入该发展阶段。如此，在我国职业体育尚处于不完善有待提升发展阶段，职业体育消费增加了，但是供给不充分、不平衡，无法满足更高的、多样化的消费诉求。由是，探解我国职业体育消费外流问题，首先要从内部找原因。

谈及引致我国职业体育消费的内部因素，首先涉及我国职业体育水平低下，发展周期不足，吸引力不够，无法有效满足社会大众日益增长的对高水平赛事欣赏和企业扩大影响参与国际竞争的需要。近年来，我国职业体育伴随经济社会发展，特别是在相关产业政策利好驱动下，取得了辉煌成绩，联赛水平有了明显提升。但是，相较于国外成熟的职业体育联赛，中国职业体育，不论是中超联赛（CSL），还是中职篮（CBA），其品质、品牌及服务水平还是落后的，竞赛及其相关服务产品质量并未随着职业体育规模扩大和体制机制改革创新同步提升。从另一个侧面看，我国职业体育的发展不充分，还引申出我国职业体育演化机制上的特殊性。前期研究显示，中国职业体育市场演化次序是，先有消费市场、后有竞赛市场；不过，中国职业体育的消费市场是西方外来职业体育构建的。这也意味着，我国职业体育消费外流问题内嵌于中国职业体育形成过程，时间上甚至早于中国职业体育市场主体（联赛、俱乐部）的形成。如此，我国职业体育作为市场后入者，必然面临自身建设和参与市场竞争并进的局面。更为关键的是，我国职业体育发展成长，参与市场竞争的背后逻辑是挤出原有的消费外流，逐渐占据原本属于西方先发职业体育的份额。换句话说，我国职业体育消费外流带有明显的历史性，是后发的我国职业体育形成发展过程中必须面对社会现实。

后发的我国职业体育存在发展动能偏差问题。我国职业体育发展始于20世纪90年代初。1992年全国足球工作会议，明确了中国足球走职业化道路，确立了组建职业足球俱乐部和足协实体化改革的改革构想，中国职业体育改革序幕由此拉开。缘起上依赖政府主导推进的我国职业体育，推行俱乐部体制（实体化、企业法人化改革），架构职业联赛运行体系（中超公司等），乃至当前的职业体育管办分离改革，其背后的动力机制都源自政府。从发展动能上看，早期的中国职业体育发展具有明显的政府改革（投资）主导的特征。而伴随我国经济体制改革的深入发展，体育产业作为一个全新业态逐渐为社会所接受。2010年《国务院办公厅关于加快发展体育产业的指导意见》出台，包括职业体育赛事在内体育产业成为我国经济发展的新领域，得到广泛关注，大量社会资本开始进入体育产业领域，广州恒大、上海上港、江苏苏宁等企业陆续开始职业体育俱乐部投资。随后，《国务院关于加快发展体育产业促进体育消费的若干意见》出台，进一步激发了体育产业发展热情和社会资本关注度，中国职业体育也随之迎来了新的发展热潮。当然，细究这一轮的发展，其动能更多在于社会资本的深度介入，具有明显投资人投资驱动的特征。由是观之，我国职业体育发展动能大抵经历了"政府投资动能主导""投资人投资动能主导"的两个发展阶段。而社会需求消费动能的缺失，造成我国职业体育前期在市场建设方面跑得太远，社会没有跟得上，极易出现消费与供给脱节问题。而一旦职业体育被认为是"政府玩得事情"或者"企业资本玩得事情"，那么问题就严重了，因为任何不与社会需求勾连的生产产品、市场行为都是危险的。西方职业体育发展中那些无法激发社会需求的职业体育联赛（如北美职业篮球联盟的NBL、ABA等），相继倒闭即是明证。后发的我国职业体育，虽然赶上了我国经济社会发展催生了巨大职业体育消费潜力潮，但消费引导与培育不力，供需脱节的矛盾重生，其最终结果必然是加剧消费外流。

此外，我国原有体制干扰了我国职业体育市场开拓和消费引领的效果，并在一定程度上推动了消费外流。缘起于计划经济转轨改革而来的我国职业体育，投资审批、赛事转播权资源垄断、行政干预过度等问题持续存在，这些问题在转型发展的"漩涡"中极易形成各色垄断的利益集团，阻碍我国职业体育的有序发展。以赛事转播权为例，由于中国体育电视媒体运营发展周期不长，即便是到了21世纪初，中国也仅有中央电视台体育频道一家覆盖全国，而长期以来我国优秀体育电视版权资源被中央电视台垄断，国内体育赛事资源被国家体育总局垄断，分别形成了国内体育电视媒体一枝独秀发展不均衡，职业体育不发达的局面。现实中，"我国职业体育联赛转播权在较长时期内都是由国家及各地方的公共电视台低价购得"，电视转播权市场不完善，电视转播及其衍生品运作不规范，职业体育赛事节目的水平不高、吸引力不强，形成职业体育赛事与电视转播之间的恶性循环问题，影响我国职业体育消费市场培育，对我国职业体育消费外流起到推波助澜作用。

当然，在全球化背景下，"社会问题和经济问题，似乎不可分地与国际问题混在一起"，因为全球化打开了全球生产、消费同质化的通道，"使世界每个角落的生产与消费出现了同一性"，世界各国成为全球性生产和消费体系的组成部分。同样，任何一国的职业体育已然无法孤立运作，而是作为全球化职业体育市场体系的一个分支而存在。之所以这种境外扩张可以达成，可能与职业体育全球化运营机理有关。从物质资源的全球争夺、到跨国联合运营，全球化在20世纪六七十年代后，随着科技的快速发展出现了新的转向，构建全球的消费主义文化成为其目标所在。事实上，职业体育运行实践即是遵循这一逻辑而不断发展与演化的，并进而开启全球化运作实践，催生后发国家消费外流问题。我国职业体育消费外流的产生，当然也受此影响。

总体来看，全球化作为当今社会无法逃避的时代背景，在增加了新时代中国特色职业体育建设复杂性的同时，也对其建设提出了更好要求——主动融入全球市场，不断提升国际竞争力。当然，也唯有如此，中国职业体育的消费外流问题才能有效解决，并从根源上实现新时代中国特色职业体育更好满足社会大众对美好生活之观赏赛事与休闲娱乐的需要。

## 五、要素供需失衡：新时代中国特色职业体育建设不可忽视的问题

在西方，职业体育是在业余体育的基础上转化而来的。业余体育是什么？它作为体育的一种运行样态，实质上是一种有效的组织体系和人才培养供给体系。当经济社会发展到一定程度后，一部分优秀运动员跳出业余，走上了职业的道路，但是，这种转变过程中，职业体育从来没有打压业余体育的发展，而是形成了一种很好的激励和引导作用，有效带动了业余体育水平的提升。也就是说，职业体育虽然是"谈钱"的，但是其隶属于竞技体育、根植于业余体育的本性没有改变，离开了高效有序的后备人才供给体系，则西方职业体育也就失去了根本。事实上，在国际竞争激烈的当下，职业体育引领了竞技体育的融合发展，蕴含着市场的全球化、资源的国际化、训练的全球化、保障的一体化，以及群众体育、竞技体育、体育产业、体育文化的深度融合。西方职业体育的有序强势发展，正是建立在此基础上的。

改变原有竞技体育举国体制格局，逐渐建构形成具有市场经济制度特征的职业体育体制，我国职业体育发展的发动与开局阶段更多是遵循理性建构主义理念，采用自上而下的实践方式，由政府行政力量推动，待到时机成熟后，围绕市场效用发挥开启密集的制度变迁，最后谋求形成具有中国特色的职业体育。这是我国职业体育发展演化路径的内在规定性。

由于我国是竞技体育举国体制起步的改革，走向上倾向于自由、市场、社会

带有逻辑必然性，按照一般规律，其走向上必然是自由主义的，这一实践则意味着带有一定程度上的逆国际潮流的特征，如何找到一个度就显得很重要，即便是我们认可在政府与市场之间没有一个稳定的界限和模式。事实上，走向市场的改革实践，在自由主义理念下，碎片化发展往往是实存的。首先，我国职业化发展是发展取向的，优先保障市场的力量发挥，实现类职业体育运营是关键，于是在建设重心上自然发生相应倾斜。其次，我国职业体育改革与发展，内置的关键变量是权利重新配布，依靠社会政策推进的这一实践，往往伴生权力分配的不均衡，碎片化作为结果带有逻辑必然性。同时，改革举措上，先易后难、先试点然后逐级推进的渐进式改革策略，本身就是带有碎片化改革的特质。再次，我国职业体育改革与发展内嵌于宏观经济社会氛围之中，不可避免地带有宏观改革发展的特征。回溯我国经济社会改革，起步于经济改革，然后是行政体制改革及其连带的社会改革，最后是整体的法治化和政治改革的跟进，这一实践本身就会滋生一定程度的碎片化问题。现实中，我国职业体育改革也是如此。此外，伴随改革的深入，职业体育领域往往产生一些新生的利益集团，并在一定程度上影响我国改革的进程，有利于他们的政策落实较好，反正则效果较差，碎片化成为现实。随着改革的深入和复杂性的加强，单一的改革，又往往陷入碎片化的境地，影响效果的显现，甚至阻碍后续改革的深入推进。

脱胎于专业体育，这是我国职业体育与西方最大的不同。专业体育的内核是涉及国家、省、市为主的三级专业运动队结构设置的竞训赛体系，它的有序运行保证了我国竞技体育人才的有效供给，取得了极其辉煌的成就。在中国，职业体育早期的发展更多是相对专业体育而存在的，随着社会发展才增加了群众体育的业余元素。由是，一旦单纯追求外在的经济性，而忽视背后的专业体育及其人才培养，则我国职业体育难免失去了支撑力。如此也就不难理解，以足球、篮球为代表的我国职业体育市场向好的同时，中国足球也好，中国篮球也罢，却举步维艰，冲出亚洲成为问题。

我国职业体育面临的供需矛盾还不仅仅体现在后备人才培养方面。诚如前文所述，我国职业体育经历了以政府主导型驱动模式与社会资本投资型驱动模式为样态的两个发展阶段，取得一定成效，但是也累积了一定的风险。因为遵循经济社会演化观，生产的扩大是经济增长的结果，或者说是消费需求带动的社会劳动扩张的过程；而前期我国职业体育的发展背离了社会需求拉动的一般规律，更多的是按照政府意愿或资本逐利性展开，其后果往往伴生供需错位。当然，这种供需错位不仅仅是信息不对称、不完备所致。如伴随《国务院办公厅关于加快发展体育产业的指导意见》（国办发〔2010〕22号）、《国务院关于加快发展体育产业促进体育消费的若干意见》（国发〔2014〕46号）等相关政策陆续出台，大力发展体育产业、促进体育消费成为体育改革实践中的一个新亮点，并在一定程度上带动了职业体育的快速发展。不过一个倾向迅速出现，即政策的实践往往被市场所曲解，大量社会资本进入职业体育领域，引致中国职业体育走向一个新的阶段，即投资人驱动阶段。投资驱动型发展，从源头上讲符合经济学家的一般思路。在奥地利学派的语境中企业家精神是经济发展的主要动力，因为"获取利润是企业家行为的唯一动机"，在利润驱使下，企业家会不断地创造性破坏，不断尝试各种资源、信息及其组合方式，并承担创新的风险。而且这种新的生产方式和市场组合结构，更有效率，也更能满足社会需求（不仅在量上还在质上），产业升级由此产生。当然，企业家精神的发挥，在职业体育领域是有条件的，因为职业体育竞赛的优劣离不开运动员竞技水平，而这又需通过运动员长期的训练来达成。于是，在运动员人力资本一定的背景下，投资驱动的后果，更多是运动员人力资本的重新配置，而非是运动员人力资源的挖掘与培育，结果往往会催生人力资本的价格变化。近年来，我国运动员虚高的身价和薪资即与此有关。进一步说，投资驱动的发展模式往往不可避免地产生供需矛盾，要么是生产与需求之间的矛盾，要么是内部资源要素配置之间的供需矛盾，抑或是国内供需与国外供需之间的矛盾。更为关键的是从政府行政驱动而来的我国职业体育，前期的政府与市场之间的关系并没有得到有效解决，两者的叠加催生了当前我国职业体育的发展困境。

从特征上看，中国职业体育现有的发展更多是追求工具理性，实践中追求对俱乐部和联赛的控制，更多将目光盯着联赛的产权上，力图通过资产（人财物等）投入，获得更多的利益分配权，而忽视联赛的社会价值以及扭曲非权属性社会供需关系，也就脱离了人们的体育竞赛消费诉求，走向异化或过度物化的境地。事实上，随着我国经济社会的发展，人民生活水平逐渐提升，社会大众对美好生活的向往伴生着消费需求的不断增加，并由此带动"职业体育需求旺盛，潜力巨大"。而消费需求的增长，我国职业体育赛事供给不足问题也随之凸现出来。

以足球为例，与北京经济总量相当的英国首都伦敦，拥有13家职业足球俱乐部，平均5.77万人即拥有一家，而北京则仅有4家职业足球俱乐部，平均538.55万人拥有一家。即便是不能完整意义上以伦敦的人均俱乐部数量来类推北京的足球俱乐部需求，但是90多倍的两者差距，多少意味着我国职业体育供给的不充分。再看我国职业体育联赛的体系。一方面我国职业体育赛事数量整体偏少，分布不均匀。如2018赛季中国职业足球联赛（中超、中甲、中乙）、中国职业篮球联赛（CBA、NBL）、中国排球超级联赛（男子）共计113家 俱乐部中，有69家 俱乐部分布于东部省份，中西部省份相对较少，分别为24家和20家，而且近70%的相关俱乐部分布于所在省份的省会城市，非省会城市相对较少，特别是中西部地区。建立与我国经济社会发展，特别是与社会需求相适应的优质联赛结构，还有一定差距。另一方面，过度重视顶级联赛培养而忽视基础铺垫赛事的培育，致使我国没有形成从业余联赛，到地区联赛、再到全国次级联赛、最后到全国性顶级联赛的自下而上金字塔式的赛事体系，并导致两难的发展困境。一边是顶级联赛的支撑体系不健全，赛事运作面临着孤立化；另一边则是顶级联赛的拉动引领作用发挥不明显。由此可见，我国职业体育不仅存在市场要素环节的供需失衡状况，还存在明显的供给结构和水平问题。

如此来看，供给侧结构性改革在全面深化职业体育改革实践中具有必要性与紧迫性。可喜的是，近年来国家在相关领域做了大量卓有成效的尝试，体教融合、管办分离等，在一定程度上有助于缓解新时代中国特色职业体育建设中面临的要素供需适配问题，为其后续有序发展创造了有利条件。

# 第二节　新时代中国特色职业体育建设目标

从某种意义上讲，中国特色职业体育是一种理念，当然这种理念会带来现实的改变及其意义表达。同时，中国特色职业体育不是凭空而生的，既涉及对过去体育运行模式的承载、调节和优化，也隐含着立足时代现状的未来期望。事实上，我们无力也不能对未来进行精准预测，虽然预测的意义是可以为我们打开宽阔的空间与视野。如此，我们想做或者能做的，只是基于过往的经验教训和理论依据，具体地分析当前趋势，在未来众多不确定交织的进程中找到具有决定性的因素，并以此来构想未来中国特色职业体育的美妙图景。接下来的分析，大体就基于这一思路展开的，不致力于明晰给出新时代中国特色职业体育完整图景，而是从某些显耀方面进行刻画，以为后续建设路径找寻服务。

## 一、高质量发展：新时代中国特色职业体育建设的基本目标

关于社会主义发展的内在规定性，邓小平同志曾有一个极为经典的表述——"落后不是社会主义"。因为以人民生活水平提升为目标，更好地服务于社会大众需求是有条件的，而且这个条件极其浅显，即社会大众需求的满足需要与之配套的供给能力，可以提供相应的服务。从另一个层面看，特色显现也是有条件的，"鹤立鸡群"是特色为人所见、所知的基础。如此来看，高质量与独特性之间有着天然关联性。只有高质量发展，中国特色才有意义；进一步讲，也只有高质量发展才能适应新时代要求，新时代中国特色职业体育才有了丰满的内涵，才能更好实现其价值，在体育强国建设中有所作为。

如表5-2所示，近年出台的旨在推进我国体育强国建设的专门性或专项文件中，大多包含职业体育的内容，涉及职业体育的建设目标、战略定位、实践机理、优化方向等，并在一定程度上明确了国家体育事业与职业体育作为整体与分支之间的关系，指明了职业体育发展的目标任务。事实上，伴随体育强国建设进程，我国职业体育从无到有，再到作为体育产业的一种样态存在，其背后动力与我国社会需求（特别是体育需求）的变迁密切相关。我国社会主义市场经济建设以及所带动的人民生活水平提升和消费需求多元化，需要提供更为多样化的体育竞赛产品与服务，而职业体育所带来的专业化、高水平、常态化的体育竞赛产品能够

更好满足人民的需要。这种基于需要满足的特性，改写和优化了原有体育资源要素的组合方式，体育的功能与价值随之多元化起来，并带动体育运作方式专业化、优质化，产业升级由此发生。我国职业体育高质量发展，正是在这样的语境中才显得有意义、有价值。于是，顺应新时代要求，回归职业体育本真价值，必须给工具理性增设前提——以满足人民日益增长的美好生活需要为出发点，扭转职业体育本位主义、利益至上取向，将职业体育赛事变成人民生活中的一分子，明确新时代职业体育的服务面向。同时，要立足社会需求从提升竞技水平入手，切实提高中国联赛的观赛体验和社会影响力，从模仿建设变为本土化、特色化再造，以更好适应新时代发展需要，走中国特色职业体育发展道路。

**表5-2　近年国家相关政策文件中涉及职业体育目标任务一览表**

| 序号 | 文件名 | 职业体育目标任务（发展重点） |
|---|---|---|
| 1 | 《国务院办公厅关于加快发展体育产业的指导意见》 | 探索中国特色职业体育发展道路；拓宽体育发展渠道、扩大体育社会参与、发展大众体育；促进规范健康发展，不断提高职业体育水平 |
| 2 | 《国务院关于加快发展体育产业促进体育消费的若干意见》 | 拓宽职业体育发展渠道，鼓励具备条件的运动项目走职业化道路。逐步提高职业体育的成熟度和规范化水平 |
| 3 | 《国务院办公厅关于印发中国足球改革发展总体方案的通知》 | 改革完善职业足球俱乐部建设和运营模式：(1) 促进俱乐部健康稳定发展。(2) 优化俱乐部股权结构。(3) 推动俱乐部形成合理的人才结构 |
| 4 | 《国务院办公厅关于强化学校体育促进学生身心健康全面发展的意见》 | 鼓励专业运动队、职业体育俱乐部定期组织教练员、运动员深入学校指导开展有关体育活动 |
| 5 | 《国务院办公厅关于进一步扩大旅游文化体育健康养老教育培训等领域消费的意见》 | 以足球、篮球、排球三大球联赛改革为带动，推进职业联赛改革，在重大节假日期间进一步丰富各类体育赛事活动 |
| 6 | 《国务院办公厅关于加快发展体育竞赛表演产业的指导意见》 | 着力发展足球等职业联赛，鼓励网球等有条件的运动项目举办职业赛事。积极探索适应中国国情和职业体育特点的职业运动员管理制度，推动实现俱乐部地域化 |

| 序号 | 文件名 | 职业体育目标任务（发展重点） |
|------|--------|------------------------------|
| 7 | 《国务院办公厅关于印发体育强国建设纲要的通知》 | 鼓励具备条件的运动项目走职业化道路，培育形成具有世界影响力的职业联赛 |

由此，新时代体育强国建设，对我国职业体育高质量发展的要求至少体现在以下几个方面：

（1）职业体育竞赛产品的高质量。顺应新时代要求，回归职业体育本真价值，将职业体育赛事变成人民生活中的一分子，形成体育消费习惯与内需层面的深层驱动力，满足人民日益增长的美好生活需要，这自然需要我国职业体育发展水平高，具有完备的产业链，可以提供高质量的赛事产品。而且这种赛事产品不仅需与我国经济社会高质量、高水平相一致，还需顺应我国体育强国建设目标，在国际职业体育领域有地位，有竞争优势。要积极为全球相关国家的体育观赏需求提供可选择的赛事，丰富大众的业余生活；同时，要为许多像中国一样的职业体育后发国提供一个快速健康有序发展的模板，这是一个大国职业体育应有的责任担当。如此，我国职业体育竞赛产品的高质量对内主要反映在与人民高质量需求相吻合上，对外则体现在与大国相匹配的影响力、地位。

（2）职业体育行业结构的高质量。中国现有的职业体育赛事，更多集中在传统西方发展较好的项目，如足球、篮球、排球等。相关项目大多面临着西方激烈竞争，发展难度极大，市场话语权争夺激烈。为此，在强化传统项目职业赛事发展的基础上，还需积极探索推进切合我国老百姓生活的竞技项目职业化，如强化乒乓球、羽毛球等深受中国大众喜爱的职业赛事发展，开拓新业态。同时，顺应人民赛事需求的多元化，还应补齐诸如冬季项目职业联赛等短板，最终形成传统项目职业联赛丰富有竞争力、新型具有中国特色的项目联赛强势且无明显短板的职业体育赛事结构。

（3）职业体育赛事布局的高质量。一方面，以满足人民日益增长的体育需求为导向，兼顾城市经济社会发展水平，形成以一二线城市为主体、三四线城市为补充的中国职业体育赛事布局体系。另一方面，在各个项目职业体育赛事内部，形成顶级联赛引领、次级联赛铺垫、大众健身赛事为基础的金字塔式赛事布局体系，释放赛事联动活力，以更好满足社会需求。

（4）职业体育发展路径的节约化。作为后发的职业体育样态，发展与治理并存、国内与国外兼顾，如何少走弯路、以最小代价获得最大成果，也应作为考察是否高质量发展的关键指标所在。于是，遵循职业体育演化规律，与我国体制、与我国社会大众需求相匹配的，谋求中国特色职业体育发展道路成为需要。也即，我们不仅要汲取西方职业体育的经验教训，还要善于总结过去近30年的发展成绩和心得，找出适合中国的职业体育高质量发展之路。

## 二、治理现代化：新时代中国特色职业体育建设的重要目标

伴随人类社会的进步发展，劳动分工的专业化、资源要素的多元化和社会关系的复杂化相伴而生，顺应之社会的运行风险增加，协同管理的难度增大，多元主义作为一种理性准则在西方社会兴起，治理的理念从管理实践中孕育而生。从缘起上看，治理的出现与西方福利国家的现实压力有关，即在西方福利国家政府负担过重、供给不足的情况下，多元主体参与成为化解矛盾的有效手段，传统政府主导的管理顺应性地变成为多元主体（社会、市场）与政府共担责任、分享权利的治理。也就是说，治理的现代出现，事实上与统治和管理存在不足有关，因为对于统治与管理而言，确定方向上的流程控制最为关键，而随着社会变迁，更多的可参照点（组织、机制等）发生了实质性的变化，促使统治与管理决策目标量度大于行动者的能力量度，则问题（不确定性增加）随之出现。解决问题的方式，无非有以下两种：其一为简单化问题，使得基于参照点的决策量度减少；其二为提升行动者能力。第一种解决方式，在社会分工和经济复杂化背景下，显然是不现实的；而第二种方式，方向上意味着增加统治管理规模，或提升统治管理效率，将更多的人引入统治管理之中，成为解决问题的可行方式。这种方式实质上就是治理。如此来看，治理是统治管理问题延伸的社会选择结果。

治理在经济领域的出现，首先源于企业经济学的研究。随着管理学理念的成熟与现实应用，企业生产与市场交易行为得到进一步提升，当然这还不够，新问题的出现，催生经济学家开始关注生产单位（企业）之间的关系或企业与其他社会组织之间的关系问题，以找出更有效路径。20世纪30年代资本主义经济大萧条后，人们开始更为关注企业的结构、内部组织、企业生产与社会需求之间关系以及企业供应链上下游企业关系问题，致力于解决企业内部有效协同及其与相关企业之间的资源合理配置问题，企业研究的范畴或者企业问题的解决也就不单单是自身管理体制优化的实践，包括多元要素介入的新型运行方式被用来解决企业网络体系中面临的不确定性、风险性，企业治理随之而来。企业治理就是企业借助内部组织结构关系和运行机制优化，有效化解内外环境变迁所带来的社会风险加剧、不确定性增多的实践。静态上，企业治理表现为企业运行结构和运行关系的组合样式；而动态上，则带有运行机制优化升级的意蕴，是一个解决问题的实践过程。在现代经济社会，企业治理的主体不仅包括企业的投资者、经营者和相关工人等企业要素，还包括政府、债权人及其他利益相关者。而其反映的关系，也"不仅仅是股东与经营者之间的委托—代理关系，而是股东、债权人、经营者、职工、客户、供应商、政府、社区居民等利益相关者及社会各界之间及其内部错综复杂的利益冲突与权利博弈"。也即在充满复杂性和不确定的市场环境中，企业治理跳出了企业的边界，多元主体博弈生成的利益共同体治理成为消解运行风险、提升运营收益的应然选择，并被积淀定型下来。西方职业体育即是在这样的氛围

中发展起来的，"沾染"了这一治理理念，从解决生存问题起步，适应性变迁，形成切合发展的运行模式和实践机制。

从时间上看，职业体育产生于西方资本主义社会成熟期。一方面，市场经济运行理念已经深入人心，并显现为将交易理性构筑在关系理性基础上，实现经济与社会的双向互动，强调"竞争是制度变迁的关键"。在由交易理性主导的机制作用中，交易行为往往掩盖了背后的关系理性，制度变迁遵循市场理性，不断更新、沉淀已经博弈成型的规则并将其体系化。另一方面，西方市场发育已较为完备性，法律文化体系基本健全。与资本主义所有制性质协同，盈利最大化的产出导向、公平交易的流程规范以及多元互补的市场体系，成就了西方社会的市场繁荣。如此环境下，职业体育在"维护体育竞争的真实性"基础上，强化职业体育联盟设置、内外法律约束体系架构及经济利益激励与分配机制建设，并依赖高水平运动员及其竞赛表现，实现资源高效配置和社会风险消解的治理目标。

回到中国实践，在治理现代化议题下，新时代职业体育改革的关键在于重构政府、社会、市场的关系，构建三者之间协同运作的体制机制，也即实现从政府、市场的二元治理向政府、社会、市场的三元治理的转变。在这样的一个多元治理体系中，决策权益的共享是多方合作治理的特征所在，因为生产的裁量权是合作治理的核心，而实现之需要多方在自我利益的表达、分享的博弈和协同上基本平衡。循此思路，在新的治理体系中，促进社会组织功效的发挥，更精确说如何发挥单项协会的作用，促进其定位的复归，真正充当联系政府与市场的功能，是能否达成合作治理，并取得良好效果的关键所在。当然，在市场经济条件下，各种利益冲突与矛盾问题主要依靠市场化的协调机制来解决，手段上首推规范化的组织体系建设，依靠组织体系建设来解决企业（市场主体）应对市场风险、提升资源效能问题；其次，则围绕市场机制，借助制度设置化解市场运行中的各色利益冲突；最后，追求资源配置的有效性、高效性的特质，必然要求形成约束化、可预期的行为。实践中，这些要素相互协同、共同作用，构筑了市场经济的基本特征。换句话说，对于市场运行而言，仅仅有了组织、有了制度规范，还不一定会产生想要的结果，关键还要看市场行为，因为市场行为才是决定市场运行成熟度的核心所在。反映到职业体育治理议题上，则意味着我们不仅要解决好组织结构、制度体系建设问题，还要重视运行规范化、专业化建设，也即要处理好治理体系和治理能力之间关系。或者是，中国职业体育治理现代化的规定性中就暗含着解决好治理体系与治理能力之间的关系。

一般意义上讲，治理体系是一个结构问题，而治理能力则是一个水平展现的过程；前者是表面工作，后者是实质工作。治理体系建设实质是服务于治理能力建设的，或者说前者是为后者的推进搭建科学合理的治理结构，确定各治理要素的位置及互动关系，架构各利益相关群体的协同与耦合机制。前者是手段，后者是目的，这两者关系是不可以乱的，切不可用治理体系建设带代替或充当治理能力建设。举例来说，中国足球协会推进职业体育联盟建立，说白了解决的是治理体系问题，很少涉及治理能力。这也意味着，职业联盟成立了，不意味着治理能力就会提高。而后续如何扎实推进治理能力建设才是关键。从另一个层面看，相比于治理体系建设，治理能力提升更为复杂，难度也更大。因为即便有了一定的治理体系，形成了较为完备的治理制度，但是要使得这些制度协同作用也面临着一系列难题，比如制度的社会需求切合、制度的执行力提升等都需要在现实的职业体育运行中加以解决。由此，深化职业体育改革不仅要重视治理体系建设，更要强化治理能力提升。在具体实践中，要树立系统思维，从一体同构关系维度看待职业体育治理体系建设和治理能力提升，要认识到职业体育的发展成熟必定是两者有机融合的结果；同时，要认识到职业体育作为一种高度专业化运行样式，是一个多领域集成体系，不仅涉及光鲜的高水平赛事、丰富多彩的传播运营，还包括体系化的后备人才培养与供给、高效专业的竞技训练、协同有序的组织管理等。单一领域的推进，往往受到的阻滞较大，唯有全面系统的推进，方能释放高效的发展动能。

此外，需要重视的是，从宏观上看推进我国职业体育治理体系和治理能力建设仅仅是手段，目的是促进中国职业体育高质量发展，并进而架构中国特色职业体育发展模式。为此，治理体系和治理能力建设中必须牢固树立以人民为中心的价值取向，着力解决职业体育发展不充分、不均衡问题，不断提升职业体育服务人民对美好生活需求的供给能力和服务体育强国建设的贡献度。

## 三、有竞争力：新时代中国特色职业体育建设的重要目标

诚然，职业体育具有明显的经济性，遵循经济运行规律是职业体育的基本要求。经济学认为，产品是否有竞争力，主要取决于能否更高效地生产出为市场所接受的产品，并主要涉及产品的生产成本和产品的独特性（即品种、性能、质量等方面的差异性）；往往生产效率高、具有独特价值、市场影响力大的产品会赢得市场竞争，并成为优胜者，反之则会被淘汰。同样，生产有竞争力产品的企业，往往会成为该产业的领先者，具有市场竞争优势，可以有序发展，而那些无竞争优势的企业，则很难获得好的发展机会。循此思路，意味着推进新时代中国特色职业体育建设的目标内涵中必然涉及竞争力要素，因为离开之则中国职业体育能否获得良好发展机会、能否有序发展都成疑，也就无法谈及中国特色建设问题。

诚如前文所示，职业体育具有联合生产特性，并在组织结构上显示独特性。从外部看，职业体育联盟是一个企业，具有较为统一的组织运营规范，并通过整体职业赛事水平和质量表现出竞争力来；从内部来看，在联盟内部的各俱乐部多具有独立法人和财务体系，它们自身也具有展现竞争力的能力和机会；跳出一个联盟来看，在一个国家内部可能就存在多个同项目的职业体育联盟，若考虑其他相关项目则联盟数量是倍增的，而且它们在满足一国观众观赏需要、助力体育产

业发展等方面具有相同性或可替代性。如此，则意味着对职业体育竞争力的定位成为首要考虑的问题。事实上，关于产业竞争力的研究已经揭示，"企业是产业竞争的实体，产品（服务）是产业竞争的最终比较物"。也即，产业是由无数个具有相同属性（产品、服务）企业组成的，它们与同类产业之间交互作用，围绕利润的争夺形成了产业的竞争力。由是，职业体育竞争力可以理解为一国（地区）职业体育与其他国（地区）同类产业的竞争力。

从比较维度上看，职业体育竞争力主要涉及以下两方面：一是与国外同行比，即在国际职业体育竞争中居于什么的地位，是否具有与中国大国地位相匹配的国际影响力、国际竞争力，也就是我们经常讲的，我国职业体育是否具有竞争优势。二是与国内同业比，即在国内体育产业及相关观赏展演类产业中占有多大的市场份额，是否具有与西方发达国家常态匹配的社会影响力、市场竞争力。其中前者，主要考察的是国际竞争力。在全球化背景下，任何一国的职业体育都无法离开国际市场而存在，此时相对于其他国家（地区）的竞争优势不仅关系职业体育现实的市场运营、利润获取，还往往上升为国际话语权、规则制定权等，关乎其生存和可持续发展。而后者则主要考察的是，相对于其他行业或产业的竞争优势。因为，如果我们从产品角度看待产业，与职业体育同类或具有可替代性的产品，就不仅包括体育领域的观赏性赛事，还包括其他领域的可观赏性文化产品，比如影视、戏曲等行业都成为职业体育竞争的对象，也成为关乎职业体育发展的重要力量。需要指出的是，上述关于职业体育竞争力的分析是基于产出维度的，现实中这些产出是需要成本的，于是也就此产生了重要维度——成本控制与可持续发展方面的竞争优势（见图5-3）。

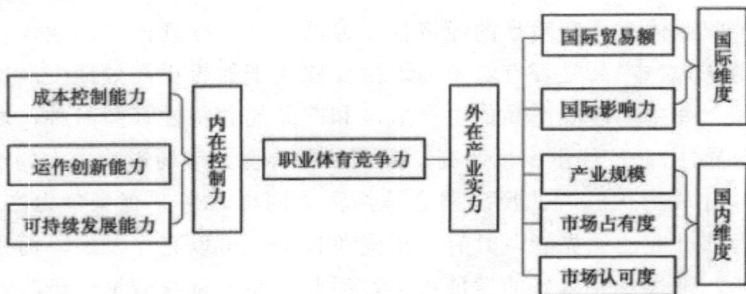

图 5-3　职业体育竞争力结构示意图

现实中，我国职业体育的市场竞争力还有很大提升的空间。如在国际贸易额方面，据清华大学体育产业发展研究中心发布的《2020年中国体育服务贸易发展报告》所知，2020年中国职业体育竞赛表演类服务贸易进口总额为26.4亿元，出口总额为0.3亿元，逆差达26.1亿元；同期体育赛事赞助类服务贸易进口总额则为24.8亿元，出口总额为5.6亿元，逆差达19.2亿元；而各类体育赛事版权交易类服务贸易进口总额高达40.4亿元；三项总计则意味着，中国职业体育国际贸易以进口为主，逆差85.7亿元人民币。同样，中国职业体育及其隶属的体育竞赛表演活动在整个体育产业发展占比中地位并不突出，如2019年中国体育竞赛表演活动总产出为308.5亿元，仅占29283.4亿元的体育产业总产出的1%，与其作为产业链位置极不相符。这也提示，我国职业体育竞争力提升势在必行。

此外，产业竞争力作为关涉较广的综合能力，受到多方因素的影响。波特经典研究指出，影响产业竞争力的六大因素为：要素条件、需求条件、相关与支持产业、企业策略结构与竞争、机遇和政府作用；花建等（2005）则从市场拓展能力、成本控制能力、整体创新能力和可持续发展能力4个方面提出文化竞争力的关涉要素；而马成顺（2009）的博士论文指出，体育竞赛产品市场竞争力由产品质量能力、产品价格能力、传播影响能力、品牌忠诚能力构成，产品质量、价格、传播促销和品牌成为影响竞争力的四个要素。由是，即便是差异化的领域，影响产业竞争力的要素还是较为明显的相似性，即通过产品的市场表现来衡量和检验。从现有状况来看，中国职业体育竞争力提升的关键又体现在立足于满足国内消费者对职业体育产品和服务的品质要求，大力提高我国职业体育赛事水准，充分把握消费升级带动产业升级的内在机理。实践中，解决我国职业体育竞赛水平的提升，根本上又要回归职业体育本源，立足竞技能力提升，顺利实现职业体育竞赛水平升级，因为未来我国职业体育能否具有竞争力，主要是靠竞赛水平的支持，依赖高水平的运动员与高效的赛事组织运作。[1]当然，这一过程是一个久久为功的实践过程，在正确的方向上需要数年乃至数十年的努力方能形成较为显性的成效。

## 四、可持续发展：新时代中国特色职业体育建设的重要目标

在论述人类社会发展处境时，雅斯贝斯指出，"人类形成的第一步，就是由他自己完成的驯化"，也即人类社会创造了一个新环境——社会。更为关键的是，"这种社会是一个建立在有意识的交往基础上的自我生成系统"。对于一个社会系统而言，以自我为参照的要素之间再生产性，是实现这一系统继续存续的关键性所在。当然，卢曼还强调，任何组织的运作过程和任何系统的适应性，都依赖于其环境中各种难以预见和无法控制的偶然性因素的活动已经该系统对于这些偶然性因素的简单化程序。如此，一个开放的自我生成系统，就具有了环境适应性，并支撑秩序的维系与发展。

就职业体育而言，其在西方社会的产生与发展是自序的。工业革命及城市化，使得原有的贵族体育市民化，社会普通工人阶层可以接触到体育运动，同时贵族的俱乐部组织样式和体育运动风气也随之普遍化。一部分人或者由于兴趣或者是其他原因，开始热衷于体育竞赛运动，获得超出一般人的技能，并带动社会整体运动技能和对该项目喜爱程度的提升；与此同时，体育竞赛的影响力和社会关注

---

[1]梁华伟主编；闫领先，薛红卫，王虹副主编.体育赛事组织与管理［M］，上海：上海交通大学出版社，2018，第42页

度逐渐提升，体育竞赛的赚钱效应开始出现，以体育运动和竞赛为职业的一类人开始出现，职业体育作为一种组织样式逐渐得到承认。于是，从职业体育产生伊始，"运动员、赛事、市场、运动员"这一激励循环就具有决定性作用。当然，在西方特定社会氛围中，利润追逐的本性不断加速职业体育专业化的实践。围绕运动员，从自然选择变为社会选择，开始出现了专业的训练机构（青训机构）、中介组织（经纪人）和交易市场；同样，围绕赛事进行必要包装和推广，特别是伴随科技的发展，从球场内变为球场外，电视网络转播将赛事从一个地区事件变为全球事件，并依靠广泛的社会影响力带来巨大的经济收益，支撑着职业体育主体的扩张（球员投入、球场投入、市场优化等）。此外，在市场环节，原有赛事的直接生产消费逻辑被打破，生成与消费之间的价值链被拓展，更多的经济效益开始出现，并进一步刺激市场价值链的扩张，形成明显的激励机制。总体来看，职业体育作为一个具有稳定特征的社会运行业，具有再生产的自洽性，存在不断维系着自身再生产的机制。

当然，职业体育的自我生成机制涉及两个平台，即球场和市场，而且两个平台之间本身就是自洽的，良好的球场内表现才会有与之匹配的市场表现，而市场表现又会支撑和激励球场表现，形成内在的统一。实践中，这种统一更多是围绕三个核心要素展开的，即运动员、赛事和影响力（注意力）。当然，与市场经济中的其他运行样态类似，职业体育运作中将上述三个核心要素进行了货币化处理，以体现资源要素的稀缺性和使用价值。事实上，正是这样的一种体系保障了西方职业体育的有序健康发展。相反，一旦某一环节或某一核心要素出了问题，产生了不协调现象，往往就会产生一定程度的紊乱，阻碍和束缚职业体育的有序发展。以外来资本瞬时扩张投资来说，它就往往无法给职业体育整体发展带来好处，反而更多是增加发展困境，因为按照职业体育自我生成系统，自洽性和内部循环的稳定是常态的。一旦资本过度进入，则迅速带来相关要素价格和稀缺性的变化，常态的是造成职业体育赛事生产过程与运动员等人力资源失调。如果资本逐利性的投入现有俱乐部，则往往会导致运动员等人力资本稀缺性提升，引致其价值紊乱，高工资、高转会费随之而来，并整体推进联盟的薪资结构。中超的"金元时代"的表现及其当下走势，即是明证。若资本过度投入未来，即青少年后备人才培养，可能也会产生同样的结果，只不过相关影响具有滞后性罢了。由是观之，维系职业体育系统稳定再生产的核心机制及要素，成为关系职业体育有序发展的关键所在，也理应成为中国特色职业体育建设的重要内容。

（1）强化职业体育运作平台建设，促进两者有序衔接。职业体育涉及两个主要运行场地，即球场与市场，而且两者之间是紧密联系的、相辅相成的，任何一方的落后都无法支撑整个系统的有序运行和和谐发展。在具体的运行实践中，球场讲究程序合理，遵循竞赛的规律，更好体现体育竞赛或体育赛场区别于其他场域的特殊性及独特价值；而市场则要追求完备性，从产权制度、到市场组织、再到消费需求保障遵循市场规律要求，最大限度激发资源效益，将球场产品的经济价值发挥到最大化。

（2）把握核心资源要素运作规律，保障资源充足有序。与其他行业一样，当资本无力支撑职业体育市场运行时，则职业体育自然趋于削弱；不过不同于一般行业，资本过度介入职业体育也往往会干扰职业体育正常再生产循环，出现扩张悖论。这是由于职业体育具有自身独特的资源要素配置规律，它的产出过程涉及两个平台，具有独特的内循环系统。遵循现有对职业体育规律的认识，围绕体育竞赛的市场化运作构筑了这一系统不断扩张的基本特征，或者更明晰地讲，资本投入职业体育赛事生产体系中，以运动员、教练员等为主体的各类生产要素密切合作产生出赛事资源，而赛事的消费实践生成剩余价值，并再行转化为资本投入到生产体系中，如此形成围绕体育竞赛赛事市场运作的不断扩张的循环系统。当然，在该循环系统中，运动员等人力要素的不断循环生成尤为重要，而且运动员等人力要素还往往涉及既有的运动员群体，即现有球员和后备人才队伍。事实上，两者的平稳有序，是职业体育系统稳定再生产的关键所在。

对于中国职业体育而言，在人力资本开发方面还有一个问题，即如何利用好外援问题。仅仅从提升职业体育竞赛水平提升角度看，短期内引进高水平的外援可能是有效的；但是，高水平外援带来的一系列负面影响则可能会干扰我国职业体育的可持续发展，如改变薪资结构问题、压缩后备人才培养问题等。这就需要进行取舍，在短期利益和长期利益之间找到平衡点，以维系联赛的健康有序发展。当然，站在中国特色职业体育建设立场上，立足中长期，重塑我国职业体育后备人才培养体系，切实提升我国运动员训练绩效，并进而提升我国职业体育赛事观赏水平和商业价值，是必需的。现实中，2015年中央深化改革领导小组通过的《中国足球总体改革方案》即为此提供了发展指向。

（3）推进职业体育运行程序规范化，保障自我生成的平稳有序。作为一个成熟的运行系统，职业体育必然有其独特的运行程序。从体育竞赛到赛事包装、再到赛事消费，切合赛事运行规范和符合市场规律的专门化组织、制度、机制是保障职业体育价值实现的关键力量，正是它们的存在，使得职业体育作为一种业态不断演化、生成与发展。同时，考虑到我国职业体育的后发性，具体实践中还需要站在市场化、规范化、国际化立场上，对职业体育运营体制进行改造，提高我国职业体育自主发展能力，谋划我国职业体育品牌升级、价值升级、服务升级、产业升级的实现路径，以顺应消费升级的现实诉求，促进其可持续发展。

# 第六章　新时代中国特色职业体育建设：路径与机制

在社会学视阈中，行动具有某种意义的至上性。"行动是目的性的活动，它不仅仅是行为，而是由于价值判断而产生的行为。行动指向明确的目的，并以关于特定手段之适合性与否的观念为指导。"通俗讲，行动是有选择意义活动，任何精准谋划都需要在实践中加以落实。由是，我们理清了中国特色职业体育的理论与实践脉络，分析了新时代中国特色职业体育建设的语境和内涵，把握了基点与目标，逻辑上需要探寻如何推进新时代中国特色职业体育建设的方略，找出可行的实践路径和有效的作用机制，以服务实践。

## 第一节　新时代中国特色职业体育建设路径

### 一、融入体育强国建设进程，推进新时代中国特色职业体育高质量发展

紧扣新时代命题，进一步深化改革，推进我国职业体育高质量发展，成为当前贯彻中央精神、落实强国战略的根本要求。[1]当然，推进中国职业体育高质量发展，还必须结合中国职业体育现有发展困境，在明确方向的基础上，提升核心竞争力、搭建发展支撑力、架设发展持续力，并落实到具体行动上，以达成最终目标。

#### （一）把握重点环节，提升新时代中国特色职业体育高质量发展的核心竞争力

不同于西方自序演化发展样态，我国职业体育更多带有建构主义色彩。而建构主义，在初始阶段具有明显的优势，可以迅速地建构其基本的运行模式和运行机理，短期效果明显，或者通俗地讲"搭起台子、唱起戏"是便利的，但是也存在一定问题。由于信息不对称等问题的存在，一方面模仿别人搭的"台子"，是否存在水土不服情况首先需要客观审视；另一方面，"台子"搭好以后，要将"戏"

---

①张保华著.中国特色职业体育的政府治理与路径选择［M］，广州：中山大学出版社，2020，第19页

唱得有水平、有竞争力，可以吸引全世界的目光，还需要在内功上做文章。

为此，首先要搭建适合中国、有中国基础作为支撑的"台子"。我国职业体育发展实践遵循"试点—铺开"的推进路径，早期选择的项目，不论是足球、篮球都有西方成熟的运行模式可资参考，现实中也大多学习了西方，并使我国职业体育赛事更多集中在一二线城市且东部城市为主的布局特征。这对于一个新创设的行业来说，具有明显的经济性，但是与满足群众观赏需求的初衷之间存在鸿沟。早期中国足球联赛的"裸奔"（冠名商缺失）、上座率不足等问题，多少说明了我国职业体育前期"搭台"过程中存在建构主义理性的桎梏。职业体育是一种按照市场方式运营的行业，其布局和结构选择的主角应该是市场、是消费者（观众）。如此，放开市场准入的行政监控，转而依靠市场准入制度进行"搭台"成为决定其能够高质量发展的先决条件。同时，赛事的供给，也应放弃传统的样式，依据人民群众消费需求而定，而非便于管理，或者其他。当然，前提是必须明确职业体育作为一种赛事供给服务主体，什么时候供给、供给什么、供给多少是由消费者决定的，这类似于去餐馆选择就餐和点餐一样。唯有明白了这个道理，才能搭建出适合中国人"口味"的职业体育"台子"，在满足需求的基础上推进职业体育的发展。

其次，要有高素质的人才作为支撑。职业体育说白了是竞技体育商业化的运行模式，运动竞赛水平的高低是其"生命线"。或者说，是否具有高竞技能力的运动员是关键。事实上，西方职业体育联赛，不论是北美四大职业体育联盟，还是欧洲足球联赛，它们的高水平都是因为网罗了世界顶级球员的结果。今天，我国职业体育联赛水平不高即与此有关。由是可知，让"唱戏人"水平提升尤为关键。进一步讲，在吸引全世界最优秀人员的同时，首先需要解决自身人才培养质量，让中国联赛的后备人才培养质量提升了，有了这个基础，喜爱与优秀运动员为伍的世界其他国家的优秀运动员才会来到中国的"舞台"上，才会切实提升我国职业体育赛事的水平。

再次，有了好的"舞台"和"演员"后，还要有好的机制，保障能够唱出高水平的戏。这就涉及良好的运营与治理机制建设。事实上，从世界范围来看，职业体育赛事运营方式存在多元化的特征，职业体育俱乐部也存在多样化的产权结构，而它们之所以能够有序运作的关键在于找到了与之配套的治理体制与机制。如北美职业体育联盟，采用封闭的职业联盟样态，与之配套的是公司事业部制的委托经营方式，这不仅保证了联盟整体利益最大化达成的可行性，还使治理成本大为节约。鉴于当前我国职业体育处于转轨阶段的现实，后续通过管办分离改革强化以单项协会为主体的运营、治理体系建设可能更具经济性。为此，需进一步推进协会改革，规范协会治理。政会脱钩以正当充分发挥协会职能为导向，以协会能力培养为源头，以权责利一致性为原则，将协会能干的事情给协会干，协会应该承担的职能让协会承担，明确协会地位，推进协会管理能力建设，规范协会在职业体育项目发展规划、项目推广、赛事服务等方面运作流程；同时，加强对协会的指导、监督管理，建立政府与协会委托和购买服务制度，促进兼顾国家队、职业联赛、职业俱乐部多方利益的协同机制，建构具有中国特色的政会互动机制，最终形成具有中国特色的职业体育管理与运行体制。

此外，强化对"观众"的引领也是必要的。事实上，回溯西方职业体育发展的历程，可以清晰地发现：欧美国家职业体育主体（俱乐部）往往扎根于城市社区，以满足市民观赏、娱乐参与等为目的，以深受人们喜爱的、具有牢固群众基础的运动项目竞赛为依托，以高水平运动竞赛为手段，在勾连、对接城市社区体育的实践中形成独具特色的自我生成系统，维系自身有序发展。而带有建构色彩的中国职业体育，不论是政府主导推进阶段，还是资本主导推进阶段，都没有有效实现职业体育赛事与城市、与城市社区、与社会大众的勾连。于是，谋求高质量发展的我国职业体育还需补齐这一课，回归城市、回归社区、回归大众生活，找准自身的发展定位。同时，需要指出的是，在当前信息社会，网络覆盖的全面化也给职业体育深入消费群体带来新的空间，即网络空间的平台建设显得尤为重要，也尤为快捷。

**（二）理顺多方关系，建构新时代中国特色职业体育高质量发展的支撑力**

作为后发的我国职业体育，由于其发展周期短、社会影响力欠缺，在职业体育领域的国际影响力和发言权不够，无法在市场交易环节中获得更多话语权。中国职业体育竞技水平不高，后备人才培养体系欠缺，加之运营经验不足，运营方式上存在需要改进之处，无法对我国职业体育有序高质量发展提供足够的支撑力。中国职业体育相关问题与中国职业体育发展方式关系密切，因为不论是政府主导型发展模式，还是社会资本投资型发展模式，都带有某种片面性，导致政府、市场、社会之间关系的脱节。如表6-1所示，摆脱当前发展困境，需要转变发展方式，重塑社会消费驱动型发展方式，遵循供需逻辑，重视职业体育内涵建设，促进我国职业体育高质量发展。

表6-1  不同发展方式下职业体育运行特征

| 发展方式 | 政府驱动型发展方式 | 社会资本投资型发展方式 | 社会消费驱动型发展 |
|---|---|---|---|
| 动力能源 | 政策：权力资源调拨 | 生产：产业资本主导 | 消费：商业资本主导 |
| 核心能力 | 行政能力 | 生产能力 | 消费能力 |
| 核心机能 | 利益分配 | 资本投入 | 市场营销 |
| 支撑体系 | 重平台轻内涵 | 重内涵，尤重硬件 | 重内涵，尤重软件 |
| 发展逻辑 | 行政逻辑 | 利益逻辑 | 供需逻辑 |

事实上，在中国职业体育各不同发展阶段，相关主体的功能也发生着明显的转变，特别是政府与市场的关系即是如此。如协会，从最早的带有行政色彩的"一体两面"，变为联系政府与市场的桥梁，再演变为利益组织，其间的运作机制

与运作方式明显发生变化。而职业体育发展方式的转变，必然涉及政府、市场、社会关系的处理问题。遵循职业体育的本质运行规律，在这三者关系之中，核心是市场，需要解决的关键又在于政府与市场、市场与社会的关系。策略上，首先要深化政府体制改革，推进和落实"放管服"改革、管办分离改革成果，真正转变政府职能，引导政府归位。要明确政府在职业体育发展中的职责定位，发挥其引导、服务、保障等作用，合理利用职业体育联赛中的国有股份导引职业体育发展方向；同时从规范政府行为入手切实解决职业体育领域中存在的"与民争利"问题，"扬民权、废特权、束公权"，引导政府顺应民意，从职业体育发展的社会整体利益、从服务于人民需求的角度出发，而非基于管理或者部门利益展开，或者为民意所挟持。其次，进一步激发市场活力，真正让市场在资源配置中发挥决定作用，利用市场竞争的力量，将资本、管理、人力资源（运动员等）等多种要素的活力竞相激发出来，使得职业体育市场运营更有效率。建立和完善职业体育联盟，让联盟成为联赛运营的第一责任主体，真正让其承担联赛推广、运作、资产保值增值的责任与义务；让职业体育俱乐部在职业体育运作中享有公平竞争的权利，促进其成为注重联赛长久发展的战略投资者，而非短期投机者。此外，要强化社会组织建设，促进职业体育中介组织、球迷组织等相关社会组织的健康成长，让球迷、赞助商、转播商、媒体等职业体育消费者有机会、有能力参与到职业体育的发展之中。

总体而言，遵循职业体育运行规律，只有架构了政府管理服务到位、市场高效有活力、社会参与有力的格局，依赖市场、依赖社会，不断激发释放市场、社会活力，方能形成良性互动，为职业体育高质量发展提供强有力的支撑。

### （三）推进体制创新，做实新时代中国特色职业体育高质量发展的持续力

职业体育是市场（商品）经济的产物。按照市场体制的一般规律，职业体育存在复杂的运行主体和运行客体结构，其中主体包括职业体育联盟、职业体育俱乐部、职业体育监管机构（政府、单项协会组织）、媒体以及运动员和教练员等，而其客体则有职业体育俱乐部、职业体育运动员、职业体育赛事等。更为重要的是职业体育主客体在现实运行中存在交叉和互动，比如在赛事运作层面上，职业体育联盟通常作为运作主体，而俱乐部和赛事资源是其运作的客体系统，而事实上，职业体育俱乐部也存在一定的运作空间，可以进行相关内部资源的经营运作，这无疑增设了相关运作的复杂性。针对这样一个复杂的运行体系，需要从内外两个方面入手，进行相关的制度、体制建设，按照职业体育系统与内外环境协调共生的秩序发展规律，保障其长效高质量发展。

从职业体育内部运行体制来看，主要涉及以下三个方面问题：（1）完善产权和要素市场制度配置，削减不必要的行政干预，保证市场能够按照利益机制进行生产要素平等交换，遵循市场逻辑激励和约束职业体育经营活动。（2）全面完善公开公平、透明高效的职业体育市场治理体系，促进其内部治理法治化程度提升，

保障其职业体育督查调控和市场中介制度化、机制化，维系职业体育有效运行。（3）建立健全内在联动机制，形成从后备人才培养、运动员雇佣，到俱乐部准入与运营管理，再到职业联盟运作与利润分配一体化的行动机制，并在此基础上搭建国际化、现代化的职业体育市场运作体系。

而从外部看，重点需解决以下四个方面问题：（1）解决职业体育与竞技体育、群众体育、体育产业的关系问题，基于人民日益增长的对美好生活需要构筑一体化的职业体育运行生态；（2）树立长期发展管理与短期宏观干预相结合的调控理念，建构国际交流合作互动机制，保障其对外影响力和竞争力的逐渐实现；（3）搭建职业体育与社会的互动平台，以解决职业体育如何与社会发展保持一致性问题；（4）完善职业体育所依存的经济、社会、法律等宏观氛围建设，包括促进人民生活水平提升，激发职业体育消费能力；建全职业体育发展所需的宏观法律制定体系、优化诚信社会风气等。

事实上，如果说职业体育高质量发展是一个关于常态发展方式转型与内涵提升实践，那么，该实践必然伴随着复杂的社会运行机制变更。同时，该实践也必然是作为国家的社会经济文化事业高质量发展的一个组成部分。国家经济社会的发展、体育事业的发展所产生的良性运行机制，必然隐射于职业体育发展实践中，并作为基础条件促进职业体育高质量发展过程中各个方面的良性互动、协调均衡，并最终内化为职业体育持续发展的动力源泉。

## 二、通过借力全面深化改革实践推进新时代中国特色职业体育治理建设

经过近30年的改革发展，我国职业体育不可避免地步入跃升期、攻坚期、深水区；跃出深水区，谋求中国特色建构，实现治理现代化，成为新时代全面深化职业体育改革的核心任务。在改革中发展、在发展中改革。然而改革再出发，需要勇于担当的责任意识和"不破楼兰终不还"的奋进精神，需要规范改革流程、强化法治建设，更需要明确方向、找准"险滩"和"陡坡"。结合现实，借力全面深化改革，服务于中国特色职业体育建设目标，成为激发我国职业体育治理活力，赋能发展的新路向。而具体实践上，需要重点处理好以下三层关系：

### （一）处理好政府、市场、社会之间关系，推进主体协同发力

源起于计划经济、靶向市场经济的我国改革，必然涉及政府与市场、社会关系的调适过程，并以释放市场运作空间、型塑市场经济体制为显著特征。当然，在社会主义市场经济建设进程中，"官退民进"是需要条件的。不遵守规律的政府"撤退"行为，往往会导致不良后果，而且特别是在市场体系不完备、市场规则不成熟、市场竞争不充分的状况下，相关危害甚大，过去的假冒伪劣商品泛滥，当前环境问题、结构性失衡问题可能都与此有关。于此，跳出传统一味放权让利的"纯粹市场化"思维，思索市场运行中的问题，并基于问题展开政府职能调整，成

为全面深化改革实践中政府、市场、社会关系调整的基本定位。一方面，要跳出有关政府和市场孰大孰小、孰强孰弱的思维误区，打破分领域治理的错误观念，转变传统以框化政府与市场作用范围的改革倾向；另一方面，要认识到，政府与市场是扎根于现实的社会之中的，它们之间的关系要经过社会的中介作用来型塑，并受制于社会需要，也即顺应社会需要时，两者可以都强，反之两者也可以都不强。

长期以来，我国职业体育改革遵循建构主义理性，相信行政管理精英或专家的智慧，认为只要是懂行的人或足够聪明的人来搞就可以有效化解问题、导引改革走向成功。这种思维，多少违背了秩序产生的试错实践性，因为"真正有效的秩序，都是在无序之中通过当事人自己的相互交易、契约和反复试错逐步形成的"。职业体育涉及多元化的利益相关者主体，其中尤以投资者和消费者最为敏感，也最有话语权；相对而言，政府所代表的行政力量往往不直接参与运行实践，对职业体育市场风险和运行不确定性自然是感知不足的，而一旦他们把握了职业体育发展方向和运作权限，则难免不出现信息不对称等问题，阻碍职业体育的有序发展。事实上，随着我国职业体育的发展，我国已经初步实现了从以政府为中心的一元治理到"政府—市场"的二元治理转变，顺应之，职业体育的推进方式上也实现了从政府主导推动到政府主导推动与社会资本参与推动的双轮启动模式转变。当然，双轮启动和二元治理都涉及一个问题，即没有发挥社会的功用，特别是没有发挥社会需求拉动和社会大众参与的功效。一方面我国职业体育改革经历了政府主导推进和市场主导推进两个发展阶段，相较于政府与市场的力量激发，社会组织功能缺位是显著的；另一方面，产生于传统的举国体制框架之中，我国职业体育社会组织，即体育单项协会（如足协、篮协等）的权力来源于上级主管部门或依附于"一体两面"的政府行政部门，选择迎合上级部门或资源来源部门的行为是常态，相反拉动社会大众以及自序进行社会资源支配的能力和经验不足。于是，如何给单项协会赋能成为关键。实践中，前期围绕政府的"放管服"改革和职业体育管办分离改革实践即力图解决这一问题，以更好地发挥单项协会在组织运营职业体育发展中的作用。当然，前期相关举措更多是给予了单项协会自主运营的政策环境，考虑到单项协会的社会动员能力不足问题，这可能还不够，而后续如何进一步给予实质性的扶持政策是需要解决的重要议题。

伴随我国职业体育改革的深入推进，政府逐级放权的实践必然催生多元化的利益主体，如市场主体（职业俱乐部）、社会组织主体（单项协会）等相继被赋予了多元的权力。此时，迫切需要一种协调与平衡机制使得多元主体的利益得到兼顾，形成新的秩序。事实上，西方职业体育发展过程中也经历过从混乱无序到规范有序的历程。比如在美国，由于"多元主义"的经济社会特质，大量自主性的、代表不同利益的社会团体形成强大的社会行动力量，竞相作用影响美国政府决策，而政府行为更多是对社会不同压力集团的平衡。这种政治经济文化，反映到职业体育运作实践中，则演化为选择了联盟模式，并取得成功。北美职业体育运行实践中内隐着竞争合作的关系，利益共同体意识是其骨子里的。在职业体育联盟中，俱乐部、中介组织、消费组织、球员组织、转播商、赞助商，他们围绕高水平赛事供给及其附加值生成组织起来，相互之间博弈共赢，达成平衡，谁也没有能力对他者进行控制与干预。相较于西方成熟的经济社会运行氛围，我国职业体育所面临的情况则更为复杂，因为我国职业体育是伴随社会主义市场经济型塑而演化的，与职业体育有序运行相关的内外要素都处于联动共建、磨合演化之中。

由是，鉴于我国职业体育深化改革的复杂性，可能仅仅强调建构涉及政府、市场、社会等多主体的利益共同体是不充分的，后续如何促进利益共同体的有效作用甚是关键，也即要在规范约束多元利益主体的博弈并引导之产生有利于我国职业体育可持续发展的新机制、新路径上下功夫。为此，至少要做好以下几件事：（1）切实促进政府归位，改变过去基于行政便利的政府治理倾向，放弃政府可以更有效率推进职业体育市场能力提升的念想，转而借助市场机制，强化资源配置的约束功用，释放更多的市场和社会参与激励；同时，转变政府职能转型，专心做好托底工作，注重政府行政的监管力，适时发挥政策引导效能。（2）加强职业体育运行制度建设，建构符合中国社会要求的职业体育治理规则和治理机制，充分发挥制度纵向治理效能。（3）推进包括单项协会、中介组织在内的相关社会组织建设，强化执行环节规范，激发组织横向治理效能。（4）强化对社会大众、媒体组织培育，积极发挥他们在消费选择引导和自下而上参与治理的动机和能力。

### （二）处理好顶层设计与"摸着石头过河"之间关系，推进方式赋新能

客观而言，我国职业体育改革，步骤之快、期待之高是令人吃惊的，我们用了不到30年就走完了西方100年方才走完的路，并期望再用30年乃至15年达到或超过西方的水平。这种过高的期望，令人鼓舞之余也可能会衍生出一系列负面的效果。比如中国职业足球与中国国家队之间的关系协调难题，根源即与我们对职业足球联赛国家队贡献度的期望太高有关。同时，改革步骤过快，难免有思考不到位之处，而一个错误的决定，可能需要一代人去用10倍的努力方能弥补过来。比如，当前大力打造的"五系一体、两心一赛"的新时代中国特色足球青训体系，可能就在弥补职业化初期竞技体育后备人才队伍率先职业化及其后对后备人才队伍建设监控不力的问题。职业体育，表面上是竞技体育的市场运行体系，实质上内涵极其丰富，需要专业化的人才培养与供给体系、成熟化的竞赛与观赏消费体系、完备的中介与配套服务体系。这些体系的建立都需要经历长期的磨合积淀而成，而非一纸命令，一个时间表即可以达成的。这就意味着在全面深化改革的进程中，需要我们重新思考我国职业体育的实践方式。

渐进式改革一直被认为是中国改革取得成功的关键所在。渐进式改革，通俗来讲就是"摸着石头过河"、逐级推进的改革方式。当然，如果说"摸着石头过河"是被历史证明的有效举措，那也是因为它是特殊背景下的改革策略选择，是

切合我国改革的现实需要的；而一旦改革的情况发生变化，则理应对其进行必要的优化。事实上，现代职业体育是一个巨大而复杂的系统，经历了百余年的西方演化与改良实践才逐渐形成的，这样一个全面而系统的工程，需要宏观把握、精细落实，而不能仅靠"摸着石头过河"尝试实践所能实现的。如职业足球联赛中的外援配额制度，作为"一种辅助性的制度安排"，实质上是保护和促进本土运动员培养、平衡俱乐部支付能力以及顺应职业足球运动员劳动力市场国际化趋势的手段；具体选择什么样态，取决于三者力量的博弈，当然，长期来看"一个经过各方努力和投入才渐渐出彩的联赛，需要政策的稳定性和科学性"。如表6-2所示，近年来，中国足球协会在中超外援配额上"大伤脑筋"，反复调整。当然，原因也是多方面的，首先，中国职业足球后备人才体系不健全，职业联赛对国家队的贡献度不够，需要转变运作方式，给更多中国球员以机会，特别是年轻（适奥、适世年龄）运动员机会，限制外援数量是一种选择；其次，伴随近年体育产业的红火，大肆资本涌入职业体育赛事，中超联赛赚钱效应乍现，俱乐部运营投入提升，加之更大球迷观赏到高水平足球赛事的需求激发，吸引高水平外援、增加外援数量，提高比赛观赏性成为一种选择；此外，中超外援转会市场的不规范，外籍球员薪资过高、溢价之甚违背国际运动员市场规律，同时加重了中超俱乐部的财务风险，于是，限外援限薪资就成为必然选择。事实上，如此复杂的局面必然伴生着错综复杂的利益，如果想到哪改到哪，哪里好改就改哪，难免不会出现混乱，违背改革的初衷。因此，脱离全局谋划，没有顶层设计就很难保证职业体育改革的成功。正是如此，习近平总书记强调"任何一个领域的改革都会牵动其他领域，同时也需要其他领域改革密切配合。如果各领域改革不配套，各方面改革措施相互牵扯，全面深化改革就很难推进下去，即使勉强推进，效果也会大打折扣"。

表6-2　中超联赛外援注册制度变化一览表

| 时间（赛季） | 注册（人） | 报名（人） | 上场（人） | 其他 |
|---|---|---|---|---|
| 2020赛季至今 | 6 | 5 | 4 | 限薪300万美金 |
| 2018—2019赛季 | 4 | 3 | 3 | 取消亚外 |
| 2017赛季 | 5 | 4 | 3 | U23上场要求 |
| 2009—2016赛季 | 5 | 4+1 | 3+1 | 一名亚外；其间2010—2013赛季，短暂实行7个外援注册制 |
| 2007—2008赛季 | 4 | 3 | 3 | – |
| 2004—2006赛季 | 3 | 2 | 2 | – |

总体上，基于现实改革问题，强化顶层设计谋定而动与过去"摸着石头过河"的探索式路径并不矛盾。全面深化职业体育改革实践中，不仅要充分承继把握中国职业体育改革经验，还要根据现实情况做出必要的改进，系统灵活地运用顶层

设计与"摸着石头过河"两种推进方式。实践中，由于我国职业体育改革的探索式特征，沿用渐进式的"摸着石头过河"将是基本方式遵循，而且从现实效用上看，"先试点、再推广"的实践方式在我国职业体育改革风险控制是极其有效的。同时，对于事关大局、牵连甚广的改革领域，需要注重整体性、系统性，强化顶层设计。可喜的是，近年来我国职业体育改革在顶层设计上进行了极具成效的尝试，特别是《中国足球改革发展总体方案》的出台。当然，在新时代体育强国建设进程中，择机出台"中国职业体育改革总体发展规划"具有必要性和急迫性。

### （三）处理好中国实践与西方理论之间关系，构建中国特色治理体系

弗雷格斯坦指出，"社会结构、社会关系和制度并不是在市场社会中被自动创造的。它们已经成为持续存在于所有工业社会中的长久的历史工程，这些工业社会都已历经了数波危机的洗礼。……这些事件促使人们思考他们需要什么样的组织方式以及创造和利用市场机会。……这些力量并非外在于市场社会，而是内生于这种社会关系之中的。"沿承这一观点，则意味着研究某一市场如何进行有序运行或者之所以有无秩序，需要首先分析其基础性的社会关系架构，然后才是找寻其市场结构（市场关系架构）。当前中国职业体育存在的市场治理问题，如果将市场运行特征作为经济的表层东西，而起背后的社会基础作为深层因素，那么显然我们前期立足实践的不论是职业体育商业化竞赛体系、还是管理体制或者组织样式，这些显然都是职业体育运行的表层东西，带有"头痛医头、脚痛医脚"特征；更为关键是我们将此作为发展目标，以为形成了类似西方职业体育的竞赛体系、搭建好职业体育管理体制和运行机制，也就形成了有序的职业体育市场运行状况。

细数其问题，大体存在两个方面：其一颠倒了建设目标和建设手段之间的关系，将职业体育市场化仅仅限定在市场范畴内，以市场关系及管控调整为手段来推进市场化建设，而忽视职业体育作为带有现代性的市场与社会关系的本质特征，在一定程度上是对马克思理论体系中生产力与生产关系之间逻辑规定性的偏离，其结果是职业体育市场依存基础缺失，并引致治理问题。其二则表现为陷入西方话语体系中而背离了中国实践与中国问题。在西方话语体系中，职业体育运行中存在如下的理论预设：（1）运行程序是万能的，有投入就有好成绩，就有好收益；（2）市场是完备的，从产权制度到市场组织、再到消费需求；（3）人力资源是充足的，从成熟的运动员后备人才培养体系，到完善的运营管理人才体系。延伸至全球化实践中，程序有效往往被认为是既定的，而一旦某一职业体育出现问题，则首先回归到其理论范式中，首先查找市场是否完备，产权是否清晰、管理制度是否切合等；其次才是查找是否具有成熟的、适合的运动员后备人才体系。这种无视历史和国情、忽视历史发展脉络和现实复杂条件的思维，往往会引致偏差，因为他们偏爱"普世模式"和"万灵药方"，企图一劳永逸地解决所有发展问题，或者急功近利、欲速而不达，或者冥顽不灵、贻误战机。事实上，回溯近年我国职业体育改革实践，多少带有遵循西方话语体系的套路，将问题归咎于没有形成

类西方化的产权制度、市场设置、市场机制及配套体制。诚然，任何发展模式都内嵌于特定经济社会背景，都是在特定的时空中展开并不断发展和变化的。在此思路下，一国职业体育的问题可能首先要探寻程序是否有效的问题，或者说治理模式是否有效用，是否实事求是地融入并最大限度彰显了该国的自身特质。

扭转不利局面、消解市场治理不确定性，则意味着需要遵循职业体育市场的社会嵌入性机理，跳出单纯的市场建设逻辑。而之所以要跳出单纯的市场建设逻辑，因为：其一，由于身份权利竞争的存在，中国职业体育现存的许多问题是单纯依赖市场逻辑无法解决的，需要依赖政府、社会的力量介入；其二，即便是认同市场是实现需求满足的有效方式，但是其无法有效解决满足谁的需求问题，也就无法保证职业体育市场发展的成果最终落到满足人民对美好生活的需求上；其三，职业体育具有市场经济其他运行体的社会嵌入性，也即市场自身是有存在基础的，对于转型经济体而言，单纯的市场建设往往会带来市场跑得太快、社会无法有效跟上的问题。

于是，基于中国现实，跳出西方职业体育市场演化的原教旨，中国职业体育市场治理建设宜在政府、社会、市场三者协同关系维度上展开，融政府的顶层设计、社会的支撑发展、市场的维序主体与整合机制于一体，构建中国特色职业体育市场治理模式，如图6-1所示。事实上，近年在中国宏观经济社会改革的推动下，伴随管办分离改革方案和中国足球协会（中国篮球协会）去行政化的实施，"转变职业体育管理体制，完善协会内部治理结构、权力运行程序和工作规则"取得了阶段性成果；加之前期围绕联赛体系、俱乐部建设等方面的积累，可以说我国职业体育在类市场化建设目标已然达成，而后续如何进行深入改革，显然要在我们前期欠缺的方面入手，重点需做好一些工作：（1）从俱乐部建设、联赛建设及其相关运行机制建设向市场维序主体完善和整合机制方向推进，形成完备的职业体育市场运行与维系体系；（2）从改善俱乐部与俱乐部关系、俱乐部与联赛关系、联赛与监管部门关系向深入发展，重视俱乐部与球迷、联赛与赞助商、转播商等关系优化，形成支撑中国职业体育市场发展的利益共同体基础；（3）将体制机制改革引向深入，重视切合社会发展的共同价值理念塑造，强化职业体育市场支撑结构的培育。

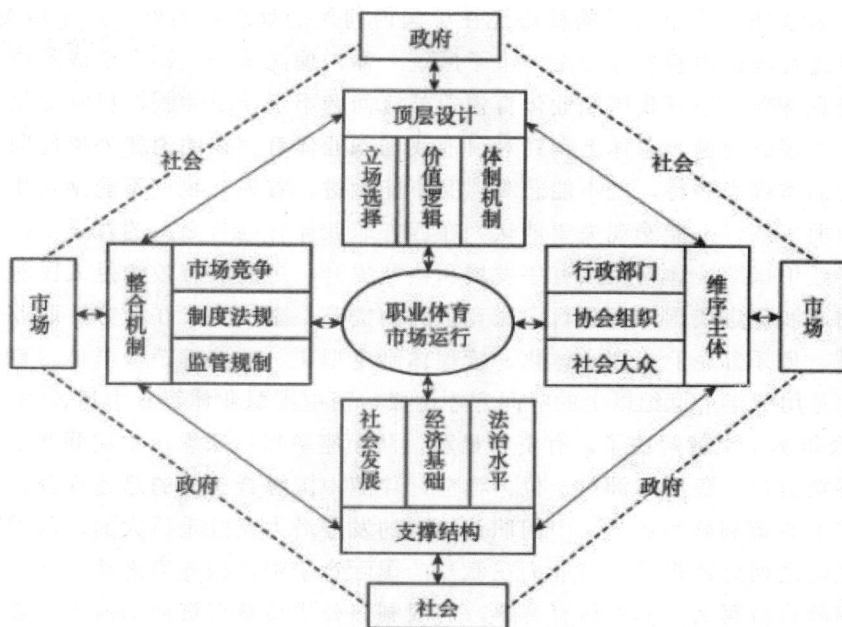

图 6-1 中国职业体育市场治理建设逻辑体系

## 三、通过嵌入双循环实践推进新时代中国特色职业体育国际竞争力提升

在当前国际贸易摩擦不断升级以及我国新时代消费结构升级的双重推力下，我国经济的高质量发展需要贯彻落实供给侧结构性改革，着力解决不平衡不充分发展问题，提升发展质量和效益，并以此顺应消费升级，带动产业结构升级，充分发挥消费在经济增长和社会生活中的作用。为此，国家出台了一系列政策，引导服务业发展，以满足人民日益增长的消费需求。然而，在体育领域的消费引导问题，特别是职业体育领域的消费外流问题并未受到足够重视，缺乏有效应对，在一定程度上影响了我国职业体育的有序发展，干扰相关政策的出台与执行。现实中，我国职业体育消费外流问题有着多元的内外部原因，并致使有效应对与化解举措的复杂性。从这个意义上讲，精准发力，引致我国职业体育消费回流，型塑我国职业体育核心竞争力极其重要。当然，后发国提升核心竞争力，特别是国际竞争力，尤为困难。正是在此背景下，以国内大循环为主、国内国际双循环相互促进的新发展战略提出，并走向实践。面对消费外流和竞争力不强的复杂局面，新时代中国特色职业体育建设需要把握双循环机会，乘势而上，切实提升核心竞争力。

### （一）正视差距理性应对，着力解决中国职业体育消费外流问题

全球化体系中，对国际市场介入者而言，国际化推广和国内市场塑型是一个

同一体，解决国际竞争问题的核心还在于国内问题的处理。当然，对于后发国，国际拓展过程与国内积累过程是一个矛盾统一体，偏向其一，都会造成不佳的结果。这就意味着，消解我国职业体育消费外流问题不仅涉及体制、机制优化，还需首先解决理念问题。总体上，针对目前我国职业体育存在的消费外流问题，应该持客观的态度去看待，既不能悲观，又不能激进。首先，我们不能绝对化消费外流的负面影响，不能悲观失望地认为在西方职业体育强势介入的背景下，消费外流将导致中国职业体育无法有序发展和快速提升，更无法有效满足人民对美好生活的需求和促进我国体育项目国家竞争力的提升。事实上，在西方，职业体育联赛体系、俱乐部企业化和实体化、管理体制定型化、球迷等消费群体培育与定位等，都是用了半个世纪以上的时间方才达成，而中国职业体育（中超、CBA）仅用了 20 余年基本上就解决了。有资料显示，从上座率指标来看，中超联赛已经排到了世界第五位，稳居亚洲第一位。当前，伴随中国综合国力的迅速提升，在相关体育产业政策利好刺激下，中国职业体育的发展潜力无疑是巨大的，其国际竞争力必然随之而迅速提升，有能力在激烈的国际竞争中占据一席之地。其次，片面出于保障自身落后的职业体育赛事，而限制国外优质赛事资源的流入或者限制国内企业的海外职业体育赛事赞助与投资行为，可能也是不可取的。诚然，生产外流和消费外流是贸易得以维系的基础，同时也是社会进步的一种体现。关于贸易的好处，亚当·斯密时代就已然认识清楚，贸易是交易双方专业化生产的集中体现，因为"双方都专业化生产其低成本的商品并进口那些在国外可能更便宜生产出来的商品"。这样一来双方都有利，而且整个社会的生产成本下降了，社会财富和社会福利自然随之增加。职业体育市场运行中也是如此。循此，采取激进的方式保护我国职业体育，将其"养在温室"中，这种"温室花朵"又如何具有国际竞争力呢？而且如何让其承担满足人民对美好生活需求的责任呢？

事实上，对更高水平职业体育赛事消费需求的增加是中国经济社会发展的必然结果。随着经济社会发展，我国社会大众的生活水平得到明显的提升，过分追求物质消费的传统随着生活方式的改变而发生明显转变，休闲、娱乐成为人民对美好生活向往的现实表达。相关需求的满足背后蕴含着对休闲娱乐业态的诉求增加，优质的职业体育赛事即是其重要内容。同样，伴随中国经济发展，越来越多的企业开始走向世界。作为后入者，参与国际竞争的中国企业需要一个宣介的平台和载体，国外成熟的职业体育赛事大多具有相当的社会影响力，恰恰可以充当这一个平台。从这个意义上讲，对更高水平职业体育的需求和消费不断提升，这是我国经济社会发展到一定阶段的产物，是一个持续快速增长和迅猛转型的国家所经历的客观过程，而且伴随我国经济社会的不断发展，这种需求仍会持续增加。因此，容忍一定程度的消费外流是一个快速崛起的开放大国应有的立场。

当然，即便是容忍当前我国职业体育消费外流的存在，采取相关举措还是需要的。在体育强国建设背景下，职业体育领域应树立长期发展管理与短期宏观干预相结合的调控理念，分层次、分阶段的实施消费回流扭转战略。长期发展愿景与战略目标上，我国职业体育应以人民日益增长的对美好生活需要中的体育赛事需求满足为导向，强调职业体育发展目标的社会性回归。

为此，在国家层面应出台中国职业体育发展规划，切实推进我国职业体育长效发展，形成与我国国际地位相匹配的职业体育发展水准和格局；同时制定相关产业政策，引导我国职业体育相关主体首先立足占据国内市场，然后再谋求国际竞争，有计划地实现消费回流。在国家体育总局及相关职业体育管理部门层面，应采取行政、市场等多种手段推动发展规划的执行落实，适时发挥中国特有的社会动员力量，引领和影响市场主体的决策，特别是社会需求与消费决策，将职业体育市场运行体系嵌入中国社会结构和体育产业结构优化升级实践中来，寻求具有中国特色的职业体育累积性变迁路径。

**（二）把握双循环战略要义，深化职业体育供给侧结构性改革**

1978年的改革开放给中国带来了巨变。回溯40余年发展历程，中国经济经历了显著性发展阶段，从放开内需开始，然后是外向型发展时期，接着是"三驾马车"时代以及当前的新时代。也就是说，中国宏观经济存在一个特别显著的外循环发展阶段，其峰值在2006年，当时我国的外贸依存度达64%，随后开始下降，到2019年仅为31.9%。之所以如此，既有外部因素，也有内部因素。外部来看，近年来国际形势发生了显著变化，贸易保护主义抬头，世界经济秩序重新洗牌，中国经济发展环境变得更为复杂，特别是中美经济摩擦持续升级，外贸经济产业链循环阻断风险加剧。[1]与此同时，伴随我国经济社会发展，人民社会水平有了较大提高，广大群众社会需求也向着更高层次迈进，此时进一步提升经济适配性，打通堵点，提升国内消费水平和贡献度，调整优化国内供给体系以服务人民群众对美好生活需求，助推中国梦的实现，成为新时代应对内在诉求变化的选择。双循环发展战略即是基于此而来的。在谈到之所以要形成以国内大循环为主体、国内国际双循环相互促进的新发展格局时，习近平总书记强调指出："当今世界正经历百年未有之大变局，新一轮科技革命和产业变革蓬勃兴起。以前，在经济全球化深入发展的外部环境下，市场和资源'两头在外'对我国快速发展发挥了重要作用。在当前保护主义上升、世界经济低迷、全球市场萎缩的外部环境下，我们必须充分发挥国内超大规模市场优势，通过繁荣国内经济、畅通国内大循环为我国经济发展增添动力，带动世界经济复苏。"

不过，不同于宏观经济，我国职业体育并没有过明显的外向型发展阶段，或者说并没有完整的外循环体系，而且其内循环体系也不够完备。如此，借力双循环新发展格局，职业体育的双循环重点是对接国内需求培育供给体系，完善国内产业链，提升国内大循环水平，并借此促进国际循环，从而实现高质量发展。而

---

[1]杨铁黎等著.中国体育职业化发展环境研究 [M]，北京：北京体育大学出版社，2016，第98页

实践关键点在于深化中国职业体育供给侧结构性改革，以扩大内需。结合现实，深化职业体育供给侧结构改革，首先要深化管理体制改革，切实提升职业体育治理能力，保障循环的顺利进展；其次要畅通我国职业体育要素循环体系，提升场地、资金等方面保障能力，为循环提供支撑；最后，要立足我国职业体育竞争力提升，多策并举提升后备人才培养水平，补短板、强弱项。

此外，要放眼长远，引导我国职业体育精心培育发展基础，选择有序提升发展路径。策略上，同时，要坚持"两条腿走路"原则，强化内功占领国内市场为主导，但不可以忽视"走出去"参与国际竞争的重要性，走内源型发展与外向型发展相结合之路，适当时间可以出台我国职业体育海外拓展扶持政策。

### （三）转换发展动能，助推中国职业体育国际竞争力提升

从世界经验来看，后发国家的产业发展，往往存在两种可能性：一是由于发展定位准确，措施得力，发展与创新同步推进，物质基础、人力基础、制度建设等相关积累充盈，存在加速发展的可能；二是刚好相反，前期发展定位不准确，举措不得力，积累了过多发展矛盾，恶化了发展环境，提高了发展成本以及引起了竞争对手重视，面临发展减缓甚至停滞倒退的可能。客观上，上述两种可能应该是同时存在的。当然从促进产业发展角度，更倾向于排除第二种可能而强化第一种可能。要做到这一点，首先，要加强领导，保证有一个稳定、连续的发展战略。在全面深化改革和大力推进落实"放管服"改革的当前，强化国家对职业体育发展的坚强领导显得尤为重要，因为唯有在顶层设计上的做足文章，将短期发展目标与长期发展目标结合起来，才能保障我国职业体育走科学发展之路，防止其发展波动与起伏不定的局面出现。

事实上，近年随着我国经济社会发展，消费规模逐渐扩大，消费升级与引导已然引起相关部门的重视，相关政策也密集出台。如2015年国务院发布了《关于积极发挥新消费引领作用加快培育形成新供给新动力的指导意见》，提出以新消费引领新供给新动力的总体思路。2016年国家发展和改革委员会联合多部门发布了《关于促进消费带动转型升级的行动方案》，给出"十大扩消费行动方案"。2017年国务院办公厅又下发了《消费品标准和质量提升规划（2016—2020年）》，进一步规范消费品生产，提升质量，以更好满足人民消费需求。不过，相关文件中涉及体育领域的内容不多而且不够具体。而现有关于体育消费的文件，即《国务院关于加快发展体育产业促进体育消费的若干意见》（国发〔2014〕46号文）更多的是基于市场供给主体的优化举措。如此，出台相关政策以引导消费回流，提升国内消费循环水平成为现实诉求。策略上，应出台体育领域供给侧改革优化方案，并将职业体育赛事供给优化与消费引导作为重要内容提出。一方面，化解困扰我国职业体育赛事运作的机制问题，切实推进审批权放开后的赛事服务体系建设，做实职业体育赛事转播和招商中的垄断机制化解，解决职业体育市场运作与政府偏好协同及其引申出的职业联赛与国家队关系问题，从源头上给职业体育运营主体

松绑，并为其发展提供服务，改善其经营不佳和提升困难问题。另一方面，则需加强对职业体育赛事消费的合理引导。可以动用体育彩票基金、社保基金、体育产业引导基金等支持和引导居民进行我国职业体育赛事的消费；加大对海外职业体育赛事高额转播费、赞助费的监控与审查，规范其运营行为，减少垄断和溢出收益，规范职业体育赛事转播和赞助市场；同时加强对媒体海外转播权资源竞购、海外俱乐部投资的监管力度，完善相关监管制度，建立海外职业体育消费资金监控机制，防范资金外流。

可喜的是，2018年9月国务院办公厅下发的《完善促进消费体制机制实施方案（2018—2020年）》中涉及了解决职业体育消费外流的一些机制问题。如"加快制定赛事审批取消后的服务管理办法，建立体育、公安、卫生等多部门对商业性和群众性大型赛事活动联合'一站式'服务机制。……推进体育赛事制播分离，积极打造国家体育传播平台，引导有条件的地方电视台创办体育频道。打破大型国际体育赛事转播垄断，引入体育赛事转播竞争机制，按市场化原则建立体育赛事转播收益分配机制。积极培育冰雪运动、山地户外运动、水上运动、航空运动、汽车摩托车运动、电竞运动等体育消费新业态。"随后，2019年初国家体育总局联合国家发展和改革委员会发布《进一步促进体育消费的行动计划（2019—2020年）》。这反映了政府已经开始重视相关问题。当然，后续如何更好地推进政策的落实还有许多工作要做。

# 第二节　新时代中国特色职业体育建设机制

一般来说，事物在不同发展阶段会面临不同问题，需要针对性地解决问题办法。诚如前文所述，新时代中国特色职业体育建设区别于传统发展样式，谋求高质量发展、内涵式发展也不宜采用传统的方式方法，而是要转变发展理念，在创新发展机制上下功夫，以推动新时代中国特色职业体育建设的深入有序发展。

## 一、以创新为抓手提升新时代中国特色职业体育核心竞争力

关于创新的必要性，最经典的解释应该是李斯特的"梯子理论"，讲的是：当任何人到达了成功的顶点之后，他往往会采取一种常见的聪明手段，就是把自己爬过的梯子踢走，目的是使他人无法沿着同一副梯子追赶他。而韩裔英国学者张夏准在《富国陷阱：发达国家为何踢开梯子？》一书中更是旗帜鲜明地提出：当今发达国家正在试图踢开那个"梯子"，以阻止发展中国家爬到顶端。如此情形下，发展中国家所能依靠的手段只有一个，即自主创新。当今世界正经历百年未有之大变局，新冠肺炎疫情使全球格局正在发生重大变革，中美贸易摩擦持续升级，逆全球化浪潮加剧。当我们从跟随者变为追赶者，甚至是战略竞争者时，"玩法"

立即就变了。从芯片危机，到集成电路、操作系统、精密仪器困局，传统力图借助全球化实现产业升级的路径依赖亟待调整，创新驱动自主突破关键核心技术成为新时代中国高质量发展的必然选择。

顺应宏观经济运行也好，基于后发理性也罢，始于20世纪90年代的中国职业体育策略性地选择了"跟随跑"战略，在过去20余年发展中"节省"了"体力"，取得了应有成效。2019年国务院办公厅下发的《体育强国建设纲要》，站在中华民族伟大复兴的立场上，强调要推进包括职业体育在内的中国体育发展，积极探索中国特色发展道路，最终建成符合中国国情和中国实践、与中国国际地位相匹配的现代化体育强国，全面拉响了从"跟随跑"向"并跑领跑"进发的号角①。这意味着，中国职业体育也逐步进入依赖自主创新的发展新阶段。从目的上，以创新为抓手，旨在形成中国核心竞争力，其关键又在于发展动能的转换，需要在运营管理、竞赛组织、后备人才培养等领域下功夫型塑中国模式。

诚然，任何的创新改革都需要落地，都需要人去实践，去变为现实。而这种将创新理想变为现实的人，即企业家恰恰是当下我国职业体育所面临的一个大问题。即便是当前疫情防控背景下，我国也不缺少职业体育投资者，但是有投资者不意味着就可以承担其引领中国职业体育创新发展的重任。事实上，恰恰相反，企业家精神缺失的投资者众多恰恰是引致我国职业体育现实困局的关键，也是制约中国特色职业体育创新发展的核心要素。现代经济学界对投资者（或商人）与企业家有着明显的区分——前者以赚钱为目的，注重职业体育投资的工具性；而后者则以服务社会发展为己任，注重对职业体育本真价值的追求。近年来，我国职业体育领域的"退出潮"为我们观察商人的实践表现提供了机会与可能，总结起来可能至少涉及以下几点：

（1）离钱太近，离使命太远。职业体育投资者的目的是为了赚钱或者说为了谋求赚钱的渠道，比如获得社会地位、提升社会影响力、搞好与政府之间关系，最后可以成为政治人物，获取政治权利。从本质上看，这种商人定位本来是没有问题的，因为一旦我们定义职业体育是遵循市场规律的经济运行样态，在商言商、赚钱获利是必然的。但问题是职业体育的一大特殊性在于其无法单纯依靠金钱就可以解决问题的，需要初心——热爱体育（或者是参与爱好者，或者是球迷，或者是其他）。有了这一使命感，方能正确引导俱乐部走出金钱崇拜的异化实践，脚踏实地地搞好职业体育。

（2）离市场太近，离体育太远。对于一个市场社会而言，消费者的需求是关键，这就要求企业接近社会，对接与依赖消费者，服务好消费者。对于职业体育而言，就是要为球迷提供精彩的体育比赛，为赞助商提供有影响力的赛事。但是，在中国实践中这一逻辑发生偏移，追求职业体育赛事的衍生效益而不是本真的效

①李崇飞著.中国体育产业发展研究［M］.武汉：武汉大学出版社，2016，第86页

益，热衷于知名球星、著名教练引入而忽视后备人才培育、球迷文化和俱乐部社会责任打造。

（3）离机会太近，离规则太远。这一问题在近10余年特别明显。2010年《国务院办公厅关于加快体育产业发展的意见》（国办发〔2010〕43号）出台以后，中国职业体育迎来了快速发展，大量资本进入职业体育领域，投资与运营门槛进一步拉高。当然，这些新进的投资者之所以进入职业体育（足球、篮球等）可能并不是因为他们喜爱足球、篮球或者其他运动项目，真实的想法是进入体育产业这一蓝海，至于是"玩"体育，还是"玩"房地产或互联网，那些不重要，重要的是这个市场是有潜力的、有政策预期的。把握这个机会特别重要。而片面追求对机会的追求，便会失去理性，而压低风险又自然衍生出规则意识的淡薄。

当然，我们也认识，后发的中国职业体育尚处于完善与发展之中，同时中国宏观经济社会环境的快速变化，特别是需求的快速涌现和法治化尚待建设，这可能在一定程度上造成了中国职业体育投资者的盲目跟风等不良行为出现。具体原因可能至少包括：（1）社会转型阶段，社会氛围的影响。宏观实践中企业家精神的缺失，赚钱多少成为评价一个人成功的核心指标，也是企业存在的唯一目标。如此背景下，企业的目的即在于赚钱，为了赚钱甚至于社会公德都可以违背（近年的社会公德违约事件）。现实的职业体育投资主体行业分布大体也是呈现出相类似的特点，大多数企业集中在最赚钱的、能快速赚钱的行业。如20世纪90年代前的煤炭行业、近些年的房地产、物流、互联网行业等，都成为各类企业热衷进入的行业。体育行业作为近年的朝阳行业，职业体育赛事这一关键领域自然少不了得到资本的关注，而进入的资本也往往遵循相近的逻辑，跟风赚钱，而缺乏久久为公、持之以恒的追求与格局。（2）中国职业体育自身盈利能力不足，产品附加值低且开发困难。前者大体从行业亏本情况即可看出，没有办法自主生存是当前中国职业体育（俱乐部）的基本状况。一度引起很大轰动的广州恒大足球俱乐部的上市与退市即可证明这一点。具体来说，产品附加值低指市场简单、赚钱渠道不足，而开发困难则是运营成本降低困难。（3）中国职业体育整体营商环境不佳。相关内容将在前文已有专门论述，不再赘述。

鉴于此，后续强化市场选择，从制度、文化等层面强化法治建设、增强社会责任意识，以实现中国特色职业体育经济效益与社会效益的有机统一。当然，更重要的是，这一过程是具有明确导向的——是需要在中国特色职业体育的创新实践中得以实现的。

### （一）创新我国职业体育运营管理，在规范化上做文章

职业体育是在市场机制中形成的，遵循市场原则进行资源要素配置是其显著特征，也即效率至上、效益优先是职业体育进行运营管理的基本坚持，从组织设置、到机制选择，都是应如此。比如在西方，职业体育联盟的产生，就是这种原则的集中体现。从协会层面看，由于自身管理事务的复杂性而无暇顾及、抑或自

身专业化程度不够以及还有更为有效的利益追求，此时就需要其他组织来代为运营职业体育，联盟即是明智之选；从俱乐部层面看，则可以看作是利润最大化的表现，说白了归谁管都一样，但是联盟比协会更节约；从联盟自身来看，是边际效用最大化的结果；从外周环境看，是法治化、社会组织化、社会治理等理念运作的结果；从政府监管角度看，符合政府运行的多元主体思路，将鸡蛋放在多个篮子中，即俱乐部、协会、联盟中，这样便于管理和相互制衡。总之，贯彻市场原则，最大限度调动多元主体积极，更好提高资源配置效率，是职业体育运营管理的基本特质所在。进一步讲，遵循职业体育一般范式，强化市场机制效用，推进新时代中国特色职业体育建设，需要在规范市场组织主体关系、规范运作流程等方面上下功夫。

1. 规范职业体育市场组织，选择适合中国的职业体育运营组织

诚如前文所述，当今世界职业体育运营主体存在多样性，有的是协会，有的是联盟，还有的共同体运营或政府运营，到底选择哪一个，是基于特定市场背景选择而定的。那么哪一个具有市场运营优势，哪一个就是适合的，这是非常浅显的道理。目前，中国职业体育大体也存在至少三种样态，即政府运营（项目管理中心运营）、单项运动协会运营、完全联盟运营（如CBA），并且短期无法简单评估孰优孰劣。不过一些特征是可见，即越是接近市场的运营样式，越需要政府或协会去托底。如CBA联盟的发展，需要低级联赛NFL或CUBA为之提供人才供给，而后者又需要更多的公共资源去支撑，因为他们的盈利能力不足以维系自身生存。由是，后续推进市场化改革的实践，不论是强化联盟建设，还是强化协会实体化运营，都离不开非市场力量（政府公共服务支撑力量）的作用，因此将职业体育与新型举国体制结合起来的方式也需是适合中国职业体育。具体来说，这一体系的上端以市场机制为主体，追求资源配置效率并依靠"三员"的高收入来牵引下层发展；下层则以满足社会大众参与或青少年发展需要的政府公共服务供给为支撑；联系中间的是资源配置效益和需求满足收益，并以职业体育的经济价值和社会价值的形式表达出来。

2. 规范资源流动与配置，寻找适合中国的职业体育运行机制

首先其核心是构建符合中国现实需要的职业体育后备人才培养体系、赛即运动员、教练员、裁判员。事体系、运行体系，进而实现资源的流转顺畅与效能延展，从而保障各方获得满意的结果。职业体育作为一种竞技体育市场化运行模式，归根到底是要追求经济效益的。而在追求经济效益的同时如何充分发挥职业体育的社会效益，必然涉及相关利益补偿，但是补偿的额度、范围等需要规范化、制度化。如职业运动员在国家队竞赛中的权益保障，特别是涉及伤病问题时，只有各方职责担当、权益划分明确了，才能消解阻隔，实现共赢。其次，职业体育有序运作离不开人力资本的规范确立，职业运动员、职业裁判员的身份确认及其在市场运作实践中的权益保障是解决相关市场主体"后顾之忧"的关键所在。由是，

规范中介市场，建立相应的法律制度是必要的。此外，职业体育运作实践中还涉及众多微观事物的法律保障问题，如电视转播权合同规范及相关分销机制、球场控制及暴力事件处理等。实践中，相关法律的出台应多立足服务职业体育有序运行、保障健康发展的立场，在权利规范、利益协调和机制保障上下功夫，适时制定出台"职业体育条例"以全方位规制中国职业体育发展，化解不必要的运行风险，促进职业体育勾连群众体育、竞技体育的价值实现，释放其在新时代体育强国建设中应有的新动能①。

### （二）创新我国职业体育竞赛组织，在科学化上下功夫

在中国，体育职业化是指部分专业化的高水平竞技体育项目转化为职业体育的过程。高度职业化的体育运动走向产业化的方向，最终形成了真正意义上的体育产业。体育运动项目职业化道路有两种，一种是以职业体育俱乐部为主体，如中超联赛俱乐部；另一种是以赛事组织为主体，如上海F1赛事、上海大师杯网球赛、北京国际网球公开赛等。现实中，两者走了两条不同的改革发展道路，前者往往在市场管理体制与机制上下功夫，后者则往往被作为打造品牌赛事来看待，割裂两者之间联系的局面亟待改善。而这也恰恰是后续中国特色职业体育建设的重要内容。职业体育改革问题是一个极其广泛的问题，以更好满足需要的竞赛组织科学化方向是极其重要一环。

职业体育的产生，首先是竞赛的专业化，要求球员的专业化、职业体育组织的专业化，商业化的组织模式开始进入职业体育领域；其次，管理运营的专业化，需要专业人员从事职业体育运营管理，职业体育经理人开始出现，组织复杂化，委托代理关系出现。伴随着中国职业体育的深入发展，科学引导各相关利益主体的发展，更好畅通要素配置和运作流程，依靠市场激发各种利益主体积极性，是下一步工作的重要内容。

职业体育竞赛组织的目的是为了满足社会大众观赏需求，或者说职业体育产品供给是以服务消费者为主导的。现实中，迎合主要消费者的利益取向，呈现随之改变而改变的特质。如早期的消费者以现场球迷为主，则职业体育重视赛事产品自身的叙事；随着传播媒介进入并成为大客户后，迎合传媒要求，或者改变规则（如NBA电视暂停等）或者改变形象（职业足球赛场的布置和用具球服颜色等差异化的要求等），创设更大的盈利。这是符合理性的选择结果。当前，随着数字时代的来临，网络成为新的载体，需要职业体育在竞赛组织上更加多元化。由是，面对中国互联网迅猛发展，新时代中国特色职业体育建设需要跟随时代发展脉络，沿着增设新体验、扩大社会大众参与度的改进路径，灵活赛事组织与运营方式②。

---

① 李崇飞著.中国体育产业发展研究［M］，武汉：武汉大学出版社，2016，第99页

② 梁华伟主编；闫领先，薛红卫，王虹副主编.体育赛事组织与管理［M］，上海：上海交通大学出版社，2018，第52页

此外，遵从职业体育的内在规定性，更多依赖社会和市场的力量，重新思考中国特色职业体育理论依托和实践路向成为必须。基于当前我国职业体育所处的特定经济社会环境，尝试建构中国特色职业体育发展模式，需要转变"大锅饭式"的职业体育均衡发展思维，把握数字经济时代职业体育发展规律，容许和鼓励少数联赛、少数俱乐部"先富"起来，做大做强这些"先富"者，然后"先富"带"后富"，也即利用"先富"打造有竞争力的职业赛事品牌，提高联盟竞争力、盈利能力，进而提升中小俱乐部生存能力，最终放大联盟规模效益。

**（三）创新我国职业体育后备人才培养，在体系化上强保障**

在西方，职业运动员作为具有特殊体育运动能力并以体育为职业的人，是由西方社会广泛认同的运动人（sportsman）演化而来的。早期西方体育运动员，多为具有社会地位（如贵族绅士），其余暇时刻的体育竞赛实践往往又带有贵族所特有的气质，并无形中型塑和彰显独特的体育精神。这一体育精神，涉及"技艺、技能""地位、资格、身份""伦理、规范"等特质[①]。换句话说，由西方贵族主推兴起的现代体育，从其产生伊始就明显带有鼓吹绅士风度，宣扬具有伦理取向的体育风尚；而其参与者应展示出相应地技能、行为和举止以及被期望的伦理规范。随后，随着经济社会发展，特别是城市化的加速，绅士体育逐渐走向世俗化，大众体育参与得以蓬勃发展，竞技体育运动出现职业体育分支。而且，不论职业体育运行目标、运行模式，抑或运行样态、运行机制如何演化，但是其内嵌与西方资本主义经济伦理之中的规定性，保障了其主体（职业运动员等）行为上的合规范性、合伦理性。由此观之，西方职业运动员从其产生开始就带有明显的合社会规范约束的伦理保障体系，且这种体系是内嵌于职业体育运行体系之中的，是自带的。同时，职业体育之所以能够跳出传统竞技体育的范畴，变为一种独立的、特殊运行样态，在于其运动竞赛的专业化、职业化，不是高精尖的运动人才是无法进入职业运动员领域的。换句话说，西方职业体育形成时，职业运动员就是代表着具有最高运动技能和职业意识的一群人，也正是在这个意义上，早期才出现关于奥运会职业运动员与非职业运动员的争论。而随着西方职业体育的发展，西方形成了较为成熟的运动员培养体系，并站在培养社会精英人才的思路上推进职业运动员的培育，将运动员培养成为一个融竞技能力、职业道德、社会责任于一体的全面发展的人。当前，主要用两者比较常见的职业运动员培养体系，一种是以学校为中心的模式，并支撑着北美职业体育联盟的发展；另一种则是俱乐部为中心的模式，在足球等欧洲职业体育联赛中广泛存在。当然，不论是哪种模式，其都带是顺应职业体育市场化发展实践中逐渐制度化的，并形成了程序规范和行为规范的双重保障体系。而且，正是这种嵌入式的协调均衡，保证了西方职业体育的全球领先地位。

---

[①]李龙著.中国体育产业发展问题的伦理审视［M］，北京：中国经济出版社，2017，第36页

　　依赖体制转轨而来的我国职业体育，在解决基本赛制设置、俱乐部建设和联赛运营建设的同时，逐级注重职业运动员培育工作，推出了一系列重要举措。在CBA，大学生运动员的选秀加入已经不再是新闻；在中超联赛，鲁能足校、恒大足校等已经被业界认同。当然，在肯定成绩的同时，必须清醒认识到：我国现有职业运动员综合素养已经远落后于职业体育发展的现实需求，职业体育深度发展迫切需要更多受高水平教育的运动员。厚重的职业体育人才积淀才是支撑我国职业体育发展及中国特色职业体育建设的关键。结合当前现实，创新职业运动员培养理念，重塑职业运动员培养体系，宜在以下方面下功夫：

　　（1）回归育人本质，明确职业体育后备人才培养目标。要将职业体育后备人才培养纳入整个国家青少年发展计划之中，摒弃为了培养"运动员"或者"体育从业人"的不良习惯，重回育人路径。为此，要以"全人"教育和终身教育理念，培养符合现代社会发展所需"四有"人才，这既符合国家社会发展趋势，又突出运动员全面发展的先进理念。

　　（2）转变运动员培养理念、明晰培养路径。2021年举行的东京奥运会，充分证明了科学化训练在运动员培养方面的功效。这一成功的经验，值得我国全面推广，特别是在职业后备人才培养上更应如此，强化科学选材、科学训练、科学管理。同时，在凝聚各方共识之下，充分调动社会及个人参与职业体育发展积极性，以科学发展观为指导，统一培养路径与模式，发挥各培养模式实际效用，做到"人尽其才，物尽其用"。

　　（3）深度融合体育与教育两大系统，优势互补，资源整合，使人才培养全面高效。与此同时，要建构完善的继续教育体系。现有体制沿革缓慢的情况下，建立起高效的继续教育体系，以弥补培养路径中文化和综合素质教育的缺失，也不失为一种有效的措施。

　　总之，竞技体育职业化进程中，高质量人才培养是关键。亟需改变传统体育人才培养体制中"重训轻学"的培养理念，以培养全面发展的人为出发点，重塑人才培养路径；改变体教结合模式"鸡肋"的现状，有效促进体、教两条培养路径真正深度融合，形成运动员培养"体教一体化"的大格局。

## 二、以开放为支撑引领新时代中国特色职业体育向纵深发展

　　对外开放是我国经济社会快速发展的重要动力源泉，这是用了40余年实践证明的。进入新时代后，国内外形势发生了显著变化。国外层面，一方面是数字经济兴起，智能化提速，新工业革命到来，全球治理逐渐复杂化；另一方面是民粹主义抬头，逆全球化加剧，贸易摩擦，特别是中美关系变化，预示外部环境呈现恶化倾向。国内层面，新时代社会主要矛盾发生变化，满足人民群众对美好生活的需要对高质量发展提出了更高要求，而渐进式增量改革进程中累积的体制、机制问题，在经济不确定性中被进一步激发出来，并显示为运行风险加剧。面对百

年未有之大变局，将对外开放进行到底，成为把握机遇应对挑战的重要支撑力量，也是全面深化职业体育改革、推进中国特色职业体育建设的题内应有之义。

诚如前文所揭示的，我国最早接触到的职业体育本身就是西方职业体育全球化发展的结果。20世纪80年代后期的NBA、意甲联赛开始通过中央电视台走进中国社会大众；而关于职业体育运营特征也伴随"兵败汉城"的业界反思变得清晰。这之后才有了中国职业体育的发展实践，从足球、篮球、排球，逐渐拓展开来。在一定程度上，国内层面改革开放在体育领域的尝试与国际层面的职业体育全球化扩展的一次相遇，催生了中国职业体育。当然，在中国职业体育发展过程中，西方职业体育不仅没有停止全球化发展，还变换了发展思路，值得重视。

**（一）树立共生理念，引领新时代中国特色职业体育走向世界**

全球化，作为当今人类社会生活、经济生产等实践活动的重要依存，在一定程度上预示人类能力的扩张。其中，最为显著的便是将人类利益结构的单位从国家中释放出来，使得各国利益高度交融的"地球村"成为可能。当然，多民族、杂信仰的人类社会，特别是经过国家发展"洗礼"后，如何保持这一利益链条的完整性、合理性，成为难题。现实中，贫富差距、环境污染等即是在为人类社会的可持续发展敲响警钟。求同存异，关注共同利益显然是切合全球化发展的。在这一方面，中国共产党和中国政府提出的"人类命运共同体"值得推崇。事实上，早在2012年党的十八大即提出："要倡导人类命运共同体意识，在追求本国利益时兼顾他国合理关切"。关于人类命运共同体，习近平总书记强调，"构建人类命运共同体，关键在行动"，指出："国际社会要从伙伴关系、安全格局、经济发展、文明交流、生态建设等方面做出努力"。具体来说，就是要"坚持对话协商，建设一个持久和平的世界，""坚持共建共享，建设一个普遍安全的世界"；"坚持合作共赢，建设一个共同繁荣的世界，""坚持交流互鉴，建设一个开放包容的世界"；"坚持绿色低碳，建设一个清洁美丽的世界"。在另一个层面，党的十八大以来，"共建、共治、共享"的社会治理理念与实践已经在中国产生显著的成效，有效增强人民群众的获得感、幸福感、安全感。

20世纪日本学者尾关周二在《共生的理想》一书中，将共生与社会发展阶段联系起来，认为共生的三种类型，即圣域共生、竞争共生和共同共生，分布对于前现代社会、现代社会和后现代社会。按照苏国勋教授的解释，圣域共生更多带有涂尔干机械团结的意味，与宗教社会联系密切；竞争共生则是现代市场经济背景下的行动逻辑，遵循理性人立场在"看不见的手"指引下追求效益最大化；而共同共生则带有超越民族、国家，乃至人与自然关系的立场，强调和谐共生的价值，切合中国传统文化的思维模式。诚然，我国职业体育的兴起发展于全球化潮流之中，是西方职业体育文化拓展的内在反应结果。后发性，是中国职业体育在全球体系中的基本定位。循此定位，在处理与西方关系上需要遵行共生发展理念。为此，首先要摒弃传统的单面思维，抛弃世界上只有一种职业体育运行模式和作用方式的固有观念；同时还要扬弃零和博弈逻辑，借鉴东方文化的历史综合逻辑，用和谐共生理念指引下的双赢、多赢游戏逻辑取代零和游戏逻辑，建立长期相互依存、共同发展、损益与共的运作方式。

其次，要跳出体育利益或者经济利益的职业体育全球化运作定位，转而放在文化全球化的立场之中思考。在文化发展层面，全球化实质上是不同文化相互传播、密切接触、多元交融、共同发展的过程，丰富生动、多元共生、更好满足多样化需求是全球化立场中文化运作之道。于是，在全球化这一实践之中，交流创造是主导的方向；相反统一、同化则意味着剥离了文化原本的色彩和土壤，其结果必然是导致文化的消亡。也即，出于满足不同地区、不同背景、不同诉求的需要，职业体育这一社会文化构建物也应遵循多样性的发展路向，以适应外部环境。

此外，树立大国担当意识，在重塑职业体育世界体系实践中锤炼本领，切实提升自身实力和影响力，引领中国特色职业体育走向世界，成为展现中国特色的一张新名片。俗话说，"打铁还需自身硬"，"没有金刚钻不揽瓷器活"。在世界多极化、复杂化不断加剧调整时期，唯有中国职业体育展现了超出常态的竞争力、具有了足够的话语权，方能在全球化实践中发挥其功能。于是，立足自身发展，在全球化大潮中锤炼本领，是中国特色职业体育建设的重要内容和任务。

**（二）跟随全球化潮流，拓展新时代职业体育对外开放宽度**

诚如前文所述，全球化所引致的职业体育现实发生着，从资源链、价值链到产业链。而且全球化实践中职业体育的产业链整合，不仅发生在联盟内，还实实在在的型塑和维系着全球职业体育产业链结构体系。在这样一个层次化体系中，各国职业体育根据自身的竞争力、对产业的影响以及其他相互关系，选择性（或被选择性）地占据特定位置，共同遵循品牌规则，维系全球范围内的职业体育大产业。当然，由于西方职业体育的先发禀赋，在曝光度、影响力等品牌力方面具有明显的领先优势，这直接决定了它们占据第一梯队，而其他国家联赛为辅助补充的职业体育布局特征。以职业足球为例，赛事供给链的主体是欧洲五大联赛；人才供应链以欧洲和南美为主体；赛事需求则扩展到全球，形成了一个较为完整的产业链体系。

当然，职业体育全球化也不是一成不变的，相反根据现实需要时刻发生变化是常态。于是，把握世界潮流，优化发展路径，在融入全球化进程中，最大限度提升中国特色职业体育建设水平，需要进一步反思我国职业体育改革实践，以更加积极的心态去应对全球化，以期在对外开放中实现拽进中国特色职业体育建设的目标。

1. 反思发展定位，以全球视野定位我国职业体育发展目标

从发展定位上看，我国职业体育仍具有传统性。或者强调竞技体育节约化发展，提供一种新的后备人才培养模式；或者认为适应时代需要；提供认为一种可以满足人民群众观赏需求的体育娱乐产品，丰富了社会大众生活；或者在全球化

进程中，认为别人如此我们也应该如此，而且这种模式可以带来较为可观的经济收益，顺应了中国经济社会发展的取向。

发展大潮瞬息万变，与之对应的发展战略（机遇）也顺应之变幻莫测。现实中我国职业体育没有形成与全球化（特别是全球职业体育价值链体系）相吻合的目标体系；在具体发展目标上至今仍未超出商业体育与专业体育之辨，加之诸如服务新时代体育强国建设、满足人民对美好生活中的高水平赛事观赏需求等目标过于宽泛，职业体育不同主体理解有别、目标有异，致使我国职业体育错失了跟随世界职业体育以产业链打造为中心的现代性改造以及融入世界职业体育发展潮流的参与式竞争实践。面对当前西方职业体育的有序发展与适时转型，作为后发者，我们需要准确把握全球战略定位和当前地位，摆脱类西方职业体育"零和博弈式"的强权意识，促进谋求世界职业体育共同发展的大国意识形成，在更好满足世界各族人民对赛事消费的需求实践中改写全球职业体育产业链，并在这一实践中形成与国家地位相匹配、具有中国特色的职业体育体系。

2. 反思发展模式，把握时代特质提升我国职业体育发展水平

后发的我国职业体育，由于产生方式、管理体制、发展周期等原因，仍处于寻求切合的发展模式阶段。现实中，举国体制与市场机制之间协同融合机理有待探解，政府、协会、联盟、俱乐部等相关主体之关系尚待进一步明晰；而过度关注与依赖政府，在一定程度上制约了我国职业体育对社会与市场变迁的灵动把控。更为关键的是，我们对职业体育全球体系的认识更多的是基于静态的判断，即认为职业体育是立足于传统的以球场为中心的运作方式，没有意识到新时代职业体育的一系列变迁，特别是数字经济、社交媒体的功用。同时，也没有意识到全球范围内职业体育是个大产业，存在明显的产业链体系，形成较为稳定的价值整合和增殖结构。打破这种全球范围内的产业闭环结构，需要突破口，而恰恰这是中国所拥有的，即我们有特别广阔的消费市场。于是把握时代消费需求变化特征，针对性进行调整优化成为应对全球化推进中国特色职业体育建设所需要关注的重要内容。

从发展方式上看，我国职业体育带有明显的西方借鉴色彩，没有形成根植于中国职业赛事需求实际的运作模式。在联赛层面，忽视具有中国特色的职业体育赛事营商环境打造；在俱乐部层面，则显示为运营工具性突出，俱乐部投资、俱乐部冠名、主场设置等更迭频繁，忽视职业体育无形资产打造，更没有把握当前信息时代的品牌运营的基本趋向。中外职业足球俱乐部疫情期间的社交媒体互动状况大体可以证明这一点（见表6-3）。扭转这一局面，需要顺应数字经济运营方式，把握全球化、数字时代职业体育运营规律，研究利用中国市场潜能和政策优势，依靠强势的赛事消费引导职业体育市场生产；同时，需要规范我国职业体育营商环境，并从商业和传播两个层面入手促进资源整合，型塑中国职业体育核心竞争力。

表6-3　疫情期间中外职业足球俱乐部新浪微博互动情况统计（2020年4月）

| 俱乐部 | 粉丝数（万人） | 互动情况 | | | |
|---|---|---|---|---|---|
| | | 互动总频次 | 动态分享 | 视频分享 | 交流互动 |
| 广州恒大 | 789 | 8 | 5 | 0 | 3 |
| 上海上港 | 84.8 | 8 | 7 | 0 | 1 |
| 北京国安 | 537 | 25 | 24 | 0 | 1 |
| 江苏苏宁 | 200 | 77 | 36 | 1 | 40 |
| 巴塞罗那 | 790 | 175 | 90 | 43 | 42 |
| 利物浦 | 319 | 247 | 97 | 97 | 53 |
| 尤文图斯 | 267 | 202 | 66 | 67 | 69 |
| 拜仁慕尼黑 | 406 | 356 | 218 | 58 | 80 |

3. 反思发展重点，转换对外开放逻辑加强我国职业体育国际竞争力建设职业体育是一个较为复杂的运行系统，运动竞赛、俱乐部联盟管理、商业运营及市场治理，涉及面广，运营复杂。我国职业体育从早期搭建竞赛体系，到推进产权和要素市场建设，再到运营管理体制建设，不同阶段发展重点不一，且取得了极其显耀的成绩。其间，积极融入国际市场，也取得了进步。如中超联赛的国际排名不断升高，众多国际球星效力中国联赛。当然，需要指出的是，当下我国职业体育领域的对外开放更多还是停留在国外生产要素与国内市场之间的结合上，引进高层次教练、球员无一不是如此。这种开放带有一定的"对内开放"色彩，而且其深度明显不足，后续如何深入推进显然关乎我国职业体育核心竞争力。

为此，一方面要进一步推进对内开放的力度，从单纯引进国外运动员（外援或者归化）向引进或共建运动员培养体系、训练基地等综合体系发展，并且鼓励海外资本投资中国职业体育俱乐部，参与运营中国职业体育联盟，借助海外资本的进入，学习国外职业体育运营经验与管理技术。另一方面，向外走出去，积极参与国际竞争，在竞争中锤炼本领，改进不足，实现与国际接轨，与国际同步。

4. 反思发展路径，转变思路主动融入数字时代全球职业体育价值链重塑实践

沿承传统改革路径，在取得成绩的同时必须认识到：制约我国职业体育发展的关键环节是无法通过借鉴西方模式或者遵循渐进式发展路径即可有效化解的。同时，要认识到我们引进国外职业体育产品，不仅是为了丰富国内赛事资源，也不仅是为了培育赞助商、转播商及相关中介机构，培育和发展中国职业体育消费市场、创新与提升中国职业体育运营水平才是其根本目的。

为此，要把握数字时代职业体育品牌运营规律，主动融入全球化职业体育品牌价值链体系，积极发挥中国超大市场牵引作用，吸引高流量、高附加值的高端要素资源为有所用；同时要摆脱惯性思维，充分利用我国的制度优越性，积极解决诸如后备人才培养、职业体育市场盈利能力和治理能力提升等"卡脖子"问题，

引领相关职业体育联盟（俱乐部）进行产品升级和市场升级，走出价值链的底部困境。

### （三）强化营商环境建设，推进新时代职业体育对外开放深度

诚如前文所强调的，营商环境不佳是当前我国职业体育的重要社会现实。然而，它却与全球市场竞争关系密切，有无良好的营商环境，直接决定着我国职业体育市场开放的深度和效度，因为开放也是需要条件，基本要求就是规则一致。降低风险、缩减成本，与职业体育发展相适应的治理体系和治理能力，在全球市场中是以营商环境显现出来的。然而在法治中国、体育强国建设进程中，当前我国职业体育边发展边治理的同时还需应对全球化的影响；加之基础性构件建设不力，人财物信息等关系职业体育有序发展的"四梁八柱"面临着"地基不牢"的状况，这无形中增加了我国职业体育营商环境建设的复杂性，更加凸显了相关建设的必要性和紧迫性。而且职业体育营商环境建设关涉甚广，不仅涉及对多元主体的激励与约束，还涉及从组织、制度等多种机制，更为重要的是营商环境建设实践往往是一个复杂的推进过程，与职业体育其他相关改革有着极为密切的套嵌关系。这也意味着，我国职业体育营商环境建设，还需要回到我国职业体育改革发展实践中，把握制约其有序发展的痛点、堵点，并基于此精准发力。

1. 把握服务面向，整体谋划推进职业体育营商环境建设

诚如前文所述，职业体育营商环境建设的目标导向上带有明显服务市场主体的规定性。发挥市场的决定性作用，服务市场主体、借力市场主体，助力职业体育高质量发展应成为职业体育营商环境建设的基本坚守。这就要求，推进职业体育营商环境建设中，要理清职业体育营商环境建设、职业体育改革、职业体育发展之间关系，明确改革为了建设、建设的目的则是发展这一基本逻辑。实践中，树立以市场主体力量是否有效发挥、职业体育是否有效发展为建设成效的判断标准；相反，一切围绕职业体育营商环境打造的举措都不可以喧宾夺主，消解市场的力量，更不可以以影响职业体育长远发展及其相关主体利益。

鉴于我国职业体育营商环境建设的起点较差且带有复杂性的特质，宣传承和遵循渐进式改革路径，"按照一定层次"科学谋划扎实推进。当然，这种层次序列不仅体现在要遵守先易后难的原则，更要结合我国职业体育发展问题和职业体育市场结构形成规律。宏观层面，首先应该继续强化职业体育市场氛围打造，将职业体育市场"做热""做大""做强"。只有职业体育这个"蛋糕"做好了，有了赚钱效应，后续改革才有依托，才有可能进行下去。这就要求职业体育相关管理、运营部门不能冒进，要把握好改革的时机和节奏，避免一个立意很好的改革政策（如足球俱乐部名称中性化改革）出台，却引致职业体育（俱乐部）投资者、赞助商等纷纷"离场"局面的出现。同时，要进一步加强外周软环境建设，择机再推进相关体制和机制改革。考虑到我国职业体育发展进入深水区，存在一定程度的既得利益干扰问题，当前搭乘法治中国建设的"快车"，进一步加强职业体育相关

制度建设，并增强制度执行力可能是明智的。而中微观操作层面，宜在前期职业体育市场创建和俱乐部（联赛）所有制完善的基础上，分"两步走"推进职业体育市场及其支撑体系建设。第一步借力全面深化改革的"政府再造"实践推进职业体育关涉资源的价格机制搭建，着眼于解决包括运动员、体育场馆、安保服务等价格信号失真问题，让供需关系、成本收益成为决定职业体育资源配置的有效力量。必要时，可以进一步优化职业联赛准入制度，给职业体育联赛结构性"洗牌"创设条件。第二步则在健全的职业体育赛事市场和要素市场发育成熟基础上，围绕俱乐部和联盟构建职业体育利益共同体。而伴随我国职业体育统一开放、竞争有序的市场体系和宏观治理支撑体系的形成与完善，一个切合我国国情且有国际竞争力的职业体育营商环境也即基本成型。

2. 明确利益各方定位，科学谋划推进职业体育营商环境建设

旨在消解运行中不确定性的营商环境，关乎职业体育竞争力，其反映的是职业体育运营综合生态，关涉职业体育多主体的利益。这种公共产品属性，意味着需要职业体育相关利益主体共同努力、协作搭建。换句话说，职业体育营商环境建设不能仅仅依靠某单一主体的努力。事实上，当前阻碍我国职业体育发展的关键因素在于政府与社会组织、市场组织之间的关系不清。也即，后续明确各方主体利益关系成为我国职业体育营商环境优化建设的关键，进一步讲，需要多策并举明晰政府、单项协会、职业体育联盟（俱乐部）之间权责利关系。当然，职业体育营商环境建设又不能仅仅依靠市场力量，需要政府首要责任的发挥和主动作为，同时，社会相关利益主体的有效参与具有重要意义。由是，基于激发各关涉主体效用，考虑到中国职业体育营商环境建设的特殊性和复杂性，宜坚持以政府主导推动、市场内生力量发挥及社会有效参与的建设策略。

对于政府主体来说，首先需进一步明确自身服务型角色定位。跳出单纯体育部门的片面思维，联系经济、法律等相关部门，积极为后发的我国职业体育市场主体出谋划策，解决其现实问题。比如推进税费改革，为职业体育赛事供给与消费正税减费；推进"放管服"改革为市场主体打造公平、高效的市场环境。其次，有效搭建"一项制度、两个清单（权力清单、责任清单）"的权责体系，同时强化法治引领作用，将公平竞争理念贯彻到职业体育赛事生产、运营和消费的全流程，加大对诸如球员转会、电视转播、赞助营销等职业体育重点领域的监管和执法力度，推动联合惩戒制度建设，完善职业体育仲裁制度和纠纷解决机制，形成"事前—事中—事后"一体化的法治防范与处置机制。此外，还应基于体育赛事和体育市场运营特点，并针对职业体育特色，从其相关市场主体角度出发，基于政府、单项协会、职业体育联盟、职业体育俱乐部等主体职责，积极研究制定落实《优化营商环境条例》实施方案，给出具体可行的推进方式和保障举措，形成路线图和时间表。对于市场主体来说，深刻把握职业体育市场运营规律，自觉将公平竞赛、平等竞争的理念运用于运营实践中，尤为重要。事实上，从学理上讲营商

环境打造的内在动力源自职业体育市场主体，它们有迫切愿望打造良好的营商环境，消解运作中的成本问题和不确定性问题，实现投资职业体育的效益最大化。当然，鉴于我国职业体育的后发性以及转型发展特性，其建设的关键又在联盟。为此，要强化联盟建设，使得联盟真正成为代表俱乐部利益且有助于利益共同体形成的组织，并基于自身的能力提升开创我国职业体育有序运营、诚信自律、积极进取的格局。同时，要进一步明确联盟与俱乐部之间关系，增强联盟的代表性。在此基础上，联盟应制定职业体育运营中的"黑名单制度"，强化对职业体育运营秩序的维护，引导俱乐部根据职业体育赛场和市场运营规律，破除和杜绝"涸泽而渔"、恶性竞争等不良倾向，真正成为事关职业体育长效发展的负责任俱乐部。而对于社会组织而言，在民商事关系体系中，当前极其重要的事情即是明确单项协会的定位问题，真正改变过去"二政府"的做法，消除隐性壁垒，放权于市场主体，相信并依靠市场力量实现中国职业体育的第二次改革。

3. 借力全面深化改革，系统谋划推进职业体育营商环境建设

我国职业体育营商环境建设，离不开其嵌入的社会背景。当前我国职业体育改革正处于一个特殊阶段，也即全面深化职业体育改革阶段。中超联赛、中职篮相继推行了管办分离改革，而中国足球协会、中国篮球协会等单项协会已完成了去行政化，协会与政府脱钩成为社会组织。诚然，全面深化改革是我国渐进式改革所必须经历的特殊阶段，标志着我国从经济改革、社会改革向着更加复杂化的政治改革及其联动的政治、经济、社会全面协调改革迈进。全面深化改革，以政治改革为切入点，更多强调政府职能转换，大力推进一系列相关改革举措。如"放管服"改革，也即"简政放权、放管结合、优化服务"，作为适应经济社会发展的重要举措，立足于消解长期存在的政社不分、政企不分以及市场活力不够和决定性作用发挥不力问题，站在完善政府、社会、市场关系的立场上推进服务型政府建设，并强调借助体制、机制改革，型塑适合市场主体的制度环境。也即，全面深化改革，实践主体落在政府上，强调政府的主动改革，放权让利的同时主动作为，主动消减不适合的制度障碍，打造透明高效的服务型政府，切实提升公共服务水平是其重要内容。进一步讲，以减低市场主体制度性交易成本为核心的全面深化改革，与营商环境优化存在逻辑上的一致性。

借力全面深化改革，科学谋划推进职业体育营商环境建设，首先要破除阻碍职业体育有序发展的体制机制因素，释放营商环境优化的内在动力，建设竞争有序的市场环境。策略上，首先要进一步深化行政改革，对政府进行必要的约束与激励，打造透明高效的政务环境，促进政府、市场、社会高效融合；同时，强化"放管服"改革后对社会组织（如单项协会等）、市场主体（职业体育联盟等）的必要监管与帮扶，激发市场内生力量，打造职业体育有效治理体系。其次，要保障政策推进的自主性。我国职业体育从其产生伊始就与政府及其相关政策密不可分，从职业俱乐部建立，到职业联赛成型，再到职业联盟打造，都是政府以一系

列优惠政策诱导相关利益主体顺应改革的结果。而作为政府顶层设计推进的改革，必须保证"政府的自主性"，并以此消解利益集团的侵蚀与制约，避免改革成果落入既得利益者手中。由是，全面深化我国职业体育改革，推进营商环境优化宜遵循相似原则，注重行政主体的自主性，保障政策公平性和连贯性，避免管办分离改革后的协会、联盟落入利益集团的陷阱中，成为干扰营商环境的因素。策略上，以营造政策软环境为目标，推进政策干预向规划引领和制度约束激励转变，是基本趋向。此外，要加强职业体育领域诚信教育，形成从赛场到市场"一条龙"的诚信教育体系。重点把握与解决从被动遵法到主动守法的法治意识培养问题，因为法治水平可能不仅表现在法律制度体系的完备程度上，还体现在法律制度执行效力的高低方面。对于后者而言，自觉守法，诚信运营显然是经济的。但是，对于职业体育这样涉及面极广、利益相关主体复杂的运行体，如何进行有效的法治教育似乎本身就是问题——是有待宏观法治教育推进后衍生效应，还是需要逐次展开，甚至设置必要的准入治度，值得进一步研究。

### 三、以法治为重点助推新时代中国特色职业体育治理现代化

新时代中国特色职业体育必然是有秩序的，需要借助法治建设加以实现。事实上，随着职业化的深入，我国在职业体育市场法治化方面做了大量的工作，从早期的职业体育俱乐部实体化改革、到后来的职业体育领域"假赌黑"整治、再到职业体育市场运营规范（联赛准入条件、体育黑名单制度等）。可以说，职业体育市场运作混乱问题基本得到化解，一个维系职业体育有序运行的机制及其治理体系基本搭建完成。当然，需要指出的是，前期相关法治建设，不论是处置产权不清引发的利益冲突与纠纷，还是消解制度约束不力引发的恶性竞争问题，更多站在规范市场的立场，与职业体育治理现代化所需要的市场规范之间尚有很大距离。规范市场与市场规范，貌似相近，实质差异甚大，因为前者立足现实问题解决，多是通过利益协调平衡机制来实现的，带有明显的行政手段作用色彩；而后者则更贴近法治的本源，从保护合法权利的角度创设良好的市场环境，促进有序竞争的市场局面形成。当然，实践中市场规范的形成多是建立在规范市场（或者说市场问题解决）基础之上的，通过框定与保护各方权利，型塑与维护有序运行的市场秩序。从这个意义上讲，从规范市场到市场规范，以法治建设为抓手推进职业体育治理现代化优化还有很长的路要走。

#### （一）消解社会需求满足的不确定性：新时代中国特色职业体育法治建设逻辑

波兰尼在《巨变》中细致分析了工业革命前的经济社会运行特征，认为经济活动依存于社会、宗教和政治之中，"财物之有秩序的生产和分配是经由一般行为原则所控制之各式各样的动机而得到的。在这些动机中，图利并不是很突出。习俗与法律、巫术与宗教都互相配合来诱导个人去服膺一般的行动法则"，而经济活

动是"依互惠、再分配或家计或三者之混合的原则组织起来的";情况的改变是19世纪的事情，市场的定价功能显性化深入并影响经济生活，新的社会逻辑就此产生。与此类似，职业体育的市场性表现历程也具有这一特征。早期俱乐部色彩的竞赛运动并非是为了赢钱或者是赚取利润，而更多的是为了实现社会区分的价值。此时，即便是出现了一些职业运动员，他们的聘用、收入也非遵循市场机制，而取决于俱乐部所依托的贵族阶层的经济实力、社会地位。同时，此时俱乐部之间的比赛也非单纯为了钱。后期，伴随社会需求的变迁，特别是城市化、市场化推动的体育消费兴起，市场逐级占据主导，资源要素随之货币化，新的逻辑产生，职业体育真正出现。而贯穿职业体育发展历程的根本即是社会需求的满足逻辑，是其变化催生了职业体育，并以组织治理、市场治理的方式保障需求的确定化。

孕育于举国体制之中的中国职业体育，从源头上就带有伴随国家或政府需求的变迁逻辑，遵循工具性思维，发展职业体育是为了服务于"奥运争光"、体育产业，乃至体育强国建设。后续的相关改革实践，也大多遵循这一逻辑，即便是近年的体制改革，也往往以更好办赛、更好运行、提升竞争力为出发点，关注的需求更多是投资人或政府的，而对社会大众观赏需求和生活方式引导的关注极少。如近年标志性的政策《国务院关于加快发展体育产业促进体育消费的若干意见》（国发〔2014〕46号），也带有明显供给侧改革的色彩，在"推进职业体育改革"条款中无"社会大众""观赏""消费"等字眼出现即是明证。这种以解决"如何生产""生产什么""如何进行生产优化的制度保障"为理念的实践，无形中割裂了供给与需求之间的关系，背离需求引领市场主体行为选择的一般规律，加之初创的中国职业体育市场主体自我把控能力不足，最终引致过度市场化与市场化不足同步存在、市场竞争与身份权利竞争夹杂共生局面的出现。

明晰了上述逻辑，接下来该如何做呢？事实上，2017年10月，党的十九大提出了新时代坚持和发展中国特色社会主义的基本方略，明确"新时代我国社会主要矛盾是人民日益增长的美好生活需要和不平衡不充分的发展之间的矛盾"，强调新时代中国特色社会主义建设应"坚持以人民为中心的发展思想""坚持全面深化改革""贯彻新发展理念""着力构建市场机制有效、微观主体有活力、宏观调控有度的经济体制""推进经济持续健康发展"，建设现代化强国。这无疑为中国职业体育市场治理优化指明了方向，顺应新时代要求回归人民需要，迎合社会大众对美好社会需要中的体育观赏消费需求和城市化进程中的生活方式转变需求，做优秀赛事拉近与社会大众之间的距离、消解由此衍生出的不确定性是关键。于是，转换发展逻辑，从供给侧管理向需求侧管理转变，制定以满足社会大众观赏需求的职业体育改革方案，强化法治建设，出台规范职业体育有序发展刺激政策，是推进职业体育治理现代化实现中国特色职业体育建设目标需要重点考虑的问题。

**（二）完善治理体系和治理能力：新时代中国特色职业体育法治建设核心**

与其他社会领域一样，竞技体育的职业化、专业化发展实践必然伴生相关利益关系的复杂化，不仅要解决赛场内的体育问题，还要解决赛场外的市场问题。当然，更重要的是，两者一旦结合起来，则原来的单纯体育问题也变得复杂起来，往往无法通过体育规则完善、体育仲裁制度实践加以化解。这也意味着，区别于传统的竞技体育样式，职业体育的涉及面更广、问题也更复杂。对于现代社会而言，面对复杂化的利益关系，最有效的解决方式即是建立完备的法治体系。在全面深化改革推进中国特色社会主义建设新时代，我国先后出台了《中共中央关于全面推进依法治国若干重大问题的决定》《中共中央关于坚持和完善中国特色社会主义制度、推进国家治理体系和治理能力现代化若干重大问题的决定》，将"坚持和完善中国特色社会主义法治体系"作为"推进国家治理体系和治理能力现代化"的重大举措。在职业体育领域，虽然前序改革已取得较为显著的成效，但是由于历史传承、时代背景等多元原因，依法治体、有效秩序格局并未完全形成，多元利益之间博弈时有发生，显示我国职业体育治理能力和治理体系建设存在尚待改善之处。推动我国职业体育高质量发展，构建中国特色职业体育需要强化法治建设，助推中国特色职业体育治理体系和治理能力建设。

1. 加快形成完备的职业体育法律规范体系

从法律层面看，由于我国竞技体育职业化不同阶段所面临的主要矛盾不同、所要解决的问题也不同，法律制度建设的侧重点有差异，从早期的职业化可行性、合法性，到组织规范、赛场内外秩序建构，再到资源效用调配的法律保障。进入新阶段后，以谋求高质量发展、建构中国特色职业体育为旨趣，职业体育法治体系建设的侧重点又主要体现在以依法治理为特征的管理体制优化、完整职业体育法权关系确立及法治运行体系建设上。遵循开放、包容、以人为本的理念，强化对依法运营形成平等的法律保护，以具有完整性的职业体育法治体系建设为导向，侧重于对职业体育主体规则平等的关照，促进职业体育资源配置效率提升和可持续发展。

另外，基于保护权利而非利益的立场，职业体育法治体系建设不仅要建构市场主体之间横向法律关系，还不限于纵向管理法律关系，而是要构筑一个纵横双向、民商共涉的嵌入式结构关系，形成中国特色的职业体育市场运行规范体系。而这样一个既能有效保障职业体育各方权益、又能充分释放各市场主体活力的职业体育法治体系，可以释放保障中国特色职业体育有序发展的力量。

2. 有序推进高效的职业体育法治实施体系

诚然，法治实施体系包括执法、司法和守法等诸多环节。但是，其宗旨上是服务和保障人民根本权益，体现法的精神，维护社会公平正义。反映到职业体育具体实践中，具有明显市场属性的职业体育需要遵循市场经济的一般规律，重视法治服务市场运行的本质规定性。当然，后发的尚待完善的中国职业体育法治实施体系建设，还需树立服务于职业体育改革发展的理念，推进形成依法治体的正当法律程序。如此，高效的职业体育法治实施体系，体现在以职业体育治理能力和治理体系现代化建设为目标导向，强调以法律制度建设保障公平竞赛和公平贸易，维系职业体育自我生成系统的良性运作，可以有效促进职业体育的有序健康发展。

具体行动转向上，首先要强化透明职业体育组织建设，以走向体育协治为行动路向，落实"管办分离"和"放管服"改革成果，在法律框架内明确各相关利益主体职责，充分发挥协会功能和市场对资源的决定性作用。其次要借助信息化、大数据平台建设，突出职业体育运营、监管的公开透明性，更好满足各方对职业体育相关法律问题裁决、执行、实施的参与和监督。此外，对于职业体育法治实施而言，没有违法显然是经济的，或者是说职业体育相关主体都能自觉守法，诚信运营显然是经济的。当然，对于职业体育这样涉及面极广、利益相关主体复杂的运行体，如何进行有效的法治教育似乎本身就是问题——是有待宏观法治教育推进后衍生效应，还是需要逐次展开，甚至设置必要的准入制度，值得后续研究。

3. 着力搭建严密的职业体育法治监督体系

职业体育治理现代化的实现，仅仅有赖于完备的制度体系和高效廉价的实施体系，还是远远不够的。职业体育的运行，乃至法治化运行都离不开各类相关利益主体的参与，离不开体系内多元机制共同作用，以实现应有效果。如此，杜绝执法不严、执法不公等违背法治精神与原则出现，需要有一个严密的体系予以保障，这一体系即职业体育法治监督体系。

从监督客体角度看，该体系至少要解决两类主体的问题：一是市场主体；二是政府及其他服务主体。对于前者，借鉴体育领域推行的"黑名单"制度是必要的，也即建立职业体育的黑名单制度，用以规范市场运行行为。对于后者来说，则要形成依法行政、依法作为的政府履职法律规范体系，依法发挥政府作用，保障政府宏观调控、市场监管、市场秩序维系等方面的职责有效发挥，弥补市场不足，同时约束政府自利性，使其专注于促进职业体育高质量发展事务。

4. 积极建设有力的职业体育法治保障体系

现实中，推进我国职业体育市场规范发展，建设有力的职业体育法治保障体系，至少需要在两方面上下功夫：一是形成有效的职业体育权利保障体系，建构明晰的以公平为导向的产权保护制度和法律保障制度，加强对职业体育投资主体、市场运营主体及参与主体权利保障，同时清除有违竞赛公平、市场公平的法律法规及相关部门条款。二是具有完备的职业体育有序市场运营的法律保障体系，明确各相关利益主体责任，保障职业体育遵循以市场竞争为核心、以市场契约、诚实守信为特征的市场运行规范，促进职业体育相关人、财、物、信息等资源要素平等使用、自由流动、公平交易。

**（三）强化中国特色化治理：新时代中国特色职业体育法治建设重要议题**

明晰了中国职业体育市场治理优化理念和机制依赖后，接下来就需要探讨如何进行优化的问题，其中完备的市场治理体系是首先需要重视的议题。中国职业体育作为一个后发的运行模式，处于发展与治理并存阶段，从逻辑上看，中国的问题首先是发展的问题。这决定在相对长的时间内，发展仍是中国职业体育的第一要务。站在谋求发展的思路上，基于当前中国职业体育市场治理困境，我国职业体育需要重点解决以下三个基础性建构。（1）职业体育市场支撑系统的结构重塑，涉及政府职能转变、社会氛围培育、电视转播等媒介通道建设以及青少年人才体系与国家队建设等，其目的是保障职业体育有存在的必要性、职业体育产品可以生产、交换和消费。（2）市场培育工程建设，其主要目的是设法为职业体育市场主体提供稳定的市场运行机制，以使得市场竞争得以可能以及市场竞争稳定化、常态化，内容上包含赛制建设、俱乐部建设、运行管理组织建设等。（3）稳定的社会制度建设，以保证其互动的正常化、去风险化，以使市场主体遇到的问题可以得到有效解决，其中不仅包括市场制度，还包括规定政府与社会关系的制度。当然，上述三个方面仅仅是纠正了我国职业体育建设中更多关注市场结构建设而忽视其深层次支撑体系建设的问题，本质上讲，还是在市场生成与演化范畴内进行的相关尝试，唯一不同的是使得市场更为饱满，市场内含的诸如声誉、市场规则可以更高效作用。而对于深层次问题，即我国职业体育存在市场竞争与身份权利竞争并存问题，需要进行顶层设计上的改革。因为，身份权利竞争无法在市场范畴内进行有效化解。

当然，如何看待中国职业体育领域的身份权利竞争的本体效用，是进行顶层设计首先需要加以明晰的，因为一旦身份权利竞争本体上存在问题则意味着需直接加以消除，而如果它还有一定的价值，则变为如何合理加以利用的问题。诚如前文所述，中国职业体育领域的身份权利竞争问题不是继发性问题，而是根植于历史传承实践的。竞技体育职业化改革前，中国体育建设已然取得了丰硕成绩，不仅显现在奥运会的成绩，还显示在完善的中国体育赛事结构上，从县区运动会、到市级运动会、省级运动会、再到全运会，形成了国内练兵、一致对外的竞赛格局，而团体项目的全国联赛，不论是足球、篮球、排球，还是其他项目都有较为成熟的竞赛体系，唯一不同的是赛事更多的是在体制内，或者说是没有今天职业化时代明显的经济利益诉求的。此时，支撑赛事有序运行的是行政机制，或者说一种更加明确化的身份权利竞争机制。而职业化改革实践中，以市场经济为目标的发展取向，追求更多市场性，正是在此前提下，身份权利竞争的弊端才体现出来。从这个意义上讲，身份权利竞争本身是没有问题，现有的问题是因为它不适合我国职业体育未来发展取向。进一步讲，如何约束其弊端和消解其对职业体育市场化发展的抵消作用，可能是合理的。那么，接下来该如何做呢？

在制度经济学领域，往往以工具性为依托，将治理结构在三个层级上进行类分，即市场制、混合制和层级制，而且它们之间的适应性是有显著差异的，其中市场制在适应自发（autonomy）经济中具有优势，而层级制在适应协调（coordination）性质方面具有优势，混合制则介于两者之间，具有过渡性色彩。换句话说，在不同的经济发展维度下，应差异化的选择有针对性的治理结构，以实现边际效用的最大化。在中国经济社会发展中，还有学者即将其认定为一种混合经济模式，即由战略性的中央政府、竞争性的地方政府和竞争性的企业三者构成的三维结构体系。其中，竞争性的企业主体提供市场活力和发展动力，竞争性的地方政府提供和谋求创设有利于经济发展的社会保障和公共服务，而战略性的中央政府则把控市场竞争存在的盲目性及无序竞争问题。这样的一种经济制度安排，不仅有效化解市场经济发展中系统风险（如资本过分逐利性及其带来的两极分化和经济危机），还克服了政府行政机制的短处（如资源配置效率低下、行动呆板等），并保障了中国经济的迅猛发展和竞争力的不断彰显。更为笼统地讲，中国经济快速发展的模式选择中即是融合了市场竞争和身份权利竞争的，并分别由竞争性的企业主体和竞争性的地方政府提供，而其之所以成功的关键即在于身份权利竞争的目的性把控上，从资源争夺变为服务经济整体的有序发展，并依靠战略性的中央政府的高效把控实现。一方面符合中国国情民情，与中国经济改革、社会改革与政治改革有效切合，同时兼具开放性和与时俱进特征；另一方面则有效约束了身份权利竞争的破坏性，转而将身份权利竞争的冲突保持在市场竞争秩序的范围内。这种基于中国现实的发展方式和治理模式，对中国职业体育市场治理具有明显的启示意义。

诚然，职业体育是具有明显的市场取向的运行体，市场竞争是支配其有序发展的基本法则，只要创设有利于基本决定律实践的空间，职业体育即可按照市场规律寻求不断地发展与成熟演化。进一步引申可以认为，基于中国现实，将身份权利竞争控制在市场竞争范畴内，进而形成中国特色的职业体育混合治理体系是明智之举。而一旦认同混合治理，则意味着未来治理操作层面的问题不再是给出政府与市场、社会组织之间的作用边界问题，而是强调各自的行为规则，或者说建立与完善制度化的合作体制、机制是关键。策略上，架构套嵌竞争体系，调适政府、社会和市场关系，激发和利用市场、社会力量消减身份权利竞争的利益获得，构建以融监管、决策、运营、保障为一体的治理机制，实现政府力量、社会力量和资本力量三者力量的平衡。如在CBA联赛中，可以进行扩军乃至引入升降级制，利用市场竞争约束当前俱乐部壳资源的价值，从而实现消减身份权利竞争负向作用的目的。同样，足球领域可以取消俱乐部数量（64家）的总体控制，打通职业联赛与业余联赛之间的关系。

需要指出的是，任何治理模式都没有绝对的优势，其效用的显现是适合性的问题。这也说明，走中国特色发展道路的必要性。此外，在新时代以满足人民对美好生活的需求为出发点，则意味着有关职业体育发展问题已不能仅仅局限于生产环节——搞好联赛、搞活俱乐部等，而应重视消费等环节。因此，职业体育市场治理宜从职业体育生产组织领域向管理和综合环节演进。与此同时，落实善治的理念，有关政府定位也应跳出政府与市场关系的单纯范畴，转而强化政府服务和治理能力提升，以形成职业体育市场治理高效运作的支撑体系，为职业体育相关组织创设公平竞争的环境。如此，改革路径上则意味着首先要强化市场竞争，充分发挥市场在资源配置上的优势，在市场竞争实践中加强市场主体建设，促进市场主体的完善和规范化；其次，应进一步加强法治建设，完善相关制度体系，激发身份权利竞争的实践困境；最后，需要遵循先易后难的改革思路。

当然，我们可喜地看到我国宏观法治建设的不断强化。特别值得一提的是，2020年5月28日，十三届全国人民代表大会第三次会议表决通过了《中华人民共和国民法典》（以下简称《民法典》），自2021年1月1日起施行。《民法典》分为总则和分编，分编包括物权编、合同编、人格权编、婚姻家庭编、继承编、侵权责任编制以及附则，每篇下设章、节，节下有条、款、项，共1260条。我国《民法典》的颁布是落实《中共中央关于全面推进依法治国若干重大问题的决定》的重要举措，有效加强了市场经济法律制度建设，对完善社会主义市场经济法律制度体系具有重大意义。而随着我国竞技体育职业化的推进，职业体育作为一个市场运行样式的基本属性和特质越发明晰，按照市场竞争的样态来组织经营活动，不仅要建立与之配套的组织机构和运行机制，而且要建构相应的法规制度，用以引导和规范职业体育运营中的各类市场行为。而这些实践实质上都需要在《民法典》的关照下、遵循法典规定的民事、商事法律原则进行运作。同时，作为尚处改革建设中的职业体育，其后续改革更需遵循法典体现的基本理念规范展开。于是，贯彻落实《民法典》理念，在民事合一体系下推进职业体育法治化水平提升仍有许多问题值得进一步关注、值得进一步研究。

总经理会把他们70%以上的精力放在资金筹集上，当前我国职业俱乐部的总经理有50%以上是刚刚"挂靴"、退役不久的体育运动员，或者是直接由企业委派，调转过来的出资方代表人，尽管他们的个人学历有了很大程度的提升，但他们对职业体育的经营管理了解甚少，要求他们使用现代经营管理的理论进行管理是很难实现的。

我国的职业体育俱乐部与那些经济发达国家的职业体育俱乐部相比，在名称或者经济形式上并没有太大的差别，绝大部分都是以"合资、独资、股份制"的经济形式申报建立的，但由于当前我国正处在较为独特的社会经济发展环境当中，我国职业体育俱乐部大多数都位于社会主义计划经济体制的延长区域范围内。在这其中，大概有50%以上的职业体育俱乐部是由政府与企业（国有企业）、事业与企业（国有企业）、政府与事业等形式联合创办的一种具有我国本土特色的职业体育俱乐部。我国职业体育俱乐部内部的经营管理仍拘泥于更多经济效益的追求，还没有将职业体育俱乐部发展成为人们共有的一种文化，引入到社区活动、地方或者企业的整体发展中去。

# 第七章　中国职业体育发展路径——
# 职业体育俱乐部经营管理

　　职业体育俱乐部是在市场经济的条件之下，随着社会经济的不断发展而发展起来的。我国的职业体育俱乐部最早出现在1993年，以足球运动项目为发展起点，在短短的几年内成为我国体育产业的重要组成部分。本章主要对职业体育俱乐部的经营管理进行探究。

## 第一节　职业体育俱乐部经营管理概念

　　现代西方职业体育俱乐部拥有一个以市场运行机制为运行标准的职业体育运动队，俱乐部主要依据市场运行机制进行经营操作，在为社会提供精彩纷呈的竞技项目的同时，通过商业运作获得经济回报。在职业体育俱乐部中，要拥有一大批优秀运动员，这使得职业体育竞技水平达到同类运动项目的最高端。中国已具备发展体育俱乐部的基本条件，但在很多方面带有中国特色，并且有待完善。

### 一、职业体育俱乐部的概念

　　职业体育俱乐部（Professional Sport Club）是现代竞技体育的基本组织形式，最早产生于工业革命时期的西欧。1650年，英国成立了著名的"赛马俱乐部"。其模式逐渐被包含英国板球和拳击等在内的其他体育运动项目模仿，并在欧美国家开始流行，被人们所接受，迄今为止已经有几百年的历史。但是，直到第二次世界大战结束之后，特别是近二三十年来，伴随着竞技体育产业的稳步发展，职业体育俱乐部才开始逐渐壮大。

　　关于职业体育俱乐部的含义，不同的国家和不同的学者有各自的理解，而且各个运动项目的规定也不尽相同。表7-1列出了各个国家对不同运动项目俱乐部的界定。

表7-1 不同国家对不同运动项目俱乐部的界定

| 来源 | 概念 |
|---|---|
| 中国足球协会的《中国职业足球俱乐部的基本条件》 | 以足球产业为基础，具有企业法人资格，在中国足球协会会员协会注册，经中国足球协会审核并备案，拥有一支甲级足球队的足球俱乐部 |
| 西班牙的《体育法》 | 职业体育俱乐部界定为"体育股份公司"，并要求参加全国性职业比赛的职业队，必须遵照《体育法》组成体育股份公司 |
| 美国的相关规定 | 职业体育联盟是"体育界的卡特尔"，把职业体育俱乐部看成是高盈利的体育企业 |
| 2008-2009年赛季中国男子篮球职业联赛俱乐部准入实施方案 | 中国男子篮球职业俱乐部必须为企业法人，并依照《中华人民共和国公司法》在国家工商行政管理部门正式登记为××篮球俱乐部有限责任公司或××篮球俱乐部股份有限公司，获得企业法人营业执照。俱乐部一线队伍国内球员在中国篮协注册必须达到12名，但最多不超过16名。俱乐部必须拥有或协议拥有一支不少于12名球员并在中国篮协注册的二线队伍 |
| 《美国职业橄榄球大联盟章程》关于联盟组成成员的相关规定 | 任何具有良好声望，以运作职业橄榄球俱乐部为宗旨的个人、联合体、公司或其他实体均具有成员资格。但是，不具有营利性质的公司、联合体、合作体、实体以及慈善组织都不具备成员资格 |
| 日本职业足球联赛 | 在日本工商注册的股份公司，且日本公民拥有50%以上的股份 |

从上述国内外对职业体育俱乐部的规定来看，所谓职业体育俱乐部是指由职业运动员组成，并且有资格参加职业运动竞赛的体育俱乐部。从本质上而言，它是一个形式比较独特的企业，主要是对高水平体育运动项目的竞赛和训练进行经营管理，并在此基础上，针对所经营的产品项目进行附属产品的开发经营，它的最终战略目标是利润最大化。

## 二、职业体育俱乐部经营管理的概念

### （一）职业体育俱乐部经营管理的概念

职业体育俱乐部经营管理是指职业体育俱乐部的管理者通过一定方式的整合资源，以实现职业体育俱乐部目标的活动。职业体育俱乐部经营管理活动的实质是在遵循市场规律的前提下，根据社会和市场需要，结合俱乐部本身的实际，树立正确的经营思想，拟定自己的经营目标、经营方针、经营战略及实施途径，通过不断优化俱乐部内部管理结构和更加有效的内外资源整合，不断向市场推出更加优秀的以竞赛表演为中心的系列产品，从而不断提高俱乐部的经济效益和社会效益[①]。

### （二）职业体育俱乐部经营管理的基本要素

企业经营管理（Operation and Management of Business）指的是对企业的整个经营活动工作进行组织、决策、控制、计划和协调，并且对企业的员工进行正面的鼓励，以便实现它的目标和任务等系列工作的总称。

职业体育俱乐部是一种生产经营管理性质的企业，主要经营体育竞赛表演类的项目，它不仅仅具备一般企业所拥有的共同性质，还具备与其他第三产业和一般文化娱乐性企业不同的特征，因此，职业体育俱乐部在经营管理方面也与一般文化娱乐性的企业有所不同。

1. 资产的管理

资产指的是可作为生产中的要素被纳入生产经营管理过程之中，并且能够带来一定的经济效益的财产。职业体育俱乐部的资源财产，是由高水平、高技能的体育运动员所构建的职业体育运动队伍，它的经济效益和社会效益主要来源于职业体育运动员竞技体育赛事表演的观赏性、娱乐性，可以很直白地说，如果没有体育运动员，就没有观众，也就不会有电视转播及赞助商。所以说，职业运动队和运动员的培养与管理对职业体育俱乐部的发展有着十分关键的作用，职业体育俱乐部的全部工作主要是围绕着运动员和球队的发展来展开及由此进行的一系列相关活动，例如，运动员的工资奖励等福利、运动员的工作合同、运动员的经营管理规章制度、运动员的转会、运动员的形象包装与开发和体育后备人才的培养等，主要的目的都是促进这一重要资产能够被充分开发和利用，促进体育俱乐部资产的保值和增值。

2. 竞赛水平的经营管理

职业体育俱乐部所提供的服务商品主要是体育竞赛表演性质的娱乐服务活动。体育运动员在各种竞技赛事中所表现出来的体育运动技能是职业体育俱乐部生存和发展的手段。运动员在比赛中的表现可以理解为某种以体育运动竞技赛事为主要载体的特殊项目产品的品质与质量，所以说，体育俱乐部的竞技水平是俱乐部得以生存和发展的重要因素。如果体育俱乐部的竞技水平有了提高，那么体育俱乐部的知名度也会随之提高，这样，无形的资产就会升值，经营管理领域才会拓宽和发展，在经济方面的良性循环才会形成。

3. 俱乐部之间的合作管理

竞赛必须有对手的参与，自身无法构成对抗，体育竞赛也是如此，只有水平相当，对抗才激烈，比赛结果才会有不确定性，才能吸引更多的观众。体育竞赛的对抗性决定了职业体育俱乐部的生产经营管理活动与其他企业不同。一个企业可能会自己独立生产经营某种性质特殊的产品，因为这个原因产生的垄断地位可能带来具有垄断性质的利润。职业体育俱乐部则与之不同，它要求每个俱乐部必须共同生产经营管理一个产品，即竞赛活动。因此，职业体育俱乐部要更好地实现产品的生产经营，就必须建立起协调、合作又相互制约的关系，解决好一系列问题。

4. 无形资产的经营管理

职业体育俱乐部的经营管理包含的主要内容是职业体育俱乐部的无形资产管理。职业体育俱乐部无形资产主要包括俱乐部的场地、队服、冠名权、电视转播权、球星广告开发权和俱乐部的标志物使用权等，即便是俱乐部的门票销售和实物产品也同俱乐部的无形资产有着一定的关系。其实物产品是随着俱乐部的社会知名度产生的，随着其市场品位和市场竞争力的提升，俱乐部也收获到了超出产品实际价值的附加值。

# 第二节　职业体育俱乐部的组织管理体系

职业体育俱乐部要想健康、高效、有序的运转，就必须要有科学合理的组织管理体系和组织机构，配备高技能、高素质的各阶层管理人才和工作人员，制定严格的岗位责任制度和管理制度。只有在科学、严谨的组织管理的基础之上，才能使企业的市场竞争能力有所提高，以获得最大的经济效益和社会效益。

## 一、职业体育俱乐部独立经济实体的性质定位

### （一）职业体育俱乐部是独立的法人实体企业

职业体育俱乐部是企业，这一判断早已被国内外学者证实，它是一个独立的经济实体和经营单位，有独立的管理机构和管理方式。职业体育俱乐部在符合条件的情况下向协会进行登记注册，即可拥有法人享有的各项义务和权利。在经济方面自己筹备资金、自己经营管理、自己承担盈利和亏损，并且要按照国家的相关规定缴付一定的税收和利润。职业体育俱乐部在国家政策法规的规定范围之内进行经营管理和竞争活动，它的经营管理活动同时受法律法规的保护和约束。

准确地讲，职业体育俱乐部的项目产品主要是以竞技性表演类项目为主，它的生产活动主要是以人力资源开发为核心内容，具体包括：投资方提供器材、场地、运营的资本和具备操作性知识的生产工作者；教练是生产劳动力产品和竞赛产品，经过人力资源的开发来扩大然后再进行生产；管理人员则是进行比赛相关衍生物的开发和经营，促进职业体育俱乐部资源和价值的最大化发展；体育运动员既是商品的生产者，也可以作为商品来进行买卖。其中，各要素在俱乐部的管理性框架中统一。

### （二）职业体育俱乐部的独特性

虽然职业体育俱乐部是企业，但它毕竟不同于其他企业，它的管理和经营具有其独特性，因为竞赛产品的生产不同于其他物质产品的生产，与文化产品的生产也有很大的区别。运动员的管理与一般工人的管理不同，经营以无形资产开发为主，俱乐部无形资产的形成主要是对运动员和管理人员的专业能力的培养，以形成良好的品牌和商誉，吸引观众的消费。所以说，职业体育俱乐部是一个依靠人力资源来经营管理的体育组织，运动员则是职业体育俱乐部中最宝贵的资产，有着它独一无二的特征。

正是因为职业体育俱乐部在具备独立法人性质的同时又有着它自身的独特性，因此在实际的管理操作过程中必然存在着信息的不对称，在信息不对称的情况下难以避免地存在"搭便车"的行为，为此，国内外一些成功的职业体育俱乐部经过不断摸索与改进，同时运用市场机制和内部激励机制，形成了一些适合职业体育俱乐部自身发展的组织管理模式。

### （三）职业体育俱乐部组织管理机构的设置

职业体育俱乐部是一个具有法人资格、能够承担民事责任的经济实体机构，其自身具有较为明确的组织管理机构。一般情况下，职业体育俱乐部的组织结构由董事会和一些职能部门组成。职业体育俱乐部的主席负责俱乐部董事会的领导工作，职业体育俱乐部的总经理负责运动员、办公室、经营部和财务部等职能部门的管理工作，并且对董事会直接负责。职业体育俱乐部的董事会主要是由俱乐部自身的代表或者股东构成，他们对俱乐部发展中的系列问题有决策权。职业体育俱乐部的主席是由董事会直接指派或者推选，一般由投资最多的一方或者它指定的代表来担任。董事会聘请的总经理主要是对俱乐部的运作和日常事务进行操作。与此同时，职业体育俱乐部还配备了业务活动的主要职能部门，例如，宣传公关部门主要负责公关、宣传和广告等业务，体育运动管理部门主要负责职业体育俱乐部球队的赛事训练工作，办公室主要处理俱乐部的行政性事务，会员管理部门主要处理俱乐部与球迷之间的关系等，这些职能部门均对总经理负责。

## 二、职业体育俱乐部的组织机构

既然足球俱乐部是经济实体，那么足球俱乐部的组织机构必然是按企业管理模式进行设计的。世界各国的足球俱乐部因规模、层次的不同，基本结构会有所差异，但一般的组织机构基本一致，我国也大体如此。如德国曼海姆足球俱乐部中有3个重要人物：分别是主席（董事长）、总经理与职业运动队的主教练，即主席（或董事长）、总经理和职业队主教练。主席（或董事长）主要负责把控全局及整个职业体育俱乐部的管理工作，不仅仅要具备很强的经济实力，还要有绝对的权威。总经理主要承担整个俱乐部的比赛事宜和日常事务的处理工作，值得一提的是，总经理是由董事会或者董事长直接任命的。总经理不仅应该是经济管理的专家，还应该是足球行家，是一个不仅要保障俱乐部的收入，还要使球队赢球的大管家。主要负责运动员与教练员之间合同的签订，比赛奖金的发放与球队内部各类问题的处理等。对于球队买卖球员的问题，教练员拥有话语权，可以提出个人的看法和意见，但最终的决策权还是掌握在俱乐部总经理手中。此外，他还负责对外的多项事务，如与赞助商签订合同、租借体育场、与社会公众的联系等。

职业体育俱乐部共设立5个部门，分别负责管理某一方面的事务。体育部主要负责管理运动队；财会部主要负责租用体育场、门票和商店等工作；会员部主要负责俱乐部会员活动的组织、开展、管理等工作；市场部主要负责对外关系的联络，其中包括广告和赞助商等；法律部主要处理与俱乐部有关的各类法律问题等。在这些部门中，体育部是最大的机构。

职业足球俱乐部的主教练是举足轻重的人物。他负责全队与训练和竞赛有关的一切事务，包括物色、选拔和淘汰运动员；制订比赛、训练规划和计划；设计和实施技术、战术、身体素质、心理和智能等方面的训练；确定比赛战略和战术以及参加比赛的运动员的人选，并进行现场指导；负责运动员的恢复以及必要的生活管理和监督；保证球队在比赛中赢球，取得好成绩。如果时间允许，他还要观看青少年队的比赛，同青少年队的教练员一起商讨，提出自己对训练的建议和对队员的看法等。职业队的主教练有责任也有权力对业余队和青少年队的训练、比赛及如何发展进行干预，但职业队教练员不为这些队设计、制订发展规划，各个队的具体训练计划、内容、方法等都由各队教练员自己安排。

职业队的助理教练工作较为单一，主要是按主教练的布置，协助其完成具体工作，包括准备活动、布置场地、训练器材等。同时也进行一些临场的统计和队员的各种文件、资料、档案等的管理工作。

职业队的队医、按摩师主要是为队员训练时、比赛后提供按摩及队员受伤时的处理，以及在比赛中或比赛后，为队员提供配制好的运动饮料。此外，运动员和按摩师之间的关系一般都比较融洽，运动员有什么知心话都愿意和按摩师交谈，因此，按摩师又身兼运动心理师，利用按摩的机会对运动员做些心理疏导工作。

此外，还有一些其他管理人员，主要负责准备训练和比赛的器材及其他杂事。

### 三、职业体育俱乐部的管理体系

#### （一）职业体育俱乐部的一般经营管理模式

1. 各级管理者职责

职业体育俱乐部的一般经营管理可分为三级经营管理模式，如图7-1所示。最上层是全国性质的项目协会，中层是本项目职业体育俱乐部联盟，最基层是各地方职业体育俱乐部。其具体职责分别如下：

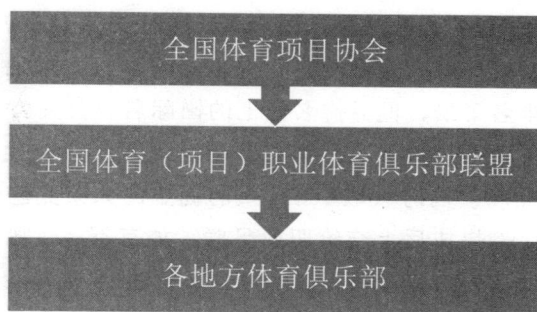

图7-1职业体育俱乐部一般经营管理模式

（1）全国体育（项目）协会的职责。全国体育（项目）协会的职责主要是提出各种政策、法规。

（2）全国体育（项目）职业体育俱乐部联盟的职责。一个理想的职业运动协会要确定职业队的数量，合理分配新队员组织领导，除此之外，还必须善于利用本身的地位优势和有利条件努力创收，协助所属各职业俱乐部解决部分经费问题。各职业运动协会手中的王牌就是它所垄断的职业队的各类比赛，围绕着这些比赛而产生的电视转播权、冠名权、场地广告权和专利权是取之不尽、用之不竭的财富源泉。因此，各职业运动协会无不在这些问题上大做文章，千方百计地扩大财源。在这方面，有两点比较普遍的做法值得关注。

第一种做法，由协会垄断电视转播权，统一对外联系，然后将收益平均分配给各有关俱乐部。这样做既有利于协会利用竞争机制，让各电视会司展开竞争，最后选择出价最高的一家公司与之签订合同，以获取最大的经济效益，同时也可使电视公司避免多头联系，有利于提高其转播的计划性。例如，美国职业美式足球协会和电视台签订的1988-1990年长期转播合作共计14.3亿美元，平均分给28支职业队，每队每年可分得1700万美元。美职业棒球协会和哥伦比亚广播公司签约转播1990—1994年职业棒球联赛共计11亿美元，加上和体育与娱乐有线电视网商定的同一时期的转播费4亿美元，共计15亿美元，其总共28支职业队，平均每队每年可分1000余万美元。美国职业棒球界有一半以上的职业队仅靠此分成就可以维持其日常运转了。德国足协职业联赛委员会也和电视界签订了一揽子转播合同，甲级队和乙级队每队每年从中可分别获得400万和200万马克。日本职业足球联盟的做法稍有不同，日本共有10家职业足球俱乐部，联赛每轮有5场比赛，其中有一场由联盟向全国转播，其余4场比赛则由各主场俱乐部负责向地方电视台联系转播，全国转播每场1000万日元，地方转播每场300万—500万日元。所有电视转播收入均上交联盟，由其均分给10家俱乐部。

第二种做法，关于冠名权、场地广告权和专利权，开始时大都由各职业运动协会自己经营，后来随着经营范围的扩大，竞争日益激烈，经营的难度也不断加大，不少协会渐渐感到力不从心，于是逐渐改为委托一些专营企业代理，这样做会使协会的收入大大增加。日本职业足球联盟1991年才成立，它吸取别国经验，一开始就把经营权委托给两家企业代理。联盟杯冠名权和场地广告权由博报堂代理。博报堂是日本排名第二、世界排名第七的国际名牌公关公司，注册资金10亿美元，在全世界各主要城市均设有代办处。该公司保证向职业足联提供议定的职业队联赛广告收入额度，同时收取10%-15%的佣金。如果其广告收入超过这一议定的额度，仍按此比例提成后上交给职业足联，如有不足，则由该公司补偿。采取这种做法，对足联而言有比较稳定的收入，对博报堂而言，也可多劳多得，有一定的激励作用。目前联盟杯名的赞助商有两家：三得利和日本信贩。他们的赞助金额每年均不少于400万美元，分别拥有第一阶段和第二阶段比赛结束时以自己公司名义命名的杯名权和以下权利：在职业足联拥有的场地广告范围（指主席台对面的一侧及两端角球区拐角处的场地，其余地方的广告权归各主场俱乐部所有）内摆放广告牌，其中免费和付费的各两块；可以在本公司产品上使用职业队联赛的标志；可以获得该阶段每场比赛的100张赠票和另一阶段每场比赛的50张赠票；冠名将在职业队联赛所有材料和印刷品上出现，新闻媒介传播时不得删改。除这两家正式赞助商外，还另有9家赞助商可以在职业足联场地广告范围内摆放广告，在本公司产品上使用职业队联赛的标志，也可获得每场比赛的50张赠票。

此外，还有一批赞助商的产品可以获得"职业队联赛指定产品"的名义，如柯达公司的胶卷，美津浓公司的运动服装和器材等。日本信贩公司还获得发行带有各足球俱乐部标志的购物信用卡的权利，该公司按商定的比例向各俱乐部提供使用这类信用卡所售商品的利润。这样，俱乐部的支持者越多，所发售的信用卡及所分享的利润也就越多，当然，赞助商也会获取更多的利润。由于经营得法，赞助商十分踊跃。但职业足联场地广告范围有限，于是职业足联和博报堂又另辟蹊径，安排其他比赛和活动。

（3）各地方职业体育俱乐部的职责。各地方职业体育俱乐部负责具体的职业运动队的建设和管理工作。职业运动员和职业教练员是职业运动队的基础和核心，其水平与质量直接影响职业运动队以及职业体育俱乐部的命运，因此职业运动员和教练员的管理对职业运动队来讲具有头等重要的意义。

2. 职业运动员的管理

职业运动员是职业运动队的基础和灵魂，其水平与质量直接影响职业运动队以及职业体育俱乐部的命运。因此，各个职业体育俱乐部和运动队无不把运动员看成是自己的生命线，下大力气抓紧运动员的管理，使之发挥最大效益。国外对职业运动员的管理一般遵循以下几个原则。

（1）进行法制管理。所谓法制管理是指严格按照法律、规章、制度和合同对运动员进行管理，使这些法律、规章、制度和合同起到应有的引导、规范和保障作用。

首先，一些国家通过宪法或其他专项法律来规范和保障职业运动员的合法地位和权益，使他们的职业合法化。例如，1973年通过的阿根廷宪法中有"职业运动员章程"的专门条款，明确表明"足球运动员协会"是国家承认的一个工会组织。法国的《民法》除明确规定职业运动员的合法地位外，还有专门论述职业运动员章程和职业集体协议的条款，明确规定职业和半职业运动员的酬金、义务、资格和条件，以及申请加入职业运动队的办法，限定除特殊情况外，个人在21岁前不能签订职业运动员合同，规定第一个合同期为4年，以后每个合同的期限至少为1年等。西班牙通过皇家法令《劳动者章程》对职业运动员的特殊劳资关系做出明确规定，对合同和体育工作的权限进行规范和总体规划，对职业运动员的资格和人数严加限制。

凡实行职业体育俱乐部制的国家，一般都有职业运动员的工会组织性质的某某职业运动员协会，用来维护职业运动员自身的权益，协调和有关部门之间的关系。

其次，各主管运动协会都通过法规对职业运动员的资格、就业、转会、参赛条件、合同、奖金及纠纷处理等问题做出明确规定，一方面确保了职业运动员的质量，另一方面也是为了规范和保障他们的义务和权利。例如，美国篮球协会规定职业篮球运动员必须是大学毕业生。德国足球协会规定职业足球运动员必须符合下列三个条件方能参加职业队联赛：①年满18岁（以当年7月31日为限）或者曾是青年A组（17—18岁）球队队员，并且拥有足球俱乐部业余成人一队的资格证书；②已在职业足球俱乐部一队（即主力队）见习一年；③所在职业俱乐部已向全国足协（指甲级队员）或赛区足协（指乙级队员）提出申请并获得批准。此外，一般各协会都规定，业余运动员一旦变为职业运动员后，其和俱乐部之间的关系便从会员关系转变为雇佣关系。职业运动员一个赛季内只能代表一家俱乐部参加比赛，俱乐部同意转会者例外。为保护本国队员的就业机会，各国一般都对外籍队员的人数加以限制。以足球为例，一般国家规定每家职业俱乐部外籍队员不得超过3名，有的国家放宽为5名，但规定同时上场的外籍队员不得超过3名。低级别的运动员可以参加高级别队的比赛，但高级别的运动员不得参加低级别队的比赛。

不少国家的单项运动协会还实行退休制度，用以维护职业运动员退役后的利益，使他们老有所养。例如，美国棒球、篮球、美式足球和冰球这四大球的协会规定，每个职业运动员只要每年向自己的协会交纳少量的会费（约1000美元），退休后便可领取养老金。协会规定运动员必须代表球队至少参赛3—4个赛季，45岁开始可以领取养老金。至于具体金额，各个运动项目不同。以篮球为例，养老金额和在协会服役的年限挂钩，每服役一年，可领养老金1440美元。如果服役10年，那么每年可获养老金14440美元。但如果45岁退休，只能领取养老金的60%，只有到50岁退休时才能领取全部养老金。养老金的来源由运动员所在俱乐部和有关运动协会共同承担。以冰球为例，运动员的养老金由俱乐部承担75%，运动协会承担25%。

再次，职业体育俱乐部和职业运动员之间签订合同。合同具有法律作用，一经签字，双方都必须严格遵守合同的相关条文，任何一方均不得违约，否则需要承担法律责任。合同的主要内容一般包括以下几点：①聘任期限。一般年轻运动员首次聘任的时间都较长。如法国规定职业足球运动员首次聘任时间为4年，以后每次聘任时间至少为1年。但有些职业体育俱乐部为了保持自己的优势地位，对看准了的一些著名球星会不惜代价，尽量延长其合同期限。例如，美国夏洛特黄蜂职业篮球队，1994年和24岁的篮球新星中锋拉利·约翰逊签订了一份长达11年的合同（只是由于美国篮协规定合同年限不能延续到球员的35岁生日之后，否则合同期限还会更长），总金额为创纪录的8400万美元，在合同期内运动员不得另行接受其他任何合同。②运动员的工作内容。严格规定运动员在合同期内必须无条件地参加俱乐部的各种训练和比赛安排，不得参加本俱乐部以外的任何比赛活动。如参加地方或国家代表队，则需经俱乐部批准。此外，未经俱乐部允许，也不得参加电台和电视台的节目，不能穿俱乐部的制服拍照，不能参与同所从事的运动项目有关的其他一切活动。③工资。为了激励运动员打好每一场比赛，一般各俱乐部都实行固定工资加奖金制，并且均和每一场比赛挂钩。固定工资一般采取分期付款，即将商定的年固定工资分成若干等份，于每场比赛后的48小时内连同奖金一起支付。运动员有义务参加由主管运动协会设立的"运动员养老金计划"，其应交纳的费用由俱乐部从工资中扣除。④差旅费用。运动员为俱乐部去外地比赛时，旅途和食宿费用均由俱乐部负担。如在本地比赛，这类费用一律自理。⑤体格检查。在每一个赛季（一般为一年，有不少项目还采取上一年的下半年加下一年的上半年这种跨年度制）开始前，运动员必须接受俱乐部指定部门的全面体格检查。如检查不合格，俱乐部有权将其解雇；如属一时性的伤病，则暂时停止执行合同，直到能重新参加训练和比赛时为止。在这期间不支付工资。暂停时间将按合同规定的期限顺延。运动员在训练和比赛时如因公受伤，则由俱乐部担负指定医院和医生的医疗费用。如是老运动员，在工伤休假期间享受全额工资，但俱乐部的这一义务将不超过本赛季。新运动员受工伤，其工伤休假期间的待遇则视情况另议。⑥纪律要求。运动员必须保证在各种比赛中始终保持俱乐部所需要的高水平的技能和斗志，保证其表现能使俱乐部和主教练满意。如果主教练认为他在合同期内的运动表现不符合要求，或者工作和行为不能令人满意，或者不具备某一级别运动的水平并占据了一个名额，俱乐部有权终止和他签订的合同。主教练是确定运动员水平和能力的唯一法官。如果俱乐部和运动员提前中止合同，俱乐部只支付给运动员此前应支付的那部分工资。此外，运动员无论在场内外的任何时刻，只要出现无节制、不道德、情绪低落或其他任何类似表现，因而被俱乐部认为他有损俱乐部的利益，没有表现出其应有的竞技状态（除非是因受公伤），那么，俱乐部都有权给予纪律处分，直至解除合同。运动员如受贿而故意输球，或者作弊、用比赛打赌，俱乐部和主管协会有权对其进行罚款等处罚直至取消合同。⑦转会。俱乐部有权出售、交换或转让与运动员签订的合同，让运动员到其他任何俱乐部去效力。运动员必须无条件地接受这一分配，并及时到新的俱乐部去报到。必须如同在原俱乐部一样坚定地执行合同条款。

最后，职业体育俱乐部通过严明的纪律进行管理。职业运动员的日常劳动就是训练和比赛。为了确保训练和比赛的正常进行，各职业体育俱乐部除了在和运动员签订的合同书中规定运动员必须遵守纪律和道德规范外，还通过严明、详细的纪律规章来规范运动员的行为。下面以英国布朗米奇职业足球俱乐部的运动员纪律规定来予以说明。①训练纪律：正式运动员必须在上午10时到达训练场地，学徒队员必须在上午9时30分到达训练场地。任何人未经允许不得擅自离开场地，不得迟到、早退，因病或受伤而不能参加训练或比赛时，必须持有医生证明，并得到领队的批准。训练或比赛时出现任何伤病必须向医务处报告。每个人都有义务协助训练管理员保持训练场馆的整洁，爱护训练用具和服装。队员的亲友，未经领队或教练的同意在任何时候不得进入更衣室。更衣室内任何时刻都严禁吸烟。②本地比赛：所有队员不管上场与否，必须于赛前1小时到达比赛场地。开赛前35分钟起，任何人不得以任何理由离开更衣室。所有队员到达时必须注意着装，保持仪容整洁。③外出比赛或参加其他活动：有关队员必须带好用具提前15分钟到达出发地点。必须保持仪容整洁。未经领队允许，任何人不准携带亲友随队出访，队员也不得单独活动。④病假：队员在家生病，应立即打电话通知俱乐部。队员必须定期接受全面体格检查。⑤第二职业：未经领队批准，队员不得参加其他的商业工作或在所属俱乐部以外的地方经商，也不准应聘（邀）参加其他任何工作。比赛前4天起不得擅自参加庆祝活动，不得跳舞，更不准擅自参加其他任何比赛活动。⑥关于发布新闻：除领队外，任何人不得擅自向新闻界透露与比赛有关的事情。违反以上规定者，轻则罚款，重则按照合同规定予以处分直至解除合同。

（2）按照价格法则激励运动员奋发图强，努力拼搏，职业运动员的工资和奖金是其运动水平和业绩的标志。水平越高，业绩越好，所获得的报酬就越多。上述价格法则已被职业体育俱乐部普遍采用，并取得了明显的激励作用。

首先，起点工资均较高。由于职业运动员所创造的票房价值和广告价值均很高，加上运动员是一项比较危险，从业年龄又较短的职业，伤病的概率较高，导致终身残疾甚至死亡的事例时有发生，一般到30多岁便不得不退役。退役后漫长岁月的生活费用虽然有养老金可以供给，但那只是杯水车薪，主要还得靠他们在职时的积蓄。因此，运动员的收入理应高于一般职业。

有的俱乐部为了鼓励老运动员，使他们尽量延长运动寿命，还会对已婚队员及他们的子女给予优待和补贴。如西班牙巴伦西亚足球甲级俱乐部，1987—1988年赛季招收运动员时规定，未婚队员月薪1300美元，已婚队员1400美元，每个孩子月津贴150美元。

其次，拉开差距，突出明星的地位。著名球星是场上的灵魂和核心，他们的出现不但对本队起稳定军心的作用，对对方起牵制和威慑作用，而且还是吸引观众、吸引赞助及广告，提高球队档次和知名度的法宝。因此，他们成了著名俱乐部的金字招牌，工薪高出一般队员许多倍。例如，日本足球明星三浦知良的年薪高达1.2亿日元，是普通队员的4—6倍，外籍球星济科的年薪更高达2亿日元，是普通队员的7~10倍。美国篮球一般球星的年薪约80万美元，著名球星为100万—120万美元，超级球星迈克尔·乔丹1992年的年薪高达390万美元，相当于一般队员的13—20倍。

再次，奖金浮动，真正体现多劳多得，立功受奖。上面提到的是运动员的固定年工资，只是运动员年收入的一部分，对许多著名运动员来讲，更是年收入的一小部分，他们的奖金所占比重往往要比工资高。奖金是严格按照参赛次数、上场时间、比赛胜负和临场表现来决定的。以足球为例，德国联赛通常每胜一场，甲级队每个队员可获5000马克左右的奖金，乙级队每个队员可获2000马克左右的奖金。有的国家分得更细。例如，西班牙加的斯足球俱乐部规定，客场胜每人奖950美元，主场胜每人奖650美元，踢平每人奖400美元。此外，每次比赛一般只报15—16名队员，而一个队通常都有18—25名队员。不上场的队员没有奖金，上场队员的奖金也根据上场时间的长短和表现的好坏而有明显区别。这一竞争机制促使每个运动员无论训练还是比赛，时时刻刻都要全身心地投入，保持高度的敬业精神，刻苦训练，认真比赛，竭尽全力提高竞技能力，保持最佳的身体和运动状态。

最后，鼓励运动员通过广告活动提高知名度。如果说上述高额年薪和奖金在很大程度上是运动员的地位和价值在俱乐部内的体现的话，那么，他们的广告收益则是社会对他们的地位和价值的认可。运动员的广告价值和运动价值之间有着相辅相成的关系。运动价值是广告价值的基础和前提，运动价值越高，其广告价值也越大。而广告价值不但有利于刺激和促进运动员运动水平和价值的提高，同时也能大大提高运动员及其所在俱乐部的知名度。因此，各个俱乐部都想尽一切办法为运动员做广告，牵线搭桥，以期收到扩大影响、提高自身知名度的效果，加上前面已经提到过的体育明星所独具的广告效应，导致一些体育明星的广告价值越来越高，广告收入也像天文数字一样不断增加。

（3）杜绝"铁饭碗"，坚持优胜劣汰，人才流动。职业运动员的流动在体育界称为转会，这是增强竞争机制，促进运动水平提高的一个有利因素。如前所述，职业体育俱乐部在和职业运动员签订的合同中明文规定，俱乐部有权随时解除它认为不合适的运动员的合同，或将运动员以高价转让给其他俱乐部。这两者对每个运动员都起到了巨大的鞭策和激励作用。如运动员被解除合同，不但意味着他将失业，而且他将背上坏名声，对以后的运动生涯非常不利，这是每个运动员不愿意遇到的事情。如果运动员被高价转让，则意味着其身价和名声的提高，各种收入也会相应增多，这是每个运动员梦寐以求的。这种正反两面起的鞭策和激励作用胜过千言万语，其效果不但显著，而且持久。职业体育俱乐部的水平之所以那么高，发展速度之所以那么快，其魅力之所以那么大，在很大程度上取决于这种充满竞争的门户开放政策。

因而，职业运动员市场成了体育市场的一个重要组成部分。为了维护职业运动员市场的秩序，国际以及各国有关单项运动协会均为运动员转会制定了一些规章制度。例如，国际足联规定，任何一个球员转会到国外去踢球，必须持有本国足协的批准书，其中必须写明运动员是否合同期满、转会费的问题是否已经解决、从哪一天起可以在新的俱乐部效力等。批准书一式两份，一份寄到国际足联备案，另一份寄交所到国家的足协。为了控制职业足球运动员的流动，有的足联对每个职业俱乐部的外籍球员的最高限额还做出规定。

### 四、我国职业体育俱乐部的经营管理模式

我国职业体育俱乐部的经营管理模式如图7-2所示，在我国职业体育俱乐部的组织管理结构中，最上面一层的国家体育总局和中华全国体育总会是相互分开的（本章中足球职业体育俱乐部的案例可以对此说明），它们各自的管理对象分别为国家体育项目管理中心和中国体育项目协会。

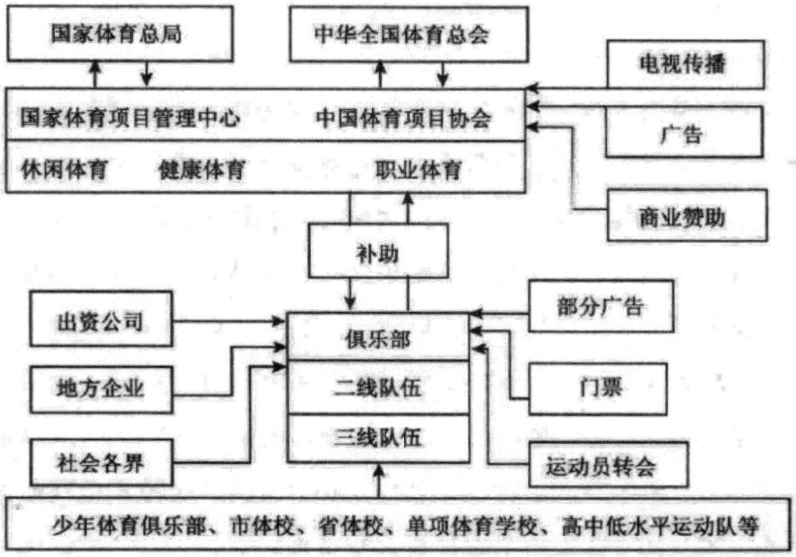

图7-2 我国职业体育俱乐部经营管理模式

中国的足球运动管理中心与中国足球协会实际是一种"官员一套班子，分挂两块牌子"的混合性质的机构。因此，这种名称为实体机构的中国足球运动管理中心，已经拥有了与政府派出机构、企业的和民间协会相似的功能，变成了将国

家政府部门、社会机构和企业部门的功能集中在一起的特殊产物。它直接操控着足球职业俱乐部联赛的三大主要经济来源：电视转播权的出售、电视商业赞助及广告。其以暗箱操作开始，在经受了各个俱乐部的强烈反对之后，逐渐放大了透明度，但发展到今天，仍有部分保留。

目前，中国足球运动管理中心的经营管理模式是其将吸收、引进的各种资源、资金集合在一起之后，参照各个俱乐部比赛中的实际成绩，将其作为本俱乐部运营的补助款项，按照等级依次下拨发放。除此之外，中心将会对俱乐部下放一定数量的场地广告经营权，但这些竞技比赛场地中设立的广告牌的具体位置、规格和数量等与商业相关的主要经营管理活动，都必须由足球运动管理中心严格管制。至于各俱乐部所需的其他的资金来源，就必须由各俱乐部自己努力筹措了。

目前各职业体育俱乐部多数都在实行总教练、总经理负责制度。而具体的分工，则是总教练承担日常训练和训练相关的管理工作，总经理则是承担资金筹集的相关工作。根据相关调查可以发现，我国职业体育俱乐部的总经理会把他们70%以上的精力放在资金筹集上，当前我国职业俱乐部的总经理有50%以上是刚刚"挂靴"、退役不久的体育运动员，或者是直接由企业委派，调转过来的出资方代表人，尽管他们的个人学历有了很大程度的提升，但他们对职业体育的经营管理了解甚少，要求他们使用现代经营管理的理论进行管理是很难实现的。

我国的职业体育俱乐部与那些经济发达国家的职业体育俱乐部相比，在名称或者经济形式上并没有太大的差别，绝大部分都是以"合资、独资、股份制"的经济形式申报建立的，但由于当前我国正处在较为独特的社会经济发展环境当中，我国职业体育俱乐部大多数都位于社会主义计划经济体制的延长区域范围内。在这其中，大概有50%以上的职业体育俱乐部是由政府与企业（国有企业）、事业与企业（国有企业）、政府与事业等形式联合创办的一种具有我国本土特色的职业体育俱乐部。我国职业体育俱乐部内部的经营管理仍拘泥于更多经济效益的追求，还没有将职业体育俱乐部发展成为人们共有的一种文化，引入到社区活动、地方或者企业的整体发展中去。

## 第三节　职业体育俱乐部经营管理的基本内容

所有的职业体育俱乐部都是一个经营实体，经营活动是职业体育俱乐部赖以生存的基础，是经济上独立核算、自负盈亏、实行合同制的先决条件和重要保障。职业体育俱乐部的经营活动的特点是走体育与市场相结合的道路，实行企业化管理，严格按照市场经济的竞争、价格和供需三大基本法则来开展经营活动。职业体育俱乐部的经营活动主要有以下几个方面。

## 一、门票经营管理

门票收入是职业体育俱乐部赖以生存的基础，虽然职业体育俱乐部在经营渠道上不断拓展，盈利的方式不断增多，但门票收入仍是职业体育俱乐部的一项重要收入来源。例如，美国职业棒球大联盟各俱乐部平均年收入6600万美元，其中40%来自门票收入；曼联俱乐部的盈利水平之所以在英超的所有俱乐部中雄踞榜首，很重要的原因在于它的门票收入达到总收入的40%左右，在英超俱乐部的门票收入比中排列第一。

俱乐部在进行门票销售时应当注意门票的定价要合理，尤其要考虑到当地的经济状况，并要合理拉开各等级球票之间的价格，保证不同的人都能看得起比赛。

## 二、电视转播权经营管理

出售电视转播权是职业体育俱乐部的又一重要经营活动，电视转播权已经成为当今西方职业体育组织经济增长的支柱。观众群体的规模是影响电视转播权收入增长的根源。庞大的职业体育观众吸引了赞助商与广告商的巨额投入，赞助商、广告商和媒体商对职业赛事投资的目的是职业赛事庞大的观众群带给他们的商业机会。电视广播公司通过转播职业体育赛事在赞助商与广告商那里得到了巨额利润。电视对职业体育赛事的转播与宣传又提高了职业体育赛事的影响力，扩大了职业体育赛事的受众范围。由于电视机构为争夺转播体育节目权而展开的竞价，导致电视转播费增长十分迅猛。截至20世纪90年代，美国职业体育组织的电视转播收入已经达到惊人的数字。国家橄榄球联盟与狐狸公司签订的1995-1998年电视转播权协议达15.8亿美元，在1998年初，国家橄榄球联盟与美国广播公司签订的为期8年的转播权协议高达180亿美元，是职业体育史上价格最高的电视转播合同。

## 三、球员转会经营管理

球员转会的经营主要是指俱乐部根据自己的经营目标和球队成绩的实际情况，以最合理的价格买入和卖出球员的经济活动。球员转会经营最重要的是科学确定转入或转出球员的市场价格，力争以最小的投入买入最好的球员，以最优的价格卖出转会球员。对俱乐部而言，球员转会经营最重要的是要清楚转入或转出球员价格的估算方法，并以此为底价设计谈判方案，争取以最合理的价格与对方俱乐部达成协议。俱乐部若经济拮据，濒临破产，则可通过转让自己的球员，甚至是优秀球员，换取转会费来渡过难关，若俱乐部经营有方，也可通过培养优秀的后备球员并转卖给其他球队来获取收入。

## 四、特许产品经营管理

特许经营不是一种行业，只是一种营销商品或服务的方式。多年来的市场营销实践证明，特许经营已经在许多国家被证明是一种有效的分销商品和服务的方法，并对经济的发展产生了积极的影响。体育特许产品通常是指将体育组织、体育赛事、运动明星等名称标识的专利权，或产品及服务中已注册版权的设计方案的使用权授予特许经销商，授权人从中获得商业利益的经营行为。体育特许经营权是体育组织、体育赛事承办人、明星运动员无形资产的重要组成部分，体育特许经营权的使用可以为授权人与受许可人双方带来经济效益。特许销售活动为许多职业体育组织带来了丰厚的利润，1990—1994年美国橄榄球联盟的体育特许产品的销售几乎翻了一倍，从53亿美元增长到103.5亿美元。

## 五、体育广告经营管理

体育广告是指以体育活动、体育场馆、体育报纸杂志、运动员及其他与体育有关的形式为媒介，将商品、劳务和精神产品等信息传递给经营者和消费者的手段和方式。职业俱乐部可经营的广告主要有：场地广告、比赛服装和器材上的广告、门票广告、赛场实物广告以及拍广告片等。广告的经营既可由俱乐部的市场开发部运作，也可由中介机构代理运作。广告与体育结下了不解之缘，广告支撑着现代体育运动，体育同经济的密切结合，已经成为引人注目的社会发展趋势。这是由于体育具有较强的交往功能，经济有着旺盛的拓展需求，这种功能与需求都是客观的、内在的、不以人的意志为转移的。社会环境等外因的变化为职业体育组织提高广告收入提供了契机，企业要利用比赛扩大自己的知名度、介绍和推销自己的产品，因此，它们愿意付给俱乐部或运动员的广告费是十分惊人的。1992年巴塞罗那奥运会，仅可口可乐公司的广告费就达3000万美元。2002年，北京媒体在雅典奥运会期间的广告收入将达到6亿元人民币，央视是这其中最大的赢家，收入约5亿元人民币。

## 六、体育赞助经营管理

体育赞助是赞助双方的事情，双方各有其利益。就被赞助方的职业体育经营者而言，是扩大财源、增强活力、扩大影响的重要手段，主要解决生存和发展的问题；就赞助方而言，通过冠名、赛场广告、电视现场转播等手段，可以提高企业知名度、美化企业形象、增强和目标顾客及社会接触的机会，以利于产品销售的扩大等。目前，职业体育中的赞助主要是指以联赛为对象的赞助。赞助的形式可以是对赛事的赞助，也可以是对俱乐部的赞助或是对明星运动员的赞助等。当前许多大型体育比赛，特别是大型国际比赛就明确规定，必须首先取得赞助权，方可问津该赛事的广告。以2022年卡塔尔世界杯为例，根据相关报道显示，赞助本届世界杯的中国企业共计6家，包括万达、海信、蒙牛、VIVO、BOSS直聘和雅迪，今年的卡塔尔世界杯中，中国企业投入的资金达到了13.95亿美元，超过美国企业的11亿美元，成了本届世界杯最大的金主。

## 七、标志产品经营管理

标志产品是职业联赛的经营者将赛事标志、队徽标志、球星形象制作成各种适应体育迷需求的产品，以产品的形式有偿转让给某一企业的一种商业行为。虽然标志产品与竞赛本身没有直接联系，但它的市场状态却与竞赛的水平有着必然联系。高质量的竞赛是树立联赛形象的根本，也必将推出一批深受球迷们喜爱的明星运动员，而高质量竞赛的观赏性和明星运动员的精彩技艺必然吸引众多的球迷，围绕赛事和明星们将会形成一个相对稳定的球迷群体。通过设计、制造和发行带有赛会标志的运动服、帽、纪念章、球星卡等球迷产品，可以满足球迷们对赛事和明星的认同感。因此，球迷产品的经营既是创造经济效益的渠道，也是树立赛事品牌，扩大球迷群体的一个有效手段[①]。

## 八、其他

俱乐部可以利用自己的场地提供有偿训练、开办主题公园、俱乐部观光旅游、娱乐健身等，以获取相应的经营收入。

## 九、职业体育俱乐部无形资产的经营与管理

### （一）职业体育俱乐部的生产经营特征

职业体育俱乐部作为体育竞赛表演的生产经营性企业，除具有一般企业的共性特征外，还具有区别于其他第三产业，区别于一般文化娱乐企业的特征。

1. 运动员是俱乐部最重要的资产

资产指的是可以成为生产的要素被投入到生产经营管理的过程中，并且能够带来一定经济利益的财产。在体育竞技比赛表演的系列娱乐产品生产的过程中，生产要素的组合比例是固定不变的，否则竞赛活动无法正常进行。

职业体育俱乐部的关键部分是由一定数量高水平、高技能的体育运动员所构建的职业体育运动队，它所产生的经济效益与社会效益的主要来源是职业体育运动员。一个职业体育俱乐部可能会具备优秀的经营管理型人才、充裕的资金来源和设施良好的体育运动场地等生产要素，但是它们都不能代替体育运动员来参加比赛，体育运动员是体育俱乐部生产过程中重要的劳动要素，其必须要拥有并且掌握专门的技能，因此其训练和培养周期也较长。体育运动员的供给量不会随着市场价格的不断变化而做出相应的调整，即供给的弹性很小。同时，无论体育运

---

①耿志伟，段斌著.职业体育球迷消费行为研究［M］，镇江：江苏大学出版社，2020，第101页

动员的市场供应数量如何庞大，水平一流、技能高超的体育运动员却一直是很小的数量，且永远都是供不应求的状态。在国外的职业运动员市场经常可以看到某名体育运动员的转会费用达到数百万甚至数千万美元之多，这是优秀运动员稀缺程度和特有价值的体现，也是体育运动员在职业体育俱乐部中的作用和重要地位的体现。一个体育俱乐部的价值的高低主要取决于职业运动队的价值，而职业运动队的价值又取决于与俱乐部签订工作合同的体育运动员。一家职业体育俱乐部很有可能因为某一名球星的变化移动，使它自身的经营收入与价值出现重大的起伏。所以，体育运动员与职业运动队的培养管理对于职业体育俱乐部的发展而言有着非常重要的影响，体育俱乐部的工作几乎全部都围绕着运动员、球队来组织开展，因为这所产生的一系列相关的活动，例如运动员的转会、运动员的工作合同、运动员的管理规章制度、运动员的工资奖励等福利、运动员的形象包装与开发和后备人才培养，等等，最终的目的都是使运动员这一重要资产能够得到充分的开发与利用，使俱乐部的资产可以保值增值。

2. 竞赛水平是俱乐部生存发展的基础

职业体育俱乐部所能提供的商品主要是体育竞赛娱乐服务。它的主要组成内容是体育运动员在竞赛中所能使用的高水平的运动技能。运动员在竞技比赛中的所有表现都直接影响到体育俱乐部的产品质量，它主要是以体育运动竞赛为载体的。所以，俱乐部生存发展的基础就是俱乐部的竞技水平和能力。

一方面，职业体育俱乐部的经营收入是与其竞赛水平密切相关的。一般来讲，职业体育俱乐部的经营收入与竞赛活动级别、层次之间呈现的是正比的关系，即如果竞技比赛的级别越高，竞技比赛的次数越多，那么职业体育俱乐部的经营收入也就会越多。那么竞赛水平高、经济能力强的职业体育俱乐部不但拥有参加国内外大型比赛的机会，而且竞赛活动具有很高的级别，具有激烈的对抗且比较踊跃的观众，能够得到较高的销售额、价值高的门票和特别理想的电视转播权的售价。

另一方面，职业体育俱乐部的竞赛水平与自身的社会影响也有着密切的联系。若是职业体育俱乐部的竞赛水平和级别高，那么对观众就会有很强的吸引力，就会特别容易引发社会对其的广泛关注，产生很大的社会影响力。这样就会更深一步地提高职业体育俱乐部的市场开拓能力，扩大经营的范围，丰富经营的内容，如俱乐部无形资产，运动员转会、广告赞助的市场价值等方面利益将会明显增加。如此可以看出，职业体育俱乐部的竞赛水平与经济之间没有直接的关联，但实际上却与俱乐部的经济收益有着非常紧密的关系。俱乐部经济收益的最佳时期，通常也是俱乐部比赛成绩最好、竞赛水平最高的阶段。每个职业体育俱乐部的经营者都会把俱乐部的训练竞赛放在特别关键的位置，有的甚至会为了提高竞赛水平，不计一切地改善训练条件。这是因为职业体育俱乐部的知名度会随着自身竞赛水平的提高而提高，如此俱乐部的无形资产才能升值，其经营领域就会有所拓展，才会形成经济上的良性循环。

3. 俱乐部生产经营活动的合作性

体育运动员高水准的运动技能在激烈的对抗竞争比赛中的完美展现，紧张的体育竞赛气氛能够给人们带来兴奋、刺激的感受，以及竞赛对抗结果的不可预测性和偶然性为体育竞赛活动增添了独特的色彩，才能把观众吸引到竞赛场地上来。体育竞赛与表演有所不同，需要有对手的参与才可以构成对抗，只有彼此的竞赛水平相接近，对抗才会更加激烈，比赛的结果越是难以预测，越能吸引观众。体育竞赛的这一独特特征直接决定了职业体育俱乐部的生产经营活动与其他企业不同，一家企业可能会自己独立进行某种产品的生产经营，但是它的发展不但不会受到其所处垄断地位的影响，而且还会从中获取垄断性的利益。但是职业体育俱乐部则有所不同，它需要各俱乐部联合组织在一起来生产经营一个特殊的共有产品——竞赛。职业体育俱乐部在实行对抗与合作的过程中来实现产品的生产经营，要求各俱乐部间建立起协调、合作制约的关系，并解决一系列问题。随着职业体育俱乐部的发展，俱乐部运作的成功越来越依赖于彼此间的合作，越来越需要联赛组织机构的监督、制约和协调。如果失去了俱乐部彼此间的合作，俱乐部的生产经营与运作也是不可能成功的。

4. 媒体对职业体育俱乐部经营的制约作用尤其显著

当今社会，不管是哪种类型的企业都应该与媒体保持紧密良好的沟通关系。这一观点已经越来越被广大的企业所认可、接受。就它的重要性而言，职业体育俱乐部作为一种体育文化类的企业有着更高层次的要求。这主要是因为职业体育俱乐部的训练与竞赛活动必须要有传播媒体的连续不间断的报道，且职业体育俱乐部在传播媒体上的曝光时间与曝光频率在较高的程度上决定了职业体育俱乐部无形资产的市场价值。因此，对于职业体育俱乐部的经营管理者而言，不管在什么时候都不能与媒体敌对，并且要尽力不断地去完善与媒体之间的关系。当前，国际职业体育的发展主要趋向之一，即是职业体育俱乐部与传播媒体之间的互动关系越来越密切，体育俱乐部与传播媒体之间的经营合作越来越普遍，媒体大亨对著名体育俱乐部进行收购的消息与动议也层出不穷。在不断变化的新形势下，职业体育俱乐部也应该顺应潮流趋势，积极主动地与媒体之间建立起互赢互利的友好战略伙伴关系。

5. 中介机构的代理经营在职业体育俱乐部经营活动中占有重要地位

通常很多企业都会在经营管理活动中找中介机构来进行代理经营的业务，虽然这种需求是存在的，但是市场需求程度不太强烈，一般企业仍然以自营的方式来开展经营活动，然而，职业体育俱乐部的经营管理，特别是那些围绕商业性赛制运作、球员转会、无形资产开发和网络商机策划等多项商务性质的活动，它们不但时效性和专业性强、把握时机开发的要求高，而且本身还存在着高风险与高利益相互作用、并存的特点，所以，体育俱乐部除了一般的常规经营活动自己经营之外，其他新兴业务的开发和重大商务活动的运作，通常都需要去挑选出一些高水准的中介机构来进行代理经营。由于代理经营获取的利润要比自己经营产生的利润高出很多，相比之下代理成本的支出就要比代理获得的利益少很多。经营有方、管理

有序的职业体育俱乐部一般都会选择中介机构代理经营来赢得最佳的利益目标，获取最大的效益。学会委托代理、善于委托代理是职业体育俱乐部成功经营的制胜法门，也是它与其他一般企业经营有所不同的显著特点。对于这些问题，职业体育俱乐部的经营管理者应该有足够的认知。

### （二）无形资产的经营

无形资产的经营主要包括俱乐部冠名权，电视转播权，场地、队服、球星的广告开发权以及俱乐部标志物的使用权。

#### 1. 冠名权经营

冠名权经营是我国职业体育俱乐部经营内容中最主要的一项。目前，我国各项目职业俱乐部冠名权转让收入一般都占俱乐部经营收入的一半以上，其中甲A各足球俱乐部冠名权转让收入在1000万—2000万元，甲A男篮各俱乐部冠名权转让收入在200万—800万元，排球职业俱乐部的冠名权转让收入在100万—500万元。另外，甲A足球俱乐部除开发俱乐部冠名权之外，还进一步开发了城市冠名和球队冠名。冠名权经营实际上就是职业俱乐部寻找冠名赞助商的过程，它的开发过程和经营技巧与体育组织寻求赞助商的过程及运作技巧基本相同。但是，应指出的是，在我国职业体育刚刚起步阶段，冠名赞助商的开发除了要考虑经济因素，按市场规律办事之外，还要考虑运用非市场因素，尤其是要注意发挥当地政府在选择目标赞助商中的牵线搭桥作用。这一点尽管不规范，但是在转型期却十分有效。对那些市场化程度相对较低的项目俱乐部来说，在职业化初期学会利用政府力量来达成冠名权转让的经营目标尤为重要。

#### 2. 转播权经营

体育活动，尤其是体育赛事的转播权经营是体育产业开发的重要内容。体育活动转播权包括广播电台转播权、电视转播权和网上转播权。由于电视在当前的媒体中居主导地位，因此人们谈体育赛事转播权，主要是指电视转播权。电视转播体育赛事最早出现在1936年的柏林奥运会。1948年BBC为拍摄伦敦奥运会而付费，标志着电视转播权商业化经营的开始。

1968年墨西哥奥运会组委会获得400万美元的电视转播收入拉开了重大赛事电视转播权大规模市场开发的序幕，而国际奥委会第一次从组委会手中接受15万美元的电视转播合同收益的"捐助"，意味着体育组织开始从转播权无形资产开发中获益。国际奥委会从1972年慕尼黑奥运会开始主动参与电视转播权的商业开发，之后奥运会电视转播权销售收入开始呈现等比级数的增长。

我国大型赛事电视转播权的商业开发始于1990年的北京亚运会。1993年国

家体委曾筹备成立"中国体育电视台"，由于受国家政策限制，最后未能实现，但国家体委的申办工作却促成了中央电视台增设第五频道——体育频道。1994年我国开始了足球职业化的试点，中国足协与中央电视台签订了1994—1998年的甲A联赛电视转播合同，中央电视台体育频道首次用广告时段对体育组织电视转播权给予补偿，即中央电视台台转播每场比赛均给中国足协2分钟广告时段。但是，由于体育组织广告销售既无渠道，又无专业人员和销售经验，因此效益极差。1998年中国足协开发从中央电视台获得的广告时段，年收入只有50万元，只相当于中央电视台转播一场甲A比赛获得的广告收入。同期，一些地方足球俱乐部也开始了面向地方电视台的销售尝试。

根据我国职业体育的现状，职业体育俱乐部的经营管理者应该高度重视转播权的经营开发。首先，要切实转变观念，真正把电视转播权看作是一种商品，是俱乐部无形资产商业开发的重要内容，并设置专门机构和专业人员来负责此项业务的开发。其次，要做好主场赛事转播权这一特殊商品的营销工作。要根据地方电视台的实际需要，系统包装主场赛事。树立主场赛事的品牌形象，创造性地策划卖点，提高转播权的市场价值。再次，要对主场赛事转播权的价格进行科学评估，提出合理交易价格。俱乐部主场赛事的电视转播权价格主要应从六个方面进行评估：一是主场赛事对当地政府、企业和观众的实际影响力；二是现场观众上座率和电视观众收视率的测算；三是购买方（电视台）获益情况的测算；四是了解其他俱乐部电视转播权销售价格；五是买方实际的经济实力；六是当地政府对买方的影响力。尽管俱乐部主场电视转播权最后的市场销售价格不以俱乐部测算的结果为准，但是，科学的价格评估，对交易谈判中争取主动权，达成尽可能高的交易价格至关重要。最后，要做好售后服务工作，为购买方（电视台）实现转播权的市场价值提供力所能及的帮助，树立良好的形象和声誉，与电视台建立长期的互利合作关系。

近年来，随着国际互联网迅猛发展，上网人数剧增，大企业、大公司纷纷"触网"，设立网站、注册网页，开展自己的电子商务。一些网络公司也开始注视体育产业，尝试着在体育市场上掘金。职业体育俱乐部的经营管理者要有前瞻意识，做好主场赛事网上直播权销售的前期策划和准备工作，力争早日实现网上直播权的市场销售，拓展俱乐部的财源。

3.广告经营

体育广告有很多种，如赛场广告牌（含广告横幅、广告旗和广告气球等）、比赛服装（含器材）广告、门票广告、体育电视片广告和赛场实物广告等。其中应用较多、效果较好的是赛场广告牌和比赛服装广告两种。由于这两种广告载体分别处于赛场背景和运动员身上的显著位置，无论是现场观看还是电视转播时重复出现率均很高，广告效益最为明显。当然，这两种广告形式的费用也最高。

大型国际比赛的场地广告牌，一般都由著名的跨国公司垄断。1986年墨西哥第 13 届世界杯足球赛的场地广告客户共 12 家，总共 8 个比赛场地，每个场地若竖两个广告牌收费 700 万美元，若竖 4 个广告牌则收费 1000 万美元。而到 1994 年美国第 15 届足球世界杯时，这类一级广告客户的费用已增至 1700 万—2000 万美元，大大小小的公司为买广告权共耗资 5 亿美元。日本职业足球俱乐部队员服装胸前广告（300cm²）为可口可乐公司所做，年度广告费为 300 万美元；衣袖广告（30cm²）为麦当劳公司所做，年度广告费为 100 万美元。在 2021 年 6 月 12 日，迟了一年的 2020 欧洲杯在意大利罗马的奥林匹克体育场正式拉开帷幕，在本届欧洲杯的 12 家顶级赞助商中，中国企业占据了三分之一，成为欧洲杯官方赞助商最大的输出国，分别是支付宝、海信、Tik Tok 和 vivo，组成了欧洲杯历史上最庞大中国赞助的矩阵。中国企业打破了欧美日韩企业包揽国际体育盛会的局面，成为本届欧洲杯的最大"金主"，而这 4 家企业偌大的 LOGO 也将轮番出现在 51 场比赛、不同球场的场边广告牌上，被全世界的观众所看到。

这类广告的效果也很惊人。原联邦德国普马运动服装、器材公司，抓住名不见经传的 16 岁小伙子贝克尔使用该公司球拍荣获 1985 年温布尔登国际网球大赛冠军的机会大做广告，使全国顿时兴起了一个普马网球拍热。该公司的网球拍年产量仅仅一年的工夫就由 1.5 万把上升到 7 万把，1987 年时更猛增到 28 万把左右。每把球拍的售价也从 199 马克上升为 349 马克。由于球拍上印有贝克尔的签名，他可分红 30%，仅此一项他一年就可分到 260 万马克，当然普马公司赚的钱就更多。

目前重大体育比赛时都有两个战场：一个是在场上，运动员们为夺取更好成绩和名次而不遗余力的拼搏。另一个是在场下和幕后，为的是争夺体育广告权，其紧张、激烈、错综复杂的程度与场上运动员相比有过之而无不及。足球王国巴西，1994 年世界杯足球赛前上演的一出体育广告争夺战就非常耐人寻味。赛前，巴西两家主要体育电视台转播世界杯赛时的广告时间，已分别被南极洲和大地两家啤酒公司出巨资捷足先登。而该国销售量第一的布拉马啤酒公司却受到冷落。该公司不甘失败，于是以 2500 万美元的代价，委托该国广告业巨擘菲希尔创造一个别开生面的世界杯宣传攻势来压倒对方。菲希尔充分发挥他的广告天赋，利用足球比赛的特点，精心策划，导演了一出令人拍案叫绝的活广告剧。

首先，他利用布拉马公司沿用了多年的"第一"口号，通过各种媒体大肆宣传"第一号的啤酒与实力排第一的巴西国家足球队相得益彰"的主题。然后，他设计了一个向上伸出食指的拳头作为布拉马的标志到处张贴和散发，大肆宣传。同时他还推出一首名为"第一"的广告歌曲到处播放，其中有一句为"射球入网，满足人们对进球的'渴'望"，巧妙地把人们对国家队的期望和啤酒联系起来。经过反复宣传，使"第一"和竖起食指的拳头成了家喻户晓的布拉马啤酒的象征。当巴西队和阿根廷队举行热身赛时，菲希尔首次公开亮相他的杰作。他买下大量门票，并让 3000 名巴西球迷清一色穿上巴西国家队传统的黄绿两色球衣，上面都印着竖起食指的图形，分批集中地坐在观众席显眼的位置，形成若干个小气候。

此外，他还向观众印发10万张宣传品，悬挂大批横幅、旗帜和10米高的气球，上面也都印有十分醒目的特殊标志。菲希尔同时还雇用了6支20人的乐队，分布在看台上不断演奏"第一"之歌。只要电视镜头一转到看台上，到处都能声情并茂地听到和看到布拉马的广告。尤其令布拉马公司和菲希尔本人大喜过望的是，当巴西名将贝贝托射入一球后，他竟然情不自禁地竖起了食指向欢呼的观众致意，这时场上场下一片沸腾，到处都可看到竖起的食指，听到"第一"的歌声……但是，"南极洲"和"大地"亦非等闲之辈，它们强令电视台采取防范措施，消除"布拉马"的影响，于是这两家电视台绞尽脑汁最后共同商定了一项回避对策，即在世界杯比赛期间，电视台另置摄像机。每当转播到美国 ABC 电视台提供的讯号中有着"第一"服装的巴西球迷出现时，便立即切入其他画面。不料此举反而弄巧成拙，恰恰又给"布拉马"和菲希尔提供了新的攻击口实：巴西足球只有在让巴西球迷亮相时才能有生气。这种无视、冷落，甚至害怕本国球迷的做法，在广大球迷和观众中所引起的逆反心理，却从另一个角度助长了菲希尔为"布拉马"所设计的活广告的始料未及的效果。

我国职业体育俱乐部的广告特许经营权只是部分的经营权，如场地广告经营权相当一部分由国家单项协会或项目管理中心来统一经营，俱乐部只能从中分享少部分收入。因此，目前我国各职业俱乐部广告特许经营权的收益占俱乐部总收入的比重不大。但是，尽管如此，俱乐部广告特许权的经营仍是一项十分重要的商业资源，切不可轻视。广告特许权经营既可以由俱乐部的市场开发部来自营，也可以交由中介机构（体育经纪公司、广告公司）来代理经营。无论是自营还是委托，对俱乐部的经营管理者来说，都应了解本俱乐部广告特许权的市场需求、市场价值、营销方式和定价策略，并善于根据潜在客户的需求来分类包装广告特许权产品，使俱乐部广告特许权产品多元化和系列化，以适应企业客户多样化的购买需求。同时，俱乐部还应在履约上面下功夫，确保广告赞助商各项权益的落实，并做好与主要赞助商的沟通工作，力争与赞助商建立长期合作的伙伴关系。

4. 球迷产品经营

球迷产品经营是指俱乐部为引导球迷形成对俱乐部的归属感而向球迷提供的产品和服务。它既包括俱乐部标志产品的生产（一般是由获得俱乐部授权的企业来生产）和经营，如队服、鞋帽、围巾、纪念品和球星卡等，也包括会员（球迷）俱乐部、各类主题餐厅、酒吧、咖啡屋以及训练营观摩等服务性产品的生产和经营。

球迷产品的经营，首先是拓展俱乐部财源的一个重要渠道。它的经营领域十分宽广，潜在的市场价值十分可观。俱乐部切不可轻视，而应在新产品开发和营销手段创新两方面下功夫。目前，国内部分职业体育俱乐部已经在这方面有所作为。例如，辽宁足球俱乐部有限公司与辽宁省邮电管理局签订了一份协议。根据该协议，由上赛季11名辽宁抚顺队主力队员和全家福组成的一套12张的辽宁足球球星"200"电话卡全年预计生产100万张。这套面值分别为30元和50元的电话卡既有实用价值，又有收藏价值，市场调查表明，此卡深受广大球迷的喜爱。这就是典型的球迷产品创新的案例，通过这种创新，辽宁足球俱乐部开辟了新财源，取得了很好的经济效益。

# 第四节　职业体育俱乐部经营管理的基本方式

职业体育俱乐部经营管理的基本方式包括扩大财源、抓好职业运动队伍的管理、重视体育后备人才的培养和会员队伍的扩大等。

## 一、扩大财源

职业体育俱乐部的收入主要来自五个渠道，即会员会费、比赛门票、炒卖运动员、体育广告、体育彩票。

### （一）会员会费

这是一笔固定而可观的收入。特别是一些著名的大型俱乐部，会员数以万计，虽然摊在每个会员身上的费用并不太多，但聚沙成塔，加在一起也是一笔不小的收入。再说会员的意义不仅在会费，比赛时，以球迷为核心的广大会员观众为本队的加油声和欢呼声所起的鼓舞和震慑作用，是一笔更为巨大的无形财富。因此，各个俱乐部无不把扩大会员队伍当作一件大事来抓。

### （二）比赛门票

观众是上帝，是职业俱乐部存在的前提。没有观众的比赛，就如同没有顾客的商店。体育广告效益的好坏，也和观众的多少息息相关。因此，各职业体育俱乐部都把争取观众放在首位，每年都公布观众人数和门票收入情况，并和上一年度进行比较，以此来衡量自身的业绩。

### （三）炒卖运动员

优秀运动员是职业体育俱乐部的灵魂。他们在吸引观众和球迷、提高和巩固俱乐部荣誉、提高票房价值和广告效应等方面所起的轰动效应，是任何力量都无法比拟的。因此，目前各著名职业体育俱乐部都不惜重金，千方百计地网罗世界超级明星来巩固自己的地位。

### （四）体育广告

体育广告有很多种，如赛场广告牌（含广告横幅、广告旗、广告气球等）、比赛服装（含器材）广告、门票广告、体育电视片广告和赛场实物广告等。其中应用较多、效果较好的为赛场广告牌和比赛服装广告两种。这是因为这两种广告载体分别处于赛场背景和运动员身上的显著位置，无论是现场观看还是电视转播，其重复出现率均很高，广告效益最为明显。当然，这两种广告形式的费用也最高。

### （五）体育彩票

体育彩票以高额奖金为诱饵，吸引人们自愿参加，是一种收集社会游资的行之有效的方式，为许多国家广泛采用。体育彩票的常见形式有两种。一种是幸运摇奖彩票，即在每场比赛结束后当众摇奖，确定中奖号码。中奖者凭门票领取奖金或奖品，奖品一般为小轿车一辆。这种形式比较简单，完全凭运气，规模不大，只限于现场观众，一般由承办比赛的主场俱乐部经营，收入主要归自己。另一种是比赛结果预测彩票。形式也有多种。有的是猜某一场比赛的输赢家，有的是猜某一次大赛的前几名或所有参加者的名次，有的是猜一轮联赛各场次的输赢家。虽然这类彩票大都不是个别俱乐部所能经营的事，而是由政府或体育总会指定专职部门或私人企业来经营，但由于这类彩票大都是职业体育俱乐部比赛的产物，所赌内容是它们的比赛结果，而且彩票的一部分收入最终也让有关俱乐部参与分享，因此，也可以把这种形式的彩票看成是职业体育俱乐部的财源之一。

## 二、抓好职业运动队伍的管理

职业运动队是职业体育俱乐部的基础和核心，职业体育俱乐部的社会效益和经济效益全都来自职业运动队，职业体育俱乐部的所有工作都是围绕着职业运动队而开展的。因此，职业运动队的建设和管理对职业体育俱乐部具有重要意义。

### （一）职业运动队的人员构成

职业运动队的人员少而精。除运动员外，一般还有下列工作人员：经理（有的国家也称作领队）1人，主、副教练各1人，经理助理1人，按摩师1人，后勤1人。

经理是职业运动队的实权人物，掌管全队的管理和财务大权，负责和教练员及运动员签订合同，确定和发放比赛奖金，签发全队的各项开支。运动员的进出，主教练可以提出个人意见，但最后的决定权掌握在经理手里。经理还负责对外联系，包括与赞助商商谈和签订合同，对外联系商业性比赛事宜，签订租赁体育场合同等。此外，还负责公关和新闻发布等工作。总之，整个运动队除训练和比赛以外的一切事务，均由经理来谋划和主管。

主教练负责全队与训练和竞赛有关的一切事务。包括物色、选拔和淘汰运动员；制订比赛和训练规划；设计和实施技术、战术、身体素质、心理和智能等方面的训练；确定比赛战略和战术以及参赛运动员的人选，并进行现场指导；负责运动员的恢复以及必要的生活管理和监督。

经理助理，协助经理处理各项具体工作，兼管运动队的文秘和档案工作。

副教练根据主教练的工作安排，协助完成与训练及比赛有关的一切具体工作，包括布置训练器材，做些现场统计、记录等工作。

按摩师主要负责运动员训练和比赛后的身体按摩，促进其恢复。同时还负责运动员在赛场上的伤病处理，配置运动饮料以及一般性的医务监督。此外，运动员和按摩师之间的关系一般都比较融洽。因此，按摩师大都身兼运动心理师，利用按摩的机会对运动员做些心理疏导工作。

上述人员构成情况只属一般中、小型职业运动队的最低要求。由于国情、运动项目和运动队规模的不同，在人员种类和数量方面会有一定差异。

### （二）职业运动员的管理

职业运动员是职业运动队的基础和灵魂，其水平与质量直接影响职业运动队以及职业体育俱乐部的命运。因此，各个职业体育俱乐部和运动队无不把运动员看成是自己的生命线，下大力气抓好运动员的管理，使之发挥最大效益。国外对职业运动员的管理一般从下列两个方面着手。

#### 1. 进行法制管理

所谓法制管理是指严格按照法律、规章、制度和合同来进行管理，使这些法律、规章、制度和合同起到引导、规范和保障作用。首先，通过宪法或其他专项法律来规范和保障职业运动员的合法地位和权益，使他们的职业合法化。其次，各主管运动协会都通过法规对职业运动员的资格、就业、转会、参赛条件、合同、奖金及纠纷处理等问题做出明确规定，一方面是为了确保职业运动员的质量，另一方面也是为了规范和保障他们的义务和权利。再次，职业体育俱乐部和职业运动员之间签订合同。最后，职业体育俱乐部通过严明的纪律规章来进行管理。

#### 2. 按照价格法则激励运动员

职业运动员的工资和奖金是其运动水平和业绩的标志。水平越高，业绩越好，所获得的报酬就越多。主要做法是：第一，提高工薪起点。由于职业运动员所创造的票房价值和广告价值均很高，加上运动员是一项比较危险、从业年龄较短的职业，他们伤、病的概率较高，导致终身残疾甚至死亡的事例时有发生，因此，他们的工薪理应高于一般职业。第二，拉开差距，突出明星的地位。著名球星是场上的灵魂和核心，他们的出现，不但对本队起组织、指挥和稳定军心作用，对对方起牵制和威慑作用，而且还是吸引观众和赞助、广告，提高球队档次和知名度的法宝。因此，他们的工薪高出一般队员许多倍。第三，奖金浮动，真正体现多劳多得，立功受奖。第四，鼓励运动员通过广告活动提高知名度。第五，杜绝"铁饭碗"，坚持优胜劣汰，人才流动。

### （三）职业教练员的管理

教练员是运动队训练与比赛的设计者、指导者和指挥者，其水平、能力与态度均与运动队的成绩有着直接而密切的关系。国外在职业队教练员的管理方面有下列两个主要特点：一是十分注意教练员的任职资格。国外不但普遍重视教练员的任职起始资格，而且还十分强调业务进修。二是实行合同制。俱乐部和教练员之间普遍实行合同制，合同一方面赋予教练员指挥训练与比赛的权利，其中包括任何时候都可以淘汰他认为不合适的运动员的大权，同时又对教练员自身的工作和任期目标有严格的规定。

## 三、重视体育后备人才的培养

吐故纳新是职业体育俱乐部生存和发展的根本之道，因此，每一个俱乐部都十分重视后备人才的培养和选拔。其主要途径如下：

### （一）俱乐部自己培养

欧洲国家大都采用这一办法，许多国家都把培养后备人才看成是职业体育俱乐部的先决条件之一。例如，德国足协规定，每个职业足球俱乐部必须至少拥有10个青少年足球队。而实际上，几乎每个俱乐部所拥有的青少年足球队，都大大超过这一要求。

### （二）俱乐部成立专项学校

南美洲足球大都采用这一形式，这一形式和上述欧洲普遍采用的形式差不多。不同的只是学员不能自由参加，而是需要经过考核甄别，只有达到一定标准的人才能被录取。学员们也按年龄分组进行训练和比赛。例如，阿根廷足球俱乐部从12岁起到20岁，一岁一个年龄组。该国还规定，甲级足球俱乐部，每个年龄组都必须设置代表队参加所在城市和地区的各年龄组锦标赛。

### （三）从学校代表队中选拔

在美国，学校是体育的摇篮，该国从小学到大学普遍重视体育教学和课外业余训练及竞赛。因此，各个项目校内、班级内和班际的比赛，以及校际比赛常年不断。

### （四）成立预备队

许多国家的职业体育俱乐部均设预备队，成员大都为本俱乐部的青年精英，也有一些是球探从其他俱乐部物色来的新秀。一般只有极少数人有幸留下来签约成为正式队员，其余被淘汰的人或转入俱乐部成人业余队继续从事业余足球训练和比赛，或另谋出路。为了避免有的俱乐部垄断过多的优秀青少年选手，造成积压和浪费，一般都对学徒队的成员数量有严格限制。

## 四、扩大会员队伍，做好球迷工作

如前所述，职业体育俱乐部与会员之间有着鱼水关系，因此，各个俱乐部都十分重视扩大会员队伍的工作。除了采取前述业余体育俱乐部的一些相应措施外，还采取下列一些办法来巩固和扩大会员队伍：通过代购门票，提供赠票和优惠票等方式，保证会员们能看到一些重大比赛；以提供队服、队旗和在交通、住宿方面提供方便以及优惠，鼓励会员随队到外地或国外去观看比赛，这样不但满足他们的观赏欲望，还可扩大"拉拉队"的阵容；以优惠价向会员出售年票、季票和月票等长期门票，使会员们在价格上享受优惠，也保证了每场比赛的基本观众和基本门票收入；采用减收会费的方式来吸引外地和郊区球迷入会。

# 第八章　中国职业体育生态化发展路径——体育广告

体育广告是体育产业的主要组成部分之一。在目前市场上开展的体育经营活动中，许多都与体育广告经营活动有关。本章以体育广告的经营管理为重点，首先对体育广告进行概述，其次对体育广告的经营策划展开详细分析，最后对体育广告的管理策略展开探讨，从而为体育广告经营管理者的工作提供可参考的理论内容。

## 第一节　体育广告概述

我们在日常生活中能够见到的广告种类很多，其中体育广告是出现频率较高的广告类型之一。本节将对体育广告的内涵与特点、产生与发展、功能与优势，以及体育广告的分类及体系构成情况进行分析。

### 一、体育广告的内涵与特点

#### （一）广告与体育广告的内涵

广告从字面上理解即广而告之。美国市场营销协会对广告的定义是，广告是由确定的广告主在付费的基础上，使用非人际的传播形式，对观念、商品、劳务等一切能够被传播的事物进行介绍、宣传的活动《辞海》中对广告的解释是，广告是向公众介绍商品、报道服务内容或文娱节目等的一种宣传方式。

一般来说，广告作为一种宣传方式，是使用特殊的媒介找到特殊的对象，并传达特殊的商品信息，进而实现一定商业目的的有价值的传播。随着社会商品经济的不断发展，各类商品竞争愈加激烈，广告开始被作为一种推销产品、传递信息、开展竞争手段的方式进入到商品经济的传播渠道中。

在对广告的内涵进行理解后我们可对体育广告的定义进行明确。即体育广告指的是将体育活动、体育场馆、体育报纸杂志、体育选手等与体育相关的形式当作媒介，将商品、服务和精神产品等信息传递给经营者和消费者的手段。

### （二）体育广告的特点

广告包括四个基本要素，即广告的对象、内容、媒体及目的，体育广告也不例外。从对象、内容及目的上看，体育广告和一般广告相比没有较大的不同，但是在广告媒体上，体育广告有自己明显的特点。

体育广告不仅能够利用体育场馆、体育活动、体育比赛以及比赛期间所发行的各类刊物等进行宣传，同时还能够通过体育选手更立体、更丰富地展现体育广告，这是体育广告本身具有的较为突出的特点。

## 二、体育广告的产生与发展

广告是商品经济下的产物，并跟随商品经济的不断发展而发展。起初，在西方资本市场中，广告被当作一种能够推销产品、扩大销路、提升产品知名度的一种手段，很多企业家愿意出资对商品进行广告宣传。对我国来说，在过去计划经济时期，商品实行的是计划供应，各个企业并不具备广告意识。随着改革开放步伐的日益加快，社会主义市场经济体制逐步确立，广告业也在我国逐渐发展起来。1979年，上海电视台播出了中华人民共和国电视史上的第一条外商广告，此后我国的广告业开始了迅猛发展。

体育广告作为商业广告的类型之一，发源于西方资本主义市场。早在19世纪时期，就已经有自行车厂开始在自行车运动员身上悬挂广告。自行车运动员在进行自行车比赛时需要长途骑行经过许多地方，他们身上的内容就成为一种流动的广告宣传。

体育广告服务业在百年的发展中，已经成为体育服务业的支柱产业。早在20世纪80年代末，美国体育广告服务业的产值就已经超过35亿元。随着现代体育运动的不断发展及社会影响力的不断加深，公众对体育运动的热情逐渐高涨，大众体育意识得到强化。当前，体育比赛规模不断扩大，所需要的赛事资金数额也在持续上升，仅依靠赛事举办方自身的财政支持难以顺利举办体育比赛。因此，体育赛事举办只能通过向企业提供体育广告服务的形式，来得到企业和商业财团的支持，以获得更多赛事必需资金。

广告与体育的密切结合，已经成为当前社会发展的趋势之一。广告支撑现代体育运动的开展，体育又在更深层面与经济互通互利，这是体育广告能够迅速发展的现实动力。对我国体育产业而言，我国体育广告服务业正处于高速发展的新时期，各项竞技综合性运动会及群众性体育赛事的举办，都为体育广告服务经营单位提供了极佳的经营机会。特别是近年来，我国竞技体育社会化和职业化得到深入推进，体育广告资源版块日益扩大，更多的企业也开始愿意利用体育广告来扩大企业及企业产品的知名度，这都为体育广告的未来发展奠定了良好的现实基础。

### 三、体育广告的功能与优势

#### （一）体育广告的功能

体育广告的功能可总结为以下五个方面，

1. 传递信息，沟通获利

体育广告的首要功能即传递信息，利用体育媒介将产品或服务的信息传递给潜在的消费者，在产品的生产者与消费者之间建立联系。企业将企业产品或服务刊登在广告上，向能够看到该广告的消费者进行产品宣传，这是体育广告最主要的作用，即吸引顾客，收获潜在消费者。体育作为一种独特的宣传载体，能够吸引众多人的目光，能够推动生产者和消费者之间进行有效沟通。

2. 激发需求，增加销售

体育广告主要是利用体育媒介的宣传，吸引一部分原本没有计划购买该产品的单位或个人，在广告的作用下，产生购买的冲动与欲望，最后进行消费，从而增加产品的销量。

3. 介绍知识，指引消费

体育广告也能够通过对产品的知识性介绍，指引消费者进行消费。消费者在购买某一类体育产品后，可能会对产品的性能与结构缺乏一定的了解，不会正确使用产品，或者未掌握正确的保养方式而导致产品出现问题。利用体育广告对产品进行知识介绍，能够指导消费者更好地对产品进行保养，延长产品的使用寿命，使消费者获得更好的消费体验。

4. 树立企业形象，扩大产品知名度

大多数企业、企业产品以及企业品牌能够被广大消费者所熟知，关键就在于它们充分利用了广告的宣传作用。广告作为被公开在社会大众面前的产物，具有高度的公开性与广泛的传播性。体育广告在传播的过程中，不仅会展示企业产品，同时也会传播企业文化，使企业在社会大众心中树立良好的企业形象，从而扩大企业的知名度，提升产品的传播效率。

5. 提升运动员能力，促进体育事业发展

体育广告一般会选择运动员作为主要代言人以增加产品的可信度与影响力。但是广告商在选择代言人时，会优先考虑获得过较好比赛成绩的选手，这类选手因出色的体育竞赛能力而被广大观众熟知，对消费者来说具有更大的影响力。因此，运动员为了增加自己的广告收入，就要不断提升自身的运动技术水平，获得更高荣誉，被更多观众认可．此外，这在无形中也会增加体育赛事的竞技性与可观赏性，有助于体育事业的快速发展。

### （二）体育广告的优势

现代社会广告媒介众多，既有报纸、广播等传播媒介，也有电视、电脑、手机等新兴媒介。不同的广告媒介，其特点与优势也存在不同，与这些广告媒介相比，体育广告的优势主要体现在以下几点。

1. 观众多，广告传送面更广

一场体育比赛的现场观众人数少则上千，多则上万，而在荧幕前观看的人数则不计其数。与其他广告相比，体育广告具有天然的传播优势，能够直接面向数以万计的消费者直接进行广告宣传，这在无形中扩大了潜在消费者群体，使广告传送面更广。

2. 时间长，一次投资后多次受益

众所周知，在电视上投放一般的广告，时间短且价格贵，而体育广告则不同，体育广告一般是以体育赛事或体育选手为依托，在体育赛事举办的过程中或体育选手参赛的过程中，都可看作是广告的宣传时间，这个广告时间长度会远大于一般广告。此外，体育比赛一般会有重播的情况，这在一定程度上可看作是对体育广告进行的"二次宣传"，这对广告商来说属于一次投资后多次受益。

3. 效果自然，易被接受

当前社会市场竞争日益激烈，各类商家广告层出不穷，消费者对繁杂且重复率较高的广告极易产生厌烦情绪，而体育广告是穿插在体育赛事，或是以与体育有关的形式呈现出来的，例如广告以体育赛事中场内背景板的形式进入人们视野，能够使观众在观看体育赛事的过程中，接受广告的影响。

## 四、体育广告的分类与体系构成

### （一）体育广告的分类

根据不同的广告形式和不同的媒介，体育广告可以分为以下七种：

第一，场地广告。这是体育广告最常见的形式，其利用体育场所或各类体育比赛或其他体育活动的机会，在场地内外悬挂或摆设立牌广告、横幅广告、赛场地面广告等。

第二，路牌广告。这种广告是利用体育比赛或其他体育活动的计划，在体育场馆外或者其他建筑物内部摆设广告牌，

第三，冠名广告。这种广告是企业通过给各类体育活动、运动队以及体育俱乐部冠名的形式，进行广告宣传，例如"XX杯中国足球超级联赛"。

第四，印刷品广告。这类广告是利用体育活动中的入场券、佩戴的证件、号码布、宣传画、成绩册、明信片等作为媒介，在这些媒介的适当位置标印上企业的宣传材料，并进行广告宣传。

第五，排他性广告。这类广告指的是在某类体育活动中，体育赛事举办方通

过授权某家企业提供某类产品，例如指定饮料、指定产品及标志产品等。

第六，奖券广告。这类广告指的是在某些体育活动中，广告商通过体育彩票、可抽奖门票、购物打折券、实物奖品等形式来提供相应的体育广告服务。

第七，实物广告。这类广告是在运动服装、运动器械、纪念品、礼品上印制商标名称或企业名称。

### （二）体育广告体系的构成

在体育广告发展的初期，其涉及的对象仅有广告主、体育媒介及小范围的目标受众。在传媒产业不够发达、企业营销理念及手段不够先进的背景下，企业会利用体育媒介将想要传递的信息传递给受众。但是，这种广告的信息量较少，传播面也很狭窄。随着现代传媒的发展、各类中介力量的增强以及赞助质量的提升，传媒和中介组织成为现代体育广告体系中不可缺少的重要环节。

一个科学、完整的体育广告体系包括企业、体育媒介、中介组织、媒体和目标受众五个部分。与早期的体育广告体系相比，媒体和中介组织的加入，能够使体育广告的专业化程度更高，广告信息更加明确，同时也能使信息传播的途径变得更有针对性。

在此需要着重说明的是，体育广告体系的五个部分并不是单独存在的，它们之间只有进行有效互动，才能使体育广告获得良好的传播效果。此外，这五个部分之间的关系并没有明确的指向性和具体的结合路径，赛事广告商需要根据各方利益和体育广告策划效果进行具体问题具体分析。

## 第二节 体育广告的经营策划

体育广告要想获得预期的广告效果，需要由专业人员进行系统、科学的经营策划。本节将对体育广告经营策划的基本原则及要求、体育广告费用的支付方式、体育广告的回报手段以及具体的实施过程进行分析。

### 一、体育广告经营策划的基本原则

#### （一）互惠互利原则

互惠互利原则是进行体育广告经营策划时所应遵循的基本原则，这是体育广告赞助合作的基础。体育广告客户和体育广告经营单位都是独立的或是相对独立的商品生产者和经营者，在双方合作的过程中，双方都会付出精力和财力，同样地，双方也要获得相应的利益，这是进行再次合作的前提。对体育广告客户来说，广告投资要能够获得可观的广告效益回报。因此，体育广告经营单位需要首先考虑到体育广告客户的利益，获得客户的信任，这是进行下一步细节策划的基础。

### （二）恪守诚信原则

恪守诚信原则是体育广告经营策划中的另一个重要原则。体育广告经营单位需要与体育广告客户保持密切联系，这不仅是体育广告经营单位经营体育广告业务不可缺少的重要公关活动，同时也是其及时掌握客户需求走向的必然选择，在与体育广告客户沟通的过程中，体育广告经营单位负责人要恪守诚信，按照合同办事，不能欺骗客户，要做到真诚待人，这样既可获得企业的好感与信任，也有助于后续经营策划活动的顺利开展。

## 二、体育广告经营策划的基本要求

### （一）选择契合度高的广告客户

市场中企业类型纷繁复杂，企业产品五花八门，并非所有企业的产品都适合利用体育广告进行宣传，因此，体育广告经营策划者在选择体育广告客户时需进行前期的筛选。只有筛选出各方面都与体育广告及体育广告经营单位契合的目标企业，才能进行后续的合作探讨。一般情况下，体育广告经营单位在选择目标客户时，要做到以下四个方面。

1. 明确企业产品与体育运动的关系

企业产品与体育运动关系越密切，企业成为体育广告经营单位目标客户的可能性会越大。一般情况下，与运动者有关的产品（例如运动器材、运动服装、运动鞋帽等）、与观看体育比赛有关的产品（例如电视机、影碟机、电脑、手机、iPad等）、与观众日常生活密切相关的生活用品（例如服装、饮料、零食等），这些产品及产品生产企业是比较适合利用体育广告进行宣传的目标客户群体。

2. 了解企业的广告需求

体育广告经营单位要深入了解客户群体的实际需求，只有明确客户需要，才能针对该需要进行契合度最高的广告经营策划。例如，部分企业既想宣传老产品，同时又想为新产品扩大销路，提高市场占有率，此时就需要体育广告经营单位与企业进行探讨，选择出最重要的宣传点，这样才能使客户满意，也能在后续的经营策划中有的放矢。

3. 了解企业负责人的个性心理特征及爱好

企业的发展重点还是销售产品，而体育广告作为宣传产品的渠道之一，每年企业投入的广告费是有固定比例的，企业会在权衡多家后，选择一家性价比最高的体育广告经营单位进行合作。体育广告经营单位要想赢得客户，就要掌握客户的个性心理特征。例如，企业负责人是否对体育运动感兴趣、是否对体育的经济功能有清晰的认识、比较擅长哪种体育项目等。若企业负责人对体育运动很感兴趣，且能够充分认识到体育经济所具有的功能，同时又有自己擅长的体育项目，那么体育广告经营单位在与这些企业进行合作时，成功率会更高，也更能准确地向客户传递信息。

### 4. 向企业明确合作内容

在筛选出比较适合进行合作的目标企业后，体育广告经营单位要向客户群体明确合作内容，内容主要包括以下五点[①]：

第一，向企业提出未来一年或一个合作周期的体育竞赛活动计划，宣传活动的规模、影响及优惠条件。

第二，向企业提供产品需求量和需求趋势的预测资料。

第三，向企业提供同类型竞争者的市场占有率情况。

第四，向企业提供目标消费者群体对产品的设计、商标、包装的反馈建议。

第五，向企业提供暂定的、能够提供较好广告计划和广告策略的媒体平台。

### （二）选择合适的营销方式

体育广告的营销方式多种多样，针对不同性质的体育活动，也需选择不同的广告招商方式和途径。一般来说，体育广告的营销方式包括以下六种。

### 1. 招商

招商即体育广告经营公司将已经规划好的体育广告资源进行包装策划后，公开向社会推出，广泛寻找合作伙伴。这是体育广告经营公司以自我为中心的一种营销方式，这比较适合广告价值大、水平高、具有较强影响力的体育活动。

### 2. 广告

广告是一种比较基础的营销方式，是体育广告经营公司在电视、报纸等新闻媒体上发布公告，展示体育广告资源，公布近期招商计划，或是请记者针对体育广告资源撰写软文进行推广。这种主动出击的方式是目前大多数体育经营广告单位所采取的形式。

### 3. 游说

人际关系交流在现代营销中占有重要地位。体育广告经营单位在进行广告营销的过程中，要充分利用各方面的资源和社会关系，以人际关系中的面对面交流，提升工作效率，降低营销成本。

### 4. 行政手段

行政机构会在考虑整体利益的基础上，对体育活动的广告营销进行一定的干涉，例如一些具有较大社会影响力的体育赛事的举办会给举办地的经济发展、文化传播等方面都带来很大的影响，因此政府有关部门会对其给予较大的支持。

### 5. 主动出击

体育广告经营单位进行广告营销时，会成立专业的部门，组织有关人员制定有较强针对性的营销计划，并主动与目标企业进行联系，这是一种依靠自己力量

---

①金宗强作.我国职业体育俱乐部创新经营战略研究［M］，天津：天津社会科学院出版社，2021，第96页

的广告营销方式，其缺点是体育广告经营单位可能会因为运作的不规范而影响到广告的实际收益。

### 三、体育广告费用的支付方式

具体的体育广告费用的支付方式需要在体育广告经营单位和企业客户的合同中予以明确规定，例如具体的费用支付手段、时间、形式（实物或资金）。这些内容都要经双方确认无误后，在合同中予以显示，以免在后续的操作中出现纠纷。

但是体育广告经营单位要学会灵活变通，要能够根据实际情况采取机动策略，选择能够让双方都满意的支付方式。如有些企业想进行广告投资，但经费不能及时到位，此时体育广告经营单位就可向客户提出缓交或分批缴纳广告费的方式，这样能够保证交易的继续进行，只要后续资金跟上即可。具体的灵活变通方式是建立在体育广告经营单位和企业客户相互信任的基础上进行的合作形式，双方都要遵守国家政策和法律的规定，不能做出违反法律或道德层面的行为。

体育广告的回报手段指的是体育广告经营单位能够给予企业客户的各项权益，体育广告回报手段包括以下几种。

#### （一）赛事冠名权和各种称号使用权

赛事冠名权和各种称号使用权在体育赛事中占据重要地位，这也是体育广告经营单位能够给予企业客户的主要回报。赛事冠名权的影响最大，这是冠名广告企业客户的独家权利。广告客户在签订广告协议后，就享有赛事冠名权，在任何一个场合提及赛事时，主办方都需使用广告企业客户的全称，同时客户还享受奖杯冠名权和向获奖者授奖权。

#### （二）会徽和吉祥物使用权

重大体育赛事一般都会设计专门的会徽和吉祥物。会徽和吉祥物也能够作为体育广告回报提供给广告企业客户，而主要的回报表现是体育广告经营单位将会徽与吉祥物印在产品包装和广告上，使消费者能够将广告客户的名称、产品同体育赛事直接联系起来，从而提升广告客户的知名度和产品的影响力。

#### （三）各类广告权及公关活动权

体育广告权包括两种：一种是回报性体育广告权，即将各类体育广告权利作为体育广告回报的方式，提供给广告客户进行广告宣传；另一种与回报无关，是单一购买的体育广告权。

公关活动权指的是广告客户可以利用体育赛事开展公关活动，例如广告客户可以在赛场内或周围设立自己的独立展厅、展台或接待处，以便消费者直接购买产品，同时广告客户还可利用这个机会散发广告，向客户提供咨询服务以吸引有意向投资的企业。

### （四）现场活动举办权及赛场专卖权

现场活动举办权即广告客户可以利用比赛前或比赛间歇时间举办抽奖活动、有奖趣味比赛、文艺表演活动等，这样能够使观看体育比赛的观众在娱乐、轻松的氛围中接受广告客户向其传递的广告资讯。

赛场专卖权指的是在体育赛场中，广告客户拥有独家售卖自己产品的权利，而其余产品不能在体育赛场中出现，这常见于饮料、食品、纪念品等产品的广告宣传中。

### （五）媒体曝光权及礼遇权

媒体曝光权指的是广告客户的名称、商标、产品以及主要领导人活动（如出席开幕式、闭幕式、授奖等）的电视和报纸的曝光权，主要包括曝光的时间、次数以及力度。媒体曝光权是赞助商最看重的一种回报，但因这种日报在一定程度上受到媒体的影响，所以体育广告经营单位要事先与媒体协商，并获得相应的书面协定才可向广告客户承诺给予媒体曝光权。

礼遇权指的是广告客户能够享有不同档次的包厢和贵宾席，在赛场主要入口要有专门的停车位；在出席招待会、宴会、新闻发布会时要在贵宾席入座；独立召开新闻发布会或记者招待会时享有特殊礼遇权。

## 五、体育广告的实施过程

### （一）制定体育广告计划

科学、合理的计划是组织各类决策活动的前提。体育广告经营单位在确定以体育为媒介进行营销的方案后，就要制定详尽的广告计划，保证广告计划的顺利推行。通常情况下，体育广告计划的制定包括以下几个方面。

1. 对体育广告实施的必要性进行分析

体育广告服务的经营单位在进行市场营销的过程中，需要对自身所拥有的资源和目标企业进行全面、系统的分析，从而探求两者结合的必要性与可行性。只有如此，体育广告经营单位才能有效制定营销策略，提升营销的成功率与实际效果。

对体育广告服务资源的分析主要包括以下五个方面。

第一，对体育赛事或体育组织的性质进行分析，

第二，对传播途径进行分析，即对有关该体育赛事的信息是通过何种渠道进行传播的、传播的范围大小、传播的时间长短等进行分析。

第三，对影响人群进行分析，即对该体育活动面对的现场观众、电视观众、报刊读者等人群特征是什么进行分析。

第四，对影响地区进行分析，即对该活动的地区影响力的辐射范围进行分析。

第五，对体育活动的开展时间进行分析，即看体育活动时间与目标企业实现

确定好的营销时间是否吻合。

对目标商家企业进行分析，主要从以下五个方面进行。

第一，对目标商家企业的市场定位进行分析，即商家企业是通过什么身份参与到市场竞争中的，企业商家有哪些市场营销和发展规划。

第二，对目标商家企业的近期市场规划进行分析，即商家企业在最近一段时间内具体有哪些市场开发规划，是否存在与体育广告服务营销相矛盾的业务规划等。

第三，对目标商家企业的营销传统进行分析，即目标商家企业在日常经营中采取哪些营销手段，同时接受新的营销手段的可能性有多大。

第四，对目标商家企业的目标市场进行分析，即目标商家企业的主要目标客户具备哪些特点，商家企业营销的区域主要覆盖范围有多大。

第五，对目标商家企业的地理位置进行分析，即目标商家企业属于哪一个行政区域。

通过对体育广告服务资源和目标商家企业的分析，体育广告服务商能够找到两者的最佳结合点，并以此为依据进行体育广告服务营销活动。

2. 拟定具体的体育广告服务目标

体育广告服务的经营单位在获得能够开发的体育广告资源后，需要参考体育广告经营单位往期的营销活动和本次营销的特点，明确此次体育广告服务应实现的目标，这能够使体育广告服务计划的制定更具科学性和可操作性，也能够为后期评价体育广告服务的效果提供依据。

体育广告服务的营销目标包括以下四个方面。

第一，媒体参与度，其与吸引的新闻媒体数量及级别有关。

第二，价格，包括有哪些有形和无形资产可以使用，利用的方式情况；这些可开发资源的价格情况；如何确定实物赞助的价格等。

第三，目标市场，包括体育广告服务资源与哪些商家企业或产品的形象有关，这些商家企业最终能够成为体育广告服务客户的可能性情况。

第四，风险避免，包括谁来承担体育广告服务实施过程中可能出现的风险问题，以及如何避免这些问题的出现。

3. 成立为体育广告服务的专业部门

一项体育广告服务计划的实施不只是体育广告服务经营单位的事情，同时还需要一些辅助机构及上级领导的支持。因此，体育广告经营单位在实施体育广告服务计划时，需要按照体育广告服务的规模与性质，成立为体育广告服务的专业部门，建立多部门协作机制，从而提升部门事务处理的效率。

一般情况下，在确定好某项体育广告服务计划后，体育广告服务经营单位需要确定直接的体育组织领导和部门，同时组建负责实施整个计划的团队。在必要时，体育广告服务经营单位还可邀请专业人士参与机构工作，从而提升体育广告服务操作的专业性，保证实施效果。

4.选择合适的体育广告服务方案

体育广告服务经营单位为了满足客户的需求，会制定出多份体育广告服务的策划方案。因此，体育广告服务经营者需要在众多方案中选择出一个既符合实际情况，同时能够保证体育广告服务经营单位利益的方案，并将此方案作为同目标商家企业进行谈判的底本。

选择何种体育广告服务方案，需要体育广告服务经营单位按照以往的体育广告服务营销案例以及预先确定好的体育广告服务目标，对多项方案进行优缺点比较，选择出操作性最强，同时最符合体育广告服务经营单位实际情况的方案。此外，体育广告经营单位还要根据目标商家企业的现实营销需要，对方案不断进行完善与补充，力求实现双方利益最大化。

5.谈判并签订合同

体育广告服务经营单位与企业客户的现实谈判接触是将合作的可能性变为现实的关键步骤。因此，在这个环节中，双方应按照互惠互利的原则，和平推进交流与协商。在具体的谈判中，体育广告服务经营单位要注意以下两点。

第一，要做好谈判前的准备工作。一方面，体育广告服务经营单位明确目标商家企业的负责人和机构，并与对方做好谈判时间、地点的沟通。另一方面，体育广告服务经营单位要收集好己方的资料及对方的资料，确定己方的谈判代表，同时明确己方的谈判底线。

第二，要把握好谈判的时机。在双方进行谈判的过程中，谈判人要尽量明确己方的立场和利益要求，并利用掌握的信息，挤压对方的要求，满足己方的需求。在把握好时机的基础上，找准双方的利益共同点，确定好基本的体育广告服务协议。在会谈结束时，双方要对模糊内容进行澄清，明确共识部分，并约定好正式签署体育广告服务协议的时间。

体育广告服务协议的约定包括三种形式，分别为确认函、协议书以及正式合同。确认函的正规化程度最低，仅对双方权利义务进行确定。协议行的正规化程度要稍高于确认函，这是双方签署的正式文件，也是一种威胁性较低的非标准化合同书。正式合同是三者中最规范、最正规、法律效力最强的正式文件，双方都需按照合同来履行各自的义务。选择何种约定形式，可按照双方当事人的实际需要和体育广告服务的规模进行确定，一般情况下，使用正规的合同对维护双方的权益最有保障，体育广告服务合同的内容包括：双方的名称及负责人、广告的方式、双方的权利和义务、违约责任等。

（）执行体育广告方案

当体育广告经营单位与企业签订相应的广告合作协议后，就正式进入体育广告协议的执行阶段。在此阶段，核心任务即落实体育广告合同条款、保障双方利益。为了能够保证双方都能按照体育广告合同办事，体育广告经营单位会派遣专业人士到企业中负责落实工作，为企业提供一对一服务。同时，企业也会指派专业人员加强对体育广告过程的调控，并制定相应的工作安排计划，与体育广告经营单位保持密切沟通与联系。在必要的情况下，双方还可组建协调会，对合作双方在合同履行过程中出现的问题进行协商，同时对双方的立场、观点、行为进行深入沟通，保证双方的行动朝着同一方向前进。

对体育广告经营单位来说，在履行合同的过程中，要严格遵循体育广告合同的条款，配合企业的市场营销活动，在保证企业利益实现的同时也是在保障自身利益。国内外众多体育广告实践证明，只有体育广告经营单位与企业进行有效互动，双方都以诚信为本，相互协作，才能保证双方的利益实现最大化，从而建立起长久的合作关系。

### （三）评估体育广告效果

#### 1. 体育广告效果的内涵

体育广告效果指的是体育广告作品通过体育广告媒体传播后能够产生的最大作用，也可看作是在体育广告活动中通过消耗与占用社会劳动而取得的应有效果，这种应有效果表现为三点，如图8-1所示。

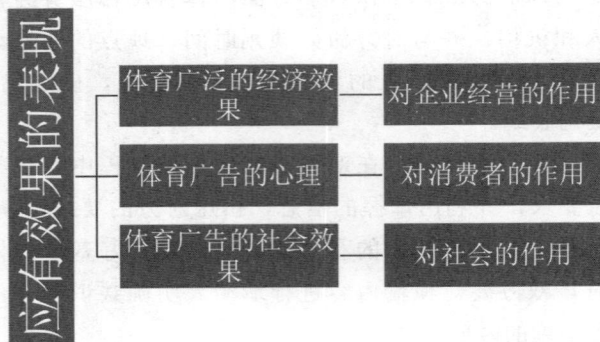

图8-1　体育广告的应有效果表现

#### 2. 体育广告效果评估的重要性

广告是企业进行营销活动的主要构成要素之一。现代经济的发展，需要将生产与销售结合起来，而销售又需以广告活动为前提。因此，广告作品的推出无论成功与否，都会对企业销售活动造成影响，同时也会对企业扩大再生产的能力造成影响。对广告效果进行评估是广告营销活动中的主要内容，同时也是验证广告营销活动成败的重要手段。体育广告经营单位需要协助企业进行体育广告效果的评估工作，这有利于有效提升评估工作的质量，对体育广告经营活动的顺利进行具有十分重要的推动作用。

#### 3. 体育广告效果评估的困难性

与其他一般广告效果评估相比，对体育广告效果的评估较为困难。首先，多数企业在使用体育广告时，还会通过其他广告营销手段进行宣传，因此较难确定是哪些广告产生的市场效果。其次，体育广告作为一种含蓄性的广告传播手段，其产生的效应能否在预计时间内出现也很难确定，有些广告效果会在较长时间后才能展现出来，而此时可能广告效果评估已经结束。最后，体育广告效果主要体现在提高企业形象和知名度等方面，这些抽象的因素难以进行精准量化。

4. 体育广告效果评估的可能性

虽然对体育广告效果评估存在较大的困难，但是从宏观层面来看，对体育广告效果的评估也是存在可能性的，解决上述困难的关键在于建立有针对性、有可操作性的评估方法和指标体系。此外，体育广告经营单位要具备战略眼光和市场意识，这样才能做好体育广告活动的效果评估，这样既可以提升自身的营销水平，同时也是对客户负责的表现。

5. 体育广告效果评估的内容

体育广告经营单位对体育广告效果的评估内容主要包括以下三点：

第一，对体育广告合同的落实情况进行评估，主要是对企业有关权益的实现进行评估。

第二，对体育广告资金的使用情况进行评估，主要评估内容包括广告费用在赛事宣传和组织的使用情况、有关人员的劳务费等。

第三，对体育广告的社会影响力进行评估，主要评估内容包括电视转播报道的时间、次数、收视率情况；观众的来信、来电情况；互联网上的点击量与访问量情况等。

此外，在现实情况允许的前提下，体育广告经营单位还可委托专门机构，对企业在使用体育广告前后的形象或产品销售情况进行专业的市场调查，通过数据来向企业证明体育广告所能带来的效益。

# 第三节　体育广告的管理策略

对广告活动的管理涉及对体育广告的微观管理和宏观管理两个方面。其中，微观管理指的是广告发布主体对广告活动的管理，广告发布主体需要对广告发布过程中的具体规定、行为规范、权利与义务等内容进行明确。宏观管理则指的是广告活动受到广告发布主体及其他因素的影响，能够对从事广告活动的广告主、机构及人员行为进行监督、检查、控制和约束的法律、法规、社会舆论与道德等的管理。

对体育广告来说，其管理同样包括宏观管理和微观管理。企业和体育广告经营单位在制定与策划体育广告的过程中，要做到严于律己，切实按照国家的有关法律、法规规定，合理使用体育广告。同时，体育广告的发布也会受到国家有关行政部门、消费者协会等部门的监督。体育广告的社会影响力广泛，应代表积极、向上的形象，因此体育广告经营单位在发布广告的过程中，要着重注意广告的社会影响。此外，体育广告经营单位在体育广告发布中也占据重要地位，其不仅是发布者，也是监督者。体育广告经营单位在追求经济效益的过程中，也要注重社会效益，承担起应有的责任与义务。下面我们将主要对体育广告的管理策略内容进行分析。

## 一、加强广告双方的交流和沟通

在实际的体育广告合作中，常会出现这样一种情况：多数体育广告经营单位在寻找广告客户的过程中，对广告客户的要求有求必应，方方面面做事都比较到位，但是一旦双方签订合同，双方前期的"亲密关系"就会越来越平淡。但从现实角度而言，体育广告经营单位与广告客户作为利益共同体，双方应该进行积极有效的配合，由此才能实现"共赢"，体育广告经营单位只有具备这种"共赢意识"，才能够实现与广告客户的长久合作。为此，体育广告经营单位要与广告客户加强沟通与交流，以良好的沟通搭建坚实的合作平台。

沟通包括正式沟通与非正式沟通两类。其中，正式沟通指的是双方通过建立沟通机制进行交流和沟通，沟通事件的重要性程度较高。非正式沟通则指的是双方通过不定期的小范围交流来进行协调互动。在体育广告的实际营销过程中，这两类沟通方式具有不同的作用，它们都需要以双方沟通渠道畅通为基础，这样才能使合作双方在问题处理中达成共识，取得成果。

## 二、防止埋伏营销

### （一）埋伏营销的内涵

埋伏营销指的是某公司利用其他广告和其他形式的推广活动，直接截走那些通过支付体育广告费用获得体育广告经营单位认同的官方广告主关系，并从广告客户那里吸引部分客户到自己的营销领域中，埋伏营销的本质即并不向体育广告经营单位支付体育广告费用，但却在私下独自寻找与体育广告经营单位的联系，从而在无形中对消费者进行影响，使消费者错误认为进行埋伏营销的企业就是体育比赛的广告客户。

### （二）埋伏营销的影响

埋伏影响会对体育广告经营单位的体育广告资源整合造成负面影响，这在一定程度上会影响广告客户的投资，导致体育广告的预期收益难以收回，也会对体育活动的开展造成影响。对广告客户来说，其较易受到埋伏营销企业的迷惑，相应地，广告客户的目标消费者也会受到迷惑，这会对预期收益的达成造成影响，使企业资源被严重浪费。

此外，埋伏营销还会造成很大的现实危害，其主要表现在以下两个方面。

第一，埋伏营销企业虽然也花费了大量的金钱，但是这些钱并未投向体育广告经营单位,这导致与体育广告经营单位有正式合作协议的公司的利益遭受巨大损失。

第二,埋伏营销短期获得的效益,会使更多的企业为了追求发展而参与到这种高收益、低成本的恶劣营销活动中。

### (三)埋伏营销的类型

埋伏营销的类型包括以下五点。

第一,比赛。公司通过组织举办与比赛结果有关的竞猜活动,或者将比赛门票当作奖品发送给观众,对观众造成误导。

第二,电视转播赞助。埋伏营销的企业通过赞助电视机构转播赛事,进而与该项体育赛事牵连关系。

第三,电视广告。在比赛期间投送电视广告,故意通过这种方式将本公司产品与赛事进行联系。

第四,赞助某运动队或运动员。埋伏营销的企业对参与体育比赛的个别运动员或运动队进行赞助,但并未向赛事组织者交付费用。

第五,推广宣传。埋伏营销的企业利用观众所熟悉的体育活动照片从事商业活动;在广告中有意使用与体育活动巧合的背景;制作与发布印有运动员、运动队或赛事标志的纪念品。

### (四)防止埋伏营销的策略

为解决埋伏营销带来的负面问题,降低其消极影响,我国有关机构及体育广告经营单位也采取了相关措施,具体分析如下。

第一,国家市场监督管理总局对赞助体育活动的企业广告用语进行了规范0

第二,国家体育总局和国家广播电影电视总局分别针对转播权和电视转播管理问题下发专门文件,这对预防埋伏营销起到推动作用。

第三,体育广告经营单位做好本职工作,积极与政府、赞助企业、媒体等进行有效沟通。在举办各种体育广告活动前,制定相应的预防埋伏营销的方案。

第四体育广告经营单位要对体育广告活动的过程进行有效监管,发现埋伏营销情况及时向有关部门报告。

第五,体育广告经营单位要树立自身利益与广告客户利益共存的经营思想,对埋伏营销行为进行坚决打击。

### 三、处理好体育商业化和公益性之间的矛盾

从本质上来说,体育是一项具有公益性质的社会事业,它对于改善人们的精神面貌,丰富人们的精神世界具有重要作用。同时,体育也是一种具有较高经济价值的资源,探索与开发体育的经济价值,对于补充体育事业经费、推动社会经济发展具有重要作用。但需要注意的是,对体育资源进行开发不应是无限制的,

体育需要保持自身的独立性，不能完全被商业化所侵扰。因此，在体育广告管理中，体育商业化与公益性的矛盾是需要着重解决的问题，具体解决方式包括以下三个方面：

## （一）体育广告经营单位要以社会公共利益为出发点

体育广告经营单位在与广告客户进行谈判时，需要以社会公共利益为出发点，不能完全依照企业的想法进行合作，不能答应企业提出的不合理要求。体育广告经营单位要对自己所拥有有形资源和无形资源进行重点把控，严格按照国家的有关法律法规，在合法的范围内操作体育广告事宜，并自觉接受国家有关部门的监督，此外，体育广告经营单位还要对广告客户在活动进行过程中出现的违规行为及时进行纠正，积极与广告客户进行沟通。

## （二）体育广告经营单位要注意体育明星的影响

体育明星作为具有广泛社会影响的知名人物，其言行会对社会及社会群众产生一定程度的影响。就我国现实情况而言，我国体育明星对激励全国人民进行积极运动：形成良好的精神风貌具有重要作用。因此，体育广告经营单位在将体育明星作为体育广告媒介时，需要注意到体育明星可能带来的社会影响。体育明星所宣传的体育广告要积极、健康、向上，不能有庸俗、负面、不健康的内容。此外，体育广告经营单位要强化管理，对体育明星参与的商业活动进行认真筛选，保证体育明星能够在不影响训练及比赛的情况下，参与正规的商业活动。

## （三）体育广告经营单位要区分可开发资源和不可开发资源

体育广告经营单位在进行体育赛事的商业开发时，要注意对可开发资源和不可开发资源进行区分。在举办体育商业活动之前，体育广告经营单位需要在征得上级有关部门同意的情况下．对拥有的资源性质进行明确区分，明确可供开发的资源数景。在明确资源性质及数量后，制定相应的商业开发计划书，并报有关部门批准后，方可实行。总的来说，体育广告经营单位的商业开发不能以营利为根本目的，而要将补贴和发展体育事业作为第一任务。

## 四、做好危机公关准备

在进行体育广告活动的过程中，体育广告经营单位和企业都应具备危机意识，并注意防范可能产生的各类风险。事物的发展是具有两面性的，体育广告管理者要具有危机意识，随时准备处理突发问题，例如体育赛事因不可抗力原因而被迫中断；运动员因受到外界因素干扰或出现丑闻而不能继续参与比赛，这些问题都会对体育广告的传播造成影响，

体育广告传播一旦受到阻碍，会使广告客户的利益遭受损失，同时也会使体育广告经营单位处于被动地位。因此，体育广告经营单位和企业都要做好危机公关准备，尽量减少负面因素带来的影响，具体分析如下。

### （一）体育广告经营单位方面

体育广告经营单位自身要加强对体育活动全过程的管理，保障体育活动的顺利开展。同时，体育广告经营单位在选择合作企业时，要尽量选择具有较高社会影响力，经济效益稳定的企业，以防合作企业因外力或内力因素影响而出现不能按时支付广告费用的问题。此外，体育广告经营单位还需对企业利用媒介开展营销活动的行为进行监督，对于企业在营销中做出的不符合法律、道德规定的行为进行及时制止。值得注意的是，若体育广告经营单位发现广告客户出现违法行为，应及时与其断绝联系，并上报公安机关，配合调查，防止负面因素对体育广告经营单位的形象造成影响。

### （二）企业方面

对企业来说，它能够做到的危机公关准备包括以下三个方面：

第一，在体育广告合同履行的过程中，企业要加强与体育广告经营单位的沟通与交流，保持联系才能及时获得有效信息。

第二，企业要对体育广告活动中可能出现的问题进行及时预测，并制定相应的对策与措施，一旦问题发生，企业的应急部门就能进行及时处理，最大限度地减小社会影响。

第三，当体育媒介出现危害社会利益的行为时，企业要及时与其断绝联系，并积极配合有关部门进行调查。

## 五、加强体育广告的法律管理

广告的法律管理在广告的宏观管理中占据重要地位，市场经济的不断发展决定了宏观管理法制化在市场经济中的重要作用。法律管理具有高度的规范性、权威性、强制性、稳定性。为了保障市场秩序稳定发展以及广告活动规范运作，同时也为保护有关主体的利益，我国颁布了《中华人民共和国广告法》，这能够为广告管理机关的日常引导和监督活动提供依据，同时也能够保护广告客户的合法经营、维护消费者利益、保证正常的经济秩序，从而实现我国广告事业的健康发展。体育广告的法律管理方法包括以下三个方面。

### （一）对广告宣传的管理

广告宣传指的是广告客户（包括工商企业、机关团体、公民个人等）为了达到某种目的，通过一定的媒介或其他形式向社会公开传递信息的行为。对广告宣传的管理，实质上也是对广告客户的管理，管理的核心是保证宣传内容的真实、可靠。按照我国颁布的《中华人民共和国广告法》中有关规定，广告客户需要保证自己所宣传的内容、材料都是真实且合法的，并要提交权限资格证明以及产品质量认证书。同时，广告的内容要真实、健康、清晰，不能以任何一种形式对用户及消费者造成欺骗。

### （二）对体育广告经营的管理

目前，我国的体育广告业还处于发展和完善阶段，许多具体的管理制度、管理办法等还需要专业人员进一步研究和商讨。但为了保障日常体育广告经营活动的顺利进行，国家有关部门和体育广告经营单位需要对体育广告经营加强管理，主要措施如下所述。

1. 审查体育广告经营活动计划

经常举办体育广告经营活动的单位需要定期编制体育广告经营活动计划，同时报上级有关机构批准。大型国际比赛的体育广告经营活动需要得到国家工商行政管理局的批准，工商行政管理局需要对体育广告经营活动计划进行严格审查，主要的审查重点内容包括：举办体育广告经营活动的理由和目的；体育广告的项目、费用预算金额及具体用途；体育广告的收费标准；体育广告宣传的具体实施方案；上级主管部门批准经营体育广告活动的函件等。

2. 划定合理的体育广告收费标准

体育广告的具体收费标准，需要由广告经营单位和广告宣传单位在工商行政管理部门批准的范围内，由双方协商.按照收支平衡、略有节余的原则进行制定，开展体育广告经营活动要讲究效益，不能随意增加负担。

3. 加强广告费收支情况管理

举办体育广告经营活动的单位，需要对广告费的收支情况加强管理，并对收支情况进行单独核算，并按照计划规定，专款专用。若收入在计划外有结余，需要纳入举办单位收入总额，不能私分或用于请客送礼。广告费的收支情况，每季度或年度都要上报有关部门进行备案。

### （三）对体育广告经营活动的具体管理办法

对体育广告经营活动的具体管理办法包括以下十点：

第一，经营全国或国际性的体育广告业务，需要纳入国家体育总局年度体育比赛计划，并上报中华人民共和国国家市场监督管理总局审批。没有纳入年度计划的，由国家体育总局临时提出计划，并上报国家工商总局核准。经营地方性的体育广告业务，需要由省、自治区、直辖市市场监督管理总局审批。

第二，体育广告需要由持有营业执照的体育中介服务公司或广告公司进行代理。外商广告需要由经国家有关部门批准代理外商广告的广告公司或体育中介服务公司进行代理，主办单位不能直接接手或承办外商广告。

第三，承办国内体育广告的代理费，不能超过广告费的10%，承办外商来华广告的代理费，不能超过广告费的15%。

第四，代理体育广告业务的单位需要对广告内容进行仔细审查，对于不符合我国广告法管理规定的广告一律不许代理。

第五，对国际体育组织在我国举办比赛活动统一承揽的广告，国内主办单位或是受到委托的广告代理单位需要按照我国广告法进行资格审查。不符合有关规定要求的，要及时通知对方进行更替，更替未完成前，一律不允许发布。

第六，体育比赛不能使用烟酒企业名称和商标名称冠名，若个别仍需使用，需要经过国家市场监督管理总局的批准。禁止用礼品、纪念品等实物为媒介做有关卷烟、烈性酒的广告。

第七，凡是企业赞助的广告性服装、体育器械、体育用品、纪念品等实物，均只能用于体育活动，不能用于销售途径。

第八，获得国家体育总局批准举办的重大国际性、国家性体育活动，主办单位可以对体育场馆内的原有广告进行临时覆盖或迁移，若因覆盖或迁移而导致广告损坏，体育场馆管理者及广告客户不能向主办单位索要赔偿。

第九，全国性的综合体育运动会，不能使用冠杯广告，其余全国性单项体育比赛，则可使用冠杯广告。

第十，体育场馆内对国内和国外广告的安排比例和安排位置要精心策划，不允许出现外商广告挤走国内广告的情况。

除上述十点之外，在体育活动或赛事结束后的60天内，主办单位需要将广告费用收支情况报送财政及审计机关进行核定。结余广告费，经国家或地方财政部门批准后，主办单位可留作下次活动使用，或是上交给省、自治区、直辖市级以上体育主管部门作为体育事业的补充经费，严禁私自挪用，一经查出，按照有关规定给予处罚。

凡是违反以上规定的，由省、自治区、直辖市市场监督管理局及其授权的广告监督管理部门按照《中华人民共和国广告法》及有关条例进行查处。

# 第九章　中国职业体育生态化发展路径——职业体育产品体系的构建

　　2015年11月10日中央财经领导小组第十一次会议上，习近平总书记提出"供给侧结构性改革"的中国经济改革发展新理念，即在适度扩大总需求的同时，着力加强供给侧结构性改革，着力提高供给体系的质量和效率，增强经济持续增长动力。通过提高产品质量的方式提升消费动力，将是新常态下中国经济未来发展的新思路。

　　职业体育本质是竞赛表演业，其核心是通过职业体育联赛满足球迷和观众的娱乐需要，并以此获利的产业。职业体育持续发展的源泉是以众多忠实的球迷为基础。而球迷的需求历来都不是静态不变的，他们仍然需要职业体育联盟和其他生产者提供包括联赛产品的一系列产品和服务（服务包）[①]。换句话说，球迷除了观看高质量精彩的比赛获取娱乐享受外，仍然需要众多周到的服务来保障球迷的其他需求。例如，很多兴建的新体育场都很注重改善球迷体验的娱乐性价值；各职业俱乐部的网站上都有可以检索的数据，球迷可以了解自己喜欢的球队和球员在做什么，并通过技术手段增强与比赛的互动；成功的球队不仅会在比赛现场吸引球迷蜂拥而至，还会利用电子转播和网络签售等方式获取收益；有很多球队还让球迷在主场观看热身赛或训练赛等非正规赛事。显而易见，球迷对于职业体育的产品质量提出了更高的要求，球迷选择购买联赛和俱乐部的产品是基于他们的真实性感知，他们更加倾向于原创的、真实的、诚挚的、可信的产品和服务。

　　本章节拟从体验经济的角度出发并结合服务运营开放系统理论，借助服务包理论深入剖析职业体育产品的内涵和外延，详细论证职业体育产品的基本结构和功能，构建职业体育产品体系，为职业体育产业未来发展提供理论依据。

---

①张保华著.职业体育联盟的特性与治理研究［M］，广州：广东高等教育出版社，2013，第88页

# 第一节　体验经济视野下职业体育产品的特征

## 一、体验经济概述

市场经济初期，企业通过新产品的开发，向顾客提供使用价值，随着经济的发展和消费者的日趋成熟，大部分商品不再稀缺随着服务经济的日臻完善，消费者对企业提出了更高的要顾客不再只满足于获取产品、享受服务，而是要求参与产品的研制与升级。企业只有不断地制造新的用户体验才能创造新的价值，从而更具竞争力。

职业体育也同样经历了这样的发展过程，足球最初出现后的第一个100年的时间里，唯一能算得上足球商品、由俱乐部直接生产并针对球迷的就是比赛手册。但是，这种产品也并非专门为吸引支持者而生产，其信息量不大，娱乐性也不强。起初，多数的比赛手册比俱乐部的纪念卡片大不了多少，而且通常是一页。一面是球员的名字一面是介绍比赛的阵型。随着职业体育产业的不断完善和发展，球迷在比赛的质量之外，仍需要周到的服务。

## 二、职业体育产品的价值差异

随着企业间竞争的越发激烈，产品商业化程度也越来越高，很多企业通过创造并管理顾客对其产品或企业的体验，以实现其供应品的差异化。并且逐渐意识到消费者真正购买的远不仅仅是单纯的产品和服务——他们购买的是那些商品能够给他们带来的价值，即他们在购买和消费这些产品和服务时所收获的体验。在服务经济发展的过程中，出现了一种新的发展趋势，即消费者越来越渴望消费服务，消费者开始尽力节省花在产品上的钱而购买更有价值的服务体验。对于职业联盟和职业体育俱乐部来说首先应该具备定制化的能力，也就是与球迷建立一对一的合作关系，因为只有这样才能更好地了解并满足球迷的需求；其次，职业体育联盟必须营造真正富有吸引力的球迷体验，争取做到与球迷建立互动关系，获取对自身的深刻认识；最后，职业体育应该利用对每个球迷需求的深刻了解，组织适当的体验组合以引导球迷期望实现的变革，图9-1表明了这种历程。①

---

① 张保华著.职业体育联盟的特性与治理研究［M］，广州：广东高等教育出版社，2013，第72页

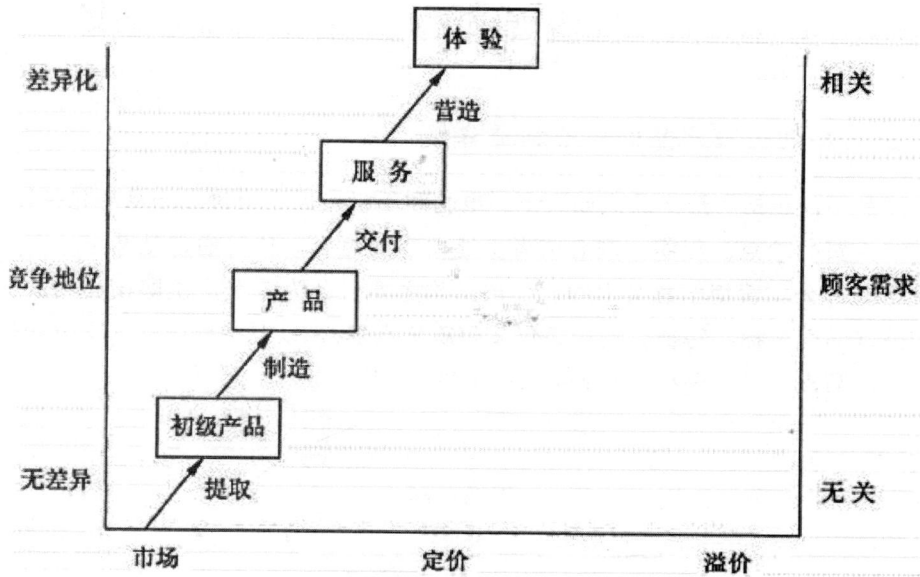

图 9-1　经济价值的递进

以 F1（世界一级方程式赛车）为例，对于车迷而言，F1 不仅仅是一项赛车运动，同时也是一场多感官性、完全参与其中并能带来强烈回忆的特别体验。2006年，Formula Global Broad Cast 对车迷的调查表明，F1 在 185 个国家有 5.8 亿电视观众，这一现象显然离不开庞大的车迷对于 F1 运动的持久关注与支持。这与 F1 为车迷设计了一系列具有体验性质的服务是息息相关的。例如车迷可以通过官方网站撰写各种传奇的故事，建立车迷之间的联系和互动。F1 专门设置了技术平台为车迷提供比赛实况转播系统，车迷可以很容易地通过该系统直接从赛道上的 F1 技术管理体系收到真正的时间资料，还包括翔实的参赛各队从练习赛、资格赛到真正比赛所有阶段的信息。甚至很多车迷还得到了亲自到世界上水准最高的 F1 赛道驾驶 F1 赛车的体验等。正是因为国际汽车运动联合会为车迷提供了独一无二的体验，才使得 F1 击败了美国的 NASCAR 等赛车运动，成为商业运作最出色的职业赛车运动。F1 的成功足以验证了体验经济实践框架对于职业体育的影响。

表演理论领域的著名专家谢克纳认为表演是各种事件的集中体现，其中大部分都不显著。从第一个观众进入表演场地到最后一个观众离开，这些事件一直都在表演者和观众的互动过程中发生着。职业体育联赛是在职业体育联盟的统一管理下，按照固定的赛制，俱乐部之间通过比赛的形式展示给球迷和观众的活动。球迷一般会从联赛开始前一直到联赛结束后关注联赛和所支持俱乐部的一举一动，职业联赛带给球迷的是其他艺术活动所不能取代的体验，而这种体验包括娱乐性、教育性和审美性。重要的是这种联赛的体验完全可以引导球迷达到一种"高原体验"的状态——即马斯洛所言的"自我实现",与一般服务不同的是,参与职业体育体验的球迷可以拥有比记忆持续更久的产出,一种足以超越任何产品、服务或体验本身的产出。

### 三、职业体育产品的核心利益分析

产品不仅包括有形产品,如汽车、电脑和手机;广义上讲,产品还包括服务、事件、人员、地点、组织、观念或者上述内容的组合。体验通常是其市场营销的重要组成部分。营销学意义上的产品的结构主要可分为三个层次即核心利益、实体产品(品牌名称、特征、设计、包装和质量水平),以及扩展产品(交付和信用条件、产品支持、担保和售后服务)。(如图9-2所示)

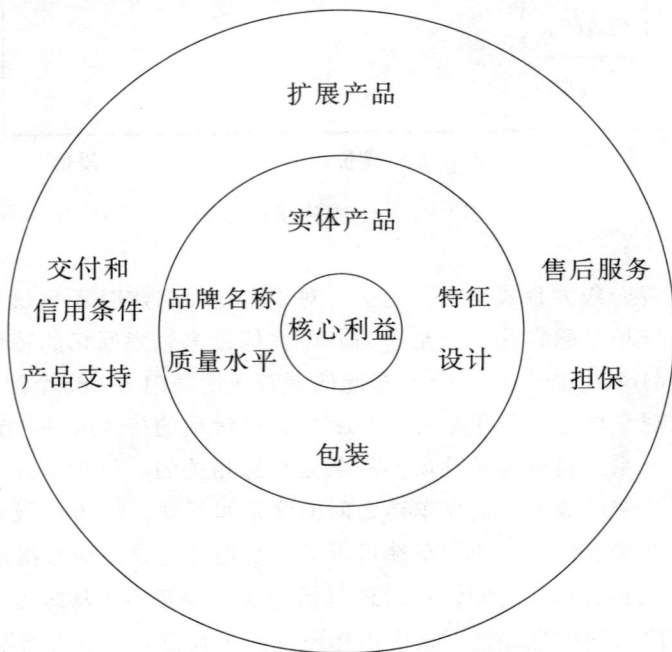

图 9-2 产品的三个层次

产品的核心利益(core benefit)是顾客寻找解决问题的利益或服务,它解决了消费者究竟买什么的问题。职业体育产业其核心利益当属满足球迷和观众的审美享受。职业体育联盟(协会)所有工作重心都是围绕如何能够最大化地满足球迷和观众的观赏需要,使球迷获得独一无二的审美感受来展开[①]。

审美属于人类所特有的心理现象,而球迷的审美是球迷通过观看与体验职业体育比赛而产生的独特的心理反应。因此,只有理解球迷的审美心理机制,职业

---

①张保华著.职业体育联盟的特性与治理研究 [M],广州:广东高等教育出版社,2013,第103页

体育联盟才能更有效地创造出可以打动球迷的产品。在心理美学中，能够被打动的"人心"可以分解为诸多心理机制，例如注意、空间知觉、时间直觉、运动直觉、记忆、联想、情绪和情感等，而在诸多审美心理机制中，"注意"的地位则极为重要。尤其到了信息超载的现代社会，注意力已经成了最为短缺的核心资源，注意力经济则成了具有生产、加工、分配、交换和消费的一种新型经济形态，因此职业体育联赛属于时间延续性表演互动，如何引起职业体育观众的注意，并保证观众持续的全神贯注地观看比赛，职业体育产品必须具备这样的能力才能在市场中生存。

职业体育的核心利益是职业体育赖以生存和发展的基础，即观众的审美享受.其他的产品都是依托核心利益而衍生出来的，其实际产品是职业体育联盟和职业体育俱乐部共同提供的联赛。

# 第二节　基于服务包理论的职业体育产品分析

## 一、案例分析：美国历史上第一场职业篮球赛

1896年11月7日，在美国新泽西州特伦顿一座共济会大会场举行了历史上第一场职业篮球赛，对阵的双方是特伦顿YMCA（YMCA：Young Men's Christian Association基督教青年会）代表队和布鲁克林YMCA代表队，组织者是特伦顿队的队长Fred Cooper这场被大不列颠百科全书认证为世界第一场"职业篮球赛"，其历史意义在于将篮球比赛从作为一个表演性质的娱乐活动转化成了一个由收取薪金的球队与球员为付费观看的观众提供竞赛表演的"职业化"的尝试。然而，这场比赛的观众反馈并不好。首先，从租场地、约球队、售卖门票、赛事宣传等一系列赛事组织活动，几乎都由Fred Cooper一人完成；其次，为避免暴力事件的发生，赛场使用了笼子和钢网将观众与球员分开，观众进场后只能隔网观看比赛，同时，在观看比赛过程中还缺乏其他相应的服务；最后，虽然观众必须购买门票才能进场观赛，但是除去25美元的场地租赁费用及参赛球员15美元的薪金，作为组织者的Fred Cooper（共计获得16美元的比赛奖励，其中15美元是运动员所得）仅仅获得了1美元的收益。显然，现今的职业联赛似乎早解决了第一场职业篮球赛所遇到的问题，围绕职业联赛开发的产品和服务越来越多，专业化程度也在不断提升。

## 二、关于职业体育服务开放系统的解释

### （一）关于职业体育服务开放系统观点的提出

服务管理中强调，对于服务而言，过程就是产品，进一步来说，消费者对服

务质量的印象基于整个服务经历。正因为服务的无形性和独特性的特点，就要求必须将服务系统的视野进一步扩大，将服务的提供者与消费者看作一个系统，才能将服务过程转化成具有一定满意程度的产出，按照服务开放系统的观点，我们可以把消费者看作合伙生产者，让消费者积极参与到服务过程中来，有利于提高生产率，进而改善企业的竞争地位。毫无疑问，职业体育是表演者（运动员）和观众共同营造的文化活动，观众和球迷是最终的买单者，第一场职业篮球赛告诉我们，观众除了观看比赛获得审美享受外，比赛的前前后后仍然需要更多的其他服务来保障其顺利地欣赏比赛。科斯教授在《企业的性质》一文中指出，企业内交易的边际费用是递增的，企业规模的扩张最终会停止在企业内交易的边际费用等于市场交易的边际费用一点上。联赛产品由职业体育联盟和各俱乐部合作提供，而其他大部分的服务当职业体育联盟提供服务所需的组织成本过高的时候，则必然要求助于其他企业组织介入其中，例如特技表演、啦啦队表演，以及安全保卫的服务等都不是俱乐部和联盟所能解决的。因此，当职业联赛内出现更多专业化服务的时候，其实已经构成了职业体育的产业组织形式。

### （二）职业体育服务开放系统的构建

一位英国著名的足球记者在《足球史》一书中描述了自己的观赛经历：那是2002—2003赛季英超联赛托特纳姆热刺队与阿森纳队的伦敦城德比，是双方历史上第255次交锋，为了观看这场比赛他首先支付了950英镑门票费用，外加4.5英镑的管理费，同时在开赛前为了猜第一个进球，下了1英镑的赌注；作为资深球迷，他在球场外一个出售《赛程安排手册》的摊位花了30英镑买了一份新赛季的宣传册，然后又光顾了热刺队的专卖店，里面有包括衬衫、鞋帽、挂钟、耳环、香槟，甚至空气清新剂在内的印有热刺队标识的上千个品种；当他走到靠近足球场入口处的时候，浏览了出售未经官方许可的各种产品的小摊位，主要销售营造比赛气氛和球迷文化的荧光棒和文化衫；在进场后，他买了1份3英镑的日程安排表、1.2英镑的咖啡和2.5英镑的小吃。在整个观看比赛的过程中，这位记者共支付了992.2英镑门票费用，还有42.2英镑的其他消费。从他的观赛经历不难看出，比赛是核心服务，但其他丰富多彩的服务同样不可或缺，这些服务共同构成了职业体育的服务系统，我们可以将一系列的服务看作是职业体育产品的服务包。（如图9-3所示）

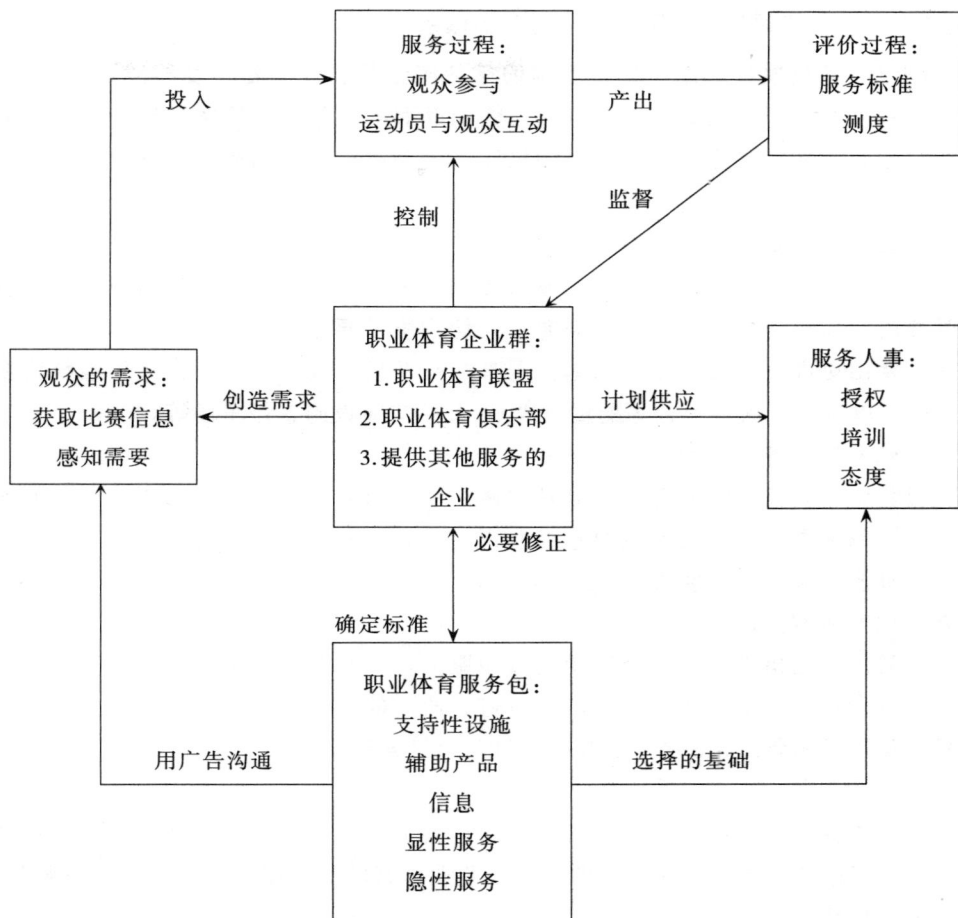

图9-3职业体育的服务开放系统

## 三、基于服务包理论的职业体育产品体系分析

### (一) 服务包理论概述

由于服务无形性的特点，为了便于识别产品或服务的特点，美国得克萨斯大学奥斯汀分校的James A. Fltzsim mons教授在与其夫人合著的《服务管理：运营、战略和信息技术》中指出，从顾客消费的心理感受和服务实施的角度来看，企业要给消费者提供令其满意的服务不仅要考虑显性服务和隐性服务，还要考虑服务实施所依托的载体，即支持性设施、辅助物品和信息。这五个部分结合起来构成了服务包。服务包（service package）是指在某种环境下提供的一系列产品和服务的组合，是以支持性措施、辅助产品、信息、显性服务和隐性服务为核心的五大特征所构成的组合。

### （二）服务包理论视域下职业体育产品体系的分析

按照服务包理论，职业体育赛事的服务应该是围绕比赛开发的混合型服务，观众观看比赛的同时需要有其他服务作为辅助服务。但由于服务性质和过程十分复杂，因此本文只对服务做一般性的描述，仅列举重要性的服务展开讨论。如图9-4所示。

1. 支持性设施

职业体育支持性设施是保证职业联赛顺利进行而必须到位的物质资源，也就是联赛前前后后整个发生过程所需要的一切物质资源。主要包括职业体育比赛场馆（主要由更衣室、热身馆、场地大屏幕、摄像机、互联网、声像采集系统、新闻中心，以及食品饮料吧台等配置组成）、公共交通设施、停车场等。

2. 辅助性服务（产品）

职业体育的辅助性服务或产品是球迷在观看职业联赛过程中购买和消费的产品，或由球迷自备的物品。主要包括赛程安排表、职业球队宣传册、带有俱乐部标识的服装、用于营造主场气氛的物品等。

3. 比赛所需的信息

这类信息是指为了让观众享受高效的服务，按其具体要求定制的赛事运营数据和信息。主要包括订阅比赛门票、航班、旅店的服务、查询公共交通工具、气象服务及依照观众的GPS定位来派遣出租车的服务等。

4. 显性服务

职业体育的显性服务是观众可以用感官察觉到的和构成服务基础或本质特性的利益。根据观赛主体观看赛事的过程，职业体育的显性服务可以分为赛前服务、赛中服务和赛后服务。

（1）赛前的显性服务，赛前的显性服务包括赛事宣传服务（包括球队球员简介、背景信息、联赛赛程、资格赛练习赛中球员的表现等内容）、体育博彩服务；球迷亲身参与的模拟俱乐部选秀或转会服务。

（2）赛中的显性服务，主要包括赛事现场解说；ball toss（扔小彩球）活动；比赛暂停时段的魔术表演、舞蹈表演、杂技表演及街舞等娱乐表演；比赛进行中的实时数据信息；资深裁判实时讲解有争议的判罚；慢动作即时回放等服务。

（3）赛后的显性服务，主要包括体育广播评论；体育视频集锦；运动项目的相关公益活动；模拟职业体育比赛的电子竞技游戏；俱乐部专卖店售卖的产品（包括官方吉祥物、具有俱乐部标识的体育用品、球迷版的衣服、儿童休闲服饰等）；围绕超级运动员开发的各种产品，包括球星冠名的球衣、球鞋等；职业体育联盟和俱乐部举办的各种训练营、夏令营、培训班及理疗中心等；职业体育联盟和俱乐部开展的社会公益活动及关于职业体育的电影和宣传片等。

5. 隐性服务

显性服务是观众能模糊感到服务带来的精神上的收获，或服务的非本质特性。

主要包括安保服务、主场气氛的营造、豪华包厢服务、公共交通服务、停车服务及观众入场和离场的疏导等服务。

借助服务开放系统的视角对西方职业体育产品和服务的研究可以得出，职业体育中的大部分产品和服务非职业体育联盟和俱乐部所能提供，需要众多其他企业参与其中共同创造，其实质构成了职业体育的服务包，如图9-4所示。从产业结构角度来看，西方职业体育推动了众多产业的交叉融合。毫无疑问，西方职业体育的繁荣得益于其经济规模和产业链，合理的产业结构不仅产生了巨大的经济财富，还在不断为社会创造大量的就业机会。

图9-4  职业体育的服务包

# 第三节  职业体育产品体系的建构

一个国家或地区的职业体育联赛产品要想在全球化市场中存活，就必须将核心利益定位到球迷中，按照人文精神营销的理念，职业体育联盟必须要把球迷当成一个完整的人来对待，而一个完整的人包括：健全的身体，可独立思考和分析的思想，可感知情绪的心灵。现代营销理念已经从情感营销转变到更加注重顾客体验的具有人文精神的营销，因此职业体育产品就更应该从球迷的角度出发，完善原有的产品并开发新产品以满足球迷的精神需求。

通过观看以前的关于职业体育比赛的视频资料得出：以前的比赛场面与现在的比赛场面大不相同，现在有色彩鲜艳的地板、炫目的赛场灯光秀，运动员详细的个人信息资料介绍一览无余。而且，有个性的运动员也越来越多，例如NBA赛场噱头十足的丹尼斯·罗德曼，NFL也出现了善于在比赛中搞怪的特雷尔·欧文斯和各种新闻缠身的奥乔辛科，他们的一举一动都会被媒体曝光，获得球迷的关注。职业体育在赛场内的活动也必须乘新型电视技术带来的家庭观赏体验的东风。此外，流媒体视频技术的发展使得普通场所每日发生的事件也可以展现在人们面前。可以说职业体育联赛给球迷带来的不仅是一次服务更是一次难得的体验过程。

职业体育联赛必须要服务球迷、服务媒体、服务赞助商，职业体育产品设计的核心是详细了解每个球迷的需求及其行为后进行规模化定制，最大限度地减少球迷损失，并带给球迷惊喜、营造悬念和制造回忆。

## 一、激发惊喜

职业体育联赛目的是能够为球迷营造一个难忘的参与体验，而激发惊喜对于职业体育联盟和职业体育俱乐部来说是最重要的因素。企业主要利用顾客感受值和顾客期望值之间的差距营造顾客的惊喜体验。即

顾客惊喜=顾客感受值-顾客期望值

职业体育联盟要做的不是简单地（通过提供满足感）实现期望或（通过降低损失）设定新的期望目标，而是要有意识地去超越这些期望，释放出全新的、出乎球迷意料的体验。但并不是简单的"超过"期望，因为它给人的感觉是在已知的竞争领域做出改善，并不局限于要开发全新的领域来展开竞争，而是真正意义上的营造意料之外的体验。如果没有球迷满意度的提升及顾客损失的下降，就根本谈不上制造惊喜。按照图9-5中的3s模型理论，职业体育联盟和俱乐部必须超越"我们该怎么做"及"球迷想要什么"的思维模式，而是力争能让球迷"回忆什么"。

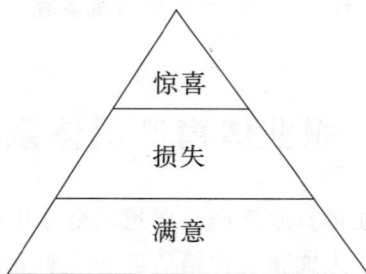

图 9-5　3S 模型

例如，球迷到现场观看比赛，尤其是观看国外高水平俱乐部比赛的时候，比赛的过程和胜负对于球迷来说固然重要，但球迷还关注一些期望范围之外的东西，使球迷得到比赛之外的惊喜也是十分必要的。

以前的职业体育比赛由于客观条件的限制，球迷在观看比赛的时候能够掌握的信息很少，仅仅包括比赛比分和比赛时间。而现在为了满足球迷，使其更好地享受比赛带来的乐趣，职业体育联盟联合科技创新开发商通过数据统计，努力为观众提供更为直观生动的观赛体验。数据可以使球迷更能了解比赛，同时还能创造更多的需求。来自IBM的分析员马丁古朗曼（Martin Guillaume）表示："IBM

正在推动着新的运动体验和数据分析，通过这些改变，为运动员和体育迷提供一种更生动、新鲜的方式去享受比赛。"早期的数据统计主要针对运动员的科学训练领域，是不对球迷公开的，而且专业性很强，大部分球迷的知识结构还不能完全理解其中的含义。但随着球迷需求的多样化，赛场信息的适时供给已成为了解读比赛的主要依据。众所周知，职业体育给球迷们带来的是一场视听盛宴，视觉上的冲击主要依赖于专业的摄像设备，而听觉上的除了赛场内比赛的声音之外，比赛解说员对于比赛的解说也是球迷解读比赛的主要信息来源，进而引导观众的注意力。除运动员得分、进攻、防守、失误等基本技术指标之外，还有一些例如运动员贡献度、运动员效率、运动员跑动距离等复杂的数据在强大的数据挖掘系统中不断涌现，甚至职业体育俱乐部还把这些数据公开到联盟官方网络里，以此增加球迷对于运动队的迷恋程度。例如在NBA的官方网站里有专门的统计页面，球迷可以查到几乎所有球员、球队的信息，为球迷提供了前所未有的用户体验。此外，例如网球的鹰眼系统、NBA赛场的即时回放系统、足球场上基于磁感应的"进球裁判"系统等，这些技术都给球迷提供了更好的观赏条件。

## 二、营造悬念，制造回忆

按照3S模型理论，企业要想真正实现差异化，主要步骤是：提升顾客满意度，然后是消除顾客损失，最后是营造顾客惊喜，完成这三步可以帮助企业提升球迷的观赛体验，如果更进一步的话就是营造悬念。顾客悬念是以顾客惊喜为基础的，即顾客已知的旧惊喜和未知的新惊喜之间的差距：

顾客悬念=顾客未知的新惊喜-顾客已知的旧惊喜

职业体育经济具有体验经济的特征，职业体育联盟也具备这样的特点，即它们必须制造回忆（而非产品），为实现更高的经济价值（而非提供服务）搭建舞台。显而易见，球迷需要的是体验，它们甚至愿意花费更高的价格感受精彩的体验。

职业体育产生于西方，是工业文明市民社会的产物，是一种既有需求又有供给的经济活动过程，从经济学观点看，一些竞技运动项目独特的观赏性和人们对它的观赏需求是职业体育产生的基本原因。而主导人们这种观赏需求产生和变化的内在动力则是球迷对于职业体育审美享受的需求。职业体育的物质技术、制度建设都是按照球迷的需求建立并发展的。随着时代的进步，职业体育全球化发展，球迷对于职业体育产品了解更深入、要求更高。职业体育联盟也没有停止创新的步伐，几乎每个赛季都会在赛制、比赛规则、制度等方面调整和创新，以迎合球迷的需要。

球迷对于职业体育比赛的观赏需求、运动员的动作技能、球迷氛围甚至家庭旅行都是联盟必须要考虑的，这些因素是联盟改变其产品设计的重要参考因素，联盟能够充分理解球迷的反应和球迷行为，就会在球迷市场中占据有利位置。例如NBA的规则从三秒区面积的扩大、限制和缩短进攻时间、进攻和防守三秒违例、三分球规则的设立无一例外不是为了提高比赛的精彩程度和不确定性，以满足观众的观赏需求。

## 第四节　供给侧结构性改革背景下中国职业体育的未来发展

### 一、中国职业体育发展的价值转向

1949年以来，中国体育一直是在计划经济背景下自上而下以公共行政力量建构起来的公共服务系统，但到了20世纪80年代，由于中国社会经济体制变革的变化，出现了一个严重问题即国家财政部门出现了资源紧缺的状况，在体育部门的主要表现是各省市体委开始纷纷取消一些组织成本较高的项目，尤其是一些以足球为代表的"高消耗、低产出"（即运动队组织成本较高，但全运会或省运会中仅有1枚金牌的项目）的运动项目。于是为解决一元化的政府投资，国家决定把足球运动当成"试点"，引入市场机制搞职业足球联赛，而中国职业体育成立之初就不是以球迷为中心。

### 二、中国职业体育的发展构想

西方职业体育之所以能够成为国民经济重要力量，是因为它提供给观众的是一个产品的服务包，围绕服务包的建立，联盟和俱乐部总能为观众和球迷创造专业的体验和地道的定制化服务，进而在内部出现了分工，分工的过程构成了职业体育的产业链。而以足球、篮球为代表的中国职业体育已发展20余年，尚未形成规模经济，从产品和服务的供给角度来看，是因为我们的职业体育服务还不是服务包。几乎每一个赛季的职业联赛我们都会遇到各种各样的问题，从足球转会倒摘牌、假球、黑哨到如今篮球中CBA"球鞋"事件，中国职业联赛步履维艰。在职业体育全球化竞争的环境下，我们如何能够通过供给方发力，让产品个性化、让服务人性化、把品牌打到国外、深耕本土球迷体育市场，使职业体育成为发展体育产业、促进体育消费的先遣军，尤其值得我们深思。诚然，我们原本借助后发优势模仿国外先进职业体育联盟的做法已不再适合中国职业体育的发展，在职业体育领域出现的问题不能依靠体育行政部门一家解决的背景下，唯有以观众和球迷利益为主流价值地位对职业体育进行制度设计，才能真正摘掉中国职业体育伪职业化的帽子，真正走向职业化之路。

## 三、建议

### 1. 摘掉"伪职业"帽子

笔者认为,中国的职业体育尚未摘掉"伪职业"的帽子。在供给侧结构性改革的背景下,中国职业体育应建立一个以观众和球迷利益为主流价值判断的制度设计,在此基础上才可能像西方职业体育一样不断地创造需求,提供服务包、打造产业链,进而形成国民经济新的增长点。

### 2. 构建职业体育产业链

职业体育产业应是体育产业中的龙头产业。中国职业体育应该以球迷和观众的需求为核心,创造各种需求并吸引更多的产业参与职业体育,构建产业链,成为体育产业可持续发展的主力军。

### 3. 转变职业体育发展方式

职业体育必须要具备群众基础,职业体育持续发展,必须注重培育市场,发展壮大球迷的数量。作为一个产品,如果离开了市场,即使产品质量再好,也难以在激烈的竞争环境中生存,更不用说获取商业利润。球迷和观众是职业体育得以生存发展的基础。中国职业体育的价值取向应该还原到球迷和社会本身,并需要按照以球迷为本的社会发展目标重新建构职业体育与竞技体育的互动关系。

# 参考文献

[1] 白震，袁书立，张华岳著．体育产业发展：新的机遇与挑战[M]．长春：吉林人民出版社，2021．

[2] 袁夕坤，战照磊作．体育产业高质量发展研究[M]．南京东南大学出版社有限公司，2021．

[3] 耿志伟，段斌著．职业体育球迷消费行为研究[M]．镇江：江苏大学出版社，2020．

[4] 张保华著．中国特色职业体育的政府治理与路径选择[M]．广州：中山大学出版社，2020．

[5] 周蕤，肖志夫，夏琼华主编．职业体育与健康教程[M]．上海：上海交通大学出版社，2015．

[6] 张保华著．职业体育联盟的特性与治理研究[M]．广州：广东高等教育出版社，2013．

[7] 张文健著．职业体育组织的演进与创新[M]．北京：北京体育大学出版社，2006．

[8] 金宗强作．我国职业体育俱乐部创新经营战略研究[M]．天津：天津社会科学院出版社，2021．

[9] 许洪超著．职业体育俱乐部发展研究[M]．长春：吉林大学出版社，2014．

[10] 郑芳著．基于要素分析的职业体育治理结构研究[M]．杭州：浙江大学出版社，2010．

[11] 金宗强．职业体育利益相关者共同治理模式及机制[M]．南京：南京大学出版社，2019．

[12] （瑞士）卡米尔·博利亚特，（瑞士）拉法莱·波利著．世界各国足球协会与职业联赛治理模式研究报告[A]．天津：天津人民出版社，2017．

[13] 杜丛新著．中国职业体育组织产权制度创新[M]．武汉：中国地质大学

出版社，2012.

[14]［丹］乌尔里克.瓦格纳，（丹）拉斯穆斯.K.斯托姆，［英］克劳斯·尼尔森著．当体育遇上商业．北京：中国友谊出版公司，2018.

[15] 李龙著．中国体育产业发展问题的伦理审视[M].北京：中国经济出版社，2017.

[16] 梁华伟主编，闫领先，薛红卫，王虹副主编，体育赛事组织与管理[M].上海：上海交通大学出版社，2018.

[17] 余银著．我国竞技体育战略转型与走向[M].武汉：湖北人民出版社，2017.

[18] 陈国华著．文化强国背景下的中华体育精神弘扬研究[M].汕头：汕头大学出版社，2018.

[19] 周武编．中国职业体育产业政府规制改革与发展[M].北京：科学出版社，

[20] 鲍明晓著．中国职业体育评[M]述．北京：人民体育出版社，2010.

[21] 杨铁黎等著．中国体育职业化发展环境研究[M].北京：北京体育大学出版社，2016.

[22] 曹景川著．职业化走向中的中国体育道德建设[M].北京：人民出版社，2017.

[23] 周建华著．中国职业体育人才的发展[M].长春：吉林大学出版社，2014.

[24] 李崇飞著．中国体育产业发展研究[M].武汉：武汉大学出版社，2016.